KB042290

빅데이터경영론

김대완 · 송민정

BIG DATA MANAGEMENT

박영사

머리말

현재 선진 각국들은 산업사회에서 지식사회로 빠르게 전환하고 있다. 산업사회의 주요한 성장의 원동력이었던 토지, 노동, 자본은 이제 경제 발전에 있어 한계에 직면하고 있으며, 지식이 생산력 증대와 경제 성장에 핵심적인 역할을 하는 지식사회로 나아가고 있다. 지식사회에서는 부를 창조하는 중심적 활동이 자본의 배분이나 노동의 투입이 아닌, 지식을 배분하고 적용하는 활동으로 바뀌며, 주도적인 사회 활동도 지식을 공유하고 활용하는 지식기반 메커니즘으로 전환하게 된다. 이러한 지식 사회의 주요 개념은 이미 기업 경영에 도입되어 빅데이터 경영의 형태로 적용되기 시작하였으며, 향후 지식을 어떻게 활용하느냐에 따라서 국가, 사회, 그리고 개인의 성장은 영향을 받을 것이다. 이러한 배경 하에 지식사회의 핵심 동인으로 인식되고 있는 빅데이터 경영에 대한 이론적 기반과 실무적 이해를 함양하기 위하여 본 교재를 기획하고 집필하게 되었다.

본 교재는 21세기 지식사회에서 새로운 부가가치 창출과 경쟁력의 원동력으로 인식되고 있는 빅데이터에 대한 이론적 개념과 실무적 적용에 관련된 최신의 내용을 소개하기 위하여 노력하였다. 본 교재의 주요한 구성은 다음과 같다. 제1부는 [빅데이터 개요]로서 빅데이터의 등장배경, 빅데이터의 이해, 빅데이터의 트랜드, 그리고 빅데이터의 경제적 가치로 구성되어 있다. 제2부는 [빅데이터 영향]으로서 기업에서 빅데이터의 영향, 사회에서 빅데이터의 영향, 그리고 국가에서 빅데이터의 영향으로 구성된다. 제3부는 [빅데이터 분석]으로서 빅데이터 분석의 진화, 빅데이터 분석과 기업경영, 그리고 빅데이터와 IoT 데이터 분석에 대해 서술하였다. 마지막 제4부는 [빅데이터 관리]로서 빅데이터 인력양성과 빅데이터 전략과 투자에 대하여 기술하였다.

본 교재에서는 빅데이터에 대한 이해와 영향 그리고 분석과 관리에 대하여 체계적으로 기술하고자 노력하였다. 그러나 빅데이터에 관련된 분야가 빠르게 진화하는 관계로 인해 본 교재에서 누락되었거나 설명이 미흡한 부분도 있을 것으로 사료된다. 이러한 점들에 대해서는 독자 여러분들의 너그러운 이해와 건설적인 조언을 부탁드린다. 본 교재를 출판할 수 있도록 아낌없는 지원과 배려를 해 주신 박영사 안종만 사장님과 임직원 여러분들께 심심한 감사의 인사를 드린다. 끝으로 본 교재가 한국을 고도의 지식사회로 견인케 하여 세계적인 경제 강국으로 성장하는 데 일조할 수 있기를 소망하면서 이 책을 혁신 리더들에게 헌존하고자 한다.

2019년 1월

저자 일동

차 례

PART 01
빅데이터 개요

CHAPTER 01
빅데이터의 등장배경

CHAPTER 02
빅데이터의 이해

CHAPTER 03
빅데이터의 트렌드

PART 03
빅데이터 분석

CHAPTER 08
빅데이터 분석의 진화

CHAPTER 09
빅데이터 분석과 기업경영

CHAPTER 10
빅데이터와 IoT 데이터 분석

PART 04
빅데이터 관리

CHAPTER 11
빅데이터 인력양성

BIG DATA MANAGEMENT

빅데이터경영론

PART 01

빅데이터 개요

Chapter 01 빅데이터의 등장배경

Chapter 02 빅데이터의 이해

Chapter 03 빅데이터의 트렌드

Chapter 04 빅데이터의 경제적 가치

빅데이터의 등장배경

★ 학습목표

_소비자의 생활 변화 관찰을 통해 빅데이터 등장 배경을 비즈니스측면에서 학습한다.
_빅데이터 기술 제공 기업과 시장 동향을 통해 빅데이터 등장 배경을 알아본다.
_빅인사이트를 얻게 하는 빅데이터, 그의 그림자, 빅브라더 현상에 대해 살펴본다.
_과거에도 존재한 빅데이터와 현재의 빅데이터와의 차이점에 대해 고찰한다.

빅데이터의 등장 배경: 비즈니스 측면

기업들이 비즈니스 측면에서 빅데이터를 활용하려는 주요 목적은 크게 두 가지로 압축된다. 하나는 기존 비즈니스 및 운영의 효율화 및 고도화인데, 기존의 고객관계경영(Customer Relationship Management; CRM)이나 비즈니스 인텔리전스(Business Intelligence; BI) 측면과 연계해 보면 쉽게 이해된다. 또 다른 이유는 바로 고객가치(Customer Value)의 창출이다.

후자와 관련해 빅데이터가 출현하게 된 등장 배경은 고객 내지 소비자들의 일상적인 생활의 변화상에서 관찰된다. 아이폰(iPhone)으로 촉발된 모바일 혁명 이후 일상적으로 스마트폰 이용자는 아침에 일어나자마자 이메일을 확인하고 소셜 및 메시지 서비스를 확인한다. 그 다음은 TV를 켜놓은 채 아침 식사를 즐기며 태블릿으로 뉴스를 보고, 업무 시간에는 끊임없는 스마트폰과 PC 사용에 의해 얼마나 하루를 생산적으로 보낼 수 있느냐가 결정된다. 또한, 귀가 후에도 저녁을 먹고 TV를 켜놓은 채 태블릿으로 인터넷 브라우징이나 소셜 네트워킹 서비스를 이용하는 것은 이제 일상이 되어버렸다.

그림 1 시간당 브라우저 기반의 페이지 트래픽 점유율

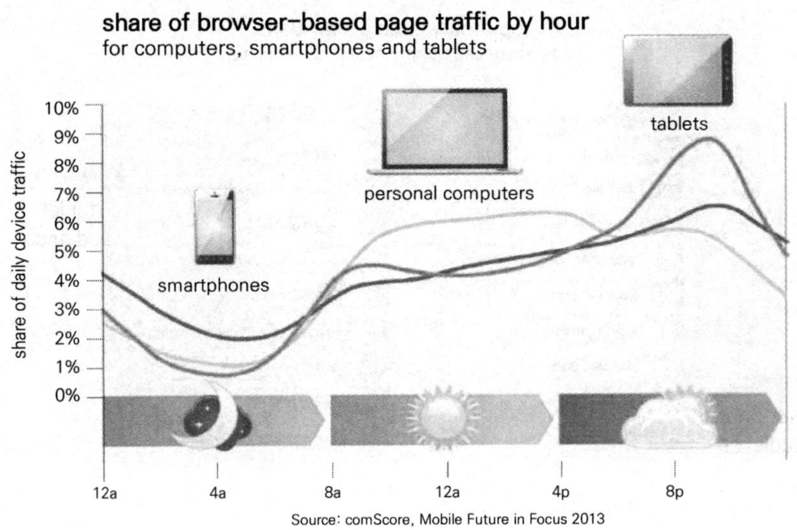

출처: 한국정보화진흥원(2013)

그림 2 인터넷 커넥티드 디바이스의 글로벌 출하량

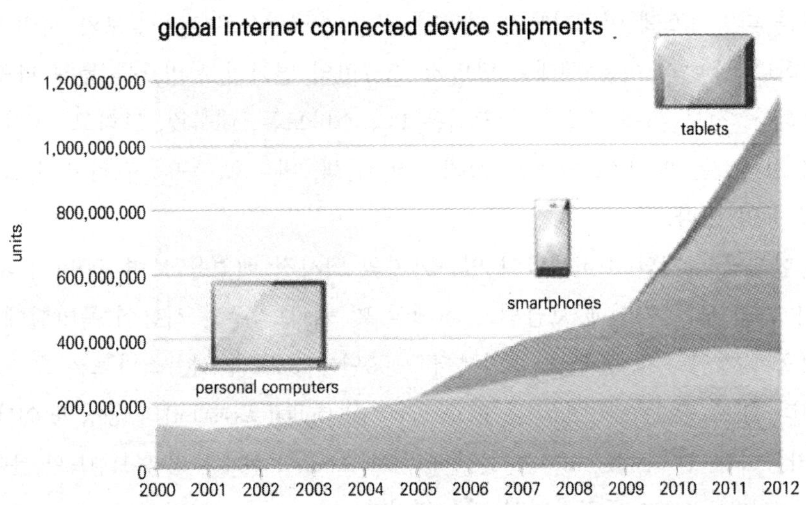

출처: 한국정보화진흥원(2013)

그림 3 주요 모바일 미디어 활동: 스마트폰 vs. 태블릿

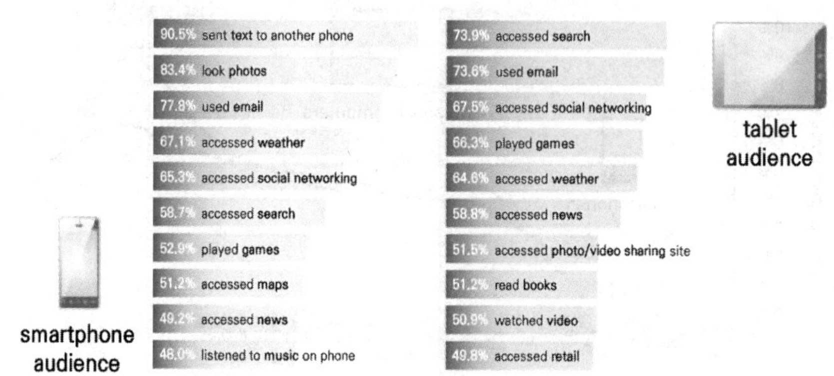

출처: 한국정보화진흥원(2013)

소비자들의 일상적인 디지털 생활은 다양한 멀티 스크린으로부터 정보와 서비스를 획득하기 때문에 TV 등 스크린 하나만을 이용하는 날들은 과거의 일이 되어가고 있다. 소비자들은 PC, 스마트폰, 태블릿, 스마트TV 그리고 웨어러블 디바이스에 이르기까지 다양한 멀티 스크린으로부터 정보와 서비스를 이용한다. 소비자 이용 행태는 단말기 스크린의 변화와 서비스를 통해 파악이 가능하다. 정보 획득 도구인 스크린은 PC, 스마트폰, 태블릿, 그리고 TV가 있으며 서비스는 메시지, 이메일, 브라우징, 검색, 비디오, 음악, 그리고 소셜 서비스 등이 있다.

현재의 디지털 소비생활이 있기까지의 역사적 배경을 보면, 90년대 후반 PC가 거의 모든 가정에 보급되고 이메일 및 웹 브라우징 사용이 폭발함에 우선적으로 기인하며, 90년대 후반부터 2000년대 초반까지는 스마트폰 초기 버전이라 할 수 있는 팜(Palm) 등 PDA(Personal Digital Assistant)의 등장과 이메일을 가능하게 한 구(舊) RIM의 블랙베리(Blackberry; 현재는 상품 브랜드인 블랙베리가 기업명이 됨)가 등장하면서 가능해진다.

현재 시점에서 본 소비자 이용 행태는 손 안의 단말기 스크린 변화와 서비스를 통해 파악이 가능한데, 다양해진 기기에 따라 그 사용 행태도 각각 다

른 것으로 파악된다. 예컨대, 스마트폰 및 태블릿의 앱이나 브라우저를 통해서 디지털 서비스를 이용한다고 볼 때, 사람들은 매우 다양한 서비스들을 누리고 있음을 알게 된다. 즉, 스마트폰에서는 텍스트 전송과 사진 촬영 서비스, 이메일 서비스 및 날씨 정보 활용도가 가장 높은 데 반해, 태블릿에서는 인터넷 검색이나 이메일, SNA 접속 및 게임이 가장 높은 것으로 나타난다.

이처럼 디지털 생활 및 소비가 보편화된 상황이 일반 기업들의 입장에서는 특히 소비자 데이터를 활용하게 되는 주요 배경이 된다. 특히 트위터와 페이스북 같은 SNS가 확산되면서 이를 통해 개인이 언제, 어디서, 누구와 만났는지, 무엇을 했는지 쉽게 기록하고 검색할 수 있는 개인화된 빅데이터, 즉 퍼스널 빅데이터(Personal big data)에 대한 관심이 고조되고 있다. 이러한 퍼스널 빅데이터는 기존의 공급자 중심의 데이터 수집과 확보로부터 사용자 중심으로 진화하여 온/오프라인상에서의 이용 데이터를 수집, 확보한다는 측면에서 사용자를 제대로 이해하고자 하는 많은 기업들의 주목을 받고 있는 것이다.

글로벌 경영컨설팅 기업인 액센츄어도 'Accenture Technology Vision 2012' 보고서를 통해 빅데이터가 사용자 중심으로 구성됨으로써 새로운 가치를 창출할 수 있다는 내용을 강조하고 있다. SNS 영역이 확대되면서 사용자가 오프라인에서 보이는 행태까지도 예측 가능한 수준까지 발전하면서 퍼스널 빅데이터의 새로운 사업 기회는 전세계적으로 가장 가치있는 도전으로 인식되고 있다. 액센츄어는 'Accenture Technology Vision 2018' 보고서를 통해 2017년 빅데이터 관련 글로벌 사업 규모가 1,510억 달러로 전년대비 12% 증가했다고 밝혔다.

그동안 고객의 인터넷 트래픽(Traffic)을 선점해왔던 기업들은 빅데이터 처리를 위한 인프라 기술들을 차근차근 확보해 왔으며 야후, 아마존, 구글, MS와 같은 인터넷 기업들이 대표적이다. 이들은 각자의 기술들을 개발하거나 인수, 그리고 오픈소스(Open source) 화(化)하는 데 누구보다도 앞장서 있다.

특히, 구글, 애플, MS 등은 자신들의 기반 기술을 가지고 다양한 영역의 제3자 개발자(3rd party)들이 대거 참여하게 하여 다양한 서비스를 만들 수 있는 플랫폼의 모습을 갖추어 자신들만의 비즈니스 생태계를 진화시키고 있는 대표적 기업들이다. 이를 통해 이용자가 얻게 되는 고객가치(Customer value)는 단말기 제조사나 통신사업자로부터의 것이 아닌, 플랫폼을 소유한 이들 기업

그림 4 사용자 중심 DB가 새로운 경쟁력

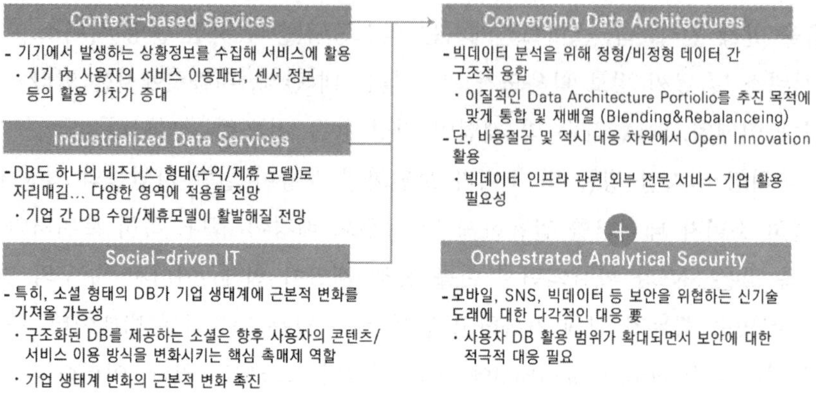

Context-based Services	Converging Data Architectures
- 기기에서 발생하는 상황정보를 수집해 서비스에 활용 · 기기 內 사용자의 서비스 이용패턴, 센서 정보 등의 활용 가치가 증대	- 빅데이터 분석을 위해 정형/비정형 데이터 간 구조적 융합 · 이질적인 Data Architecture Portiolio를 추진 목적에 맞게 통합 및 재배열 (Blending&Rebalanceing) - 단, 비용절감 및 적시 대응 차원에서 Open Innovation 활용 · 빅데이터 인프라 관련 외부 전문 서비스 기업 활용 필요성
Industrialized Data Services	
- DB도 하나의 비즈니스 형태(수익/제휴 모델)로 자리매김... 다양한 영역에 적용될 전망 · 기업 간 DB 수입/제휴모델이 활발해질 전망	+
Social-driven IT	**Orchestrated Analytical Security**
- 특히, 소셜 형태의 DB가 기업 생태계에 근본적 변화를 가져올 가능성 · 구조화된 DB를 제공하는 소셜은 향후 사용자의 콘텐츠/서비스 이용 방식을 변화시키는 핵심 촉매제 역할 · 기업 생태계 변화의 근본적 변화 촉진	- 모바일, SNS, 빅데이터 등 보안을 위협하는 신기술 도래에 대한 다각적인 대응 要 · 사용자 DB 활용 범위가 확대되면서 보안에 대한 적극적 대응 필요

출처: Accenture, Accenture Technology Vision 2012(www.accenture.com)

들의 생태계 내지 에코시스템을 기반으로 다양한 제3자들이 생산해 낸 모바일 앱과 콘텐츠를 통한 경험(Experience)이다. MS가 공개한 '키넥트이펙트'(Kinect Effect; https://www.youtube.com/watch?v=hhDF-blscXs, 2011.10)의 경우만 보더라도 이 기업이 키넥트(Kinect)라는 동작센서 기반의 디바이스를 가지고 어떻게 시장에 진입하려는지 알 수 있다. MS는 엑스박스(Xbox)와 키넥트를 활용해 다양한 제3자 개발자들이 참여한 플랫폼을 구축하면서, B2C 및 B2B 분야의 다양한 응용 소프트웨어 영역으로 확장하려는 것을 목적으로 하며, 분야도 의료, 통신, 교육, 엔터테인먼트 영역 등 매우 다양한데, 숨겨진 자산은 바로 빅센서데이터이다.

이처럼 소비자의 디지털 생활 변화가 비즈니스 측면에서의 빅데이터 등장 배경이라면, 기업들은 어떤 준비를 해야 할까에 관심을 갖게 된다. 이들은 쏟아져 나오는 다양한 데이터의 연계와 활용에 대해 고민하게 된다. 또한, 다양한 데이터의 특성과 처리 기술의 장단점이 모두 다르므로 이에 대해서도 기업들은 지속적으로 고민하게 된다. 이를 위해선 데이터 관리 운영체계의 고도화 및 전략적 관리 프로세스, 메타데이터(meta data) 및 스키마(schema)의 관리 확보가 매우 중요해진다. 기업들은 기업 내 데이터 아키텍처 디자이너를 육성해야 할 것이며, 전사적 차원의 데이터 셋을 디자인하는 전문가 육성이 시급하다.

1990년대 말과 2000년대 초에 불었던 CRM과 데이터베이스(Database; 이후 DB) 마케팅의 열풍으로 이미 수많은 데이터들이 기업 내에 축적되어 있다. 그러나 기반 시스템과 부서별로 이루어진 수직적 관리체계(Silo system) 때문에 향후 필요 시에 맞는 퍼스널 빅데이터를 활용하려면 아마도 전체 설계를 리뉴얼(Renewal)해야 할지도 모른다. 빅데이터 시대에는 이런 부분을 보다 체계적으로 설계·관리하는 전사적 전문가가 반드시 필요한데, 기업들이 가장 고심하는 부분도 데이터 분석전문가를 확보하는 일이 될 것이다.

데이터(Data)를 가공하고 패턴(Pattern)을 발견하고 이를 통해 인사이트(Insight)를 발견하는 것은 매우 어려운 작업이다. 기업들이 그동안 직관에 의존해왔다면, 이제는 무수히 많은 데이터를 활용하여 기존의 직관과 함께 사용하는 기업이야말로 정체된 포화시장에서 1%의 디테일을 더하게 될 것이다. 2012년 이마케터(eMarketer)의 설문조사 결과에 의하면, 미국 기업가들은 빅데이터로부터 고객을 이해(22%)하고 사실에 기반해 의사결정(22%)하고, 매출 증대(15%)를 기대하고 있는 것으로 나타났다. 그 외에도 제품 혁신(11%)과 리스크 감소(11%), 제품과 서비스의 질 향상(10%), 더욱 효율적인 경영관리(10%)도 아울러 기대하고 있는 것으로 나타났다. 이러한 기대들에 영향받는 기업들은 기존의 경영 방식을 빅데이터 기반의 경영 방식으로 변화시키게 될 것이다. 이와 같은 맥락으로 2018년 이마케터의 설문조사 결과 미국 기업들은 고객경험을 강화할 수 있는 최신 기술로 빅데이터를 1순위로 꼽았다.

그림 5 미국 기업들이 기대하는 빅데이터 활용 시의 장점

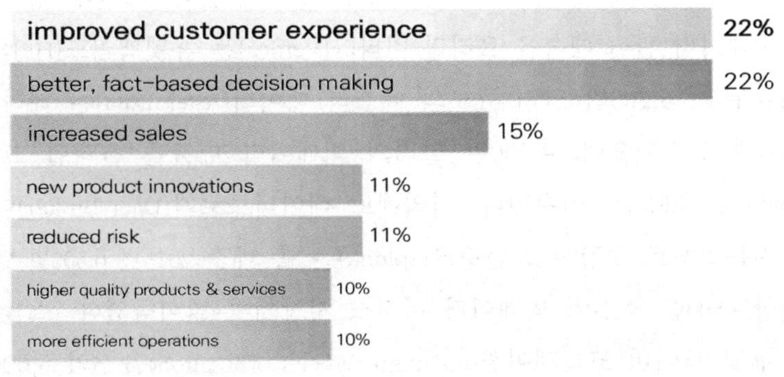

출처: eMarketer(2012)

빅데이터의 등장 배경: 기술환경 측면

이상에서는 비즈니스 측면에서 빅데이터의 등장 배경을 살펴보았는데, 이러한 기업들의 니즈를 반영하듯이 빅데이터 기술 산업도 소비자 데이터로부터 가치를 창출하게 하기 위해 90년대부터 지속적으로 발전하여 왔다. 앞서 언급한 고객관계관리(CRM, 1990년대)를 비롯해, 데이터웨어하우징(Data Warehousing, 2000년대), 빅데이터 분석(Big Data Analytics, 2013년 이후)으로 발전하고 있음을 보게 된다.

ICT 선두 기업들은 빅데이터 기술 및 서비스 시장을 매우 긍정적으로 보고 적극적으로 진출하고 있으며, 스태티스타(Statista, 2018)는 2027년 빅데이터 시장이 1,000억 달러 규모에 달할 것으로 긍정적인 전망치를 내놓았다. 세일즈포스닷컴(salesforce.com)이나 오라클(Oracle) 같은 소프트웨어 기업들은 소비자 데이터를 수집, 저장 및 분석하는 서비스로 분화하였고, 액센츄어(Accenture)나 딜로이트(Deloitte)는 컨설팅 기업이지만, 고객관계관리(CRM), 데이터 웨어하우징(DW), 비즈니스 인텔리전스(BI) 및 빅데이터 분석(BA)을 통해 이윤을 창출하는 기업으로 다시 태어나고 있다.

ICT 업계는 빅데이터라는 화두 하에 빅데이터 운영 기반 및 대용량 처리 시스템, 솔루션, 스토리지 등을 판매하며 빠르게 성장하고 있으며 기업들간의 인수합병도 매우 활발하게 진행되고 있다. 최근 동향만 보면, 주요 빅데이터 전문업체 네 곳 중 세 곳이 인수되는 양상을 보이고 있다. 예컨대, 총 8,400만 달러의 빅데이터 관련 매출을 올리던 버티카(Vertica)는 휴렛팩커드(HP)의 사업부로 흡수됐고, 5,200만 달러 규모의 애스터 데이터(Aster Data)는 테라데이터(Teradata)에 인수됐으며, 4,300만 달러의 빅데이터 매출을 올리던 그린플럼(Greenplum)은 EMC에 인수됐다. 이외에도 데이터브로커(Data broker)에서 빅데이터 전문업체로 성장한 스플렁크(Splunk)는 총 매출(2013년 6,300만 달러) 중 70% 이상(4,500만 달러)이 빅데이터 서비스 시장에서 벌어들였다. 스플렁크는 2018년 팬텀 사이버 코퍼레이션(Phantom Cyber Corporation)을 3억 5,000만 달러에 인수하는 등 빅데이터 관련 역량을 강화하고 있다. 뒤에서 설명할(2장 4절 기술요건) 하둡 어플라이언스(Hadoop appliance)와 관련해서는 오라클과 협

그림 6 빅데이터 시장 현황 및 전망

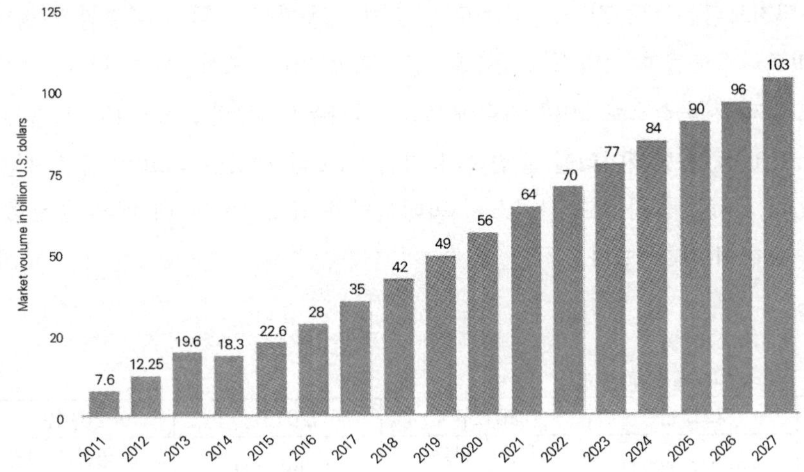

출처: Statista(2018)

력관계를 맺고 있는 클라우데라(Claudera)가 자사 매출 모두를 빅데이터 시장에서 올리고 있다.

이처럼 기업들의 빅데이터 활용 니즈가 관련 기술 기업들의 빅데이터 기술 자산화의 주된 배경인데, 이 외에도 매년 가트너(Gatner) 등이 선정하는 10대 미래전략기술 트렌드도 한 몫을 차지한다. 새롭게 부상했던 기술들이 한두 해 사이 보편화되고 신규 기술들이 새롭게 떠오르면서 ICT 업계의 새로운 기술 트렌드는 빠르게 진화하고 있다. 특히 가트너는 지속적으로 기업에 의미있는 영향을 미칠 수 있는 잠재력을 가진 전략적 기술들을 정의하고 있는데, ICT 혹은 비즈니스 전반에 있어서 파괴적 영향력을 미칠 수 있는 높은 잠재력을 가지고 대규모 투자가 필요하거나 채택이 늦은 경우 위험요인이 나타날 수 있는 기술을 선정기준으로 하고 있다.

가트너는 2011년 애널리틱스 기술들을 묶어 2012년 빅데이터를 7위에 위치시켰고, 2013년 전략적 빅데이터로 용어만 변경하더니, 2014년에는 빅데이터를 10대 기술에서 제외시키고, IoT에 흡수시킨다. 또한, 가트너는 소셜, 모바일, 클라우드, 정보 등의 네 가지 기술들을 향후 컨버전스와 새로운 융합 플랫폼을 제공하면서 변화를 가속화시키고 새로운 기회를 창출하게 하는 핵심 기술로 보고 있다. 10대 기술 트렌드와 핵심 기술로 볼 때, 이제는 모바일(소셜)과 클라우드, IoT(Internet of Things)와 빅데이터 기술이 단일 기술 요소로 활용되기보다는 다중적 기술요소로서 함께 작용하여 이들이 밀결합된 형태에서 비즈니스모델과 서비스가 등장할 것으로 보인다. 또한, 2010년부터 빅데이터와 함께 지속적으로 10대 기술에 오른 클라우드, 모바일, 그리고 새롭게 등장한 IoT 등이 빅데이터를 발전하게 하는 기술적 배경이 되고 있음을 시사하고 있다. 특히, 클라우드 서비스는 빅데이터가 급부상하는 데 매우 중요한 기술적 요건이 되고 있다.

표 1 미래전략기술 Top 10

	2011년	2012년	2013년	2014년
1	클라우드 컴퓨팅	미디어 태블릿 그 이후	모바일 대전	다양한 모바일 기기 관리
2	모바일 앱과 미디어 태블릿	모바일 중심 애플리케이션과 인터페이스	모바일 앱 & HTML5	모바일 앱과 애플리케이션
3	소셜 커뮤니케이션 및 협업	상황인식과 소셜이 결합된 사용자 경험	퍼스널 클라우드	만물인터넷
4	비디오	사물인터넷	사물인터넷	하이브리드 클라우드와 서비스 브로커로서의 IT
5	차세대 분석	앱스토어와 마켓 플레이스	하이브리드 IT&클라우드 컴퓨팅	클라우드/클라이언트 아키텍처
6	소셜 분석	차세대 분석	전략적 빅데이터	퍼스널 클라우드의 시대
7	상황인식 컴퓨팅	빅데이터	실용분석	소프트웨어 정의
8	스토리지급 메모리	인메모리 컴퓨팅	인메모리 컴퓨팅	웹스케일 IT
9	유비쿼터스 컴퓨팅	저전력 서버	통합 생태계	스마트 머신
10	패브릭 기반 컴퓨팅 및 인프라스트럭처	클라우드 컴퓨팅	엔터프라이즈 앱스토어	3D 프린팅

출처: Gartner Identifies the Top 10 Strategic Technology Trends for 2014(2013)

빅인사이트(Big Insight)와 빅브라더(Big Brother)

2013년, 세계는 빅데이터 원년이라 일컫기 시작했고, 빅데이터 시대는 시간이 흐르면서 더욱 무르익어 가고 있다. 아직 초기 단계이지만, 다양한 설문조사 결과들을 통해 기업들의 경영진들은 이미 데이터 기반의 경영과 데이터 자체의 수익화에 대해 그 가능성을 감지하기 시작했기 때문이다. 처음에는 커넥티드 디바이스(Connected device)와 SNS(Social Network Service)가 급속히 확산되면서 디바이스 유형에 관계없는 데이터 이용 또한 급증한 것이 빅데이터가 관심을 갖게 된 주된 배경이었다. 하지만 점차 시간이 흐르면서 빅데이터를 다루는 기술들도 발전하게 되고, 일반 기업들도 자체적으로 보유하고 있는 구매 이력 데이터와 로그(Log) 분석 결과 데이터 외에, SNS에서 쏟아지는 소셜 데이터와 디바이스 안에 탑재된 GPS(Global Positioning System) 등 센서 데이터를 활용해 다양한 데이터 조합이 가능해지고 있다.

뒤에서 자세히 다루겠지만, 이미 들썩이기 시작한 또 다른 화두는 사물통신(Machine to Machine; 이하 M2M) 및 사물인터넷(Internet of Thing; 이하 IoT)이다. 이와 관련한 기술 및 시장 확대가 예상되어 기존에 경험하지 못한 방대한 빅 센서데이터(Big Sensor data)가 다양한 형태로 쏟아질 것으로 전망된다. 빅 센서데이터 분석을 통해 예컨대 유통 기업들은 소비자가 원하는 서비스를 적기에, 적절한 장소에서 제안할 수 있다. 또한, 이를 뒷받침하듯이 분산병렬처리 기술이나 클라우드 컴퓨팅(Cloud Computing) 등을 활용한 효율적인 시스템 구축도 동시에 가능해지고 있다. 특히 클라우드 컴퓨팅은 2000년 중반부터 가상화 기술이 리눅스 진영에 합류되고 클라우드 기술의 오픈 프로젝트가 활성화되면서 대중화되기 시작하였고, 국가 차원에서는 그린 ICT로서의 효과로서, 기업은 비용 절감과 장애 복구, 비즈니스 연속성 등의 이점으로 인해 적극 도입되기 시작한다.

빅데이터를 활용한 다양한 사업모델이 등장하지만, 그 중심에는 빅 인사이트가 있다. 개인이나 기업, 국가 등 최종 사용자의 관점에서 보면, 빅데이터의 편익은 빅데이터를 활용해서 개인, 기업, 국가가 실제 활용할 수 있는 다양한 서비스 형상을 통해 구현된다. 이미 글로벌 ICT 기업들인 구글, 페이스북,

아마존과 통신산업, 금융산업 등 일부 산업영역에 속한 기업들은 빅데이터 분석 시스템을 갖추고 빅데이터 분석에 기반한 빅 인사이트에 기반해 기존의 서비스들과 차별화된 특화된 서비스를 제공하는 데 주력하고 있다. 이를 위해서는 빅데이터를 활용해 빅 인사이트를 도출할 수 있는 전문인력이 필요한데, 이들을 데이터 과학자(Data Scientist)라 부른다. 빅데이터를 활용한 빅 인사이트가 담긴 서비스를 개발하려면 과학 기술, 통계, 분석력, 해석력, 창의력, 그리고 비즈니스 과정과 기획 의도의 근본적 본질을 이해하는 능력 등이 필요하다.

한편, 빅데이터를 활용한 빅 인사이트가 동전의 한 면이라면 그 이면에는 빅데이터에 대한 윤리적 검토가 필요하다는 지적도 만만치 않게 급부상하고 있다. 심한 예를 들면, 2012년 12월에 뉴욕타임스의 한 기자가 빅데이터가 갖는 비인간성을 지적했다. 그는 스스로를 이전까지 빅데이터에 대해 환호했던 인물 중 하나였다고 고백했다. 뉴욕타임스가 제기했던 빅데이터의 문제는 '사람'이다. 데이터를 사용하는 사람과 빅데이터를 가공하는 사람이다. 즉, 빅데이터의 최종 장애물은 '사람'이며, 빅데이터에 대한 관심은 최종적으로 '사람의 운영'에 초점을 둬야 할 것이라는 조언이다.

그렇다면 빅인사이트가 핵심인 빅데이터는 또한 '빅브라더'란 말인가? 인간 게놈 프로젝트가 활성화되지 못하는 것이 바로 이런 이유가 아닐까 싶다. 앞서 빅 인사이트를 얻기 위해 기업이나 공공기관에서 사람들의 디지털 행적을 사용하는 것으로 이해되는 빅데이터이지만, 그 이면에는 기업이나 국가가 마음만 먹으면 사람의 일거수일투족을 감시하는 '빅브라더'로도 쉽게 돌변할 가능성이 충분히 있다는 것을 의미한다.

이를 경고하듯이, 2012년 말 글로벌 컨설팅 기업인 언스트앤영(Ernst & Young)에서 빅데이터 열풍에 따른 고객의 개인정보 수집 환경 변화 및 기업의 준비 필요성을 주요 내용으로 하는 "빅데이터 역풍(The Big Data Backlash)"이라는 보고서가 발간되었다. 이는 일반 소비자 2천 명 및 기업 임원 748명을 대상으로 설문 조사한 결과인데, 먼저 소비자들은 점점 자신의 개인정보를 공유하기를 꺼리게 될 것으로 나타났다. 응답자의 49%는 2018년까지 개인정보에 대한 접근을 제한하겠다고 응답했고, 기업들이 고객의 개인정보를 제3자 기업에 제공하는 것에 대해 응답자의 4분의 3이 좋아하지 않는 것으로 나타났다.

한편, 기업들은 소비자들과는 대조적인 반응을 보인다. 기업 응답자의 3

표 2 퍼스널 데이터의 분류

❶ 업무상 데이터 (Transactional Data)	•웹사이트, 이메일 리스트, 소셜미디어 가입시 필요한 데이터 등 •소비자들은 기꺼이 이 업무상 데이터를 공유하는 데 너그러움 -예로 생일, 주소 정보 비공개 의사 표현한 응답자는 10~13%
❷ 신체 데이터 (Physical Data)	•키와 몸무게, 전화번호에 대한 데이터로 대부분 공유 회사 -이 데이터에 대해 비공개 의사 표현한 응답자는 22, 243, 23%
❸ 보안 데이터 (Security Data)	•보안 데이터부터는 정보 공개는 꺼리는 경향이 강해짐 -소득 수준, 휴대폰 번호, 신용카드 번호에 대해 비공개 의사를 표현한 응답자 비준은 각각 36, 38, 40% 수준에 달함
❹ 개인 상세 데이터 (Intimate Data)	•기호, 신조, 성적 기호, 인종, 종교, 정치색깔 등을 의미하며, 이 데이터를 얻기란 사실상 쉽지 않음(국가별 차별성 있음) -이 데이터에 대해 고객이 매우 민감함을 마케터는 판단할 필요가 있음

출처: IDG Korea(2013)

분의 2가 기업 성장을 위해 고객 정보를 수집 및 분석하는 고객 인사이트 프로그램(Customer insight program)을 활용하고 있다고 응답하였다. 이 중에서 87%는 실제로 이를 통해 매출 향상을 경험했다고 하고, 41%는 고객 정보에 대한 접근이 제한되면 자사의 사업모델에 장애가 생길 수 있다고 응답했다. IDG코리아(2013.4)에 의하면, 적절하게 균형잡힌 퍼스널 데이터 관리가 매우 중요하며, 퍼스널 데이터는 업무상 데이터, 신체 데이터, 보안 데이터, 개인 상세 데이터 등으로 구분되며, 그 내용을 정리하면 [표 2]와 같다.

앞서 언급한 비즈니스 측면에서의 빅데이터 등장배경에서 퍼스널 빅데이터의 효용과 가치라는 긍정적 측면들이 있는 반면에, 향후 퍼스널 빅데이터의 발전과 활성화를 위해 반드시 해결하고 극복해야 할 문제가 빅브라더 이슈의 핵심인 '프라이버시(Privacy)' 문제이다. 구글, 애플, MS, 페이스북, 트위터(Twitter) 등은 데이터마이닝을 통한 비즈니스모델들을 가지고 있는데, 개인의 정보를 수집하면서 불필요하거나 제한되어야 할 개인정보까지 수집하는 문제가 광범위하게 발생하고 있고, 이와 함께 SNS 데이터의 소유권도 문제가 되고 있다.

데이터를 생성한 경우 일차적으로 데이터 소유권은 그 업체에게 있지만, 실제로 페이스북이나 트위터 등 SNS는 사용자들이 직접 데이터를 생성하므로 데이터 소유권이 명확하지 않다. 현재 퍼스널 빅데이터 소유권의 추세는 소유권은 정보생성자인 개인에게 있으나 정보의 사용권과 보호권은 기업에서 제공하는 것으로 정리되고 있는 추세이다. 데이터 소유권 외에 퍼스널 데이터의 보안 문제도 중요한 이슈로 부각되고 있다. 개인정보 중 80% 이상이 기업의 데이터센터에 보관 중이나 실제로 정보보호가 되는 데이터는 50%에 불과하며 보안체계가 갖추어진 정보 또한 전체의 1/3에 불과하다. 이처럼 개인정보의 소유권 이슈가 보안문제로까지 확산되면서 기업 내 데이터 통제 및 관리에 대한 경각심이 주요한 이슈로 부각되고 있다.

빅데이터의 과거와 현재

지금부터 10여 년 전, 한 생명체의 유전자 전체를 파악하는 것을 목적으로 하는 인간 게놈(Genome) 프로젝트라는 것이 있었다. 이 프로젝트는 1980년대 미국, 영국, 중국, 프랑스, 독일, 일본 등 선진국들이 모두 참가한 거대 과학 프로젝트로서, 2003년에 완료되었다. 하지만, 완료된 것은 게놈의 서열 분석과 유전자 지도일 뿐이며, 그 세부 활동내용에 대해서는 아직도 밝혀지지 않은 것이 많다. 그래서 생물정보학이라는 신생 학문이 탄생하기도 했는데, 인간 게놈 프로젝트는 사람들이 이용하는 방법 여부에 따라 위협이 될 수도 있고 행복한 삶을 보장할 수도 있다는 게 전문가들의 의견이다.

그런데 비용 측면에서 보면 이러한 동전의 양면을 가진 인간 게놈 프로젝트를 통해 2003년 과학자들이 인간 게놈 속 30억 개 염기쌍 서열 해독에만 13년간 약 30억 달러를 소요했다고 한다. 그러나 최근 사람 한 명의 인간 게놈 서열 해독 비용이 5,000달러로 떨어졌고, 수 주일이면 결과 도출이 가능하게 되었다. 한편, 10년이 지난 2013년 1월에 생명공학업체인 이온 토렌트의 설립자이자 화학공학자인 조나단 로스버그는 이보다 훨씬 빠르고 저렴한 게놈 서열 해독법을 개발했다고 전해진다. 일루미나(Illumine)라는 기기를 활용하면 1,000달러에 약 3.2GB데이터 양의 인간 게놈 서열을 2시간 내에 해독할 수 있다는 것이다.

이러한 게놈 데이터가 빅데이터(Big Data)를 대표하는 10년 전과 현재의 모습이 아닐까 생각된다. 빅데이터가 지금 주목 받기 시작했는데, 그 이유는 인터넷과 정보통신기술(Information and Communication Technology; 이후 ICT) 발달에서 찾아진다는 점에 모두 동의하는 분위기이다. 우선 빅데이터가 차세대 이슈로 떠오르게 된 이유는 ICT 주도권이 데이터로 이동하면서 공간, 시간, 관계, 세상을 담는 데이터가 미래 경쟁력과 가치창출의 원천으로 여겨지기 시작했기 때문이고, 다른 하나는 초기 검색엔진이 등장했을 때 정보를 수집하고 분석하는 수준이었던 데 비해 이제는 수없이 쏟아지는 정보를 어떻게 활용할 것인지가 관건인 시대로 진입하고 있기 때문이다. 즉, 기업의 흥망 성쇠, 국가의 부, 개인의 건강한 삶과 관련된 빅데이터의 역할이 어디까지 진화될 것인지 주목하기 시작했다.

모바일 시대가 시작된, 대략 2008년 이래로 데이터는 해마다 5배 이상 폭증해, 빅데이터 시대가 도래했다고 주창하지만, 빅데이터는 이미 10여 년 전, 아니 더 오래전부터 우리 곁에 있었던 게 사실이다. 활용하려는 노력도 있었다. 하지만, 2000년대 초 CRM(Customer Relationship Management)열풍이 찻잔 속 태풍으로 그쳐야 했던 이유 중 하나는 고객정보를 제대로 저장, 처리, 분석하지 못했기 때문이다. 즉, 넘쳐나는 고객데이터를 당시 처리, 분석 기술이 제대로 뒷받침하지 못했다는 의미이다.

그러면 빅데이터가 현재 주목 받는 이유는 무엇인가? ICT 전문가들은 빅데이터를 가치창출을 위한 연료로 보고 있다. 이처럼 ICT 산업 분야에서 먼저 빅데이터가 차세대 이슈로 떠오른 이유는 ICT산업의 주도권이 데이터로 이동하고 있으며, 공간, 시간, 관계, 세상을 담는 데이터가 미래 경쟁력과 가치창출의 원천 등으로 분석됨에 따른 것이다. 빅데이터에 주목하기 시작하면서, 정보를 수집하고 분석하는 수준을 넘어 어떻게 활용할 것인지가 관건인 시대로 진입하였고, 기업의 흥망성쇠, 국가의 부, 개인의 건강한 삶과 관련된 빅데이터의 역할이 어디까지 진화될 것인지 주목하기 시작한다.

그렇다면, 현재 시점에서 보통 사람들이 이해하는 빅데이터는 어떠한가? 빅데이터의 일반적 이해라는 측면에서 관찰해보면, 빅데이터는 인터넷과 SNS의 발달로 많은 양의 정보가 발생하고 이들을 수집 저장 분석 관리하는 기법 정도를 뜻한다. 한마디로는 '많은 양의 데이터'로 이해된다고 하겠다. 2012년 구글 CEO인 에릭 슈미트도 전 세계에서 이틀 단위로 생성되는 데이터 양이 인류 문명의 시작부터 2003년까지 생성된 데이터의 량과 동일하다고 주장했다. 한편, 좀 더 전문가 시작에서 관찰하면, ICT 서비스 기업들은 모바일 센서나 소셜미디어 등에서 생성되는 대량의 비즈니스 데이터에 집중하는 점에 주목하기 시작하였으며, 마케팅 측면에서는 예전에는 의미 부여가 힘들었던 대용량 데이터를 분석할 수 있기 때문에 소비자의 심리나 행태를 파악하고 전략을 짜기가 용이하다는 데 주목하기 시작한다.

✩ 토의문제

1. 소비자 생활 변화 관찰을 통해 빅데이터 등장 배경을 비즈니스 측면에서 설명하시오.
2. 빅데이터 기술 기업의 부상과 시장 동향을 통해 빅데이터 등장 배경을 토의하시오.
3. 빅인사이트를 얻게 하는 빅데이터의 그림자, '빅브라더'에 대해 파악하시오.
4. 과거에도 존재한 빅데이터와 현재의 빅데이터는 무엇이 다른지 논의하시오.

사례연구 1

"1,000달러 게놈의 시대, 드디어 도래"

지난 1월 중순, 유전체 의학계에서는 큰 뉴스가 있었다. 바로, 그토록 바래왔던 "$1,000 게놈"의 시대가 도래했다는 것이었다. 미국의 일루미나(Illumine)라고 하는 유전체 분석 기기를 생산하는 회사는 자사가 새롭게 출시한 분석 기기를 사용하면 $1,000 이하의 비용으로 인간의 유전체를 분석할 수 있다고 발표했다.

게놈(genome) 혹은 유전체라고 하는 것은 한 사람의 인간이 가지고 있는 모든 유전정보를 의미한다. 흔히 A·T·G·C의 네 가지 염기 서열로 표현되는 유전정보는 문자열, 즉 텍스트 파일로 표현했을 때 10TB에 해당하는 거대한 데이터이다. 이렇게 방대한 데이터를 모두 해독하기 위해서 이제는 $1,000, 한화로 따지면 백 만원이 조금 넘는 비용 밖에 들어가지 않게 되었다는 것이다.

일반인에게는 익숙하지 않을지도 모르는 이 "$1,000 게놈"이라는 표현은 유전체 분석 업계에서는 일종의 숙원과도 같은 캐치프레이즈였다. 많은 분들이 오래전에, 세상을 떠들썩하게 했던 '휴먼 게놈 프로젝트(Human Genome Project)'를 기억한다. 2003년에 완성이 되었던 휴먼 게놈 프로젝트. 당시에는 이 프로젝트가 끝나면 인류의 모든 질병의 비밀이 풀린다는 등의 화제가 끊이지 않았다.

하지만 휴먼 게놈 프로젝트가 완료된 지 10년이 지난 지금까지 '모든 질병의 비밀이 풀리는' 정도의 파급효과는 없었던 것 같기도 하다. 그렇게 사람들의 머릿속에서는 구호만 거창한 것 같았던 이 프로젝트에 대한 기억이 서서히 잊혀지고 있었는지도 모른다. 하지만 알게 모르게 유전체 분석에 관해서는 큰 변화가 지속적으로 일어나고 있었다.

바로 ICT 기술의 혁신적인 발전에 따라서, 인간의 유전 정보 분석에 필요한 시간과 비용이 비약적으로 줄어들고 있었던 것이다. 사실 인류 최초로 '한 사람'의 모든 유전 정보를 해독하기 위한 휴먼 게놈 프로젝트에는 자그마치 27억 달러와 13년이라는 막대한 비용과 시간이 투입됐다. 이것도 과학자들이

시간에 따른 유전체 분석 비용의 급격한 감소

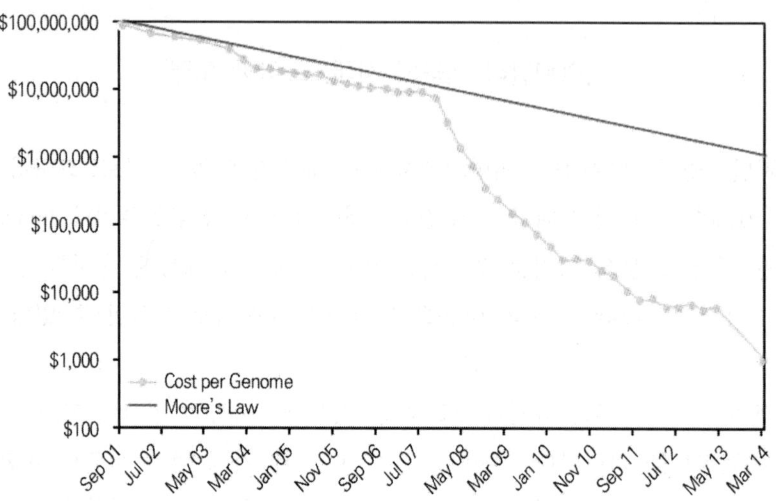

예상했던 것보다는 훨씬 빠르게 마무리가 된 것이다.

그렇지만 이제는 '한 사람'의 유전 정보를 해독하기 위해서는 단 3일 정도의 시간과 '1000달러' 정도의 비용 밖에 들지 않는다. 그림을 보면 유전체 분석 비용의 감소가 얼마나 급격하게 일어났는지를 잘 알 수 있다. 이는 소위 무어의 법칙에 따른 컴퓨터 계산 속도의 발전보다 훨씬 급격하게 감소한 것이다.

이러한 비용의 감소가 잘 실감이 나지 않는다면, 이에 대한 재미있는 비유가 있다. 만약 유전체 분석 비용이 감소한 것과 같은 비율로, 페라리에서 나온 458Spider 스포츠카의 가격이 감소한다면, 페라리의 스포츠카의 가격이 고작 4센트, 즉 500원 정도의 수준으로 떨어질 것이라는 점이다.

어떤 과학자들은 $1,000 게놈의 시대가 도래한 것을 두고 망원경의 발견이나 마이크로 프로세서의 발견만큼 큰 가치를 지닌다고 평가하기도 한다. 왜냐하면 새롭게 개발된 기술이 사람들의 일상생활에 효과적으로 활용되기 위해서는 무엇보다도 비용에 대한 부분이 해결되어야 하는데, 그 마지노선인 $1,000라는 가격이 마침내 달성되었기 때문이다.

물론 앞으로 유전체 분석이 사람들의 실생활에 적용되기 위해서는 아직 넘어야 할 장벽들이 많다. 이제는 $1,000만 지불하면 나의 유전 정보를 A·T·

G·C의 문자로 쓰여진 두꺼운 책 한 권을 쓸 수 있는데, 이 외계어와 같은 책을 읽고 의미를 파악하기 위해서는 아직 과학적으로 해결해야 할 숙제들이 많기 때문이다.

하지만, 이 '유전정보 책'을 아직까지 100% 완벽히 해석할 수는 없더라도, 인류는 많은 혜택을 볼 수 있을 것으로 생각한다. 특히, 암이나 유전 질병 등 유전 정보의 이상과 관련이 큰 질병의 치료를 위해서 이 유전체 분석이 활용될 수 있을 것으로 예상된다. 우리가 이 '유전정보' 책을 완벽히 읽고 이해할 수는 없지만, 암이나 유전 질병 등에 중요한 부분들은 지금껏 전세계의 많은 과학자들이 연구에 연구를 거듭해온 덕분에, 상당 부분 정확히 해석할 수 있는 수준에 이미 도달해있기 때문이다.

이처럼 10년 전에 막대한 비용을 들여서 '휴먼 게놈 프로젝트'를 진행하면서, 인류의 질병의 비밀을 풀겠다는 과학자들의 약속은 잊혀진 것이 아니라, 모르는 사이에 이렇게 계속 진행되어 왔다. 이러한 노력들은 ICT 기술의 눈부신 발전에 힘입어 드디어 현실에 적용이 가시화되는 단계에 와 있다. 드디어 $1,000 게놈의 시대가 도래했다고 이야기할 수 있는 지금, 맞춤형 치료 시대를 열 게놈 분석은 미래형 의료의 첨병으로 전 세계적으로 크게 확산할 전망이다.

자료원: YTN사이언스, 2018. 09. 03.

토의문제

01 인간 게놈 프로젝트와 같이 분석 비용이 급격히 감소하게 된 이유를 설명하시오.

02 과거에도 있었던 빅데이터가 현재는 어떻게 활용되고 있는지 사례를 들어 토론하시오.

사례연구 2

"빅데이터가 가려움을 긁어주다."

㈜에이치와이스타일은 독일 풋케어 브랜드인 '티타니아' 등 수입브랜드를 유통하는 사업을 하고 있다. 풋케어 시장이 호황을 경험하면서 최근 후발주자들이 속속 시장에 진출하며 경쟁이 치열해졌다. 또한 자사 제품이 의약품이 아닌 이미용품으로 분류되어 식약처 기준에 따라 '무좀제거'와 같은 의료 효과성을 의미하는 내용을 홍보문구로 활용할 수 없어 지속적인 매출 상승에 어려움을 겪고 있었다.

㈜에이치와이스타일은 환경변화에 적극적으로 대응하기 위해 빅데이터를 활용하여 고객군과 구매패턴을 분석하고, 고객들의 풋케어 시장에 대한 인식을 확인하고자 했다. 활용데이터는 자사 쇼핑몰 로그데이터, 경로별 매출데이터와 뉴스, 트위터, 커뮤니티, 블로그, 쇼핑몰의 제품에 대한 언급내용이었다.

빅데이터 분석결과 요일별 상품 주문량은 월~목요일이 주말인 금, 토, 일에 비해 현저히 많았다. 디바이스별 유입경로는 모바일 55%, 웹 45%로 모바일과 웹의 비중이 큰 차이가 없었다. 아울러 포털 'N'사의 티타니아 검색 연령대는 25~39세 인원이 전체의 70%로 대부분을 차지하고 있었다. ㈜에이치와이스타일은 주중 구매 비중이 높고, 웹 이용 비중이 모바일에 비해 큰 차이가 없는 것을 근거로 핵심 구매고객층이 25~39세의 직장인이라고 추론했다.

핵심 구매고객층을 정의한 후 맞춤형 마케팅 전략을 수립하기로 했다. 우선 유입검색어를 기준으로 고객군에 대한 군집분석을 진행하여 고객 세분화를 실시하고 제품 구매내역을 군집정보와 결합하여 개별 군집별 구매패턴을 분석했다. 이를 통해 매출에 높은 기여를 하는 고객군을 식별했고, 이렇게 구매반응이 높은 VIP 집단에 다양한 사은품 조합 및 이벤트를 활성화하여 구매를 독려하기로 했다. 또한 군집별 특성을 고려한 상품추천 알고리즘을 구현하여 맞춤형 프로모션을 실시하기로 결정했다.

㈜에이치와이스타일은 자사제품에 대한 소비자들의 인식을 조사·분석하기 위해 주요 온라인 쇼핑몰에 작성된 티타니아 제품들의 후기 글들을 수집하

여 주요제품별 긍정, 부정요인과 이유에 대해 분석했다. 분석결과 각질제거기는 사용법에 대한 이해부족으로 불만요인이 발생한 것으로 판단하여 적절한 이용방법에 대한 홍보를 강화하기로 했다. 또한 손발톱 영양제의 경우 소비자들이 용량이 적다고 인식하고 있어, 이를 해소하기 위해 세트상품 구성 등 다양한 대안을 고려하기로 했다. 아울러 자사 쇼핑몰 외 온라인상의 글들을 수집하여 '풋케어' 연관어들을 분석했다. 분석결과 겨울철 '풋케어'와 '선물'이 높은 빈도로 함께 관찰되는 것에 주목하여 겨울철 광고 컨셉을 풋케어 선물상품 세트 홍보로 구성하기로 했다.

㈜에이치와이스타일은 데이터 분석 결과로부터 시사점을 적극적으로 도출하고 즉시 실행과제로 마케팅 활동을 수행했다. 그 결과 성과를 확인하기에 충분하지 않은 기간임에도 불구하고 쇼핑몰 유입인원 및 매출액 증대효과를 경험할 수 있었다. 신규 회원 가입자수는 전월 대비 12% 상승하여 분석 이전인 3%에 비해 큰 폭 증가했다. 또한 홍보활동을 강화한 발각질 관리제품과 풋크림의 매출액 역시 전년동기 대비 19% 이상 매출이 상승했다.

자료원: 2017년 중소기업 빅데이터 활용지원사업 우수사례집

토의문제

01 미용 제품 관련 빅데이터 분석을 통해 비즈니스 활성화에 성공한 사례를 찾아 설명하시오.

02 ㈜에이치와이스타일이 비교적 짧은 기간에 소기의 성과를 거둘 수 있었던 원인에 대해 토론하시오.

사례연구 3

"빅데이터, 인지도 제고 방안을 찾아주다."

1954년에 설립된 한독은 약 60여 년간 우수의약품 공급을 통해 국민건강 증진과 삶의 질 향상에 기여해 온 기업으로, 의약품 및 건강관련제품을 제조 및 판매하고 있다. 한독은 타임지에서 선정한 슈퍼푸드인 울금 속 커큐민 입자를 최소화한 '테라큐민'을 원재료로 하여 만든 '울금 테라큐민'을 개발하여 판매 중에 있으나, 기대보다 매출이 높지 않은 상황이었다. 건강기능식품에서 가장 중요한 것이 원재료이고, 이 효능에 대해 소비자가 잘 인지하고 있느냐가 매출을 좌우하는 중요한 요소이다. 하지만 매출현황을 보았을 때 경도인지장애(Mild Cognitive Impairment: MCI) 개선에 효과가 있는 테라큐민을 비롯한 원재료 및 그효능 등에 대하여 소비자 인식이 높지 않은 것으로 판단할 수 있었다. 이에 한독은 어떤 부분들이 소비자들에게 잘 인지되고 있지 않는지, 어떤 부분을 개선해야 하는지 등을 파악하기 위해 온라인 모니터링 및 설문 등의 활동을 시행중에 있었으나, 다수의 의견이 아니기에 결과의 신뢰성에 대한 문제가 제기되었다. 이러한 상황에서 내부에서 빅데이터 활용의 목소리가 나오기 시작했고, 이에 문제해결을 위한 작업에 착수하게 되었다.

한독은 경도인지장애, MCI, 치매, 알츠하이머의 네 가지 키워드로 데이터를 수집하여 사람들의 인식을 알아보고, 경도인지장애에 대한 관심이 지난 3년간 어떻게 변화되고 있는지를 확인해보기로 하였다. 경도인지장애 인식 분석 결과, 경도인지장애(MCI, 치매, 알츠하이머)와 관련하여 언급이 많이 되고 있는 것은 뇌, 건망증, 기억력, 예방, 치료, 증상, 진행 등으로 나타났다. 사람들은 기억력 저하 및 건망증에서부터 경도인지장애를 연관하여 생각하기 시작하고, 이와 관련한 증상, 진행수준과 예방과치료법에 관심이 있는 것을 알 수 있었고, 경도인지장애에 대한 관심이 점차 감소되는 추세임을 확인할 수 있었다.

한독은 그동안 '울금 테라큐민' 제품을 '젊었을 때 괜찮았던 몸이 40을 넘어 50, 60대가 되면서 예전 같지 않으시죠?'라는 메시지를 내세우며 고연령층 중심의 마케팅을 시행하여 왔다. 나이가 많을수록 경도인지장애가 나타날 확률이 높기 때문이다. 하지만 빅데이터 분석결과는 기억력 저하, 건망증으로 고민 중에 있는 사람들 중심의 증상중심 마케팅 활동이 제품의 효능을 더 효과적으로 보여줄 뿐 아니라, 더 많은 고객을 확보할 수 있는 방법일 수 있다는 시사점을 안겨주었다. 또한 사람들은 관련 증상 및 예방법에 관심이 많기에 이를 활용하여 한독제품에 대한 관심을 유도하는 것이 필요할 것으로 보았다.

아울러 경도인지장애 관련 관심이 떨어지고 있음은 제품에 대한 관심도의 하락을 가져올 수 있어, 제품매출과 직결되는 문제였다. 이에 한독은 경도인지장애 관련 소비자들의 관심을 끌어올리기 위한 전략적인 활동이 필요할 것으로 판단하였고, 내부 회의 끝에 경도인지장애에 대한 인식을 높이기 위한 소비자 캠페인을 진행하기로 하고 캠페인 기획활동에 착수하였다. 또한 캠페인 콘텐츠를 제작함에 있어 경도인지장애에 대한 소비자 인식분석에서 나온 결과인 '소비자들은 경도인지장애 관련한 증상확인 및 예방법에 관심이 많음'을 이용해보기로 하였다.

한독은 경도인지장애 예방의 필요성을 알리고, 경도인지장애 방법을 늦출 수 있는 다양한 정보를 지속적으로 전달하는 캠페인을 진행하기로 하였다. 이러한 목적하에 만들어진 캠페인의 공식명칭은 '노란 종이꽃 캠페인'으로 경도인지장애 관련 최신소식을 공유하고, 치매예방법 중 하나인 종이접기를 위한 노란종이꽃 접기 키트 전달을 통해 일상생활 속에서 치매와 경도인지장애를 예방할 수 있는 다양한 방법을 소개했다. 또한 경도인지장애에 대한 인식을 높이기 위한 캠페인을 지속적으로 시행하기 위하여, 경도인지장애 관련 사이트 Know－MCI(www.know－mci.com)를 구축하였다. 아울러 한독은 재료의 우수성에 대해 말로 설명하는 것보다 입증된 결과를 보여주는 것이 더욱 효과적이라고 판단하였다. 테라큐민은 美UCLA 노화연구소의 개리 W. 스몰(Gary W. Small) 박사 팀에 의해 지난 7월 런던에서 개최된 2017 국제 알츠하이머 학회에서 경도인지장애를 포함한 비치매 장노년층의 기억력 및 주의력 향상에 효과가 있다고 발표된 바 있는데, 한독은 이러한 내용을 포함한 기사를 많은 언론사를 통해 배포하였다.

이러한 활동의 성과는 제품에 대한 인지도와 호감도가 상승되는 결과로 이어졌다. 인지도와 호감도의 각 수치는 (주)골든플래닛이 온라인데이터를 수집하여 계산된 값으로, 11월 말 기준으로 인지도는 전월 대비 10%증가, 호감도(긍정반응 비율)는 50% 증가되는 모습을 보였다.

자료원: 2017년 중소기업 빅데이터 활용지원사업 우수사례집

토의문제

01 의약품 및 건강기능식품 관련 기업 중 빅데이터 분석을 통해 비즈니스 환경을 개선한 사례를 찾아 설명하시오.

02 한독이 향후 마케팅뿐만 아니라 제품개발에 있어서도 데이터를 통해 소비자의 목소리를 반영하기 위해 어떤 활동을 해야 하는지 토의하시오.

참고문헌

김경태 (2018), 안정국, 김동현, 빅데이터 활용서, 시대고시기획.

김진호·최용주 (2018), 빅데이터 리더십, 북카라반.

박형준 (2018), 빅데이터 빅마인드, 리드리드출판.

방병권 (2017), 빅데이터 경영4.0, 라온북.

배동민·박현수·오기환 (2013), "빅데이터 동향 및 정책 시사점," 정보통신정책연구원, 초점, 제25권 10호 통권 555호, pp. 40-74.

송주영·송태민 (2018), 빅데이터를 활용한 범죄 예측, 황소걸음 아카데미.

오현희 (2017), 빅데이터와 인문학, 홍릉과학출판사.

윤종식 (2018), 빅데이터 활용사전 419, 데이터에듀.

이종석·황현석·황진석 (2018), 빅데이터 비즈니스 이해와 활용.

이현웅·김종업·최현재 (2018), 빅데이터의 이해와 활용, 생각나눔.

임종수·정영호·유승현 (2018), 미디어 빅데이터 분석, 21세기사.

주해종·김혜선·김형로 (2018), 빅데이터 기획 및 분석, 크라운출판사.

지원철 (2017), 빅데이터 시대의 데이터 마이닝, 민영사.

최공필, 서정희 (2017), 빅데이터4.0, 개미.

한국소프트웨어기술협회 (2018), 빅데이터 개론, 광문각.

한현욱 (2018), 이것이 헬스케어 빅데이터이다, 클라우드나인.

한국정보화진흥원(2013.11), 빅데이터의 진화: 스마트데이터, 원문 자료의 번역 보고서(원문 제목은 the smart data manifesto, 출처는 http://exelate.com/white-papers/the-smart-data-manifesto-goodbye-big-data-hello-smart-data)

한국정보화진흥원 (2016), 2016년 중소기업 빅데이터 활용지원 우수사례집

한국정보화진흥원 (2017), 2017년 중소기업 빅데이터 활용지원 우수사례집

Akhtar, S. M. F. (2018), Big Data Architect's Handbook: A Guide to Building Proficiency in Tools and Systems used by Leading Big Data Experts, Packt Publishing.

Arghandeh, R. and Zhou, Y. (2017), Big Data Application in Power Systems, Elsevier Science.

Bahga, A. and Madisetti, V. (2016), Big Data Science & Analytics: A Hands-On Approach, VPT.

Berman, J. J. (2018), Principles and Practices of Big Data: Preparing, Sharing, and Analyzing Complex Information, Academic Press.

Chen, H., Chiang, R. and Storey, V.C. (2012), "Business Intelligence and Analytics: From Big data to Big impact," MIS Quarterly, Vol. 36 No.4, pp.1165－1188.

Francesco, D. and Renaud, D. (2018), Big Data Economics, Towards Data Market Places, Nature of Data, Exchange mechanisms, Prices, Choices, Agents & Ecosystems, Independently Published.

Gilder, G.(2018), Life After Google: The Fall of Big Data and the Rise of the Blockchain Economy, A Division of Salem media Group.

Mayer－Schonberger, V. and Ramge, T. (2018), Reinventing Capitalism in the Age of Big Data, Basic Books.

Hoeren, T. and Kolany－Raiser, K. (2017), Big Data in Context: Legal, Social and Technological Insights, Springer.

Holmes, D. (2018), Big Data: A Very Short Introduction, Oxford University Press.

Information Resources Management Association (2018), Big Data: Cencepts, methodologies, Tools and Applications, IGI Global.

Jones, H. (2018), Data Analytics: An Essential Beginner's Guide to Data Mining, Data Collection, Big Data Analytics for Business and Business Intelligence Concepts, CreateSpace Independent Publishing Platform.

Marr, B. (2017), Data Strategy: How to Profit from a World of Big Data, Analytics and Internet of Things, Kogan Page.

Miller, J. (2017), Big Data Visualization, Packt Publishing.

Minelli, M., Chambers, M and Dhiraj, A. (2018), Big Data, Big Analytics: Emerging Business Intelligence and Analytic Trends for Today's Businesses, Gildan Media.

Paley, N. (2017), Leadership Strategies in the Age of Big Data, Algorithms, and Analytics, Productivity Press.

Tenner, E. (2018), The Efficiency Paradox: What Big Data Can't Do, Knopf.

빅데이터의 이해

★ 학습목표

_빅데이터 활용에 있어 전제조건이 무엇이어야 하는지에 대해 살펴본다.
_빅데이터에 대한 다양한 시각의 개념 정의를 살펴보고 기본 개념에 대해 학습한다.
_빅데이터의 유형과 확장된 개념의 4대 특성에 대해 고찰한다.
_빅데이터의 기술요건을 수집-저장/처리-분석-활용 단계별로 구분하여 이해한다.
_빅데이터의 발전동인을 하드웨어와 네트워크 관점에 초점을 두어 학습한다.

빅데이터의 전제조건(Prerequisite)

빅데이터 열풍은 시작되었으나, 아직도 소리만 요란하다. 거품이 있다는 이야기이다. 스마트폰으로부터 촉발된 새로운 형태의 디지털 라이프 스타일로 인해 시장 분석가들은 빅데이터에 대한 관심도 높지만, 정작 무엇이 중요한지에 대한 의문을 제기하게 된다. 산업 분석가들은 시장 규모를 분석하고 시장을 제시하고 어떻게 하면 빅데이터를 통해 시장의 승자가 될 수 있는지에 대한 지침을 제공하는 데만 우선적으로 관심을 갖고 있다.

전체 산업 영역을 아우르는 형태의 빅데이터는 수십 년에 한 번 일어날까 말까 한 국가적 및 산업적인 기회이기도 하다. 지나친 기대와 과장 홍보도 문제이지만, 한때의 유행으로 치부하기에는 너무 중요한 기업 및 국가 자산이고 산업 패러다임이다. 그렇다면, 빅데이터를 도입할 때 확인할 부분은 무엇인가에 관심을 가져야 할 것이다. 즉, 빅데이터 활용의 전제조건에 대해 집고 넘어가야 할 필요가 있다. 기업들에게 가장 중요한 빅데이터 활용의 전제조건은 빅데이터 관련 투자 대비 원하는 만큼의 효과를 거둘 수 있는지에 달려 있다.

그러나 투자 대비 효용성 보다 더 중요한 것은 빅데이터 자체의 품질이다. 기업 활동에 의미가 없는 다크 데이터와 가치있는 데이터를 구분할 수 있어야 경영에 도움이 되지만 대부분은 분위기에 휩쓸려 빅데이터를 무조건 받아들이고 있다. 보유한 데이터 중 가치 있는 부분을 발견하고 분석하는 것에 집중하는 것이 더 중요하다고 하겠다.

빅데이터 활용의 전제조건은 품질 요구이다. 고객을 이해하는 데 더 많은 관심을 가진 최고 마케팅 책임자(CMO)라면 고객의 관심과 수요를 획득하기 위해 빅데이터 품질에 주목할 수밖에 없을 것이다. 이에 비해, 기술에 더 관심이 많은 기업 내 최고정보책임자(CIO)는 다른 시각을 가질 수 있다. 다시 말해, 고객 맞춤형 서비스에 대하여 CMO와 CIO는 서로 다른 입장을 가지고 있게 된다. 소비자 행태 분석을 통한 광고 효과를 통해 기업 가치를 증진시키려는 마케팅 책임자는 고객의 인식과 고려, 소비 단계에서 수십억 달러의 비용을 사용하며, 단순한 소비자 구매를 유발시키는 수준을 넘어선 새로운 가치 창출을 위해 더 고민할 것이다.

실시간으로 고객의 맞춤형 서비스 수요가 점점 증가하면서 마케팅(Marketing) 부서뿐만 아니라 CEO의 의사결정이 필요할 때 판단의 근거가 되는 고객 데이터 품질에 대한 중요성은 더욱 증가할 것으로 보인다. 그런데 실시간 데이터가 폭증함에 따라 노이즈(Noise)는 증대되고 이런 빅데이터 환경에서 의미있는 패턴(Pattern)을 찾는 노력은 더욱 힘들어질 것이다. 이에 빅데이터 품질의 중요성은 더해질 것이며, 의미 있는 데이터 수집이 빅데이터 활용의 전제조건이 될 것이다. 일반 기업들은 빠르게 변화하는 경영 환경에서 적절하고 시의적절한 결정을 내리기 위해 의미있는 데이터를 필요로 하게 되고, 특히 인터넷 기업들은 빅데이터와 빅노이즈(Big noise)로부터 장애를 극복하고 더욱 스마트한 결정을 필요로 하게 될 것이다.

빅데이터가 즉각적 의사결정과 실시간 서비스가 가능하도록 데이터의 속성이 빠르고(fast), 스마트해져야 한다. 사회가 요구하는 데이터는 실시간 서비스가 가능해지지 않으면 효용이 떨어지기 때문에, 데이터는 선별되어 저장되어야 하며, 실시간으로 쏟아지는 스트리밍 분석 서비스가 중요해지고 있다. 향후 물리적 특징을 강조하는 빅데이터보다는 빠르고, 실시간 분석 서비스가 가능한 데이터 품질을 갖춘 스마트 데이터 시대가 도래하고 있다.

빅데이터의 기본 개념

ICT 분야가 유무선 통신에 기반한 컴퓨팅 환경으로 발전하고 있는 현실에서 주목해야 할 점은 다양하고 방대한 양의 데이터가 축적되고 있고 이를 분석함으로써 이전에는 얻을 수 없었던 새로운 가치를 창출하고자 하는 시도가 이루어지고 있다는 점이다. 이러한 움직임을 대표하는 기술이 빅데이터 기술이고, 빅데이터의 개념에 대해서는 아직도 기관에 따라 다양하게 정의되고 있는 실정이다.

빅데이터는 어떻게 정의할 수 있을까? 삼성경제연구소(SERI)(2011)에 의하면 빅데이터란 "거대한 데이터 집합으로 대규모 데이터와 관련한 기술과 도구를 포함"한다고 정의하였다. 리서치기관인 가트너(2012)는 빅데이터를 3V(Volume, Velocity, Variety)로 정의하고 있다. 그리고 ICT 솔루션 기업이면서 빅데이터 기술 기업인 SAS(2012)는 3V에 가치(Value)를 더하여 빅데이터를 정의하였다.

또한, 세계적 컨설팅 기관인 맥킨지 글로벌 인슈티튜트(McKinsey Global Institute)는 2011년 5월에 발간한 보고서('Big Data: The Next Frontier for Innovation, Competition, and Productivity')에서 "빅데이터의 정의는 기존 데이터

표 1 빅 데이터 정의

SERI	• 거대한 데이터 집합으로 대규모 데이터와 관련된 기술 및 도구포함
가트너	• 3V로 정의: Volume, Variety, Complexity • Volume: 데이터 규모가 엄청남을 의미 • Variety: 로그기록, 소셜, 위치정보 등 데이터의 종류가 증가로 텍스트 외 멀티미디어 등 비정형화된 데이터의 유형이 다양화되는 것을 의미 • Complexity: 구조화되지 않은 데이터, 데이터 저장방식의 차이, 중복성 문제 등 데이터 종류가 확대되고 외부 데이터의 활용 등으로 관리대상이 증가됨으로써 점차적으로 데이터 관리 및 처리가 복잡화되고 심화되어 새로운 처리 및 관리기법이 요구되는 상황을 의미
SAS	• 4V로 정의: Volume, Variety, Velocity, Value • Volume, Variety는 가트너 정의와 동일 • Velocity: 센서나 모니터링 등 사물정보, 스트리밍 정보 등 실시간성 정보가 증가하고 있고, 이러한 실시간성으로 인한 데이터 생성, 이동과 유통의 속도가 증가하고 있으며 대규모 데이터처리 및 가치 있는 실시간성 정보활용을 위해 데이터 처리 및 분석 속도가 매우 중요하게 되었음을 의미 • Value: 새로운 가치를 창출하는 것을 의미

베이스 관리 도구의 데이터 수집, 저장, 관리, 분석하는 역량을 넘어서는 데이터 셋(Data set) 규모로, 그 정의는 주관적이며 앞으로도 계속 변화될 것이며, 데이터량 기준에 대해 산업분야에 따라 상대적이며 현재 기준에서는 몇 십 테라바이트(Tera byte)에서 수 페타바이트(Peta byte)까지가 그 범위이다"라고 설명한다. 2011년, 한국의 국가정보화전략위원회에서는 빅데이터를 "대량으로 수집한 데이터를 활용·분석하여 가치 있는 정보를 추출하고 생성된 지식을 바탕으로 능동적으로 대응하거나 변화를 예측하기 위한 정보화 기술"로 정의하고 이를 정책적으로 육성하고자 노력을 기울이기 시작했다.

다양한 개념 정의가 있지만, 맥킨지의 정의대로 빅데이터 자체는 기술이라기보다는 데이터이다. 즉, 빅데이터는'데이터 형식이 매우 다양하고 그 유통속도가 매우 빨라 기존 방식으로 관리·분석하기 어려운 데이터'이며, 스마트기기와 SNS의 확산으로 빅데이터가 급증하게 된 것이다. 위키피디아의 정의에서도 빅데이터는 데이터 크기가 엄청나고 복잡해 현존하는 데이터 관리 툴로 다룰 수 없는 것으로, 정형, 반(半) 정형, 비(非) 정형 데이터 모두를 말한다. 또한, 이러한 빅데이터를 생산하는 매개물은 모바일 기기, 센서, 소프트웨어 로그, 카메라, 마이크로폰, 무선센서네트워크, 주파수 인식 기기들이다.

빅데이터는 단순한 데이터 양의 증가가 아니라, 데이터의 형식, 입출력 속도 등을 함께 아우르는 의미이다. 데이터 폭증, 즉 기존 데이터에 비해 양이나 종류가 너무 커서, 기존 방법으로는 도저히 수집, 저장, 검색, 분석 등이 어려운 데이터를 총칭해 일컫는 용어가 빅데이터이다. 지난 10년 간 인터넷과 컴퓨팅의 발전과 모바일 기기와 센서들의 진화, 페이스북이나 트위터와 같은 소셜 네트워크의 출현 등이 기업 내 데이터 양의 폭증을 이끌었는데, 여기서 발생되는 데이터나 텍스트 및 문서, 통화 기록, 대규모의 전자상거래 목록 등이 바로 빅데이터이다. 예컨대 웹 로그, RFID, 센서 네트워크, 소셜 네트워크, 인터넷 텍스트/문서, 인터넷 검색 인덱싱, 음성 통화 상세 기록, 천문학/대기과학/유전학/생화학/생물학 등 학문적 연구 기록, 군사 경계 기록, 의료 기록, 사진 목록, 동영상 목록, 전자상거래의 행적 등이 바로 그것이다. 앞서 설명한 게놈 데이터도 여기에 포함된다.

다시 정리하면, 빅데이터란 기존 기업이 다루던 데이터의 규모를 넘어서 이전 방법이나 도구로 수집, 저장, 검색, 분석, 시각화 등이 어려운 정형 또는 비정형 데이터 셋(Set)를 의미하며 나아가 그러한 데이터를 처리하는 기술, 운영체계, 기반 아키텍쳐, 프로세스를 포괄하기도 한다. 한편, 금융이나 통신산업 영역에서는 이미 방대한 데이터를 처리하고 있다. 즉, 이미 내부관리를 위한 프로세스가 정리되어 운영 중이므로 빅데이터라 일컫기보다는 외부에 존재하는 웹로그, 동영상, 텍스트, 이미지 정보 등이 향후 기존 정형데이터와 연계하여 관리 대상이 될 빅데이터로 이해하는 경향이 더 크다.

빅데이터의 기본 특성

빅데이터의 특성을 말하려면 유형에 대한 언급이 먼저 필요하다. 데이터는 정형화의 정도에 따라 유형화되는 것이 일반적이다. 그림에서 보는 바와 같이, DB 스키마라는 표준방식으로 정의하느냐 일반적인 파일시스템 형태로 유지하느냐의 차이로 구분된다. 비정형으로 유지하는 이유는 데이터의 저장이 중요하지 않으나 단순한 경향 파악이 주요한 이유일 경우에 해당된다. 이러한 경우에는 일정한 시간이 경과한 후에 소멸된다. 수많은 데이터를 저장장치를 통해 저장할 필요가 없거나, 너무 생성속도가 빨라 저장기술이 생성속도를 따라갈 수 없을 경우에는 비정형 데이터로 유지될 수밖에 없다. 그러나 데이터 저장기술이 생성속도를 능가하는 시점이 도래하여서도 빅데이터의 저장여부가 이슈가 되는데 이것은 데이터의 필요성에 관련된 문제이다.

다시 말해, 비정형(Unstructured) 데이터는 고정된 필드에 저장되어 있지 않은 데이터로 텍스트 분석이 가능한 텍스트 문서 및 이미지/동영상/음성 데이터 등을 예로 들 수 있다. 한편, 정형(Structured) 데이터는 고정된 필드에 저장된 데이터를 이야기하며 관계형 데이터베이스 및 스프레드 시트 등을 기업에서 관리 중인 대부분의 데이터 포맷을 이른다. 또한, 반정형(Semi-Structured) 데이터는 고정된 필드에 저장되어 있지는 않지만, 메타데이터나 스키마 등을 포함하는 데이터로 XML이나 HTML 텍스트 등을 예로 들 수 있다. 가트너(2013)에 의하면, 데이터는 내부와 외부데이터로 구분되기도 한다.

그림 1 빅데이터의 유형: 정형 & 비정형, 내부 & 외부

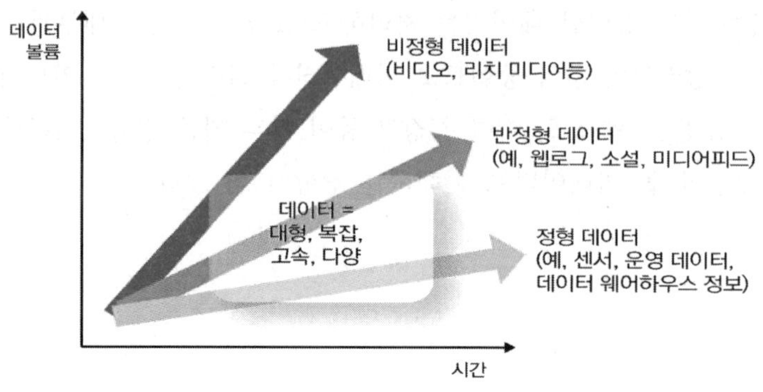

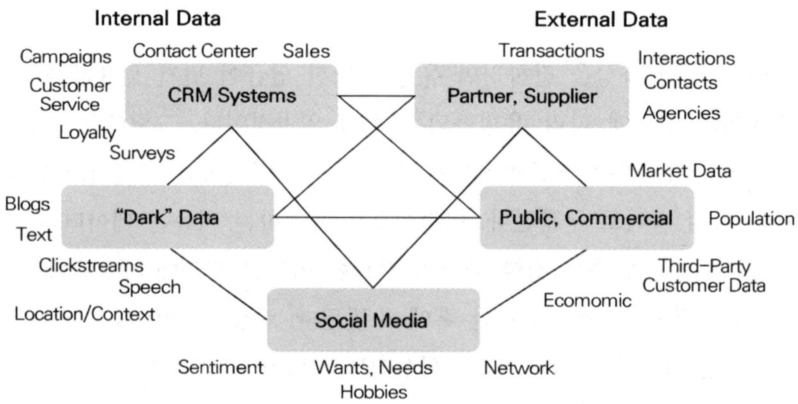

출처: 위는 IDC(2012), 아래는 Gartner(2012)

크기가 큰 데이터만 처리한다고 모두가 빅데이터 기술은 아니다. IBM은 3V, 즉 다양성(Variety), 규모(Volume), 속도(Velocity)라고 설명하는 빅데이터의 세 가지 특성 가운데 두 가지를 충족시킬 수 있으면 빅데이터 관련 기술이 된다고 언급했다. 대용량(Volume)이라 함은 과거보다 데이터의 규모가 더욱 증가했다. 이는 여러 개별요소들의 방대한 생 데이터(Raw Data: Source Data 또는 Atomic Data라고도 함)의 집합이다. 다양성(Variety)이란 기존의 관계형 데이터베이스뿐만 아니라 SNS, 위치정보, 각종 로그 기록을 비롯해 멀티미디어 등의 비정형 데이터를 포함한 다양한 유형의 구조화되지 않은 데이터를 다룬다는 의미이다. 마지막으로, 실시간성(Velocity)이란 데이터를 생성하거나 수집 및

표 2 빅데이터의 유형

구분	주요 내용
규모(Volum)의 증가	• 기술적인 발전과 IT의 일상화가 진행되면서 해마다 디지털 정보량이 기하급수적으로 폭증→제타바이트(ZB) 시대로 진입
다양성(Variety) 증가	• 로그기록, 소셜, 위치, 소비, 현실데이터 등 데이터 종류의 증가 • 텍스트 이외의 멀티미디어 등 비정형화된 데이터 유형의 다양화
복잡성(Complexity) 증가	• 구조화되지 않은 데이터, 데이터 저장방식의 차이, 중복성 문제 등 • 데이터 종류의 확대, 외부 데이터의 활용으로 관리대상의 증가 • 데이터 관리 및 처리의 복잡성이 심화되고 새로운 기법 요구
속도(Velocity) 증가	• 사물정보(센서, 모니터링), 스트리밍 정보 등 실시간성 정보 증가 • 실시간성으로 인한 데이터 생성, 이동(유통) 속도의 증가 • 대규모 데이터 처리 및 가치 있는 현재정보(실시간) 활용을 위해 데이터 처리 및 분석 속도가 중요

통합하고 분석하고 활용하는 모든 단계에 있어서 속도가 중요하다.

궁극적으로 빅데이터에서는 분석 결과를 실시간으로 활용하는 것을 추구하며, 이것이야말로 과거의 유사한 기술 트렌드와 빅데이터를 구별하는 가장 큰 특징이라 할 수 있다. 이러한 3대 특성 외에도 가트너는 네 번째 특성으로 복잡성(Complexity; 외부 데이터 활용, 중복성 등)을, IBM은 가치(Value)를 추가하기도 했다.

이상에서 논의된 빅데이터를 구분짓는 개념은 기존의 데이터웨어하우스(Data Warehouse; 이하 DW) 및 비즈니스 인텔리전스(Business Intelligence; 이하 BI) 기술로는 처리하기 어려웠던 정형 및 비정형 데이터가 다양한 형태로 혼재된 복잡성 높은 대용량 데이터를 신속하게 처리 가능하며, 이를 기반으로 심층분석(Advanced Analytics)과 예측 등을 통한 새로운 차원의 비즈니스 및 서비스 창출이 가능하다는 점이다. 이에 따라 빅데이터를 규정짓는 3대(大) 기본 속성도 방대한 규모(Volume), 빠른 처리 속도(Velocity), 다양한 형태(Variety) 등의 '3V'로 특징지어지며, IBM은 가치를, 가트너는 복잡성를 추가했는데, 이는 3V만으로는 빅데이터의 진실을 설명하기가 부족함을 시사한다. 가트너가 말하는 빅데이터의 진실(Truth)은 다양한 데이터 셋(Multiple sets of data) 간의 상관관계를 이해하는 데 있다. 새로운 것이 아닌 이전부터 존재했던 데이터를 모으는 것 자체가 의미가 있는 것이 아니라, 의미가 없는 다크 데이터(Dark data)와 가치가 있는 데이터를 구분할 수 있어야 경영에 도움이 되는 것이다.

빅데이터의 기술 요건

이상에서는 빅데이터의 개념과 특성을 살펴보았는데, 축적된 엄청난 양의 데이터를 빠르게 처리하고 효율적으로 분석하기 위해서는 기존의 데이터 기술로는 불가능하며, 빅데이터 기술이 필수적이다. 즉, 단순히 운영을 위한 데이터 관리뿐만 아니라 데이터에서 찾을 수 있는 가치있는 정보를 추출해내고 분석해야 한다. 그렇다면 빅데이터 기술 요건은 어떻게 마련해야 할까? 2013년

그림 2 인터넷 시대의 진화에 따른 데이터의 중요성 변화 및 분석 기술의 등장

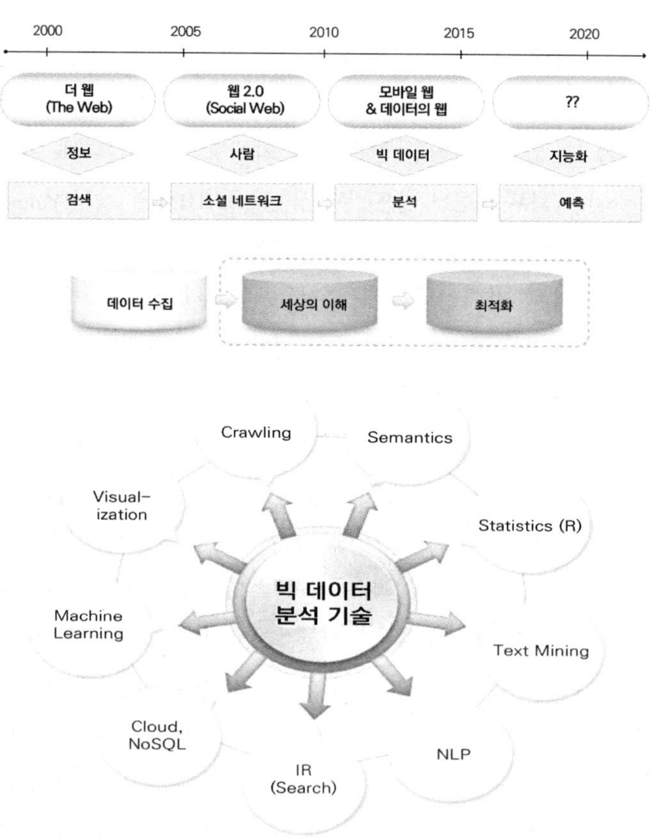

출처: Saltlux

유럽연합(EU) 빅데이터 플랫폼 사업의 공동 수주를 시작으로 같은 해 말 공공 빅데이터 분석을 목표로 영국의 ODI와 컨소시엄을 구성한 국내 기업으로는 글로벌 진출에 가장 적극적인 솔트룩스(Saltlux)를 들 수 있다.

이 기업에 의하면, 웹 2.0을 지나 모바일 웹 시대가 되면서 점차 빅데이터가 핵심 자산이 되었고, 현재는 기계학습(Machine learning), 텍스트마이닝(Text mining), 자연어 처리(Natural language processing; 이후 NLP), 시맨틱스(Semantics) 등 다양한 분석 기술들이 등장하고 있지만, 결국에는 빅데이터의 품질이 중요해지고(지능화), 이를 기반으로 미래를 예측하는 기술들이 중심적인 역할을 할 것으로 예상된다. 한편, 실시간 데이터 수집에 필요한 크롤링(Crawling), 데이터 저장과 처리에 필요한 클라우드 및 NoSQL이나 통계(Statistics) 기술도 기반이 되는 주요한 인프라이며, 분석된 내용을 보여주는 시각화(Visualization) 기술도 더욱 중요해지고 있다.

따라서, 빅데이터의 기술 요건을 수집－저장/처리－분석－활용 단계로

표 3 단계별로 본 빅데이터 기술요건

요소 기술	설명	해당 기술
빅데이터 수집	조직내부와 외부의 분산된 여러 데이터 소스로부터 필요로 하는 데이터를 검색하여 수동 또는 자동으로 수집하는 과정과 관련된 기술로 단순 데이터 확보가 아닌 검색/수집/변환을 통해 정제된 데이터를 확보하는 기술	ETL/크롤링 엔진/로그 수집기/센싱 RSS, OPEN API 등
빅데이터 공유	서로 다른 시스템 간의 데이터 공유	멀티 테넌트 데이터 공유/협업 필터링 등
빅데이터 저장	작은 데이터라도 모두 저장하여 실시간으로 저렴하게 데이터를 처리하고, 처리된 데이터를 더 빠르고 쉽게 분석하여, 이를 비즈니스 의사결정에 바로 이용하는 기술	병렬 DBMS/하둡(Hadoop)/NoSQL 등
빅데이터 처리	엄청난 양의 데이터의 저장 수집·관리·유통·분석을 처리하는 일련의 기술	실시간 처리/분산 병렬 처리/인-메모리 처리/인-데이터베이스 처리
빅데이터 분석	데이터를 효율적으로 정확하게 분석하여 비즈니스 등의 영역이 적용하기 위한 기술로 이미 여러 영역에서 활용해 온 기술임	통계 분석/데이터 마이닝/텍스트 마이닝/예측 분석/최적화/평판 분석/소셜 네트워크 분석 등
빅데이터 시각화	자료를 시각적으로 묘사하는 학문으로 빅데이터는 기존의 단순 선형적 구조의 방식으로 표현하기 힘들기 때문에 빅데이터 시각화 기술이 필수적임	시간시각화/분포시각화/관계시각화/비교시각화/공간시각화/인포그래픽

출처: 한국방송통신전파진흥원, 2013.12

그림 3 네 단계로 본 빅데이터 기술요건

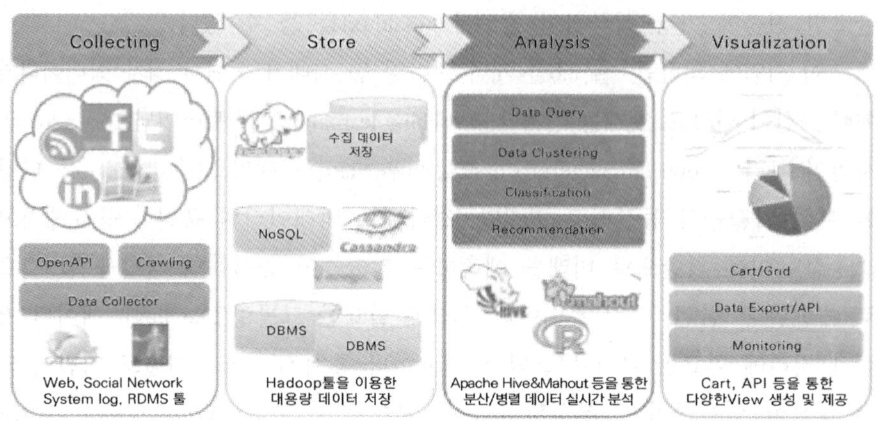

출처: KTH

나누어 살펴볼 필요가 있다. 빅데이터 기술을 다루는 많은 기관들이 빅데이터 솔루션의 처리 과정을 내놓고 있는데, 예로 한국방송통신전파진흥원은 수집－공유－처리－분석－시각화 단계로, 수집과 공유는 묶어도 상관없다고 판단된다. kth는 수집－저장－분석－시각화 단계로 나누고 있는데, 여기서는 후자를 따르기로 한다.

먼저 데이터 수집을 보자. 빅데이터 수집 기술은 조직 내부와 외부의 분산된 여러 데이터 소스로부터 필요로 하는 데이터를 검색하여 수동 또는 자동으로 수집하는 과정과 관련된 기술로, 단순 데이터 확보가 아닌 검색, 수집, 변환을 통해 정제된 데이터를 확보하는 기술을 의미한다. 이때 데이터의 수집은 기업의 내부와 외부의 분산된 다양한 데이터를 검색하는 것뿐만 아니라 스크라이브(Scribe), 척와(chukwa), 플룸(flume) 등의 다양한 데이터 수집 기술을 통해 수집하고 이렇게 수집한 데이터를 변환, 저장하는 과정까지 모두 포함된다. 또한, 더욱 가치 있는 데이터를 산출하기 위해서는 변환, 저장, 분석 과정을 반복하게 된다. 일반적인 조직 내부에 존재하는 정형 데이터는 로그 수집기를 통해 수집하며 조직 외부에 존재하는 비정형 데이터는 크롤링, RSS Reader, 또는 소셜 네트워크 서비스에 서 제공하는 Open API를 이용한 프로그래밍을 통해 수집한다.

그림 4 데이터 수집 방법

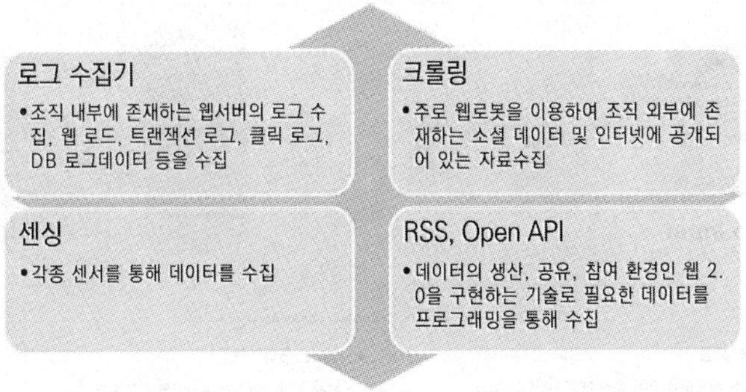

로그 수집기	크롤링
•조직 내부에 존재하는 웹서버의 로그 수집, 웹 로드, 트랜잭션 로그, 클릭 로그, DB 로그데이터 등을 수집	•주로 웹로봇을 이용하여 조직 외부에 존재하는 소셜 데이터 및 인터넷에 공개되어 있는 자료수집
센싱	**RSS, Open API**
•각종 센서를 통해 데이터를 수집	•데이터의 생산, 공유, 참여 환경인 웹 2.0을 구현하는 기술로 필요한 데이터를 프로그래밍을 통해 수집

출처: citsaft.net/?page id=523("Big data capture")

사실상 데이터 소스가 내·외부인지에 대한 구분은 이제 의미가 없어졌으며, 어떤 데이터가 필요한 지가 데이터 수집과 관련한 주요한 기술요건이 되고 있다. 내부 데이터는 ETL(Extract, Transformation, Load) 등의 솔루션을 적용하여 확보하거나 물리적 이동없이 분석에 적용할 수 있는 EII(Enterprise Information Integration)를 활용할 수 있다. 한편, 분석 뷰(View)가 수시로 변화하는 상황에서는 물리적 이동이나 생성보다는 EII를 통한 처리가 훨씬 유용하다. 외부 데이터의 경우에는 앞서 언급한 크롤링 엔진(Crawling Engine)을 활용해 키워드 검색을 수행하거나 스캐닝을 통하여 데이터를 확보할 수 있다. 데이터 공유를 위해서도 데이터웨어하우스의 ETL 프로세스가 대표적으로 이용된다.

다음은 데이터 저장 및 처리 부문이다. 빅데이터 저장 기술은 작은 데이터라도 모두 저장하여 실시간으로 저렴하게 데이터를 처리하고, 처리된 데이터를 빠르고 쉽게 분석하도록 하여 비즈니스 의사결정에 바로 이용하도록 만드는 기술이다. 빅데이터 저장기술은 구글이나 애플, 야후 등에 의해 요소기술로서 상당한 완성도에 이미 도달했으며 오픈 소스인 하둡(Hadoop)의 하둡 분산형 파일 시스템(Hadoop Distributed File System; 이후 HDFS)/H베이스(Hbase), 카산드라(Cassandra) 등이 대표적이다. 한편, 병렬 DBMS와 NoSQL은 대량의 데이터를 저장하기 위해 수평 확장 접근 방식을 사용하는 기술이며 동일한 분산처리 기술인 하둡은 저렴한 비용으로 빅데이터 시스템을 구축할 수 있는 장

그림 5　저장소로서의 하둡, 장점과 단점

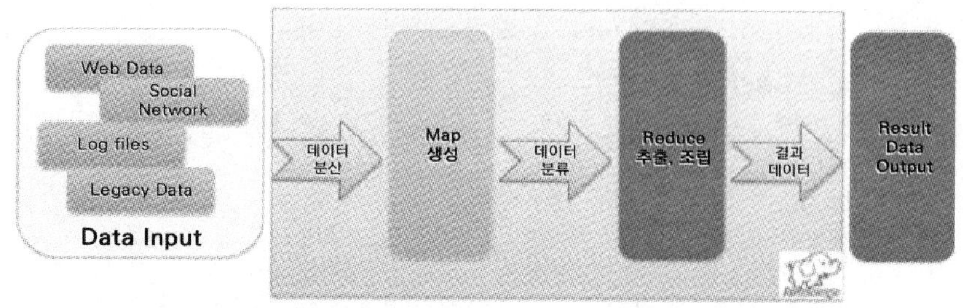

〈Distribute Map & Data Reduce Processing (Hadoop)〉

- Hadoop의 장점
  - 대용량 파일을 저장할 수 있는 분산 파일 시스템을 제공
  - 클러스터 구성을 통해 멀티 노드로 부하를 분산시켜 처리
  - 장비를 증가시킬수록 성능이 ?에 가깝게 향상
  - 오픈소스, Intel Core머신과 리눅스와 같은 저렴한 장비의 사용이 가능
- Hadoop의 단점
  - Map/Reduce 방식의 사고의 전환 필요
  - Open Source 로써 아직은 개발이 진행중인 상태
  - 버전 호환성이 낮으며 구현되지 않은 부분이 많음
  - 메모리 및 네트워크 관련 시행 착오의 가능성이 높아짐에 대한 대비가 필요

출처: KTH

점 때문에 가장 대표적인 기술로 자리잡고 있다.

이미 활용되고 있는 파일시스템인 하둡이나 NoSQL DB에 저장한 상태로 필요한 정보를 추출할 수 있다. 하둡은 처음 시장에 소개된 이후부터 각기 다른 오픈소스 활동들의 빅데이터 아키텍처로 통합하는 중심체 역할을 해오고 있으며, 일부는 하둡의 본질을 단순한 HDFS로 정의하기도 하지만, Hbase, 카산드라 등 HDFS－대안 데이터베이스가 이러한 주장의 설득력을 약화시키고 있다. 외부 데이터만으로 인사이트(Insight)를 확보하기는 더욱 어려워질 것이며, 정형화된 DB 형태로 저장된 내부 데이터와 연계되어야 빅 인사이트가 발현되므로, 이를 이룰 수 있도록 파일시스템 혹은 NoSQL DB영역과 일반 DBMS영역을 연계하는 어댑터(혹은 Bridge)가 필요해지게 된다.

데이터 활용의 시급성 및 특성에 따라 저장위치(Data Positioning)가 결정될 수 있다. 실시간으로 활용되는 빅데이터는 하둡을 적용한 영역에 보관하고(혹은 원본 데이터는 HDFS에 저장), 좀 더 시간적 여유가 있는 데이터는 빅데이터 어플라이언스(Big Data Appliance) 영역에 저장(혹은 대용량 분산 데이터 저장은 NoSQL영역에 저장)할 것인지 결정하면 된다. 예컨대, 통신기업의 CDR(Call Data Record)데이터를 분석할 경우, 생명주기(분석의 유효성)가 50일 정도 된다고 보면 50일 간의 CDR은 하둡 영역에, 50일에서 6개월 이내 CDR은 BDW 영역에, 나머지는 아카이브 영역에 저장한다든지 등의 정책이 결정되어야 한다. 이러한 정보생명주기관리(Information Life-Cycle Management)가 빅데이터 시대의 데이터 처리 및 저장의 중요한 기술요건이 된다. 또한 내부 및 외부 데이터를 상호 연계하여 분석하기 위해서는 내부 데이터와 연계할 수 있는 키를 도출하여 외부 데이터에 반영하는 작업도 중요한 기술요건이다.

이에 따라, 반 정형 데이터라 할 수 있는 메타데이터 시스템의 중요성도 함께 증가하고 있다. 물론 외부 데이터를 의사결정의 한 요소로 적용한다는 것 자체가 약간의 위험성을 내포하고 있으나 이러한 위험을 최소화할 수 있도록 데이터 품질 관리에 대한 심도 있는 검토가 선행되어야 한다. 대규모 데이터를 다루는 비용적 부담 때문에 많은 주체들이 클라우드를 고민하고 있으나, 정보생명주기관리, 메타데이터 시스템 및 데이터 품질 측면에서 클라우드는 더욱 중요해진다.

빅데이터 처리기술은 엄청난 양의 데이터를 저장·수집·관리·유통·분석을 처리하는 일련의 기술로, 수많은 사용자 요청을 실시간으로 처리한 후 처리 결과를 반환하는 기술이다. 대량의 데이터를 분산 환경에서 병렬로 처리하여 수평적인 확장 접근 방식을 취하는 한편 방대한 양의 데이터를 하드디스크가 아닌 메모리에 보관하여 실시간으로 분석할 수 있도록 하는 인-메모리 기술과 DB 내부에서 직접 분석로직을 실행하는 인-데이터베이스 기술이 대표적인 기술이다. 빅데이터 처리기술은 하둡과 몽고DB(MongoDB), 병렬처리 모델인 맵리듀스(Mapreduce), 인메모리(In-memory) 기술인 에스퍼(Esper) 등이

표 4 빅데이터 분석을 위한 대표적인 통계기법

통계기법		설명
고차원 회귀/분류 분석	Lasso	모형의 예측 성능 향상과 변수
	Ensemble	단순모형을 결합하여 고성능 모형을 찾는 방법
	SVM(Support Vector Machine)	주어진 자료들을 분리하는 가장 좋은 초평면을 찾는 방법
군집 분석	K-means clustering	군집의 중심과 자료와의 거리를 최소화
	Hierarchical clustering	계층 구조를 갖는 군집화
	Model based clustering	혼합 모형에 기초한 군집분석으로 자료를 군집화하는 동시에 각 군집의 분포를 추정

출처: 한국방송통신전파진흥원(2013)

있다.

빅데이터의 기술요건에서 가장 핵심이 되는 부문은 분석이다. 이에 대해서는 따로 떼어서 8장에서 이의 진화에 대해 깊이 있게 다룰 것이며, 여기서는 간단히 통계기법과 주요 예측분석 중심으로 언급하기로 한다. 주요 빅데이터 분석기술로는 빅데이터 통계분석, 데이터 마이닝, 텍스트 마이닝, 예측 분석, 최적화, 평판 분석, 소셜 네트워크 분석 등이 있다. 먼저, 통계 분석은 다양한 분석에서 활용되는 기술로서 통계적 컴퓨팅에 사용되는 R, SAS 등을 통하여 다양한 통계기법으로 분석할 수 있다. 다양한 통계 기법을 통하여 목적에 맞는 가장 정확하고 효율적인 통계 분석을 수행할 수 있게 된다.

데이터 마이닝은 통계 및 수학적 기술뿐만 아니라 패턴인식 기술들을 이용하여 데이터 저장소에 저장된 대용량의 데이터를 조사함으로써 의미있는 새로운 상관관계, 패턴, 추세 등을 발견하는 과정으로 다양한 분야에서 활용될 수 있으며, 기계학습, 패턴 인식, 통계학, 신경망 컴퓨팅 등과 관련하여 가장 기본적인 분석 기술이다. 데이터마이닝의 주요 기법으로는 OLAP(Online Analytical Processing), 군집 분석(Cluster Analytics), 연결 분석(Link Analytics), 사례기반 추론(Case-Based Reasoning), 연관성 규칙 발견(Association Rule Discovery), 인공 신경망(Artificial Neural Network), 의사결정 나무(Decision Tree), 유전자 알고리즘(Genetic Algorithm) 등이 있다. 텍스트 마이닝은 정형화되지 않은 대규모의 텍스트 집합으로부터 새로운 지식을 발견하는 과정으로 텍스트 문서 전처리 및 패턴 분석 등의 단계를 가지며, 순환 구조로서 계속적인 피드백을 수행한다.

예측 분석은 과거 자료와 변수 간의 관계를 이용하여 관심이 되는 변수를 추정하는 것으로서 앞서 언급된 통계 분석, 데이터 마이닝 및 텍스트 마이닝 기술들을 기반으로 예측 분석을 수행하게 된다. 평판분석은 SNS 등의 정형, 비정형 텍스트의 긍정, 부정, 중립의 선호도를 판별하는 분석 기술로, 주로 특정 서비스 및 상품에 대한 시장규모 예측, 소비자의 반응, 입소문 분석 등에 활용된다. 소셜네트워크 분석은 소셜네트워크 연결 구조 및 연결 강도 등을 바탕으로 사용자의 명성 및 영향력을 측정하는 기술로, 수학의 그래프 이론에 뿌리를 두고 있다. 주로 마케팅을 위하여 소셜 네트워크상에서 입소문의 중심이나 허브 역할을 하는 사용자를 찾는 데 주로 활용된다. 그 밖에 실시간 분석, 준 실

표 5 예측분석의 주요 기법

구분	설명
추세분석(trend analysis)	기술적 분석의 출발점으로써, 다항 회귀모형과 유사한 모형을 가정하고 모수의 추정을 통해 예측값을 구하는 분석법
평활법(smoothing method)	현재로부터 가장 최근에 관측된 자료에는 큰 가중값을 주고, 과거로 갈수록 그 가중값의 크기를 줄여나가는 일종의 가중평균을 이용한 예측방법
자기회귀누적이동평균(ARIMA) 모형에 의한 분석법	현 시점의 관측값을 과거의 관측값을과 백색잡음이라고 들리는 오차들의 형태로 표현하는 모형으로서, 박스-젠킨스모형이라는 이름으로 가장 많이 사용되고 있음

출처: 한국방송통신전파진흥원(2013)

시간 분석 등과 같은 정확성보다는 분석 속도에 초점을 두는 분석 기술도 있다. 분석에 필요한 모든 가용한 데이터를 활용하여 사용자의 요청에 대한 분석을 수행하고 빠르고 적시에 지식(분석 결과)을 제공해 줄 수 있는 분석기법과 실시간 분석 등을 위하여 인-데이터베이스 분석, 인-메모리 분석, 다중 프로세스를 활용하는 MPP 등과 같이 보다 빠른 지원기술을 이용할 수 있다.

분석 부문에서 중요한 것은 외부의 유용한 데이터와 내부 데이터를 같이 활용하기 위해 연계 분석영역(Federation Mart)을 두어 활용할 데이터를 지속적으로 확장하는 형태로 유지하는 것이다. 물론, 데이터 사이언티스트(다양한 정의를 가지고 있는 의미이지만, 분석 및 활용 측면에서 정의한다면, 당면한 이슈 혹은 불확실한 미래를 예측하기 위하여 필요한 정보를 정의하고, 이를 분석에 활용할 수 있는 형태로 정보가공 알고리즘을 도출하여 적용할 수 있는 창의적인 역량을 보유한 분석가)들이 지속적으로 알고리즘을 활용하여 새로운 비즈니스 룰들을 생성하고 적용(Deployment)할 수 있도록 일정영역(Test-Bed성 DB영역)을 유지하는 것이 관건이다. 데이터사이언티스트에 대해서는 11장에서 자세히 다루기로 한다.

마지막으로 데이터의 실제적 활용을 위한 기술적 요건은 시각화이다. 현업에 종사하는 인력들이 분석 결과를 효과적으로 활용하게 하기 위해서는 시각적 요소가 가장 중요하다. 물론 도표나 그래프를 활용한 분석 결과의 표현과 버튼을 활용한 변수값 조정 등의 기능들을 포함한다. 그러나 가장 중요한 것은 분석 시나리오에 따라 관련 분석정보들을 순차적으로 혹은 동시에 분석하는 '분석경로'를 설계하여 구축에 반영하는 것이다. 이러한 설계를 바탕으로 한 주제에 대한 분석 뷰(View)들이 구성되어 있어야 한다.

그림 6 도넛 차트와 누적 영역 그래프 예

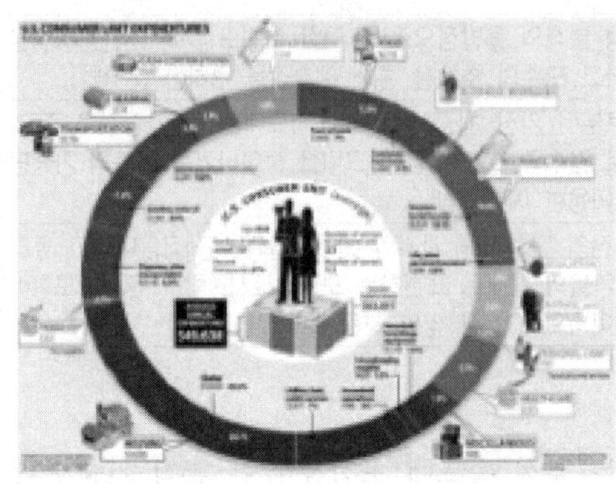

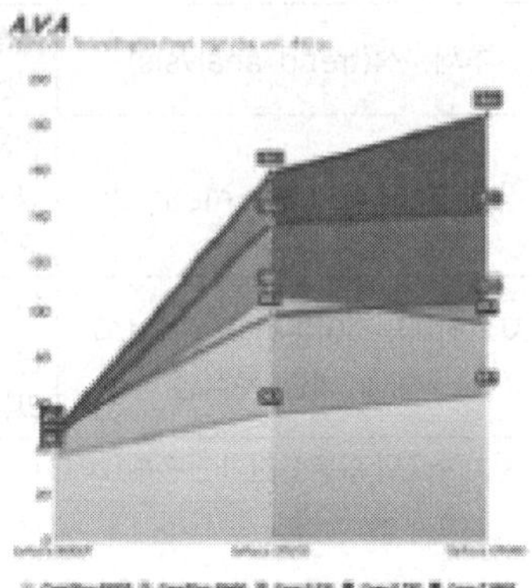

출처: 한국정보화진흥원(2013)

시각화 기술에는 시간 시각화, 분포 시각화, 관계 시각화, 비교 시각화, 공간 시각화, 인포그래픽 등의 기법이 있다. 먼저 시간 시각화 기술은 분절형과 연속형으로 구분되는데 분절형은 데이터는 특정시점 또는 특정 시간의 구간 값(예: 어떤 시험의 평균 통과율)을 막대그래프, 누적 막대그래프, 점그래프 등으로 표현한다. 연속형은 기온 변화같이 지속적으로 변화하는 값, 시계열 그래프, 계단식 그래프, LOESS 곡선 추정 등으로 표현하는 방식이다. 분포 시각화 기술은 전체 분포와 시간에 따른 분포로 나누어진다. 최대, 최소, 전체 분포를 나타내는 그래프로 전체의 관점에서 각 부분 간의 관계를 보여주는 전체 분포는 파이 차트, 도넛 차트, 누적 막대그래프, 인터랙티브 누적 막대그래프 등으로 표현된다. 시간에 따른 분포는 1900년부터 2000년까지의 연령별 한국 인구 분포처럼 시간에 따라 어떤 변화가 있었는지 나타내는 기술로 누적 연속 그래프, 누적영역 그래프, 인터랙티브 누적 영역 그래프, 선 그래프 등으로 표현할 수 있다.

관계 시각화 기술은 각기 다른 변수 사이에서 관계를 찾는 기술로 상관관계, 분포, 비교로 구분할 수 있다. "상관관계"는 스캐터플롯, 스캐터플롯 행렬, 버블차트 등으로 표현할 수 있다. 비교 시각화 기술은 여러 변수를 비교하는 히트맵, 체르노프 페이스, 스타 차트, 평행좌표 그래프, 다차원척도법(Multi-Dimensional Scaling), 아웃라이어(Outlier) 찾기 등으로 표현된다. 공간 시각화는 위치를 점

그림 7　체르노프 페이스, 다차원 척도법, 아웃라이어 찾기의 예

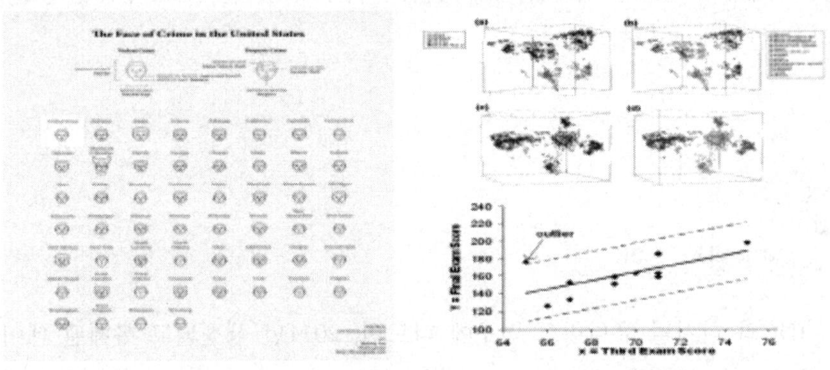

출처: 한국정보화진흥원(2013)

그림 8　통계, 타임라인, 프로세스, 위치 기반 인포그래픽의 예

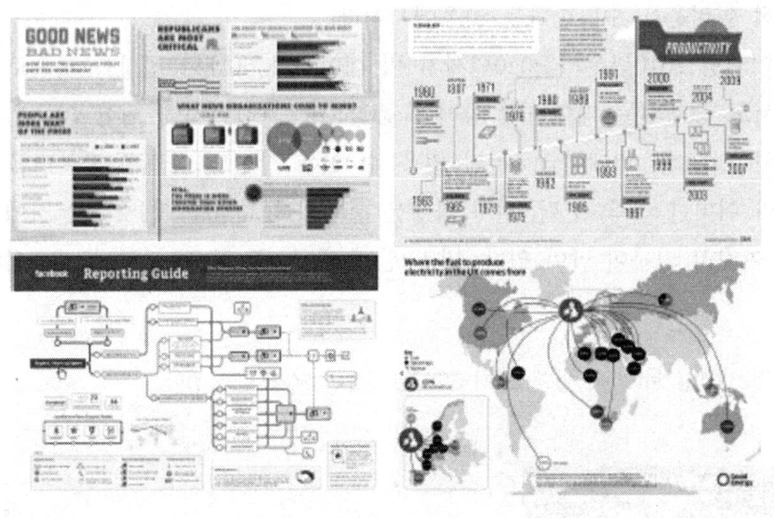

출처: 한국정보화진흥원(2013)

이 찍힌 지도, 선을 그린 지도, 버블을 그린 지도 등으로 특정하고 색상으로 영역을 구분한다. 시간과 공간에 따라 작은 지도를 하나로 그려 패턴의 변화를 보여주는(예: 실업률 변화 등) 스몰 멀티플이나 애니메이션 확산 지도를 활용한다.

인포그래픽(infographic)은 인포메이션(information)과 그래픽(Graphic)의 합성어로 다량의 정보를 차트, 지도, 다이어그램, 로고, 일러스트레이션 등을 활용하여 한눈에 파악할 수 있다.

빅데이터의 발전 동인

IDC의 디지털 유니버스 연구에 따르면, 2011년 생성되고 복제된 데이터의 양이 5년 새 9배나 증가된 1.8제타 바이트(1조 8천억 기가바이트)를 넘어섰다. 2020년까지 빅데이터가 50배 성장할 것으로 전망되지만, 빅데이터가 지속적으로 기회를 창출할지에 대한 의문이 제기된 바 있다. 빅데이터는 필연적으로 빅노이즈를 발생시키며, 빅노이즈로부터 의미있는 신호를 포착하는 것은 기술적 어려움을 수반한다는 이유에서이다.

이처럼 2010년부터 2020년까지 빅 데이터가 50배나 성장할 것으로 전망하면서도 증대되는 데이터의 양처럼 품질도 증가하는지에 대한 의문은 함께 증대된다. 또한, 빅데이터로부터 얻을 수 있는 장점도 아직은 불분명할 뿐만 아니라 어떠한 전략, 인력, 절차 과정을 선택해야 효과를 볼 수 있는지에 대해서도 여전히 의문이 남아 있다. 몇몇 산업 영역, 즉 금융, 보험, 광고, 의료 서

그림 9 2011년 빅데이터 양과 2010-2020년 동안의 50배 증가 전망

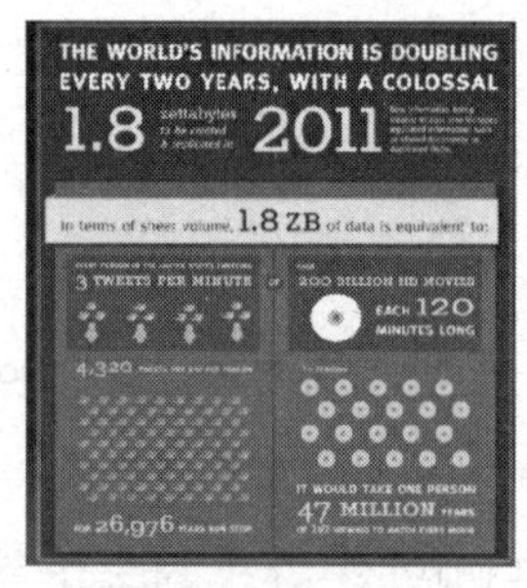

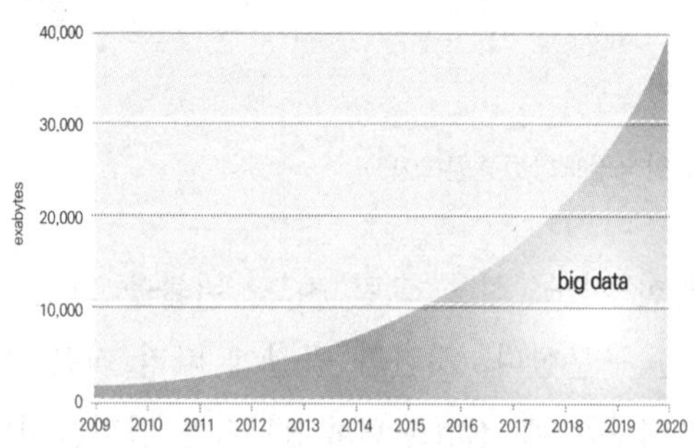

출처: 좌측은 인포그래픽스(2011), 우측은 IDC Digital Universe Study(2012)

그림 10 기가바이트(Gigabyte)당 하드드라이브 비용 전망(1980~2015)

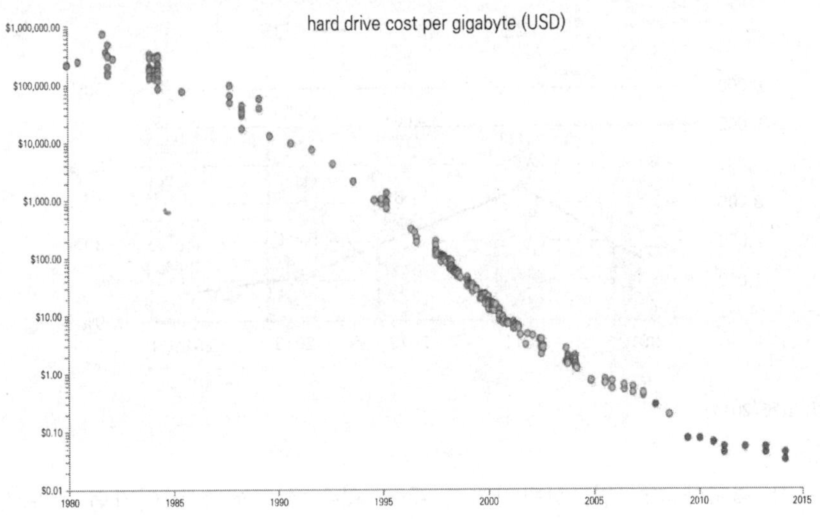

출처: Mkomo(2014)

비스 등 빅데이터를 통한 성과 창출이 용이한 분야 이외의 산업들은 빅데이터에 의한 성과를 기대만 하는 수준이다. 성과에 대한 점검은 3장에서 다루어질 예정인데, 이러저러한 기대와 우려 속에서도 빅데이터를 견인할 발전 동인에 대한 점검은 반드시 필요하다고 본다.

실제로 데이터 급증이 야기할 두 가지 현상은 저장공간의 부족과 네트워크 부하이다. 이 두 가지가 빅데이터 기술 발전만큼이나 뒷받침되어야 한다는 의미이다. 그렇다면 발전 동인으로 충분한 하드웨어와 네트워크의 현재 상황은 어떠한가? 먼저, 하드웨어 측면에서 살펴보자. 데이터 저장소의 가격 하락이 빅데이터 생태계를 촉진하고 발전시키는 동인의 역할을 수행할 것이며, 저렴해진 저장소 비용이 더 저렴한 빅데이터 분석과 서비스 비용으로 이어지고, 이는 모바일 기기의 저장 역량의 증가를 촉진시킬 것이기 때문이다. 실제로 1980년대 기가바이트당 가격은 약 10억 원이었는데, 2015년에는 100원에도 미치지 못하는 수준으로 가격이 급락되면서 데이터 수집, 유지 및 관리하는 것이 보다 용이해지고 있다.

한편, 이러한 가격 하락에도 불구하고, 스토리지 시스템 매출은 감소한 것으로 나타났다. 한국IDC의 2013년 4분기 한국 디스크 스토리지 시스템 시

그림 11 국내 외장형 디스크 스토리지 시스템 시장 매출(억 원; 2010~2014)

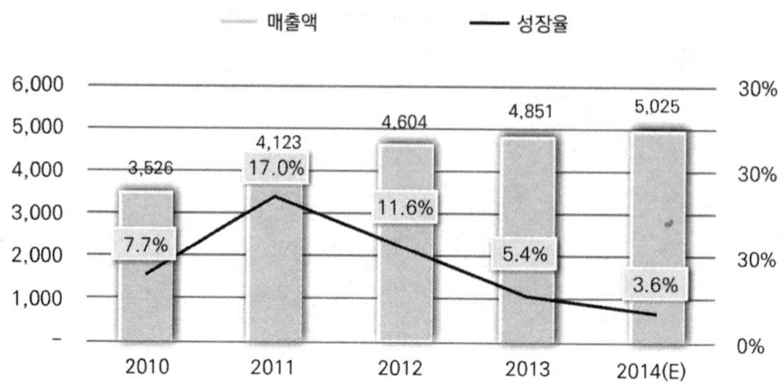

출처: IDC(2014)

장 조사 결과에 따르면, 상반기까지 두 자릿수 성장세를 이어가던 스토리지 시장이 하반기에 감소세로 돌아서면서 2013년 연간 성장률이 5.4%에 그쳤다.

그 내용을 보면, 주요 은행의 신경 분리 및 포스트 차세대 사업과 카드사 차세대 수요가 금융 시장을 견인했으며 통신사의 BIT 프로젝트와 주요 공공 기관 차세대, 정부 통합 전산 센터의 자원 통합 수요가 시장을 견인했다. 한편, IDC는 클라우드와 빅데이터 요구가 확대됨에 따라 스토리지 아키텍처에도 변화가 있을 것으로 전망했다. 소프트웨어 정의 스토리지(SDS) 추세와 맞물려 서버 내장 디스크나 JBOD(Just a bunch of disks), 저가 DAS 기반 표준 플랫폼에 이기종 관리 기능이 강화된 가상화 소프트웨어나 오픈소스 기반의 분산 처리 파일 시스템을 조합한 방식의 스토리지 운용이 확대될 것으로 예상된다.

하드웨어 측면에서 본 또 다른 발전 동인은 앞에서도 수차례 강조한 클라우드 서버에 대한 투자에 따른 시장의 성장이다. 데이터 급증으로 저장공간은 더욱 부족해지고, 2008년까지는 주로 정형데이터를 처리했으므로 용량이 큰 고가 스토리지 투자가 많았지만, 데이터의 분산 저장이 가능해지면서 중저가 보급형 스토리지와 서버 투자가 증가세를 보이기 시작했으며, 이제 클라우드를 사용하게 되면 서버당 비용을 연간 6천 달러까지 절감 가능하게 되었다. 기존 서버 유지보다 클라우드가 더 저렴하다는 뜻이다. 클라우드 컴퓨팅으로 물리적 저장공간 부족의 한계도 극복할 수 있게 될 것이다.

그림 12 세계 유선통신 및 모바일 가입 비교(1994~2009)

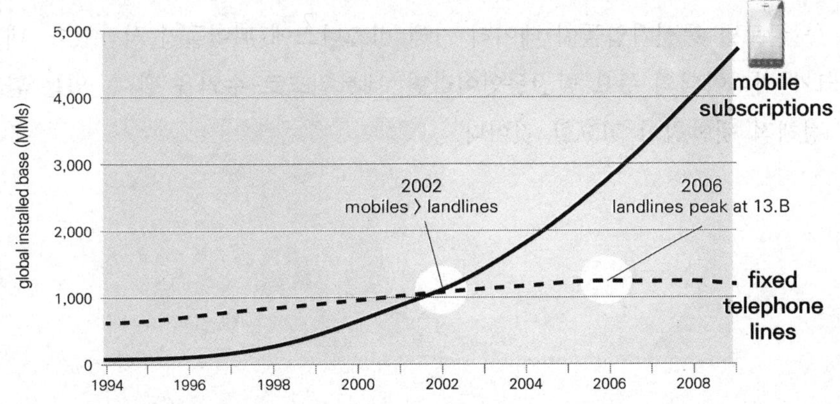

출처: KPCB, Internet Trends(2012)

다음은 네트워크이다. 유무선 브로드밴드 확산과 접근성 확대는 디지털 서비스 수요를 촉발시키는 역할을 수행했다. 와이파이(WiFi)에서 LTE(Long Term Evolution)에 이르기까지 통신기업들이 제공하는 네트워크가 TV, 음성, 인터넷 연결성을 포함한 패키지를 제공하는 발전동인으로 부상한다. 버라이존(Verizon)과 AT&T 같은 통신업계 선두 주자들은 멀티스크린 포트폴리오를 무선 서비스까지 확대하였다. 전통적인 소비 행태에서 광대역 네트워크 기반의 유료, 무료, 혼합형 등 새로운 비즈니스모델들이 출현하게 된다.

이처럼 네트워크도 빅데이터 기술만큼이나 중요한 발전 동인이 되고 있으나, 이를 제공하는 통신기업에게 돌아가는 이익은 점차 줄어들고 있다. 그동안 가치사슬상의 네트워크에서 출발하여 수직적 통제력을 유지해온 통신기업들은 네트워크에서 점차 수익성을 담보 받지 못하게 되는 치열한 경쟁 상황을 맞이하기 시작한다. 현실적으로, 통신기업들은 전 방위적으로 경쟁에 직면하고 있다. 즉, 이들은 기존 사업의 매출 하락을 경험 중인데, 이는 자연히 자본비용과 영업비용 모두에 악영향을 미친다. 통신기업은 여전히 네트워크를 주요 자산으로 여기고 있으나, 이와 관련된 비즈니스를 꿈꾸지만, 이것이 점점 용이하지 않다면 다른 자산에도 눈을 돌려야 할 시점임을 깨닫기 시작했다.

최근 통신기업들이 고려하는 또 다른 주요 자산은 풍부한 고객 데이터

(Wealth of customer data)이며, 아직 초기 단계이지만 고객 데이터가 수익화 가능한 비즈니스 기회를 열어줄 것이라는 기대감이 일면서, 버라이존, 텔레포니카 등 글로벌 통신기업들이 데이터 거래 비즈니스에 뛰어들기 시작했다. 네트워크가 빅데이터의 주요 발전동인이라면, 네트워크로 수익을 낼 수 있는 환경과 정책적 뒷받침이 필요할 것이다.

✩ 토의문제

1. 빅데이터를 활용함에 있어 요구되는 전제조건이 무엇인지에 대해 설명하시오.
2. 다양한 기관에서 정의한 빅데이터의 기본 개념에 대하여 토의하시오.
3. 빅데이터의 유형은 어떤 것이 있으며, 이를 토대로 본 3대 특성에 대해 논의하시오.
4. 빅데이터 분석 기술 요건을 수집-저장/처리-분석-활용 단계별로 구분, 설명하시오
5. 빅데이터 분석 붐을 이루게 된 발전 동인을 하드웨어, 네트워크 측면에서 논하시오.

사례연구 1

“빅데이터, 목적인가 수단인가”

되짚어 보면 보건의료분야에서 기술과 연계된 화두는 항상 존재해왔다. 병원정보화, 유비쿼터스 헬스, 스마트 병원, 데이터 표준 등의 개념이 아마도 지난 십여 년 간의 의료정보에서 가장 많이 회자되었던 기술적 화두였을 것이다. 최근 1~2년 동안 가장 많은 관심을 받고 있는 화두는 무엇일까? 아마도 웰니스와 빅데이터 기술이라는 데 대부분의 사람들이 동의할 것이다. 두 가지 단어가 들어가지 않으면 각종 R&D에서 조명을 받기 어려울 정도로 일종의 유행처럼 또는 강박처럼 대한민국 의료정보분야를 사로잡고 있는 화두이다. 웰니스는 보다 넓은 시야에서 개개인의 안녕을 위한 여러 가지 데이터를 수집하고 가공해서 삶의 질을 높이는 데 목적을 둔다는 점에서 중요한 화두이며, 빅데이터는 기존의 분석 패러다임이 제공하지 못하는 데이터의 2차 사용을 통한 새로운 의료정보의 인사이트를 열어준다는 점에서 당연히 주목받을 만하고, 또한 선도적으로 투자가 이루어져야 하는 분야임에 틀림없다.

하지만, 우리나라의 대체적인 특성상 특정 기술 화두가 떠오르게 되면 이전에 주목 받던 화두가 언제 그랬냐는 듯 외면되고, 선결되어야 할 이슈에 대한 해결없이 성급한 현장 적용 시도로 오히려 부작용만 부각되어 결과적으로 순차적인 확장에 실패하는 사례를 되풀이할 가능성에 대해 경계해야 한다. 또한 기존에 진행되던 연구나 시범사업이 새로 떠오른 화두에 매몰되어 미완의 상태로 남겨져 더 이상의 투자나 확장 시도없이 사장되는 우를 범하지 않아야 한다는 점에서 최근 빅데이터에 대한 지나친 장밋빛 환상에 대한 개인적 의견을 풀어보고자 한다.

빅데이터의 중요성은 당연히 인정하는 바지만, 문제는 빅데이터의 이슈는 기술적인 것 외에도, 사회적, 법적, 혹은 어떤 의미에서 철학적 성찰까지를 포함하고 있다는 사실이 간과되고 있다는 점이다. 기존의 분석 패러다임이 제공하지 못하는 대량의 데이터, 비정형 데이터를 처리해서 얻을 수 있는 인사이트는 어떤 면에서 양날의 검과 같은 힘을 가지고 있다. 누가, 어떤 목적으로

이 도구를 사용하느냐에 따라 요리사의 칼이 될 수도 있고, 살인자의 무기가 될 수도 있는 것이다. 이런 점에서 데이터의 2차 사용에 대한 사회적 합의, 법적, 제도적 검토, 또 한 발 더 나아가 철학적 관점에서의 여러 가지 논의가 선행되어야 하며, 그래야 기술이 본격적으로 꽃을 피울 수 있을 때 부작용 없이 합목적으로 우리 사회에 적용될 수 있을 것이다. 사실 빅데이터의 궁극적인 목적은 굿데이터를 생산하는 데 있다고 할 수 있고, 이를 위한 가장 효율적인 도구로 빅데이터 기술이 각광받고 있는 것인데 단지 기술적 적용에 매몰되어 이러한 본래의 목적을 망각하지 않도록 정부나 학계는 끊임없이 각성하고자 하는 노력이 필요하다. 필자는 최근 빅데이터 관련 보건의료 연구 계획을 살펴볼 기회를 비교적 많이 가졌는데, 기존의 분석 도구로 충분히 가능한 연구를 빅데이터 기술 적용이라는 가면을 씌워 보다 용이하게 주목받고자 하는 경우를 자주 볼 수 있었다. 의도적이라기보다는 빅데이터 분석 도구에 대한 이해가 충분치 않은 상태에서 기존의 연구에 도구만 바꿔치기 한 상태로 연구를 진행하려다 보니 일어난 일로 이해한다. 하지만, 빅데이터 분석도구가 분명하게 연구의 결과를 향상시키거나, 생산성을 높이지 않는 이상 불필요한 빅데이터의 적용은 사회적 비용의 낭비만 초래할 뿐이다. 빅데이터는 수단이지 목적이 아니라는 점을 기억해야 한다.

본 칼럼에서 여러 번 언급했지만 다행히 우리나라는 기술적 발전 속도가 빠르고, 기술 기반을 여러 산업에 적용하는 속도도 빠른 장점을 가지고 있다. 글로벌 기업이 보유하고 있는 첨단 빅데이터 기술 중 가장 시장 경쟁력 있는 도구로 항상 언급되는 것 중에는 원천 기술을 국내 대학에서 개발해서 공급한 사례도 있을 정도로 기술력도 뛰어나다. 최근에는 대학을 중심으로 융합 연구를 목적으로 빅데이터 연구원을 설립하는 사례도 늘고 있다. 앞에서 언급한 여러 가지 우려들을 잘 극복하고 빅데이터를 가장 적절하게, 또한 널리 사용하는 모델을 보여 줄 수 있을 것으로 기대한다. 이를 통해 의료정보 분야에서 기술을 이용한 국민 건강, 복지에 이바지하는 사례를 보여주는 것, 그것이 빅데이터의 목적이지, 단순히 빅데이터를 적용하는 것에 목적을 두는 것은 영혼 없이 손가락만 빨리 움직이는 피아니스트의 연주와 다름없음을 기억하자.

자료원: 디지털타임즈, 2014. 5.1

토의문제

01 빅데이터 이슈는 기술적인 것 외에 어떤 것들이 먼저 선결되어야 하는지 설명하시오.

02 빅데이터 전제조건인 굿데이터란 무엇을 의미하는지 토론하시오.

사례연구 2

"빅데이터가 새로운 엔진이 되다."

불스원은 '불스원샷'으로 유명한 자동차용품 전문기업이다. 불스원은 '불스원샷'의 지속적 성장을 동력으로 엔진세정제 시장의 90% 이상을 점유하고 있다. 하지만 최근 신규 고객 증가세와 매출 상승세가 예전처럼 늘고 있지 않은 상황이다. 또한 해외기업들의 제품이 속속 국내에 출시되고 있어 기존 고객의 관리도 중요한 관리대상이 되었다. 이에 불스원은 신규 고객의 유치와 기존고객의 지속적인 구매를 유도할 수 있는 효과적인 마케팅 커뮤니케이션 방법을 찾고자 했다.

불스원은 효과적인 마케팅 방안을 찾기 위해 제품에 대한 온라인 여론을 파악했다. 아울러 여성운전자를 신규 고객군으로 정하고 이들을 유치할 수 있는 마케팅 방안을 탐색하고자 했다. 이를 위해 불스원은 뉴스, 커뮤니티, 블로그, 카페로부터 수집되는 대중들의 인식을 분석하기로 했다.

'엔진관리', '엔진때', '엔진세정제' 키워드로 수집한 데이터를 기반으로 화제어와 연관검색어를 조사한 결과 브랜드명으로는 압도적인 경쟁우위를 확보한 것을 확인했다. 이는 그동안 불스원이 '엔진관리', '엔진때', '엔진세정제'라는 키워드를 중심으로 일관성 있게 꾸준히 시행해온 마케팅의 효과로 분석되었다. 하지만 '연료첨가제'를 키워드로 수집한 데이터를 기반으로 화제어와 연관검색어를 조사한 결과, 불스원 외에도 다수의 경쟁사 브랜드들이 상위에 랭크되어 있는 것을 확인할 수 있었다. 이에 따라 '엔진관리', '차량관리'에 필수적임을 강조하는 마케팅에 더욱 집중하기로 했다.

불스원의 설문조사 결과에 따르면 불스원샷 브랜드에 대한 소비자 인지도는 90%가 넘지만 인지도에 비해 구매비중은 높이 않은 상황이라 판단하여, 불스원샷에 대한 인식을 조사하여 왜 사람들의 인지도가 구매로 쉽게 연결되지 않는지 분석했다. 분석결과 불스원샷 연관검색서 상위 키워드는 '넣는법', '효과', '사용법', '주기' 등 불스원샷 사용과 효과에 관련된 것들임을 확인할 수 있었다. 이는 화제어 분석에서도 유사하게 분석되었다. 1년치 데이터를 기간별로 2달 또는 3달씩 분리하여 분석해본 결과 '엔진오일', '주유구' 등 불스원샷 용도와 사용법에 관련된 키워드로 추정됐다. 이와 같은 키워드 분석결과를 근거로 불스원샷 사용법과 그 효과에 대한 교육적 차원의 캠페인 및 마케팅을 지속적으로 전개하기로 했다.

또한 불스원은 차량 커뮤니티 회원들을 대상으로도 불스원샷을 인지하면서도 사용하지 않는 이유를 보다 명확히 분석하고자 했다. 분석결과 불스원샷에 대한 부정여론의 비중이 높은 것을 확인했고, 주요 내용은 '효과를 느끼지 못한다.', '불스원샷 대신에 고급유를 넣어라' 등의 의견이 있었다. 불스원샷의 효과가 공식적으로 검증된 결과가 있음에도 불구하고, 운전자가 직접 체감하기 어려운 부분이 있기에 이러한 의견이 나타나고 있다고 판단했다. 특히 차량관리에 관심이 높은 사람들이 언급하는 내용을 일반 소비자들이 신빙성 있게 받아들일 것이라는 우려가 제기되어 차량관리에 관심이 많은 소비자 대상으로 불스원샷 인식제고 활동을 시행하기로 했다.

불스원은 통계청의 운전면허 등록 추이와 완성차 업체별 여성운전자 비중을 소개한 신문기사를 근거로 여성운전자가 자사 제품을 구매할 수 있도록 신규고객 유치 마케팅 전략을 수립하고자 했다. 이를 위해 여성고객들의 불스원샷에 대한 니즈를 분석하고자, 여성 커뮤니티를 대상으로 불스원과 불스원샷을 키워드로 데이터를 수집했다. 그 결과 여성운전자들은 '불스원 미러'에 대한 관심이 높은 것으로 조사되었고, 이 결과를 토대로 여성들은 엔진관리보다는 안전에 대한 관심이 더 높은 것을 분석할 수 있었다. 이에 불스원은 '엔진관리 = 안전'이라는 인식을 심어줄 수 잇는 마케팅을 시행하기로 했다.

분석된 결과를 토대로 우선 불스원은 자체 블로그와 파워블로거 등을 활용하여 불스원샷 사용법과 효과를 강조하는 마케팅을 시행했다. 다음으로 차량관리에 관심이 많은 자동차 커뮤니티 주요 인플루언서를 초청하여 불스원샷 효과에 대한 이해도를 높일 수 있는 자리를 마련했고, 이들을 '불스워너'로 위촉하여 지속적인 소통을 위한 네트워크를 구축했다. 한편 여성운전자들이 '엔진관리 = 안전'이라는 인식을 할 수 있도록 여성운전자 대상 안전운전 10대 수칙을 알리면서 차량 및 엔진관리가 필요함을 설명하는 캠페인을 실시했다.

불스원은 빅데이터 분석 결과로 마케팅 방향성에 대한 다양한 통찰력을 얻게 됐고, 이를 바탕으로 다양한 캠페인과 이벤트 등의 마케팅 활동을 진행했다. 이러한 활동으로 매출은 전년대비 12% 증가했고, 신규고객은 전년도 하반기 대비 3%P 상승한 성과를 얻을 수 있었다.

자료원: 2017년 중소기업 빅데이터 활용지원사업 우수사례집

토의문제

01 자동차 관련 기업 중 빅데이터 분석을 통해 비즈니스 환경을 개선한 사례를 찾아 설명하시오.

02 불스원이 여성운전자들에게 '엔진관리 = 안전'이라는 마케팅 활동을 진행한 원인과 실행방법이 적절했는지에 대해 논의하시오.

사례연구 3

"빅데이터, 오프라인 매장 운영효율화 방향을 제시하다."

1997년 5월 설립된 Clubo는 화장품 및 화장도구 수입, 수출, 화장도구의 판매 및 유통을 주업으로 하고 있다. 이미 너무나도 치열한 국내 화장품 시장에서 중견 화장품 회사가 선택할 수 있는 전략은 한계가 있다. 가격경쟁력이나 점포 확장으로는 대기업을 상대할 수 없고 몇몇 히트상품들에 의지하는 전략으로는 규모를 키울 수가 없다. 다행히 Clubo는 색조 화장품이라는 최근 각광받는 상품라인에서 브랜드의 권위를 가지고 있다. 그래서인지 자체 매장 보다도 드럭스토어 등의 써드파티 채널에서 더 잘 알려져 있다. 상품에 대한 높은 만족도는 국내 메이크업 트랜드의 영향을 받는 중국 및 아시아 마켓에서도 확고한 위치를 선점하는 데 유리하다. 현재 Clubo가 우위에 있는 위치를 더욱 강화하기 위해서는 상품의 품질에서 오는 만족도를 넘어서 실제 매장에서의 경험을 관리하는 것이 더욱 중요하다. 특히 Clubo의 4개 브랜드가 각기 다른 연령층을 타기팅하고 있기 때문에 상품의 위치 및 동선 설계에 따라 브랜드의 이미지가 크게 달라질 수 있다. 또한 관광상권과 같이 외국인이 집중적으로 방문하는 매장은 외국인들이 귀국하였을 때 바이럴 효과를 줄 수 있는 브랜드 이미지의 첨병이다. 외국인들의 행동 패턴을 파악하고 다양한 실험 설계로 고객 만족도를 높일 수 있다면 해외 진출 매장에서도 동일한 방법을 적용할 수 있을 것이다.

Clubo는 2개 매장에 총 15개의 센서를 설치하여 오프라인 매장의 고객통행량, 방문객, 체류객에 대한 정보를 수집하였다. Clubo는 경쟁 브랜드 대비 1/3의 매장 방문율을 보였다. 두 매장에서 유사한 결과가 나온 것을 보아 브랜드의 인지도 및 매력도가 상대적으로 낮다는 것을 유추할 수 있었다. 그러나 매장 방문 고객들의 다른 지표는 경쟁사와 큰 차이가 없어, 결론적으로는 매장에 많은 고객들이 방문하도록 집중하는 것이 매출 증대에는 가장 효율적이라는 것을 알 수 있었다. 또한 기존 고객 관리보다는 신규 고객을 유치하는 프로모션을 전개할 필요성이 있었다. 또한 Clubo 매장의 유동인구와 방문자수가 비례하지 않는 것으로 보아, 매장에 충동적으로 유입되는 고객이 적은 것을 알 수 있었다. 또한 대표 프로모션 기간이 유동인구의 피크 기간과 일치하지 않았다. 추후 데이터를 바탕으로 유동인구가 많은 기간에 프로모션을 진행한다면 기존 고객뿐 아니라 신규 고객을 더욱 유치할 수 있을 것으로 기대되었다. 아울러 Clubo 관광상권점은 요일에 따른 변화폭이 적은 편이나 대학상권점은 금, 토요일 방문자가 증가하는 것을 데이터로 확인할 수 있었다. 이들은 높은 확률로 외부에서 유입된 신규 고객이며 이들을 대상으로 한 프로모션을 진행하여 고객유지율을 높일 필요가 있었다.

Clubo에 적용한 빅데이터 솔루션의 경우 소셜데이터 분석이나 기업 내 축적되어 있는 데이터 분석과는 달리 센서를 설치하고 일정기간 데이터를 축적하여야 한다. 따라서 기간 내 데이터를 수집하고 분석에 의하여 얻은 시사점을 사업에 반영하여 단기간에 성과를 창출하기에는 다소 무리가 있었다. 하지만 금번 빅데이터 분석을 통하여 Clubo는 매장에서 이루어지는 다양한 프로모션과 실험에 대한 정량적 결과를 얻을 수 있게 되었다. 실제로 기간 내 실행했던 프로모션들을 분석해 보면 체류시간이 증가하거나 방문하는 존이 늘어나는 등 서로 다른 결과를 보여주고 있다. 또한 외국인이 주로 방문하는 관광상권 매장에서의 행동패턴을 통해 외국인들이 관심을 가지는 상품군과 매장 디스플레이에 관한 인사이트를 얻을 수 있었다. 이러한 데이터들은 추후 해외 매장 전개 및 본사에서의 관리 능력을 크게 강화시킬 수 있을 것으로 기대된다.

자료원: 2017년 중소기업 빅데이터 활용지원사업 우수사례집

토의문제

01 색조 화장품 관련 기업 중 빅데이터 분석을 통해 비즈니스 환경을 개선한 사례를 찾아 설명하시오.

02 Clubo가 지속적으로 오프라인 매장의 고객경험을 데이터화하여 경쟁력을 강화해 나갈 계획을 실현하기 위해 어떤 활동을 해야 하는지 토의하시오.

참고문헌

김경태 (2018), 안정국, 김동현, 빅데이터 활용서, 시대고시기획.

김진호 · 최용주 (2018), 빅데이터 리더십, 북카라반.

방병권 (2017), 빅데이터 경영4.0, 라온북.

박형준 (2018), 빅데이터 빅마인드, 리드리드출판.

배동민 · 박현수 · 오기환 (2013), "빅데이터 동향 및 정책 시사점," 정보통신정책연구원, 초점, 제25권 10호 통권 555호, pp. 37–74.

송주영,송태민 (2018), 빅데이터를 활용한 범죄 예측, 황소걸음 아카데미.

오현희 (2017), 빅데이터와 인문학, 홍릉과학출판사.

윤종식 (2018), 빅데이터 활용사전 419, 데이터에듀.

이종석 · 황현석 · 황진석 (2018), 빅데이터 비즈니스 이해와 활용.

이현웅 · 김종업 · 최현재 (2018), 빅데이터의 이해와 활용, 생각나눔.

임종수, 정영호, 유승현 (2018), 미디어 빅데이터 분석, 21세기사.

조영임(2013), 빅데이터의 이해와 주요 이슈들, 한국지역정보화학회지, 제16권 제3호, pp. 43~65.

주해종 · 김혜선 · 김형로 (2018), 빅데이터 기획 및 분석, 크라운출판사.

지원철 (2017), 빅데이터 시대의 데이터 마이닝, 민영사.

최공필 · 서정희 (2017), 빅데이터4.0, 개미.

한국소프트웨어기술협회 (2018), 빅데이터 개론, 광문각.

한현욱 (2018), 이것이 헬스케어 빅데이터이다, 클라우드나인.

한국정보화진흥원 (2013.11), 빅데이터의 진화: 스마트데이터, 원문 자료의 번역 보고서(원문 제목은 the smart data manifesto, 출처는 http://exelate.com/white–papers/the–smart–data–manifesto–goodbye–big–data–hello–smart–data)

한국정보화진흥원 (2016), 2016년 중소기업 빅데이터 활용지원 우수사례집

한국정보화진흥원 (2017), 2017년 중소기업 빅데이터 활용지원 우수사례집

Akhtar, S. M. F. (2018), Big Data Architect's Handbook: A Guide to Building Proficiency in Tools and Systems used by Leading Big Data Experts, Packt Publishing.

Arghandeh, R. and Zhou, Y. (2017), Big Data Application in Power Systems, Elsevier Science.

Bahga, A. and Madisetti, V. (2016), Big Data Science & Analytics: A Hands-On Approach, VPT.

Berman, J. J. (2018), Principles and Practices of Big Data: Preparing, Sharing, and Analyzing Complex Information, Academic Press.

Chen, H., Chiang, R. and Storey, V.C. (2012), "Business Intelligence and Analytics: From Big data to Big impact," MIS Quarterly, Vol. 36 No.4, pp.1165~1188.

Francesco, D. and Renaud, D. (2018), Big Data Economics, Towards Data Market Places, Nature of Data, Exchange mechanisms, Prices, Choices, Agents & Ecosystems, Independently Published.

Gilder, G.(2018), Life After Google: The Fall of Big Data and the Rise of the Blockchain Economy, A Division of Salem media Group.

Mayer-Schonberger, V. and Ramge, T. (2018), Reinventing Capitalism in the Age of Big Data, Basic Books.

Hoeren, T. and Kolany-Raiser, K. (2017), Big Data in Context: Legal, Social and Technological Insights, Springer.

Holmes, D. (2018), Big Data: A Very Short Introduction, Oxford University Press.

Information Resources Management Association (2018), Big Data: Cencepts, methodologies, Tools and Applications, IGI Global.

Jones, H. (2018), Data Analytics: An Essential Beginner's Guide to Data Mining, Data Collection, Big Data Analytics for Business and Business Intelligence Concepts, CreateSpace Independent Publishing Platform.

Marr, B. (2017), Data Strategy: How to Profit from a World of Big Data, Analytics and Internet of Things, Kogan Page.

Miller, J. (2017), Big Data Visualization, Packt Publishing.

Minelli, M., Chambers, M and Dhiraj, A. (2018), Big Data, Big Analytics: Emerging Business Intelligence and Analytic Trends for Today's Businesses, Gildan Media.

Paley, N. (2017), Leadership Strategies in the Age of Big Data, Algorithms, and Analytics, Productivity Press.

Tenner, E. (2018), The Efficiency Paradox: What Big Data Can't Do, Knopf.

빅데이터의 트렌드

★ 학습목표

_빅데이터 기반 주요 성과를 기술과 경제 및 산업으로 나누어 살펴본다.
_빅데이터 활용 사례들 중 빅데이터 기반 미래 예측 사례들을 학습한다.
_빅데이터 활용 사례들 중 빅데이터 기반 위험 감소 사례들을 탐구한다.
_빅데이터 활용 사례들 중 빅데이터 기반 세태 파악 사례들을 탐색한다.
_빅데이터 활용 사례들 중 빅데이터 기반 실시간 대응 사례들을 이해한다.

빅데이터 기반 성과

아직도 주변에서 관찰되는 빅데이터 기반의 성과는 '빙산의 일각'이다. 그럼에도 불구하고 현 시점에서 빅데이터 기반의 성과를 판단해야 한다면 다각적인 트렌드 관찰에서 가능할 것이다. 본서에서는 보다 구체적인 트렌드 관찰에 앞서 기술적(Technological)이고 경제적(Economical) 성과에 대해 세계적인 경향과 국내의 성과를 비교하여 살펴보고자 한다.

먼저 기술적 성과로 주목되는 부문은 클라우드 컴퓨팅의 급성장이다. 2장의 기술요건에서 기술 제공 기업들이 관찰되었는데, 가장 적극적인 기업으로 IBM을 꼽을 수 있겠다. IBM은 PC 변혁기의 힘들었던 기억을 되새겨 2012년 새로운 CEO에 오른 지니 로메티가 '하드웨어에서 소프트웨어 서비스'로 자사 경쟁력을 이전할 의지를 보였다. 그녀는 취임 후 60여 일 간 100개 고객사 CEO를 만난 결과, 모든 산업에서 승자와 패자를 가르게 하는 가장 중요한 것이 데이터임을 알게 된다. 구글도 빅데이터 기술의 대명사이며, 특히 오픈 소스 진영에서 하둡(Hadoop) 등 관리 소프트웨어를 개발했다. 하둡 개발에서 가장 큰 역할을 한 후원자는 야후였다.

이처럼 빅데이터 관련 기술 기반이 마련되고 있는 가운데, 최근 가장 큰 기술적 성과는 클라우드이다. 클라우드 하면 자사 온라인쇼핑 시스템을 통해 축적시킨 노하우를 가지고 내놓은 아마존의 AWS(Amazon Web Service)가 먼저 떠올려진다. 빅데이터는 2장의 빅데이터 특성에서 설명했듯이, 대용량 수준을 넘어 다차원적으로 관찰되어야 하는 엄청난 데이터이다. 특히 사물인터넷(Internet of Thing, 이후 IoT)이 확산되면서 빅데이터와 클라우드 컴퓨팅이 함께 힘을 받게 된다. 센서데이터가 클라우드에 저장되면서 인프라 측면에서 클라우드 컴퓨팅이 절대적으로 필요하게 된 것이다.

IDC(2014)에 따르면, 디지털 데이터가 향후 2년마다 2배씩 증가할 것으로 예상되며, 이는 특히 센서 기반의 사물통신(Machine to Machine; 이후 M2M) 내지 사물인터넷 때문이다. 또한, IoT가 생성시키는 센서데이터 양은 2020년 44조 기가바이트(Gigabyte; GB)에 달할 것으로 예측되었다. IoT 시대에는 많은 양의 다양한 데이터가 빠른 속도로 한꺼번에 생성돼 한 곳에 저장되고 이렇게 폭발적으로 늘어난 데이터는 실시간으로 수집, 관리, 분석돼야 한다. 이를 통해 비즈니스 성과를 최적화하고 고객 경험을 향상시킬 수 있다. 센서 등을 통해 데이터를 수집했다고 해도 데이터 그 자체만으로 가치를 살릴 수 없으며, 늘어나는 데이터를 제때 빠르게 처리하지 못해도 가치를 발현하지 못하므로 IoT에서 쏟아지는 센서데이터는 빅데이터이다.

이렇게 발생한 데이터를 빠르게 저장, 분석하기 위해서는 클라우드가 필수적이다 클라우드 컴퓨팅에 기반한 IoT 비즈니스모델들이 나오기 시작했으며, 클라우드 기술 기업 대부분이 IoT를 지원하는 클라우드 서비스를 선보이는 추세이다. 클라우드가 IoT 환경의 기본 인프라가 되고 있다.

이에 가장 적극적인 시스코(Cisco)는 클라우드 간 자유로운 연동을 가능케 하는 개방형 플랫폼 '인터 클라우드(Intercloud)'를 공개했고, 네트워크 끝 단에서 컴퓨팅 기능을 강화하고 클라우드 컴퓨팅보다 더 가볍고 빠른 '포그 컴퓨팅(Fog Computing)' 아키텍처도 발표했으며, 향후 2년간 인터클라우드에 10억 달러 이상을 투자할 계획이라고 밝혔다. 인터클라우드는 시스코가 독자적으로 가상컴퓨팅과 스토리지, 네트워킹 등을 IaaS(인프라)나 PaaS(플랫폼) 형태로 제공하는 클라우드 서비스로, AWS, IBM 소프트레이어, MS 애저, 구글 등 타사 클라우드 서비스의 중개자 역할도 가능하다.

이 외에, 세일즈포스닷컴(Salesforce.com)도 IoT를 겨냥한 차세대 클라우드 CRM 개발 플랫폼인 세일즈포스1을 2013년 선보였으며, 오라클(Oracle)도 디바이스부터 클라우드 컴퓨팅을 아우르는 광범위한 플랫폼을 발표한 바 있다. 이처럼 클라우드 성과가 가시화되면서 이를 기반으로 IoT와 빅데이터가 시너지 효과를 낼 수 있는 비즈니스모델들이 나올 수 있을 것으로 기대되고 있다.

그렇다면 국내에서 클라우드 기술에 대한 관심과 그간의 성과는 어떠한가? VM웨어 코리아가 포레스터 컨설팅과 공동 조사한 '2013 아태지역 클라우드 리서치 분석 보고서'에 따르면(정해석, 2013.11), 클라우드에 대한 높은 기대를 바탕으로 국내 클라우드 컴퓨팅 도입 확산이 본격화될 것으로 보인다. 한국 응답자의 68%가 클라우드가 '자사의 최우선 과제'이거나 '상당한 관련성이 있다'고 긍정적으로 답했다. 74%의 응답자들이 클라우드 컴퓨팅과 '서비스로서의 제공방식(as-a-service approach)'이 기업이 기존 IT의 효율성과 영향력을 최적화할 수 있도록 도와준다고 답했으며, 69%는 IT 비용을 낮춰준다고 답했다. 이처럼, 클라우드에 대한 인식이 확대되는 반면, IT-비즈니스 간 연계 수준에 대해서는 낮은 만족도를 보여 아태지역 국가 중 가장 낮은 13%만이 IT-비즈니스 간 연계 수준에 대해 만족도를 표시했다. 이러한 클라우드 인덱스 조사로 국내 클라우드 컴퓨팅 수요와 기대치는 높다는 것이 확인되었으며,

그림 1 국내 퍼블릭 클라우드 서비스 시장 전망

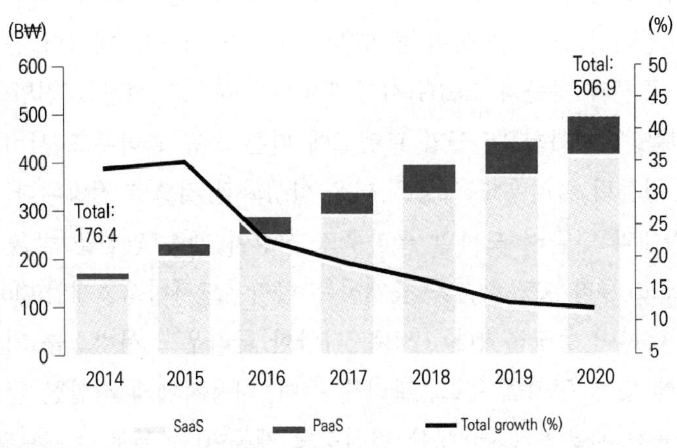

출처: 한국IDC(2016)

그림 2 클라우드 서비스 브로커 개념도 및 CSB.IO 구성도

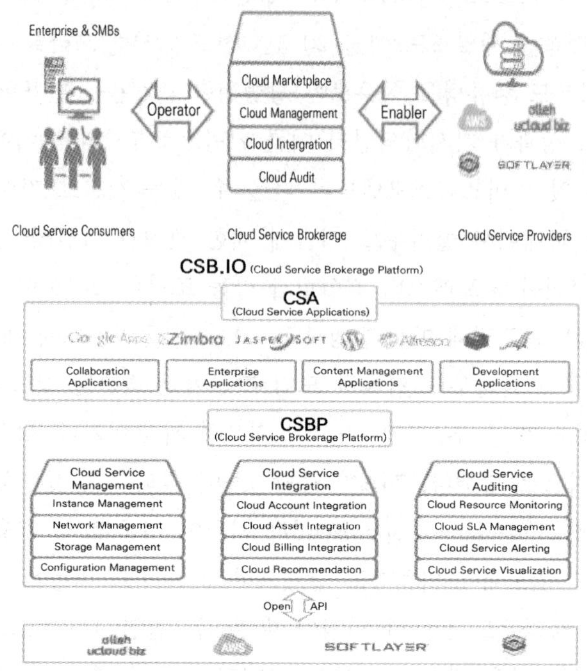

출처: 지디넷코리아 2014

향후 시장에서 본격적인 클라우드 도입 확대로 이어질 것으로 기대된다.

이러한 아태지역 조사 결과를 반영하듯 국내의 기업들이 비용 절감과 유연성 확보를 위해 클라우드 컴퓨팅 서비스를 도입하는 수요가 점차 증가 추세를 보일 전망이다. 국내 퍼블릭 클라우드 서비스 시장은 데이터 공유 소비량의 급격한 증가와 맞물려 2020년까지 5천억원 규모로 성장할 전망이며, 모바일화, 개인화, 개방화의 IT 산업 트렌드에 따른 신규 클라우드 서비스의 등장으로 국내 퍼블릭 클라우드 시장은 더욱 활성화될 것으로 전망된다. 특히 LTE의 보급 확대와 맞물려 모바일 클라우드 시장이 계속 관심을 받을 것이다.

국내에도 클라우드 기술을 중개하는 클라우드서비스중개업(Cloud Service Brokerage; CSB)이 등장하였다. CSB는 다양한 클라우드 서비스를 기업이나 개인의 수요에 맞게 구성해 주고, 관리해 주며, 사용자에게 적합한 클라우드 서비스와 효율적 사용법 등에 대한 컨설팅도 제공한다. 예로 소프트웨어인라이

그림 3 빅데이터의 자본화: 우수한 전략을 취한 기업들의 빅데이터 관련 성과

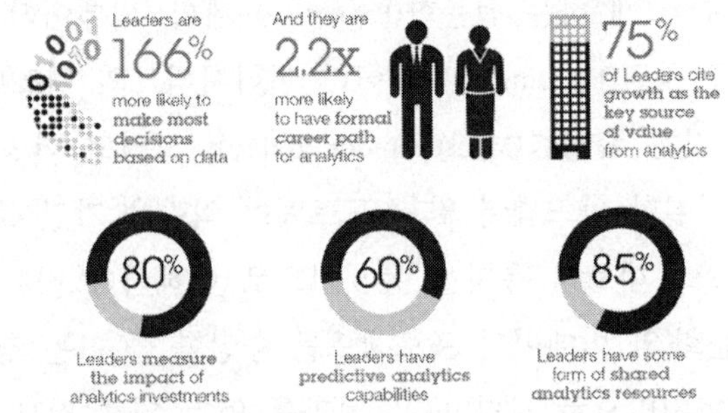

출처: IBM(2013)

프가 최근 공개한 'CSB.IO'는 다수 클라우드 서비스를 통합 관리할 수 있는 플랫폼으로 소프트웨어인라이프는 KT유클라우드비즈를 비롯해 AWS, IBM 등 여러 클라우드 서비스를 중개할 예정이며, IaaS, SaaS, PaaS 등을 모두 아우르는 클라우드 마켓플레이스로 발전될 전망이다.

두 번째는 경제적 성과이다. 신속히 문제를 발견하고 가까운 미래를 예측하고 위험을 감소시키고 세태를 파악하며 실시간 대응을 통해 의사결정 능력을 향상시키는 등의 이슈는 공공과 민간영역을 가리지 않는 주요 사안이며, 이때 가장 두드러지는 성과는 비용 절감 및 수익성 증대이다. 이에 대해서는 4장에서 구체적으로 다루어지겠으며, 여기서는 지금까지 어떤 성과가 가장 최근에 회자되고 있는지에 대해서만 간단히 살펴본다.

IBM(2013)은 70개 기업의 900명 경영진 대상으로 산업과 시장에서 특별히 뛰어난 성과를 보인 19% 정도의 기업들만을 선정하여 다시 심층 분석한 결과, 몇 가지 특이점들을 그림과 같이 나타내었다. 기업들의 40% 정도가 빅데이터 투자 결과 이전보다 빨리 ROI에 달성함을 경험하였는데, 빅데이터 분석을 채택한 이후 첫 6개월 이내에 나타났다고 한다. 그 이면에는 세 가지 주요 요인이 작용하고 있음이 아울러 발견되었다. 세 가지는 스폰서십(Sponsorship)과 신뢰(trust) 그리고 역량(skills)이며, 이 영역에서 현저한 차이를 보임이 증명되었다.

높은 성과를 보인 응답자들을 분석한 결과, 아홉 가지 상호 연관된 '방법들(Levers)'이 발견되었고, 이들이 최상의 빅데이터 관련 성과를 성취한 기업들을 구분짓게 하는 요인으로 작용하고 있다. IBM이 제시한 아홉 개 요인은 조

직 내에서 데이터를 일상적으로 활용하는 조직 문화(Culture), 데이터시스템과 보안구조를 가진 데이터 거버넌스(Data governance), 비즈니스 범주 안에서 분석 능력을 익힐 수 있게 하는 전문화(Expertise) 계획, 빅데이터 프로젝트에 대한 구조화된 자금 지원(Funding), 빅데이터 이니셔티브의 비즈니스 성과를 수치로 나타낼 수 있는 측정력(Measurement ability), 그리고 다양한 프로젝트를 지원할 수 있는 적절한 하드웨어 및 소프트웨어 역량을 가진 플랫폼(Platform), 성과를 내는 빅 프로젝트의 유형을 총체적으로 이해하게 하는 가치원(Source of value), '분석 문화'와 빅데이터 프로젝트를 승인할 줄 아는 경영진의 스폰서십(Sponsorship), 마지막으로 보다 나은 성과를 얻기 위해 정보 공유를 원하는 조직 간의 신뢰(Trust) 등이다.

한편, 국내의 경제적 성과는 어떠한가? 어도비시스템스(Adobe systems)와 CMO위원회(The Chief Marketing Official Council)의 '2013 아시아 · 태평양 지역 디지털 마케팅 성과 측정결과'보고서에 따르면, 국내 마케팅 담당자의 81%는 디지털 마케팅이 기업의 비즈니스 경쟁력을 강화한다고 답했지만, 응답자의 3%만이 투자대비성과(ROI)를 입증하고 측정시스템이 준비돼 있다고 하였다. 이는 아 · 태 지역에서 가장 낮은 수치이다. 또한, 디지털 마케팅 효과에 확신이 없다고 답한 이들도 전년(4%) 대비 19%로 증가했고, 고객 행동을 이해하기 위해 수집한 데이터를 활용한다고 응답한 비율도 9% 수준이다. 그럼에도 불구하고 디지털 마케팅 실행의 우선 순위는 더 높아져, 응답자의 88%가 디지털 마케팅 전략 강화에 가장 중점을 두고 있다고 답해 전년 대비 두 배나 증가했다. 한편, 전환(81%), 웹 성과 데이터(75%), 클릭률(75%), 반응률(69%) 등 표준 지표가 국내 디지털 마케팅 프로그램 성과 측정에 활용되고 있지만 고객생애가치(0%), 고객이탈률(0%), 시장점유율 향상(9%) 등 비즈니스에 더 중요한 성과지표 활용은 여전히 낮은 것으로 나타났다.

국내 마케팅 담당자들은 제대로 된 분석 기술을 보유한 팀 구성에도 어려움을 갖고 있다. 84%가 부족한 예산으로 숙련된 담당자 채용에 어려움이 있다고 답했으며, 44%는 제대로 된 기술과 경험을 갖고 있는 직원이 없다고 답했다. 이 외에도 올해 디지털 마케팅 예산에서 국내 응답자의 63%가 전체 마케팅 비용 중 디지털 마케팅이 차지하는 비중이 10% 미만이라고 응답했다. 이는 아 · 태 평균(39%)과 비교하면 매우 낮은 비중이다. 이는 한국 마케팅 담당자들

그림 4 2013 아시아 · 태평양 지역 디지털 마케팅 성과 측정 결과

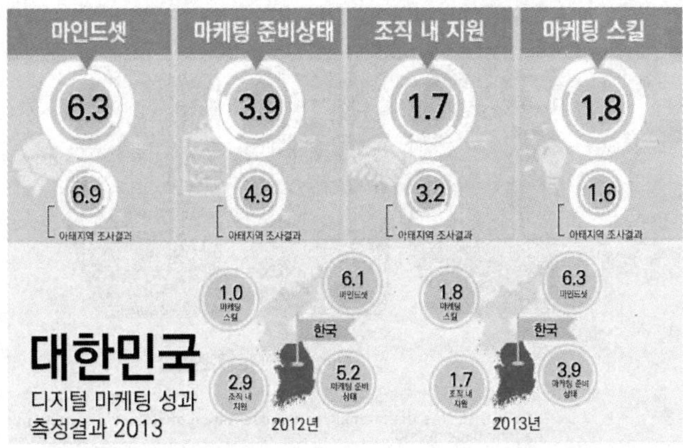

출처: 어도비시스템스 & CMO위원회(The Chief Marketing Official Council)(2013)

이 성과지표를 위해서만 데이터를 사용하며, 예측모델 구축이나 인사이트를 위한 분석 기술을 실제로 사용하고 있지 않음을 시사한다.

본서는 빅데이터의 트렌드를 파악하기 위해 지난 1~2년 동안 국내·외 컨퍼런스와 연구 보고서를 통해 소개된 주요 사례들을 미래 예측, 위험 감소, 세태 파악, 실시간 대응 중심으로 구분하여 간단히 한두 개 사례들을 선별하여 살펴보기로 한다.

빅데이터 기반 미래 예측

빅데이터 기반으로 어떠한 미래 예측 사례들이 최근 1~2년 간 나왔는지 살펴보자. 2010년 구글이 미래를 예측할 수 있다고 주장하는 신생업체에 투자하기 시작한 사례는 이미 널리 알려져 있다. 즉, 구글 벤처스(Google Ventures)가 투자한 레코디드 퓨처(Recorded Future)는 고객들에게 과거와 현재를 분석하는 새로운 방법을 제시하고 미래를 예측할 수 있도록 해준다.

미래 예측 사례로 기업들이 관심 갖는 영역중의 하나로 증권계를 들 수 있다. 해외의 경우를 보면, 일본의 카부닷컴증권이 고객들에게 빅데이터 기반

그림 5 S-Factor 기술 및 감성지수(S-Factor)의 구성

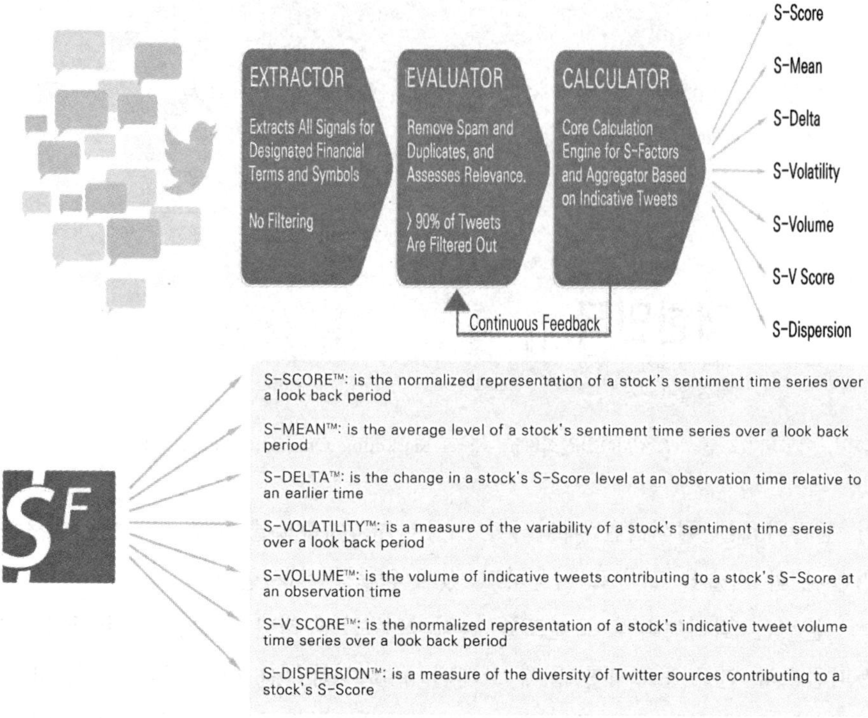

출처: Markit(2014)

주가예측모델을 제공하고 있고, 영국에서는 폴오틴이 만든 헤지펀드가 빅데이터 주가예측을 활용하고 있으며, 미국의 알고리즘 매매와 트위터를 결합한 주가예측모델도 높은 수익률을 거두고 있는 상황이며 빅데이터 트렌드에서 회자되고 있다. 미국 기업들 중에서 한 예로 트위터 감성지수 분야에서 가장 큰 영향력을 가진 소셜마켓어낼리틱스(Social Market Analytics) NYSE, 마킷(Markit) 같은 회사를 통해 서비스를 제공 중이며, 'S－Factor'기술이 그 기반이며, 이를 이용하여 만든 감성지수가 'S－Factor'이다.

한국도 예외가 아니다. 2013년부터 빅데이터를 활용한 주가예측 시스템 개발에 주력하는 기업으로 코스콤이 2014년 4월 내놓은 주가 예측시스템도 트위터, 페이스북, 블로그 등 SNS에서 사용되는 종목에 대한 단어를 분석해 주가가 오를지 내릴지를 예측한다. 코스콤에 따르면, 시뮬레이션 결과 종목 평

그림 6 코스콤(Koscom) 제공의 주가예측 시스템 소프트웨어 구성

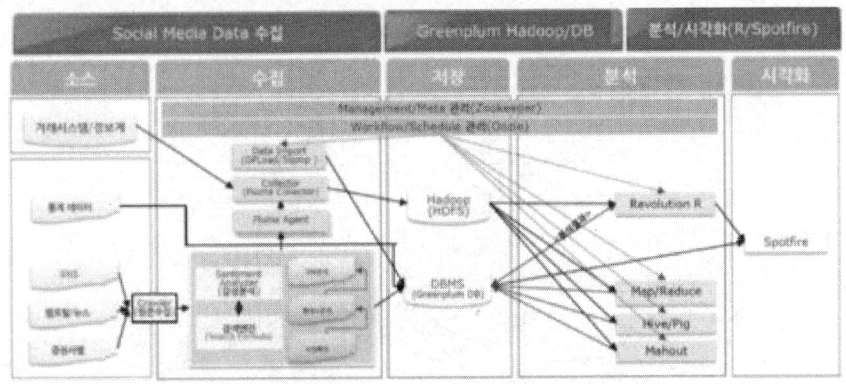

출처: 한국EMC (2013)

균 적중률은 60% 이상이고, 코스피 200종목은 적중률 70%를 넘어섰다. 국내의 대형증권사는 자체시스템으로 어느 정도 성과를 내는 것이 가능하지만 그렇지 못한 중소형증권사는 대형증권사와의 정보격차를 해소시키는 데 도움이 될 것이다. 다만, 이러한 기업의 차별성은 여러 지표 중에서 감성을 활용한 지표로 소셜데이터를 분석해 투자에 참고할 수 있게 한다는 데 있다.

코스콤은 빅데이터 분석과 활용을 위한 파일럿 시스템 개발에 나섰다. 이 과정에서 데이터 분석을 가장 중요한 요소로 꼽았다. 빅데이터 자체를 모으는 것도 중요하지만, 수많은 데이터에서 가치있는 정보를 뽑는 게 우선이라고 판단했다. 빅데이터 사례들이 한 곳에 모인 한국EMC 주최의 'EMC 이펙트데이 2013' 컨퍼런스에서 코스콤은 주식 정보를 분류해 담을 수 있는 데이터베이스와 소셜데이터 같은 비정형 데이터를 먼저 수집했고 원활한 분석을 위해 5만 9천여 개 단어를 모으고 형태소에 따라 부정과 긍정으로 어떻게 반응을 나눌지 분석했으며, 통계청에서 제공하는 통계 관련 경제지표 300개도 활용했고 그린플럼 데이터베이스(Greenplum database)와 그린플럼 하둡(Greenplum hadoop)을 사용해 데이터를 저장했다고 발표했다. 코스콤(Koscom)에 의하면, 짧게는 5일, 길게는 1개월에서 6개월까지 주가 동향을 미리 예측할 수 있다고 한다.

한편, 미래 예측 사례로 국가에서 가장 관심 갖는 부문 중 하나가 교통난

그림 7 서울시가 운영하는 심야버스 노선도

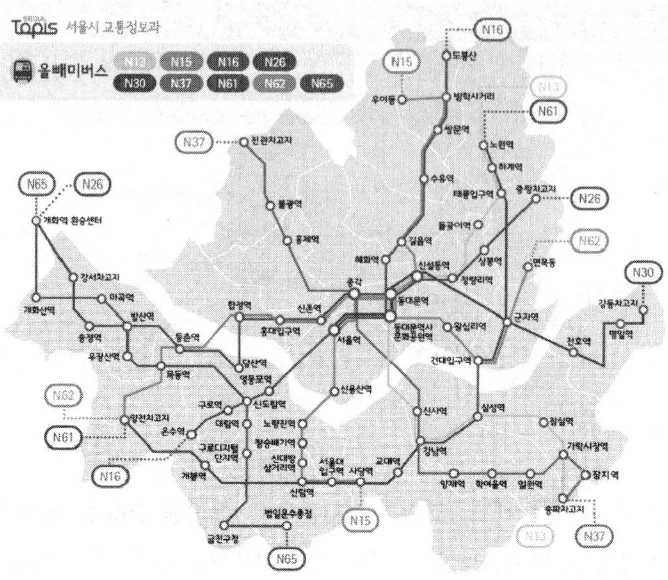

출처: 서울시 홈페이지(2018)

해소이다. 서울시는 심야버스를 신설해 큰 호응을 얻었다. 이때 활용된 것이 바로 빅데이터 분석이다. KT의 콜상세데이터(Call Detail Record; 이후 CDR) 데이터와 고객 정보를 이용해 심야시간대 통화가 가장 많이 발생하는 지역을 기반으로 유동인구를 파악했고, 이를 서울시의 시내버스 현황과 정류소 현황 정보 등과 비교 분석했다. 빅데이터를 이용해 시간대별 이용객 수뿐만 아니라 이용 승객의 특성까지 복합적이고 구체적인 분석이 가능했고 서울시는 이 결과를 바탕으로 심야버스 노선을 총 9개로 확대했다. 이러한 빅데이터 분석의 성과는 만족도 조사로 증명되는데, 기존 시내버스 만족도가 100점 만점에 74점에 그친 반면 심야버스 만족도는 80점으로 나타났다.

빅데이터 기반 위험 감소

한국IDG가 국내에서 개최한 '비즈니스 임팩트 & 빅데이터 2014' 컨퍼런스에서 IBM은 위험 감소 사례로 미국연방고속도로교통안전국(NHTSA)의 자동차산업 결함정보 분석 시스템을 소개하였다. 이 시스템을 추진하게 된 주된 배경은 비즈니스에 부정적 영향을 미치는 리콜(Recall) 사전 방지를 위한 결함정보 확인이 필요했기 때문이다. 비용 효과적인 결함정보 확인 및 분석 시스템의 구축을 통해 신제품 기획 및 개발 시 기존 자동차 관련 분석된 비정형데이터의 활용이 필요했던 것이다. 이를 통해 나타난 효과는 품질/이미지/경쟁력 강화 및 소비자 만족도 향상과 리콜 처리에 소요되는 비용 절감(연간 약 100억 달러 이상 예상)으로 나타났으며, NHTSA의 실질적인 소비자 의견 수렴을 통해 시장 수요에 맞는 향상된 품질의 자동차 생산이 가능하게 되었고, 특정 부품이나 기준에 일치하는 경우 실시간 알림을 통한 신속한 대응이 가능하게 된 점, 그리고, 소비자 데이터를 수집하고 실질적으로 활용 가능한 인사이트 추출에 필요한 시간이 감소했다는 점 등이다.

그림 8　NHTSA의 자동차산업 결함정보 분석시스템

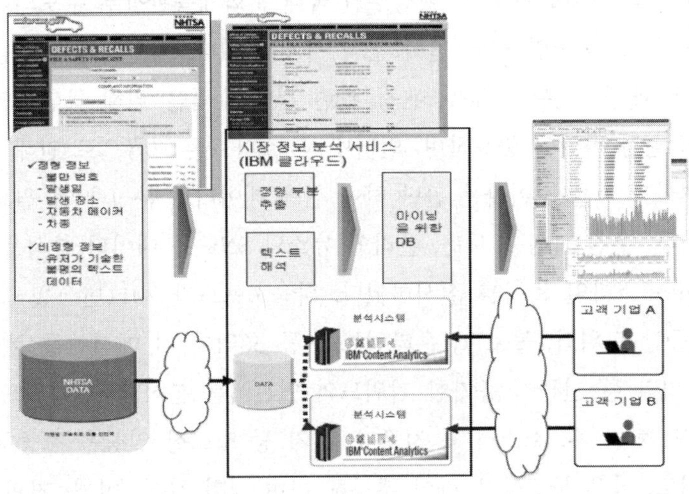

출처: 박송미 (2014)

그림 9 NHTSA의 자동차산업 결함정보 데이터 분석 과정

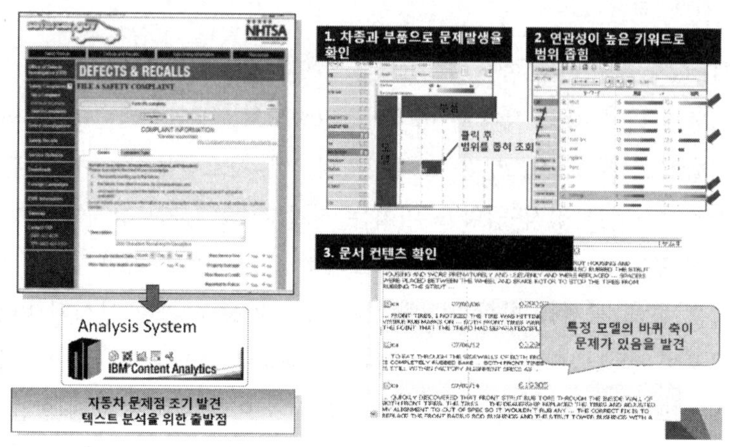

출처: 박송미 (2014)

빅데이터 기반 세태 파악

세태 파악 사례로는 국가 행정부인 국내 문화체육관광부 주도의 빅데이터 분석을 통한 2013 국민 인식 변화 분석 사례가 있다. 정부기관이 이를 추진하게 된 주된 배경은 문화, 체육, 관광 관련 정책 수립을 위해 국민들의 여가에 대한 인식 현황 파악이 중요하며, 인터넷 및 스마트폰 보급으로 인해 국민들의 생활에 변화가 있을 것이라는 판단 하에 실제 데이터로 분석해 볼 필요성이 대두된 점이다. 추진 과정을 보면, 온라인 뉴스와 SNS 등 데이터 분석을 통해 국민의 라이프 스타일 조사를 실시하였다. 다음소프트가 2011년 1월~2013년 5월 기간 동안 트위터, 블로그, 온라인뉴스 등 36억여 건 메시지를 분석하였으며, 해당 기간 중 언급이 증가한 키워드와 연관어를 분석했다. 키워드로 보면, 현재, 일상, 퇴근 후, 소소하다, 지르다, 혼자 등 소소한 일상을 소중하고 행복하게 여기고, 작은 물건들을 사며 뿌듯해 하며 영화 감상, 여행, 커피 등을 혼자 즐기는 추세도 증가하는 것으로 나타났다. 한편, 정책 관련해서는 일자리,

그림 10 문화체육관광부의 2013 국민 인식 변화 분석

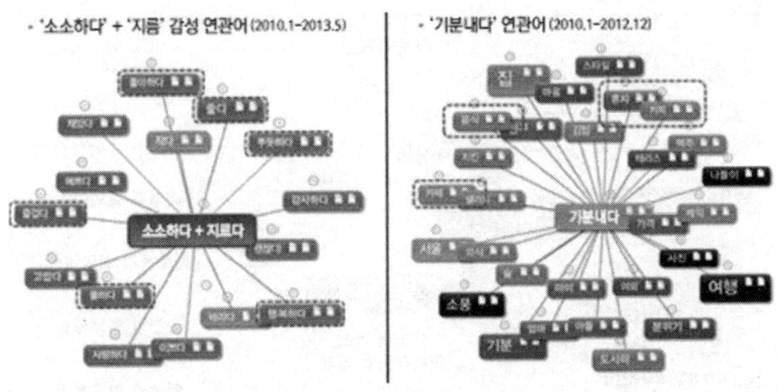

출처: 문화체육관광부 (2013)

사회복지, 무상교육, 영어 조기교육 등 일상생활에 밀접한 연관이 있는 분야에 관심이 많은 것으로 나타났다(정보화진흥원 2014).

빅데이터 기반 실시간 대응

실시간 대응 국내 사례로 금융감독원의 여신상시감시시스템이 있다. 이를 추진하게 된 배경은 저축은행의 과잉 실적 중심 운영에 따른 불법 및 부실 여신 사례가 지난 몇 년간 증가해 많은 서민들이 피해를 보는 사태가 발생하면서이다. 이에 금융감독원은 금융감독 혁신방안 이행 과제의 일환으로 저축은행의 여신관련 통합 정보를 이용하여 불법 및 부실 혐의 여신을 사전에 탐지하고 사전에 방지할 필요성을 갖게 된다.

그 추진 과정을 보면, 2012년 전체 저축은행이 취급한 대출내역 및 대주주 정보, 신용평가사의 기업신용정보 등을 매월 입수해 분석한 결과, 16개 유형으로 구분된 데이터베이스가 만들어졌으며, 이를 통해 숨어있는 불법혐의 여신 탐색이 가능하게 된 것이다. 저축은행의 채무관련인간 보증·담보내역, 신용평가사의 계열관계 등 관계회사 정보 등을 활용한 연관성 분석을 통해 대

그림 11 여신감시상시감시시스템(ALESS)* 업무처리 흐름도

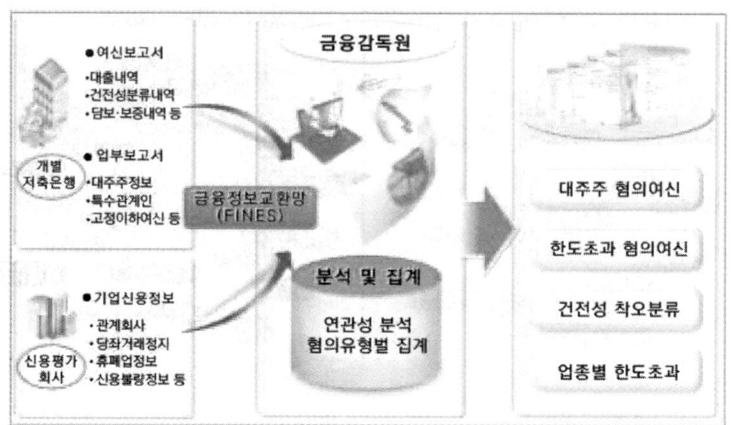

*여신감시시스템(ALESS: Advanced Loan Examination Support System): 매월 모든 저축은행으로부터 140만 계좌에 달하는 여신현황자료를 제출받아 상시적으로 불법·부실 이상징후여신을 추출하는 고도화된 현미경식 감시도구

출처: 금융감독원(2012)

표 1 이상 징후 여신(혐의여신) 점검 항목

혐의 여신	조회화면
불법혐의 여신	대주주 등에 대한 여신, 개별차주 신용공여 한도초과, 차주 신용공여 한도초과, 거액신용공여 한도초과 등 7개
부실혐의 여신	자산건전성 착오분류, PF대출의 일반대출 착오분류 등 2개
기타혐의 여신	영업구역 내 신용공여현황, 업종별 신용공여 한도초과, 대환혐의, 증액대출 혐의 등 7개

출처: 금융감독원 (2012)

주주 신용공여 등 은폐된 불법 혐의여신을 찾아낼 수 있게 되었다.

이를 통해 얻은 성과는 금융감독원이 현장 검사를 체계적으로 지원하여 보다 집중적이고 효과적인 여신 검사가 가능해진 점이다. 여신상시감시시스템을 활용한 결과, 상시 감시와 현장 검사를 유기적으로 연계하여 선택과 집중을 통해 검사 업무의 효율성을 제고할 수 있게 되었다. 또한, 저축은행의 준법의식 제고로 스스로 불법 및 부실 여신 취급을 자제하도록 하는 예방효과도 갖게 되었다.

이러한 여신상시감시시스템을 통해 추출된 건전성 부당 분류 혐의 여신 규모가 2012년 말에 1조 6,019억 원이었으나 2013년 6월에는 7,135억 원으로

약 55%나 감소하는 성과를 갖게 되었다. 또한, 이를 365일 상시 감시 체제가 구축되었다. 저축은행에 대한 정기 현장검사는 점차 축소하고, 상시 감시 과정에서 불법·부실 혐의가 드러나면 즉시 집중 검사를 실시하여 신속하고 정확한 실시간 대응이 가능해진 것이다.

☆ 토의문제

1. 빅데이터 기반 기술 및 경제적 성과에 대해 설명하시오.
2. 빅데이터 기반 미래 예측 사례를 기업, 국가 차원에서 찾아 논의하시오.
3. 빅데이터 기반 위험 감소 사례들을 기업, 국가 차원에서 찾아 토의하시오.
4. 빅데이터 기반 세태 파악 사례들을 기업, 국가 차원에서 찾아 토론하시오.
5. 빅데이터 기반 실시간 대응 사례들을 기업, 국가 차원에서 찾아 검토하시오.

사례연구 1

"IBM, 왓슨 기반 임상치료 빅데이터 서비스 출시"

IBM이 인공지능시스템 왓슨에 기반한 임상치료용 빅데이터 서비스를 내놨다. 사업 성과를 내기 위해 연초 예고한 대로 보건의료(헬스케어) 시장을 공략하려고 한다. 이를 위해 IBM은 대정부 보건의료분야 사업조직인 'US페더럴 헬스케어프랙티스' 규모를 키우고 임상치료(clinical care)분야에 빅데이터 역량을 투입할 계획이라고 밝혔다.

IBM이 말하는 빅데이터 역량은 인공지능시스템 '왓슨'을 응용한 인지컴퓨팅 기술이다. IBM은 빅데이터와 인지컴퓨팅 기술을 바탕으로 만든 '왓슨 인게이지먼트 어드바이저', '왓슨 디스커버리 어드바이저', '왓슨 익스플로러', 3가지 솔루션을 소개했다. 모두 클라우드 기반이다. 회사측에 따르면 인게이지먼트 어드바이저는 환자와의 상호작용을, 디스커버리 어드바이저는 증상에 대한 통찰력과 치료법, 빠른 의료정보 조회 기능을 제공한다. 익스플로러는 정보 통합과 시각화를 설계하고 사용자가 더 쉽게 데이터 기반의 통찰력을 얻도록 돕는다. IBM은 3가지 솔루션을 US페더럴 헬스케어프랙티스 조직이 담당하는 고객에게 제공한다. 고객이란 아무래도 여러 의료기관의 의료데이터를 취급하는 보건의료 관련 정부기관이나 그 부서를 가리키는 듯하다.

IBM은 이를 위해 자사 왓슨그룹과 IBM연구소가 데이터관리에 초점을 맞춰 새로운 협력을 추진한다고 밝혔다. 또 US페더럴 헬스케어프랙티스 조직의 규모를 늘리고 미국 국방부 군 의료 시스템 영역에서 20년 경력을 쌓은 키스 샐즈먼 박사를 최고의료정보 책임자(CMIO)로 선임하였다. 앤 알트만 IBM US 페더럴 헬스케어프랙티스 제너럴매니저는 "정부 관료들이 기존 및 신규 데이터 소스를 합쳐 향상된 기술로 지속적이고 유용한 헬스케어 보건의료시스템을 만드는 혁신적 방법을 찾아낼 기회가 많다는 점을 인식했다"고 말했다.

또한 IBM은 '어드밴스트 케어 인사이트'라는 의료, 소셜, 행동데이터 분석 소프트웨어(SW)를 소개했다. 이는 보건의료분야 사업자들에게 제공되는 이 SW에는 IBM 콘텐트애널리틱스, 자연어처리(NLP) 기술을 포함한다. IBM은 이

SW가 의사들의 기록, 실험 결과, 전자건강기록(EHR) 시스템에서 읽어낸 기타 의미있는 자료를 통해 가치있는 통찰을 얻게 해준다고 회사 측은 주장했다. EHR은 여러 병원의 의료정보 협업네트워크로, 전자의무기록(EMR)을 서로 연결해 구성된다. EMR에는 단일 병원의 과목별 진료, 처방, 약제, 원무, 외래 자료와 의료행위를 위한 보조시스템 관련 모든 정보가 들어간다.

IBM 관계자는 "AI는 비즈니스 판도를 바꿀 수 있는 엄청난 가능성을 시사하고 우리가 고전하고 있는 문제의 해결책을 제공하는 등 세상에 더 나은 미래를 제공하고자 하지만, 이러한 청사진은 인공지능에 양질의 데이터를 투입했을 때에만 가정할 수 있다"고 전했다. 그러면서 "IBM은 왓슨의 가치를 지속적으로 보강하고 있으며, 치료와 관련된 자료를 정확히 식별하는 능력을 강화할 수 있도록 실제 진료 현장의 데이터를 바탕으로 시스템 데이터 소스를 강화하는 작업을 하고 있다"고 말했다.

자료원: 미디어 펜, 2018. 10. 09.

토의문제

01 왓슨이 생기게 된 배경과 과정, 그리고 특징에 대해 설명하시오.

02 현재 왓슨이 어디에 활용되고 있고, 앞으로 어느 산업 영역으로 확장될 수 있는지 그 가능성에 대해 논하시오.

사례연구 2

"빅데이터, '언니의 파우치'를 열어보다."

LYCL.Inc(라이클)은 일반인들의 화장품 사용 후기, 뷰티팁, Q & A, 화장품 구매 스토어 등의 콘텐츠를 제공하는 뷰티 애플리케이션(앱) 서비스인 '언니의 파우치'를 개발 · 운영하는 회사이다. 가입 단계에서 본인의 피부 타입과 나이, 선호 브랜드를 입력하도록 해 개인별로 최적화된 뷰티 정보를 제공하는 것이 특징이다. '솔직한 뷰티 리뷰에만 집중한다'라는 모토 아래 상업적으로 변질되어 신뢰를 잃어가는 타 SNS서비스들을 대체할 수 있는 일반인들의 솔직한 화장품 후기를 중심으로 성장 중이다. 현재 150만 다운로드로 국내에서 가장 다운로드가 많은 뷰티 애플리케이션(앱) 중 하나이다. 2014년 구글플레이가 선정한 BEST 30에 뷰티 앱으로는 유일하게 포함되었으며 2016년에는 화장품정보 부문 '모바일브랜드대상'을 수상하였다. 특히 최근에는 사용자들에게 인기가 많은 제품들을 최저가로 판매하며 사전 정보 검색부터 구매까지 이어지는 국내 유일의 원스톱 뷰티 플랫폼을 구축했다. 로레알파리, 랑방 등 유명 해외 브랜드와 클리오, 메디힐, 페리페라 등 국내 인기 브랜드들이 입점했고, 그 규모도 확대되고 있다.

이처럼 지속적으로 성장해온 '언니의 파우치'는 현 단계에 안주하지 않고 더 높은 단계로 성장하기 위해 다양한 노력을 하고 있다. 기존 트래픽 기반의 광고수익에 의존적이었던 수익구조를 다변화하려는 시도가 그 첫 번째이다. 2016년 5월에는 다양한 브랜드의 상품을 할인된 가격이나 언파포인트로 구매 가능한 언파 스토어를 오픈하였다. 여기에서 더 나아가 '언니의 파우치' 자체 PB(Private Brand) 상품을 개발하고 판매하려는 계획도 추진 중이다. 뷰티제품의 정보검색부터 구매까지 이어지는 원스톱 뷰티 플랫폼에 더하여, PB 상품까지 제조 · 판매함으로써 자사 브랜드 인지도를 강화하고 수익을 확대하려는 전략인 것이다. 또한 '언니의 파우치'는 고객 특성별 차별화된 마케팅에 대한 고민을 오래전부터 하고 있었다. 현재는 나이, 피부고민, 피부타입 등 고객의 다양한 특성과 무관하게 모든 고객에게 동일한 접근을 하고 있기 때문이다. 뷰티 리뷰 앱 서비스로부터 시작한 '언니의 파우치'는 안정적인 수익원을 창출하는 회사로 성장하기 위해서는 산적한 숙제들을 풀어야 하는 중요한 시점에 놓여 있었다.

'언니의 파우치'는 신제품의 핵심 타기층을 전체 사용자의 51%를 차지하는 10대 후반~20대 초반으로 잠정 결정하였다. 신제품 개발과정에서 해당 연령대의 구매력, 구매패턴 등을 추가적으로 분석하여 신제품 개발에 반영하기로 하였다. 빅데이터 분석결과 10대 후반~20대 초반 중심의 사용자들은 틴트를 중심으로 한 입술 화장에 가장 큰 관심을 보이고 있다는 시사점을 얻을 수 있었다. 사용자들이 입술관련 제품에 큰 관심을 보인다는 결과를 받아든 '언니의 파우치'는 립제품과 관련한 사용자들의 구체적인 니즈를 파악할 필요를 느꼈다. '언니의 파우치'는 사용자들을 대상으로 2주간에 걸쳐 립제품과 관련한 주요고민에 대하여 설문조사를 실시하였다. 설문조사 결과, 각질이 부각되는 문제점에 대한 고민이 가장 많은 것을 확인할 수 있었다.

빅데이터 분석을 통해 '10대 후반', '20대 초반', '입술', '입술각질'이라는 키워드를 찾아낸 '언니의 파우치'는 이를 실제 제품으로 구체화하는 작업에 착수하였다. 마케팅팀과 제품개발 부서는 여러 번의 워크샵을 진행하면서 신제품의 컨셉을 구체화시켜 나갔다. '10대 후반~20대 초반'은 아직 화장을 배우는 단계로 화장법에 대해서 잘 모르기 때문에 올바른 화장법을 알려줄 필요가 있다. 입술각질에 고민이 있는 이들은 대부분이 각질이 생겼을 때 스크럽을 사용하지 않고 뜯어 버린다, 10대 후반~20대 초반의 구매력을 고려하였을 때 너무 비싼 제품은 부담이 된다, 틴트 제품은 이미 많은 경쟁제품들이 있다 등 다양한 의견들을 교환하는 과정을 거쳐 최종적으로 입술각질을 관리하는 '립스크럽' 제품을 개발하기로 하였다.

'언니의 파우치'는 마침내 11월 23일 unpa. 화장품 제1호 부비부비립(립스크럽)을 자체 스토어에 출시했다. 빅데이터 분석 및 샘플테스트에서 제시된 의견을 제품성분, 가격, 포장이미지 등에 반영했다. 이 제품은 브랜드 인지도를 강화하고 수익을 다변화하기 위하여 PB 제품을 출시하는 첫걸음을 내딛었다는 점에서 상당한 의미를 가진다. 더불어, 뷰티앱 회사로는 최다수의 회원 데이터를 확보하고, 각 회원들의 고민과 관심정보를 축적하였지만 활용하지 못했던 '언니의 파우치'가 이 정보를 경영에 활용하기 시작했다는 점에서 앞으로의 빅데이터 활용가능성을 더욱 기대하게 만드는 제품이라고 할 수 있다.

한편 '언니의 파우치'는 빅데이터 분석을 통하여 제시된 고객군 분석과 추천 시스템을 적극적으로 마케팅에 적용하였다. 30대 타깃 이벤트 실시, 추천 알고리즘을 활용한 사용자 맞춤형 제품 및 게시글(리뷰) 추천, 피부타입별 푸시메시지 발송 이후 스토어 매출이 전월 대비 100% 이상 증가했다. 이는 기존 트래픽 기반 광고 수익 중심에서 수익구조 다변화를 통한 지속적인 성장을 견인할 시초가 되었다는 점에서 큰 의미를 가진다.

자료원: 2016 중소기업 빅데이터 활용지원사업 우수사례집

토의문제

01 온라인 뷰티앱 서비스 중 빅데이터 분석을 통해 비즈니스 환경을 개선한 사례를 찾아 설명하시오.

02 라이클이 지속적으로 데이터에서 귀중한 가치를 창출하는 데이터 기반의 뷰티 회사로 성장해 나가기 위해 어떤 활동을 해야 하는지 토의하시오.

사례연구 3

"빅데이터, 고객관리의 필수공구"

크레텍은 47년의 업력을 가진 산업공구 전문 유통기업이다. 크레텍은 국내 산업공구 유통시장에서 가장 높은 점유율을 차지하고 있다. 크레텍은 온라인 주문시스템을 2006년 도입하여 고객의 90% 이상이 이 주문시스템을 이용하고 있다.

크레텍은 온라인 주문시스템을 통해 국내 유통되는 대부분의 공구에 대한 자사 판매가격 정보를 제시하여 시장의 표준가격을 선도하고 있다. 그 결과 고객들의 편의성과 가격에 대한 신뢰도는 높였지만, 경쟁사가 크레텍의 판매가격을 쉽게 획득하여 가격 경쟁력을 확보한 후 고객을 유인하는 상황이 발생하고 있었다. 이로 인해 크레텍은 고객들이 다수 이탈하는 문제를 경험하고 있었다. 크레텍은 아마존과 같이 개념의 서비스를 제공해야겠다고 판단했다. 고객사가 언제, 어떤 공구를 필요로 할지 예측하여 선제적으로 제안하는 서비스 형태였다.

크레텍은 2013년 구축한 통합정보시스템에 13만여 개의 제품과 고객사 7천 곳의 거래데이터를 확보하고 있었다. 축적된 데이터를 이용하여 상품추천 알고리즘 적용 가능성을 분석했고, 고객이 이탈하는 요인 분석을 위해 고객 세분화를 위한 군집분석을 진행했다. 또한 제품별 수요 예측 기반의 재고관리 및 영업조직 성과관리에 활용 가능성을 탐색하기로 했다.

우선 시군구 단위로 500여 곳을 고객유형(납품/도매/소매/쇼핑몰 운영)별 판매비중 정보를 바탕으로 군집분석을 실시했다. 분석결과 고객판매유형은 납품, 도매, 소매의 3개 유형으로 분류할 수 있었다. 이렇게 분류된 군집 중 대구 중구에 있는 소매상 고객을 대상으로 추천 알고리즘을 적용했다. 추천 알고리즘은 '사용자 기준 협업필터링(사용자간 구매패턴의 유사함 기준 추천)', '제품 기준 협업필터링(제품간 구매패턴의 유사함 기준 추천), '연관성 규칙(association rule)', 'popular 방식(그룹 내에서 가장 많이 팔린 제품목록 추천)'의 4개 알고리즘을 적용했다. 알고리즘 적용 결과 'popular 방식' 기준으로 제품을 2개 추천

시 재현율(추천한 제품목록 중 실제 고객이 구매한 제품 비율)이 80% 이상으로 가장 우수했다.

다음 단계로 크레텍은 충성고객과 이탈고객을 구분할 수 있도록 군집분석을 진행했다. 제품 대분류 기준으로 최근 3년간 평균 매출액을 '기댓값 최대화(Expectation Maximization) 알고리즘'으로 분석했다. 기댓값 최대화 알고리즘은 데이터의 정규분포 모양을 가정하고 데이터 분포를 추정하는 방법이다. 분석결과 9개 고객 군집을 도출할 수 있었다. 도출된 9개 고객 군집의 최근 구매일자와 군집별 다빈도 구매 브랜드를 결합한 결과 최근까지 빈번히 구매하는 '충성고객'과 현재는 매출이 발생하지 않는 '이탈고객'이 뚜렷하게 구분됐다. 충성고객이 주로 구매한 브랜드와 이탈고객이 주로 구매한 브랜드가 다르다는 점에 착안하여 충성고객이 주로 구매한 브랜드를 신규 고객이나 구매 경험이 없는 고객에게 적극 추천하고 프로모션을 진행하는 계획을 세웠다.

크레텍은 수요예측의 정확도를 높이기 위해 최근 6년간 거래정도 데이터를 제품별로 시계열 분석을 진행했다. 총 60여개 상품 매출액의 시계열 분포를 표준화한 뒤, 시계열 형태의 유사성을 군집분석(K－Shape)했다. K－Shape는 유사성을 거리의 가깝고 먼 수준으로 측정하는 분석방법이다. 분석결과 크게 4개의 군집을 분류했다. 4개 군집 중 안정적인 형태로 매출이 증가하는 1개 군집을 선택하여 추가적인 분석을 진행했다. 선택된 군집은 전체 제품 중 22%에 해당하는 유형이었다. 선택된 군집에 속한 대표 제품의 5년치 과거데이터를 분석해서 예측모형을 만들었고, 그렇게 만들어진 예측모형은 2017년 상반기 데이터를 대상으로 정확도 시험을 진행했다. 그 결과 예측오차율(MAPE)은 2.5%로 정확도가 매우 높았다.

크레텍은 전사적으로 데이터 분석에 대한 이해도를 높이기 위해 데이터 분석과정에 대한 전사 교육을 실시했다. 직접 빅데이터 분석에 참여한 부서 이외의 다양한 부서가 빅데이터 분석이 실문에 어떻게 적용될 수 있는지 알게 되었고, 일선에서 어떻게 응용될 수 있을지 많은 아이디어가 도출되었다.

크레텍은 이탈위험 고객 및 신규 고객 대상 프로모션을 실시했다. 프로모션은 충성고객이 주로 구매한 브랜드를 중심으로 진행했다. 프로모션 실시 결과 이탈위험 고객 중 충성고객이 주로 구매한 브랜드를 신규 구매한 고객군이 그렇지 않은 고객군 대비 약 5.5배 높은 매출을 발생시켰다. 이를 통해 크레텍은 매출상승과 고객 이탈방지라는 두 마리 토끼를 모두 잡을 수 있었다. 이러한 매출 상승효과에 힘입어 전년 대비(3분기 기준) 매출액이 13.6% 상승하는 결과를 얻었다.

자료원: 2017 중소기업 빅데이터 활용지원사업 우수사례집

토의문제

01 공구 유통 관련 기업 중 빅데이터 분석을 통해 비즈니스 환경을 개선한 사례를 찾아 설명하시오.

02 크레텍이 심층적으로 고객을 분석하고 효과적인 프로모션을 진행할 수 있었던 원동력이 무엇이었는지에 대해 논의하시오.

참고문헌

김경태 (2018), 안정국, 김동현, 빅데이터 활용서, 시대고시기획.

김진호·최용주 (2018), 빅데이터 리더십, 북카라반.

박송미(2014), 빅데이터 활용을 위한 컨텐츠 분석의 산업별 사례 및 비즈니스 케이스, '비즈니스 임팩트 & 빅데이터' 컨퍼런스 한국IBM 발표문, 2014. 2. 19.

박형준 (2018), 빅데이터 빅마인드, 리드리드출판.

방병권 (2017), 빅데이터 경영4.0, 라온북.

송주영·송태민 (2018), 빅데이터를 활용한 범죄 예측, 황소걸음 아카데미.

오현희 (2017), 빅데이터와 인문학, 홍릉과학출판사.

윤종식 (2018), 빅데이터 활용사전 419, 데이터에듀.

이종석·황현석·황진석 (2018), 빅데이터 비즈니스 이해와 활용.

이현웅·김종업·최현재 (2018), 빅데이터의 이해와 활용, 생각나눔.

임종수·정영호·유승현 (2018), 미디어 빅데이터 분석, 21세기사.

주해종·김혜선·김형로 (2018), 빅데이터 기획 및 분석, 크라운출판사.

지원철 (2017), 빅데이터 시대의 데이터 마이닝, 민영사.

최공필·서정희 (2017), 빅데이터4.0, 개미.

한국소프트웨어기술협회 (2018), 빅데이터 개론, 광문각.

한현욱 (2018), 이것이 헬스케어 빅데이터이다, 클라우드나인.

한국IDC (2016), 한국 SaaS 및 클라우드 소프트웨어 시장전망 2016-2020

한국정보화진흥원 (2013.11), 빅데이터의 진화: 스마트데이터, 원문 자료의 번역 보고서(원문 제목은 the smart data manifesto, 출처는 http://exelate.com/white-papers/the-smart-data-manifesto-goodbye-big-data-hello-smart-data)

한국정보화진흥원 (2016), 2016년 중소기업 빅데이터 활용지원 우수사례집

한국정보화진흥원 (2017), 2017년 중소기업 빅데이터 활용지원 우수사례집

Akhtar, S. M. F. (2018), Big Data Architect's Handbook: A Guide to Building Proficiency in Tools and Systems used by Leading Big Data Experts, Packt Publishing.

Arghandeh, R. and Zhou, Y. (2017), Big Data Application in Power Systems, Elsevier Science.

Bahga, A. and Madisetti, V. (2016), Big Data Science & Analytics: A Hands-On

Approach, VPT.

Berman, J. J. (2018), Principles and Practices of Big Data: Preparing, Sharing, and Analyzing Complex Information, Academic Press.

Chen, H., Chiang, R. and Storey, V.C. (2012), "Business Intelligence and Analytics: From Big data to Big impact," MIS Quarterly, Vol. 36 No.4, pp.1165~1188.

Francesco, D. and Renaud, D. (2018), Big Data Economics, Towards Data Market Places, Nature of Data, Exchange mechanisms, Prices, Choices, Agents & Ecosystems, Independently Published.

Gilder, G.(2018), Life After Google: The Fall of Big Data and the Rise of the Blockchain Economy, A Division of Salem media Group.

Mayer-Schonberger, V. and Ramge, T. (2018), Reinventing Capitalism in the Age of Big Data, Basic Books.

Hoeren, T. and Kolany-Raiser, K. (2017), Big Data in Context: Legal, Social and Technological Insights, Springer.

Holmes, D. (2018), Big Data: A Very Short Introduction, Oxford University Press.

Information Resources Management Association (2018), Big Data: Cencepts, methodologies, Tools and Applications, IGI Global.

Jones, H. (2018), Data Analytics: An Essential Beginner's Guide to Data Mining, Data Collection, Big Data Analytics for Business and Business Intelligence Concepts, CreateSpace Independent Publishing Platform.

Marr, B. (2017), Data Strategy: How to Profit from a World of Big Data, Analytics and Internet of Things, Kogan Page.

Miller, J. (2017), Big Data Visualization, Packt Publishing.

Minelli, M., Chambers, M and Dhiraj, A. (2018), Big Data, Big Analytics: Emerging Business Intelligence and Analytic Trends for Today's Businesses, Gildan Media.

Paley, N. (2017), Leadership Strategies in the Age of Big Data, Algorithms, and Analytics, Productivity Press.

Tenner, E. (2018), The Efficiency Paradox: What Big Data Can't Do, Knopf.

빅데이터의 경제적 가치

★ 학습목표

1. 가트너가 제시한 데이터 경제시대의 진화단계에 대해 학습한다.
2. 빅데이터의 가치에 대해 집중 탐색한다.
3. 빅데이터의 경제적 가치에 대하여 고찰한다.
4. 빅데이터와 조직 성과에 대하여 이해한다.

데이터경제의 진화 단계

시대(Age or era)의 근본적 변화(Fundamental change)를 패러다임(Paradigm)의 개념과 변화 양상에 의거하여 구분하면, 농경시대(Agricultural age)에서 산업시대(Industrial age)를 거쳐 정보시대(Information Age)로 진화했다고 한다. 또한, 정보시대를 경제적 가치 차원에서 다시 세분화하게 되면, 무어의 법칙(Moore's Law)이 프로세싱 파워(Processing power)에 영향을 미친 하드웨어 경제(Economics of hardware or hardware economy)시대, 개방형인 오픈소스(open source)가 기존의 독점 소프트웨어 시장의 수익에 영향을 미친 소프트웨어 경제(Economics of software or software economy)시대, 그리고 거의 무료에 가까운 낮은 가격의 애플리케이션(이후 앱)을 제공하는 애플의 앱스토어(App Store)가 기존의 앱 시장에 영향을 미친 앱경제(Economics of applications or app. Economy)시대의 단계를 거치게 된다.

한편, 몇 년 전부터 비즈니스 리더들은 정보에 대한 버즈워드로 정보의 홍수(Information overload), 데이터 딜루지(Data deluge), 개방 데이터(Open data), 그리고 현재 가장 화두인 빅데이터라는 용어를 이코노미스트(The

Economist), 포춘(Fortune), 씨아이오매거진(CIO Magazine) 유명 잡지와 저널뿐만 아니라 일상 기사에서도 접하게 된다. 가트너의 애널리스트인 뉴맨(Newman, 2011)은 이러한 데이터가 이제는 상호 연계되고 참여 주체들의 협력을 통해 새로운 가치를 창출시킬 수 있는 데이터 경제(Data economy) 시대가 도래하였다고 하였다. 그에 의하면, 데이터 경제시대에는 연계와 협력으로 인해 데이터 활용 영역이 더욱 확장되며 단계적으로 진화하게 되면 데이터 소스는 상상할 수 없을 정도로 거의 무한에 가까워진다. 그러므로 특히 기업들에게는 이러한 데이터 소스를 확대하는 전략이 매우 중요한 경영전략의 하나가 된다.

빅데이터로 시작된 데이터 경제(Economics of the data or data economy)가 이제 기업이나 국가의 경쟁우위(Competitive advantage)를 좌지우지하게 될 것이다. 데이터 경제 시대가 도래하게 된 배경은 이미 1장에서 논의하였는데, 무엇보다도 적은 비용으로 인터넷이 누리게 하는 다양한 개방 환경에서 콘텐츠를 이용할 수 있기 때문이다. 또한, 콘텐츠 활용, 즉 데이터 활용은 더욱 확대되는 정보 공유(Information sharing)로부터 성취되는 관계와 구축으로 더욱 용이해지게 된다. 이러한 데이터 경제는 점차적으로 진화하여 기존의 P2P 네트워크(Peer-to-peer networks)와 오픈소스 운동(Open-source movements)과 같

그림 1 데이터 경제시대의 단계(The stages of the Data Economy Era)

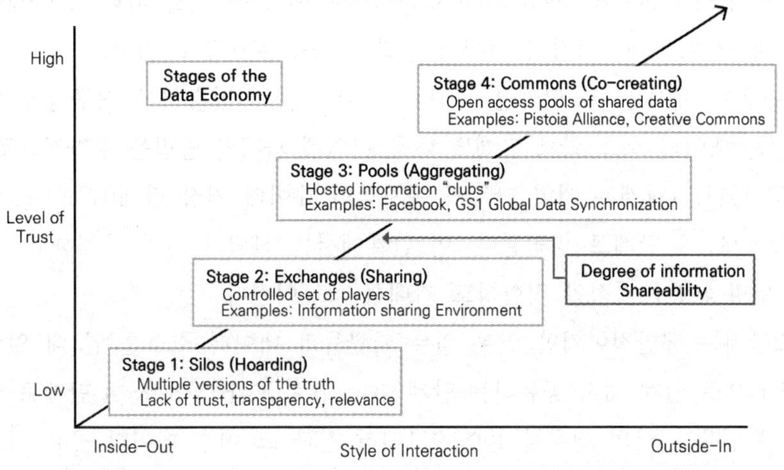

출처: Newman(2011)

표 1 데이터 소스 확보를 위한 단계적 방법

단계	내용과 과제	방법
1: Silos (Hoarding)	• 조직의 독자적인 데이터 생성, 저장 중심의 단계 • 외부 데이터는 인터넷을 통한 수집(검색) 가능 • 데이터의 신뢰성과 품질제고 노력 필요	생성, 저장, 수집(검색)
2: Exchanges (Sharing)	• 기업의 데이터를 외부 기관들과 상호 교환하는 단계 (1:1 또는 1:n의 공유, 연계)	연계, 공유
3: Pools (Aggregating)	• 특정한 활동이나 목적을 위해 모인 연합, 그룹, 클럽들이 상호협력과 공동의 장 형성(집단) • 표준화된 데이터 풀(pool)의 연계를 통해 국경을 초월한 정보 교환과 상호이용 가능 • 예시: Global Data Synchronization Network	참여, 협력
4: Commons (Co-creating)	• 오픈 방식 플랫폼을 통한 데이터 공유 • 상호 협력과 참여를 통해 공동의 자원 창조	오픈, 창조

출처: Newman(2011), 한국정보화진흥원(2012) 재구성

은 파괴적인(Disruptive) 트렌드들을 주도하게 될 것이다. 이러한 트렌드들은 기존의 비즈니스모델과 조직 구조를 위협하고 있다.

이러한 관점에서 뉴맨이 제시한 데이터 경제시대 단계를 그래프로 나타내면 [그림 1]과 같다. 수평축으로 보면, 상호 연계 내지 상호작용 유형은 데이터의 '인사이드–아웃(Inside–Out)'에서 '아웃사이드–인(Outside–In)'으로 발전한다. 또한, 수직축으로 보면, 신뢰의 수준이 '낮은(Low)' 정도에서 '높은(High)' 정도로 발전한다. 두 개의 축의 양 끝으로 향하는 대각선이 정보 공유 가능성 정도(Degree of Information Shareability)이다. 이 선을 따라서, 아래에서 위로 네 단계로 데이터경제 시대의 진화 모습을 보여주고 있다.

뉴맨이 제시한 네 단계를 근간으로 한국정보화진흥원이 재구성한 위의 [표 1]은 데이터 소스 확보 단계별 내용 이외에 과제와 방법을 추가적으로 설명하고 있다. 1단계는 기업 단독의 독자적인 데이터 저장 단계(Hoarding)로서 사일로스(Silos) 단계로 명명된다. 이 단계에서는 신뢰가 거의 부재하고, 데이터의 투명성이나 질적인 적합성도 기대하기도 어렵다.

2단계는 제한적이지만 일부 외부 기관들과 데이터 소스를 일 대 일이나 일 대 N으로 연계 내지 공유하는 단계(Sharing)로 교환(Exchanges) 단계로 명명된다. 뉴맨은 미국의 경우를 들어 911테러 전과 그 이후 데이터 공유 시스템을 구분하고 있다. 911테러 전 단계가 1단계가 되겠다. 미국에서는 911테러가

그림 2 NIEM 구성도

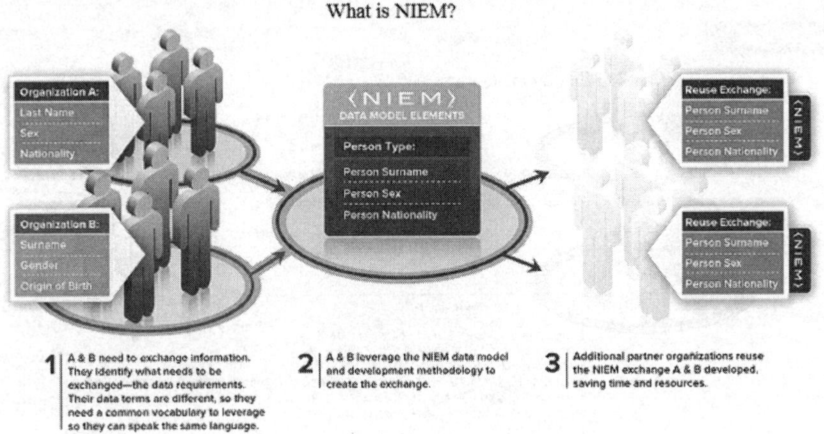

출처: IJIS Institute 홈페이지

발생한 이후에 낡은 방식의 정보의 사일로 폐단을 없애기 위해 일명 '정보공유환경(Information Sharing Environment; www.ise.gov)이라는 정부 사이트를 개설하게 되었으며, ISE는 미국 내 다섯 개 정부기관들(Defense, law enforcement, intelligence, homeland security and foreign affairs)로 하여금 법무성(Departments of justice)과 국토안보성(Departments of homeland security)에 의해 공동으로 만들어진 데이터 공유 표준인 NIEM(National Information Exchange Model)을 사용하여 정보 공유를 향상시켜 다양한 이해관계자들과 상호 연계하는 수준을 향상시킬 것을 지시하였다.

기업이나 국가 차원에서 점차 빅데이터에 대해 관심 갖기 시작하면서 데이터 소스 확보 단계의 진화도 함께 발전하게 되는데, 미국에서도 보듯이 국가기관이 먼저 솔선수범하는 모습을 보이고 있으며, 한국도 이와 유사하다. 국가기관은 데이터를 '인사이드－아웃'으로 개방하는데 있어서 기업들보다 더 용이하기 때문이다. 이에 대해서는 12장에서 자세히 다루어질 것이다. 특히 국내에서는 최근 정부가 들어서면서 정부3.0이라는 기치하에 공공데이터 개방을 전면에 내세우고 있다. 2단계 시점을 실천 중인 국내 기관, 예를 하나 들면, 홈페이지에 개방 데이터 목록과 접근 방법에 대해 자세히 설명하고 있는 기상청이 있다.

그림 3 기상청의 공공데이터 제공 목록 및 상세 정보

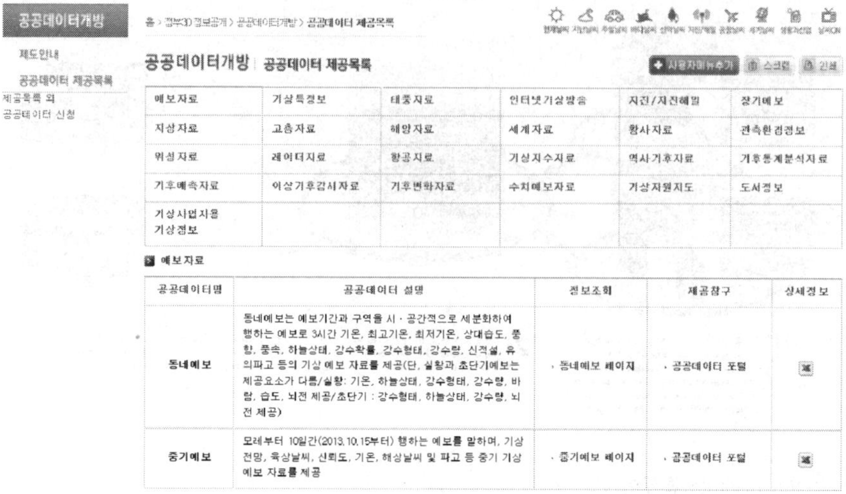

공공데이터개방

제도안내

공공데이터 제공목록

제공목록 외 공공데이터 신청

홈 > 정부3.0 정보공개 > 공공데이터개방 > 공공데이터 제공목록

공공데이터개방 | 공공데이터 제공목록

예보자료	기상특정보	태풍자료	인터넷기상방송	지진/지진해일	장기예보
지상자료	고층자료	해양자료	세계자료	황사자료	관측환경정보
위성자료	레이더자료	항공자료	기상지수자료	역사기후자료	기후통계분석자료
기후예측자료	이상기후감시자료	기후변화자료	수치예보자료	기상자원지도	도서정보
기상사업자용 기상정보					

예보자료

공공데이터명	공공데이터 설명	정보조회	제공창구	상세정보
동네예보	동네예보는 예보기간과 구역을 시·공간적으로 세분화하여 행하는 예보로 3시간 기온, 최고기온, 최저기온, 상대습도, 풍향, 풍속, 하늘상태, 강수확률, 강수형태, 강수량, 신적설, 유의파고 등의 기상 예보 자료를 제공(단, 실황과 초단기예보는 제공요소가 다름/실황: 기온, 하늘상태, 강수형태, 강수량, 바람, 습도, 뇌전 제공/초단기 : 강수형태, 하늘상태, 강수량, 뇌전 제공)	· 동네예보 페이지	· 공공데이터 포털	
중기예보	모레부터 10일간(2013.10.15부터) 행하는 예보를 말하며, 기상전망, 육상날씨, 신뢰도, 기온, 해상날씨 및 파고 등 중기 기상예보 자료를 제공	· 중기예보 페이지	· 공공데이터 포털	

출처: 기상청 홈페이지

3단계는 집적하는 단계(Aggregating)로 풀스(Pools) 단계로 명명되고 있다. 특정한 활동이나 목적을 위해 모인 연합이나 그룹들이 상호 협력하고 공동의 장을 형성하는 단계이다. 여기서는 보다 신뢰성을 주는, 표준화된 데이터 풀(pool)과의 연계를 통해 국경을 초월한 전세계적인 데이터 교환과 상호 이용이 가능하다. 뉴맨은 페이스북 등 데이터 풀들을 활용하는 사례를 제시하고 있다. 실제로 집적된 콘텐츠의 데이터 풀들(Data pools of aggregated content)은 페이스북 같은 호스트 커뮤니티(hosted community) 같은 기업, 기관들에 의해 개방적으로 공유되고 있다.

국내 기업들이 빅데이터에 눈을 뜨면서 가장 먼저 활용한 데이터가 페이스북, 트위터 같은 소셜데이터를 '아웃사이드–인'으로 끌어오는 것이었다. 소셜데이터만을 끌어와 분석하거나 기업이 가진 데이터와 접목하는 방식으로 분석을 하게 된다. 데이터 경제의 3단계이다. 기업들이 소셜분석을 위해 사용하는 주요 분석 툴은 오피니언마이닝이며, 이는 빅데이터 관리 기술 및 운영 노하우와 개인화를 위한 자연어 분석 처리 기술 등을 바탕으로 개발한 사용자 중심 온라인 감성 및 버즈(buzz) 분석 등을 말한다. 기업은 소셜분석을 통해 자사 상품 또는 브랜드가 고객들에게 어떻게 이해되고 있는지를 탐지할 수 있으며, 프로모션을 시행한 후에 버즈(Buzz) 양을 측정한다거나 키워드 간 상관관계를 분석해 프로모션 효과를 측정하고, 상품이나 서비스 포지셔닝의 보완사항들을 도출하는 데 근거자료로도 활용할 수 있다. 그 외에도 경쟁사 제품 및 서비스와의 비교 분석을 통해 기업들은 자사 제품이나 서비스 강점을 파악하고 약점을 보완할 수 있다. 이는 차기 제품, 서비스 개발에도 도움을 준다. 또한, 자사 이미지에 타격을 줄 수 있는 비방 글이나 부정적 기사에 대한 긴급 대응도 가능하다.

마지막으로 4단계는 공유 데이터의 개방 풀(pool)을 함께 창조하는 단계(Co-creating)로 공동자원(Commons) 단계로 명명된다. 이 단계에서는 인사이트와 경험, 인프라스트럭처, 더 나아가 비용까지도 공유하는 개방 액세스 콘텐츠(0pen-access content) 플랫폼, 즉 개방형 플랫폼을 커뮤니티들이 함께 창조하고 공유하는 단계로서, 공동의 자원이 상호 협력과 참여를 통해 창조되는 단계이다.

왓슨(Watson)은 상용 플랫폼으로 발전 중이지만, 왓슨이 2013년 말 애플리케이션 프로그래밍 인터페이스(이후 API)를 개방하면서 데이터경제 4단계의 의미를 어느 정도 가진 최근 사례로 유효하다. IBM(www.ibm.com)은 IBM 왓슨의 API를 외부 앱 개발자들에게 클라우드 기반으로 제공한다고 밝혔다. 이의 주된 목적은 전세계 소프트웨어 앱 개발자들이 왓슨의 인지컴퓨팅 기술을 활용해 차세대 앱들을 개발할 수 있는 토양을 제공하기 위한 것이다. 특히, 벤처, 중견, 대기업에 이르기까지 기업용 앱 개발자들에게 왓슨을 공개함으로써 새로운 개발 환경을 제공하는 데 의의가 있다. 이들 기업은 향후 IBM과의 비즈니스 파트너 관계를 구축하고, 공동 비전을 구축하고 차세대 인지 앱(Cognitive Application) 개발에 박차를 가할 것으로 기대된다. IBM은 이를 위해 'IBM 왓슨 디벨로퍼 클라우드(IBM Watson Developers Cloud)'서비스를 개시했다. 이는 클라우드 기반 마켓플레이스 형태로 앱을 쉽게 개발할 수 있는 개발자 툴킷(Toolkit), 교육자료, API 등을 제공한다. 이 서비스를 이용하는 기업들은 기업 자체의 내부 데이터를 기반으로 개발하거나, IBM 왓슨 콘텐츠 스토어(IBM Watson Content Store)에서 제공하는 축적된 지식을 활용해 인지컴퓨팅 기술 위에서 구동되는 앱을 개발할 수 있다.

빅데이터의 가치

소셜 전문가로 유명한 브라이언 솔리스(Brian Solis)는 빅데이터의 중요한 가치로 "연결된 소비자주의(Connected consumerism)"를 언급하였다. 다시 말해, 빅데이터에 관심을 갖고 있는 기업은 빅데이터 솔루션을 도입하는 것보다 더 중요한 것은 기존 사업모델과 제품 군 및 서비스에 집착하는 문화에서 벗어나, 변화를 추구하고, 고객혁신을 실험하며, 그 실험의 결과로 진화해나갈 수 있는 연결된 소비자 중심 문화를 만들어 나가는 것이 중요하다는 것을 의미한다.

어떤 조직이든 사람들이 변화하고 있으며 미래에 적응하는 것이 중요하다는 것을 인지하지 못한다면, 빅데이터가 알려줄 수 있는 새로운 트렌드나 기회를 포착하고 이를 받아들이지 못하게 된다. 빅데이터를 가치로 연결시키라는 말이다. 데이터를 바탕으로 혁신하지 못한다면 빅데이터와 관련한 기술이나 자원에 투자하는 것은 비용만 늘어나는 결과를 초래할 것이다. 데이터 분석의 가치가 올라가면서, 데이터 과학(Data Science)이 주목받기 시작했고, 데이터 과학자들이 필요하다는 데 공감하고 있다. 이러한 인력의 양성에 대해서는 14장에서 자세히 다루기로 한다.

다시 빅데이터의 가치로 돌아가 보자. 빅데이터 분석의 중요성이 더해지면서, 사람들은 분석 자체에 초점을 두기 쉽다. 빅데이터 분석이 단순히 필요하다고 보는 것은 자칫하면 '분석의 과잉'을 가져올 수도 있으며, 이는 너무 많은 데이터 분석의 홍수 속에 사람들이 무감각해지는 결과를 낳을 수도 있다. 또한, 잠시 나타난 변화에 대해 지나치게 민감하거나, 분석이 이루어지는 시점의 착시효과에 의해 잘못된 판단을 내리거나, 데이터에 대한 일반인들의 과도한 맹신을 악용한 분석 남용 및 오용 사례도 많아질 것이다. 따라서, 데이터에 접근하고, 분석하고, 이를 해석하고 결정을 내리는 사람들은 확실한 자율성을 가지되, 투명하면서도 진실하게 데이터를 지속적으로 관찰하면서 가치를 뽑아내려는 노력을 해야 할 것이다.

또한, 연결된 소비자주의 사회에서의 빅데이터는 계속해서 변하므로, 이것을 정해진 시점에서 분석하는 것보다, 시간의 흐름과 함께 변화하는 양상을 보고 본질을 파악하려는 노력이 필요하다. 그러기 위해서는 어제의 데이터와 분석의 내용은 오늘과 다르며, 내일은 또 달라질 것이라는 전제하에, 이런 시간의 흐름과 함께하는 변화의 요체를 파악하는 능력이 필요하다. 그리고 스마트 기기의 발전으로 이를 이용하는 고객이나 데이터 생성자 내지 생산자, 그리고 최근 IoT의 부상으로 기기의 센서데이터가 변화하고 확장되고 있다면, 데이터를 생성하는 사람들과 기기들이 왜 변하는지를 명확히 이해해 데이터 활용 및 확장 가능성을 고민해야 할 것이다.

앞에서 데이터 경제시대 진화 4단계의 특징과 관련 사례들을 제시하였다. 앞에서도 언급되었지만, 데이터 경제시대가 진화하는 과정에서 중요한 것은 불량 데이터가 아닌 품질이 보장되는 데이터 간의 상호 연계와 공유이다. 따라서, 데이터의 품질이 데이터의 가치를 결정하는 바로미터가 되는 것이다.

이러한 차원에서 데이터경제에 대해 언급한 뉴맨도 [그림 4]와 같이 정보 공유를 위한 필수 특징과 요구사항으로 지속 가능성(Consistency), 활용 가능성(Usability), 그리고 확장 가능성(Extensibility)을 꼽았다. 그에 의하면, 지속 가능성은 통상 매스터데이터관리(Master data management)와 비즈니스인텔리전스(Business intelligence)와 같은 이니셔티브를 포함하고, 활용 가능성은 메타데이터관리(Metadata management)를, 확장 가능성은 데이터와 서비스 아키텍처 간 연계 가능성 등을 말한다.

그림 4 "노이즈(Noise)" (저품질 데이터)와 "새로운 것(News)" (고품질 데이터)

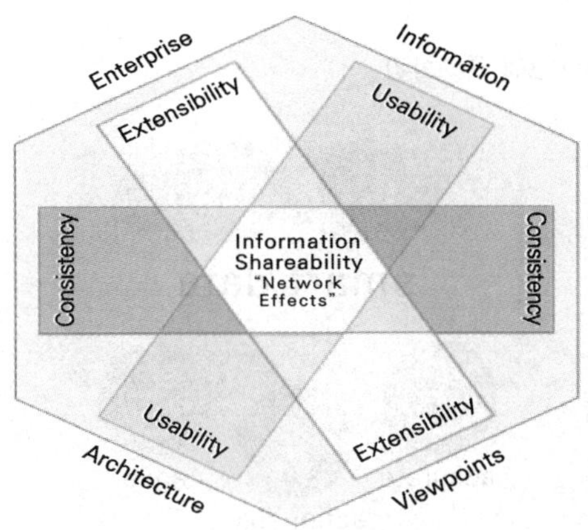

출처: Newman(2011)

이상의 두 개 글에서 공통되는 바는 결국 빅데이터의 가치는 기술도, 분석도 아닌 데이터가 지닌 본질적인 것이며, 이러한 데이터에 접근할 때는 데이터의 지속 가능성과 활용 가능성, 그리고 확장 가능성 등을 염두에 두라는 것으로 이해된다.

엑셀리트(eXelate, 2013)의 보고서에 의하면, 데이터가 불량이 아닌지 확인하려면 기준이 필요하다. 데이터 품질에 대한 평가 기준이라 해도 무방하겠다. 기업이나 국가 조직은 지속적으로 데이터 품질과 관련된 문제가 발생하는지 여부와 관계자들이 데이터의 정확도에 대해 의문을 가지는지 여부를 파악해야 한다. 또한, 데이터 범위와 관련해서도 데이터 기반 차별화된 비즈니스전략을 세우기 위해서 설득력 있는 데이터를 확보하였는지 여부, 데이터가 기업이나 기관의 수익, 비용절감의 원동력으로 활용되고 있는지의 여부가 중요하다. 또한, 빅데이터의 특성에서도 언급되었지만, 실시간성 판단도 매우 중요한 기준이 된다. 예컨대, 빅데이터가 묶음(batch)으로 처리되고 분석 결과로부터 행동을 취하기 위해 수 시간을 기다려야 하는지에 대한 여부 등 기술적 기준도 중요하다. 그 외에, 데이터의 객관성 차원에서 제3자 혹은 중립적 시각에서 지속적으로 데이터의 정확성을 평가하는지에 대한 여부, 행동으로 바로 옮길 수 있는지의 여부 등도 함께 중요하게 된다.

이러한 기준들을 고려한다는 차원에서 엑셀리트(eXelate, 2013) 보고서에서는 고품질의 데이터를 스마트 데이터로 정의하고 데이터가 스마트해지게 하기

그림 5 스마트 데이터의 3대 특성(기준)

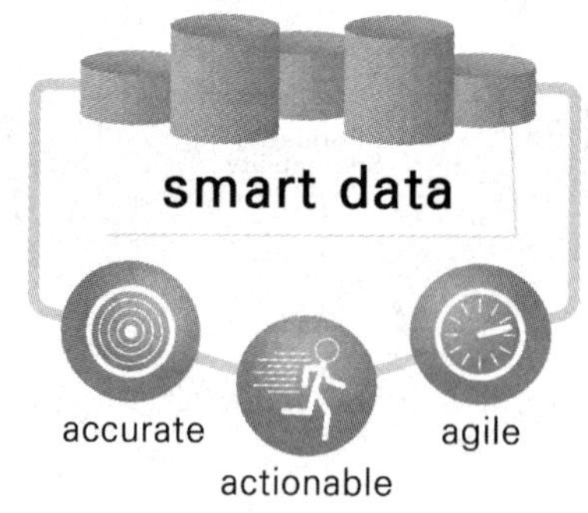

출처: eXelate(2013)

위해 세 가지 기준 내지 특성으로 3A, 즉 정확성(Accruate), 행동성(Actionalble), 민첩성(Agile)을 고려해야 한다고 주장한다. 첫 번째로 정확성은 빅데이터의 노이즈로부터 정확하고 양질의 정보를 전달할 수 있어야 함을 말한다. 데이터가 정확하려면 지속적으로 제3자의 벤치마크를 통해 유효성이 입증되어야 하고, 데이터 이용자는 지속적으로 투자 대비 효과성을 검증할 수 있어야 한다.

두 번째로 행동성은 조직이 바로 행동으로 옮길 수 있어서 가치를 창출하는 원동력으로서 데이터가 작동해야 함을 말한다. 시시각각 다양하고 복잡한 데이터가 생성되는 환경에 필요한 즉각적인 의사결정은 상당한 시간을 필요로 하는 보고서 분석 등 과거 행동 방식과는 차별화되어야 하며, 기업 고객의 활동 영역을 최대화하고 고객이 바로 행동과 서비스를 할 수 있는 데이터의 확보는 수익이나 시장 점유율로 직결되는 성장 동력으로 작동해야 한다.

세 번째로 민첩성은 급변하는 비즈니스 환경에서 실시간으로 데이터 분석이 가능하도록 민첩성이 요구됨을 말한다. 비즈니스 결정을 내리기 위해 몇 주를 필요로 하는 업무 환경은 실시간으로 의사결정을 필요로 하는 환경으로 변화되고 있기 때문이다.

빅데이터의 경제적 가치

빅데이터가 화두가 되면서 다양한 소스에서 빅데이터의 경제적 가치에 대한 보고서와 기사를 내놓았다. 가장 대표적인 것이 맥킨지 보고서(2011)이며, 특히 경제적 가치가 정량적으로 분석되어 있다. 하나만 예로 들면, 자동차 위치 정보와 교통량 분석만 활용해도 인류는 출퇴근 교통혼잡 비용과 이산화탄소 발생을 줄여 전 지구적으로 연간 6천억 달러를 아낄 수 있다.

특히 기업들이 갖게 되는 빅데이터의 경제적 가치에 대해 관심을 가진 글로벌 리서치기관들은 지난 몇 년 동안 빅데이터를 활용한 시장변동 예측이나 신 산업 발굴 등의 효과를 제시하였다. 경제적 가치를 언급한 리서치기관 보고서 내용을 간단히 [표 2]로 나타내면, 빅데이터가 화두가 되기 시작한 2010년 이코노미스트는 데이터를 자본이나 노동력과 거의 동등한 수준의 경제적

표 2 빅데이터 활용을 통해 얻는 경제적 가치

기관경	경제적 효과
Economist (2010)	데이터는 자본이나 노동력과 거의 동등한 레벨의 경제적 투입자본으로 비즈니스의 새로운 원자재 역할을 한다.
MIT Sloan (2010)	데이터 분석을 잘 활용하는 조직일수록 차별적 경쟁력을 갖추고 높은 성과를 창출한다.
Gartner (2011)	데이터는 21세기의 원유이며 미래 경쟁 우위를 결정한다. 기업은 다가올 "데이터 경제시대"를 이해하고 정보고립을 경계해야 한다.
Mckinsey (2011)	빅데이터는 혁신, 경쟁력, 생산성의 핵심요소이다.

출처: Economist(2010), MIT Sloan의 Lavalle, S. et al.(2011), Gartner(2011), McKinsey(2011); 김진상(2013) 재구성

투입자본으로 보았고, MIT슬로언은 데이터 분석을 잘하는 조직이 차별적 경쟁력과 높은 성과를 창출한다고 보았으며, 2011년에는 가트너가 데이터를 21세기 원유로 보면서 데이터 경제시대의 진화를 예고했다. 이에 대해서는 앞에서 이미 언급하였다. 같은 해에 맥킨지는 빅데이터가 혁신, 경쟁력, 생산성의 핵심요소임을 천명하였다.

특히 맥킨지(2011)에 따르면, 각 산업별로 적게는 1천억 달러에서 많게는 7천억 달러의 경제적 효과가 창출될 것이고, 생산성 향상 정도에 따라 빅데이터 활용 효과가 산업별로 다르게 나타날 것이며, 의료건강은 0.7%, 소매업은 0.5~1% 등 약 1% 정도의 생산성 증가가 예상된다.

OECD의 정보사회지표작업반(WPIIS)은 OECD 정보통신정책위원회(ICCP) 산하의 4개 작업반 중 하나로 OECD 회원국의 통계전문가로 구성되어 정보사회의 측정, IT분야 국제통계 및 IT 성장 등 IT의 경제적 영향에 대한 분석을 위해 1999년도에 출범하였다. 이 WPIIS의 제16차 회의(2012.12.12~12.14)를 통해 IT 이용과 활용에 관련된 다양한 의제에 관해 논의하였고, IT 무형자산 중 빅데이터를 측정해 개인과 기업의 IT 이용 및 통계 등을 포함한 향후 로드맵

표 3 빅데이터가 제공하는 경제적 가치

의료·건강	소매업	제조업
• 매년 3,300억 가치 • 0.7%/year 생산성 증가	• 이윤 60% 증가 가능 • 0.5~1% 생산성 증가	• 제품개발비 50% 감소 • 운전자본 7% 절감가능

출처: 맥킨지(2011)

에 대해 토의하였다. 특히, 정보경제작업반(WPIE)과의 공동 섹션을 통해 빅데이터의 경제적 가치 측정에 대한 토의가 진행되었다. 이 작업반에서 OECD는 빅데이터 관련된 산업을 디지털데이터 산업으로 국한하였으며, 디지털데이터를 수집, 처리, 유포하는 산업으로 정의하였으며, 국제적으로 비교 가능한 측정치 생성을 위해 국제표준산업분류(ISIC)의 세 분류 기준(4자리코드)에 따라 디지털데이터 산업을 네 가지 산업으로 분류하였다.

빅데이터 산업의 가치 측정을 위해 OECD는 부가가치와 고용인력 수로 한정해 OECD 21개국 디지털데이터 산업별 가치를 측정하였으며, 미국이 전체적으로 상위 수준에 랭크해 있다. 이에 EU와 캐나다는 빅데이터 산업 정의가 명확하지 않음을 들어 이 사례연구를 전적으로 신뢰하기보다는 초기 연구로 활용해야 함을 강조하는 등 한계점을 부각시켰다. 통계상 미국 디지털데이터 관련 산업군은 비즈니스 서비스산업 부가가치의 약 1.1%를 차지했는데, 이는 미국 디지털데이터 산업 활동들이 발전하였고, 국민계정에 기초한 측정치로 인해 좀 더 종합적인 평가가 이루어졌기 때문이다. 미국의 부가가치 측정치는 NAICS와 ISIC Rev. 4간의 세부적인 조합에 기초한다. 한편, 미국 외 국가들의 디지털데이터 관련 산업군은 비즈니스 서비스산업 부가가치의 1% 미만이며, 몇몇 국가에서 특이점이 발견되었다. 경제적 어려움을 겪고 있는 이탈리아가 유럽에서 가장 높은 수준(0.8%)으로 측정되었고, 벨기에와 스페인은 상대적으로 매우 낮은 부가가치(0.2%)를 기록했다.

이상에서는 범 국가 기관이나 글로벌 리서치기관에서 제시한 빅데이터의 경제적 가치 측정에 대해 살펴보았다. 기업 차원에서 경제적 가치는 데이터경제의 단계를 진일보할 수 있게 하는 이니셔티브 및 이와 관련된 스킬, 그리고 이로 인한 재무적 미래가치 등이 되겠다. 이니셔티브라면 패턴 기반의 전략(Pattern-Based Strategy), 상황인식컴퓨팅(context-aware computing), 클라우드 컴퓨팅(cloud computing), 소셜 컴퓨팅(social computing), 기업의 정보경영(Enterprise information management), 비즈니스인텔리전스(Business intelligence), 앞서 언급한 매스터데이터관리(Master data management), 정보거버넌스(Information governance) 등이 되겠다. IT컨설팅기업인 코그니전트(Cognizant, 2013)는 데이터의 경제적 가치를 주는 이니셔티브로 감성분석(Sentiment analysis)과 예측분석(Predictive Analytics)을 언급하였다. 이와 관련한 스킬을 가지고 있다면 기업은 재무적으로도 미래가치를 보장받게 될 것이다.

데이터경제에서 성공하려면 다양한 성공사례들이 벤치마킹되어야 하는데, 기업으로서 빅데이터의 경제적 가치를 가진 사례로서 페이스북, 구글, 아마존 등이 지목된다. 예컨대, 페이스북은 자사의 비즈니스전략 중심에 정보 아키텍처(Information architecture)를 가지고 있으며, 이러한 배경으로 페이스북의 기업 가치는 계속 상승세를 타고 있다. 2014년 2월 4일 창립 10주년을 맞이한 페이스북의 기업가치는 1,570억 달러로 나타났다(Voakorea, 2014). 페이스북은 다양한 자산을 가지고 있지만, 중요한 것은 이러한 가치가 하드웨어가 아닌 소프트웨어와 앱에서 창출되는 시대가 되었다는 것이다.

실제로 페이스북의 인프라스트럭처는 오픈소스와 널리 활용 가능한 컴포넌트들에 기반하고 있으며, 확장 가능성이 높은 정보 공유 시스템을 형성하여 산업 내 상당한 신뢰 수준을 가지게 되었다. 2005년 웹2.0컨퍼런스에서 팀오릴리(Tim O'Reilly)는 이미 페이스북을 웹2.0의 주요 특성인 "data as Intel inside"를 실현한 기업으로 소개하였다. 페이스북의 "소셜그래프(Social graph)를 말하는 것이다.

빅데이터와 조직 성과

2011년 MIT슬로언 경영대는 전문가들을 대상으로 하여 조직에게 빅데이터 분석결과를 활용한 후에 어떤 성과가 일어났는지 설문하였다. 그 결과, 조직적 성과로 정보 습득, 정보 수집, 정보 분석, 정보와 인사이트 확산 측면 모두에서 개선을 경험한 것으로 나타났다. MIT 슬로언경영리뷰에 따르면, 빅데이터분석 결과 활용 전후를 비교했을 때, 정보를 습득하는 업무 능력은 이전의 네 배 이상, 정보를 수집하고 집적하는 업무 능력은 이전보다 9배 이상이, 정보를 분석하는 업무 능력은 8.5배, 그리고 마지막으로 정보와 인사이트 확산 업무 능력은 10배 이상이 향상되었다. 그 외에도 조직에게 향후 가치를 제공하는 최고 분석역량을 묻는 설문에서는 데이터 시각화와 시뮬레이션 및 시나리오 개발 등이 1, 2위를 차지하였다.

그림 6 빅데이터 분석 결과 활용 후의 조직의 업무 성과

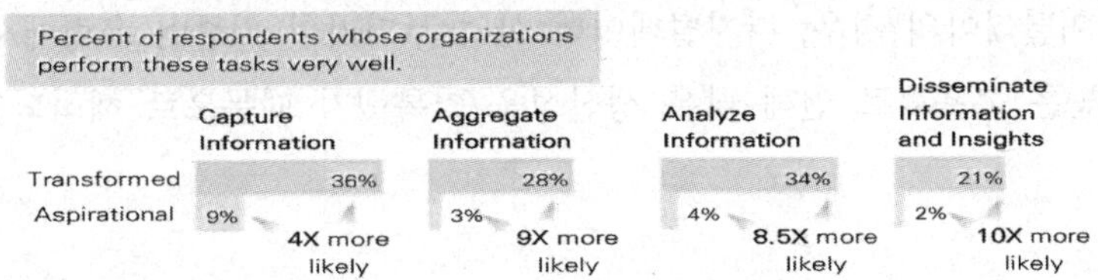

출처: MIT Sloan Management Review(2011)

그림 7 빅데이터 부가가치/고용률에 대한 상대적 노동생산성(2009)(단위:% 상대 비중)

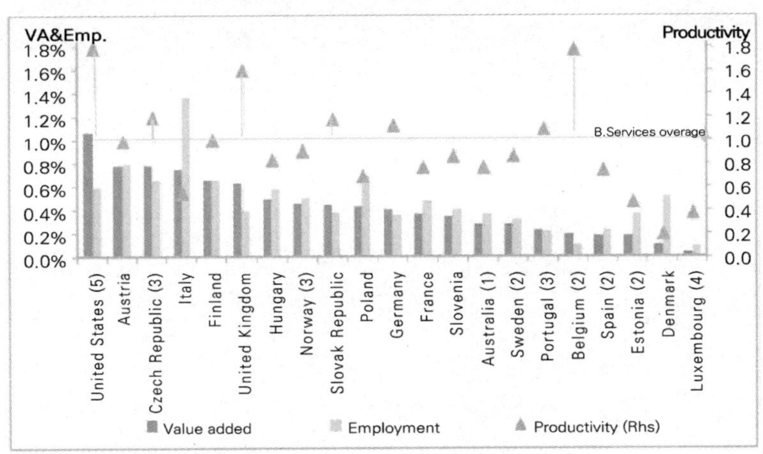

Notes: Labour productivity measured on persons employed. Country notes: see Tables 1 and 2 above

출처: OECD(2012); 김진상 외(2013) 재인용

OECD(2012)에서도 조직 성과를 노동생산성 차원에서 관찰하였다. 앞서 언급한 OECD는 정보사회지표작업반이 내놓은 동(同) 보고서에 의하면, 디지털데이터 산업의 부가가치 및 고용과 연계된 국가별 노동생산성을 비교한 결과, 미국, 벨기에, 영국의 노동생산성이 비즈니스 서비스산업 평균보다 1.6배 이상으로 나타났고, 대부분 국가의 노동생산성은 비즈니스 서비스산업 평균 노동생산성 대비 0.8배에서 1.1배에 이르고, 폴란드, 이탈리아, 덴마크, 룩셈부르크는 낮은 수준을 보였다. 부가가치 및 고용과 대비한 상대적 노동생산성 수준의 큰 편차는 커버리지 이슈, 측정 이슈, 국가별로 사용한 방법론 차이를 반영한 결과이기도 하다. 예로 덴마크의 경우, 디지털데이터 산업들의 부가가

치 비중이 매우 낮은 반면, 고용 비중은 다른 국가들과 비슷한 수준인데, 이는 파트타임 직업이 매우 높게 확산되었다거나, 부가가치의 과소 측정 때문일 수 있으며, 이탈리아의 경우, 디지털데이터 산업 부가가치 비중이 유럽에서 가장 높지만 높은 고용률로 인해 낮은 생산성을 기록했기 때문으로 해석되었다.

✩ 토의문제

1. 데이터경제 시대를 네 단계로 정의하고 각 단계들을 사례를 들어 설명하시오.
2. 빅데이터의 가치는 무엇이며, 가치 있게 만들기 위해 어떤 전제조건과 기준이 필요한지 토의하시오.
3. 빅데이터의 경제적 가치를 국가 차원과 기업 차원으로 나누어 설명하시오.
4. 빅데이터 활용 전과 후의 조직 성과는 어떻게 다른지 다양한 설문 결과들을 논하시오.

사례연구 1

"빅데이터, 벽인테리어에 투영된 대중의 취향을 읽다."

MRD는 2013년 11월에 창업된 기업으로, 개인이 색을 조화롭게 표현하여 아트공간을 구현할 수 있는 인테리어 제품을 제조판매하는 회사이다. MRD는 DIY 시대정신에 입각하여 낡은 공간에 생명력을 불어넣는 공간 안티에이징과 시공자 위주의 획일적인 인테리어 흐름을 고객 감성 중심의 인테리어로 되돌려주는 공간 자기결정권을 어떻게 하면 구현할 수 있을까?라는 물음을 시작으로 4년여 간 연구개발로 인테리어 쿠션타일을 출시하게 되었다. DIY 아트 쿠션타일은 모던하고 고급스러운 원단과 폼을 결합한 인테리어 실내마감재로 기존의 목재, 타일, 패널 등을 대체할 수 있는 제품이다. 15mm 두께의 폼으로 제조되어 방음·단열 효과가 우수하며, 중량이 50g 이하로 가볍다. 또한, 쉽게 구부러지고 용도에 맞게 커팅 할 수 있어 누구나 쉽게 시공할 수 있다는 장점을 가지고 있다.

MRD는 2014년 베트남의 인테리어 전문회사와 독점계약을 체결하고 제품 수출을 시작하면서 해외시장에만 집중하여 왔다. 그러다가 국내 생산공장의 사정으로 수출이 중단되면서 사업에 큰 타격을 입었다. 많은 시행착오 끝에 MRD는 2016년 초 국내시장에 진출하기로 결정하고 다양한 준비와 시도 끝에 국내시장에서 사업을 시작하였다. 하지만, 국내시장이 해외시장에 비해서 호락호락 하지만은 않았다. 국내시장에는 기능적 측면(충격흡수, 쉬운 커팅 등)에서는 MRD 제품과 유사하나 저렴한 가격을 강점으로 내세우고 있는 폼브릭이라는 제품이 있었다. 지금까지 MRD의 시장은 아시아권이었고, 해외시장을 대상으로 한 사업방식은 인테리어 전문회사에 직접 판매하는 B2B 방식이었다. MRD에게 국내시장과 B2C 시장은 낯설기만 하였다. MRD가 국내시장에 성공적으로 진입하기 위해서는 국내 B2C 셀프인테리어 시장에 대한 이해가 절실히 필요한 상황이었다.

MRD는 국내 셀프인테리어 시장에 대하여 분석해 보기로 하였다. 시장에 대한 이해를 바탕으로 국내시장에 적합한 제품을 기획하고 홍보/마케팅을 전개하기로 하였다. MRD는 자사제품인 쿠션타일에 대한 세부적인 분석을 하기 전에 셀프인테리어 시장을 전체적으로 살펴보기로 하였다. 이를 위하여 소셜데이터 분석을 통하여 대중들이 '셀프인테리어'라는 단어와 관련하여 어떤 생각을 가지고 있는지 분석하였다. 셀프인테리어 연관키워드 분석결과, '페인트', '벽지', '분위기' 등의 언급이 높은 것으로 나타났다. MRD는 이를 통하여 사람들은 일반적으로 셀프인테리어 시, 주로 '벽'을 변화시켜 집안 분위기를 바꾸려 한다는 시사점을 얻을 수 있었다. 또한 '벽인테리어'와 관련한 소셜데이터 분석 결과, 화려한 분위기보다는 낭만, 모던, 북유럽, 자연 등 자연스러운 분위기를 선호하고, 색감도 화이트, 그레이, 크림, 블랙의 무채색 계통을 선호하는 것으로 나타났다. 아울러 '벽인테리어'와 관련된 벽지류 단어들의 네이버 검색량을 분석하였다. 분석결과, 사람들이 많이 검색하는 벽지에 그림/명화/실사/일러스트 등 포인트가 되는 벽지가 상위항목을 차지하고 있는 것으로 나타났다. MRD가 국내시장에 성공적으로 진입하기 위해서는 경쟁제품인 폼브릭 제품에 대하여 파악할 필요가 있었다. 폼브릭이 기능적으로 유사하고 자사제품보다 저렴하다는 점을 파악하고 있었던 MRD는, 고객들이 폼브릭 제품에 대하여 어떻게 인식하고 있는지를 분석하기로 하였다. 폼브릭 구매 고객들이 작성한 후기를 분석한 결과, 대부분 긍정적이라는 반응을 보였다. 부정적인 반응으로는 '줄 맞추기가 힘들고, 붙일 때 힘들다' 등과 같은 '사용상의 어려움'이 언급되었고, '끝마무리 커팅 제대로 할 필요 있음, 임의대로 잘라서 배송됨' 등과 같이 '커팅에 대한 불만족'과 함께 '냄새가 난다'와 '접착력이 약하다'와 같은 반응이 있었다.

MRD는 빅데이터 분석결과를 근거로 국내 고객들의 입맛에 맞는 '신제품 출시', 고객의 필요를 반영한 '홍보'라는 두 영역에서 바로 사업에 적용할 수 있는 아이디어를 얻었다. MRD는 국내시장의 고객들이 자연스럽고 은은한 분위기의 색감을 선호한다는 분석결과를 반영하여 주변 인테리어 소품과 조화를 이룰 수 있는 제품 출시 작업에 들어갔다. 우선 빅데이터 분석결과를 확인하기 위하여, 이화여자대학교의 색상관련 전문가의 자문을 받아보았다. 자문결과는 빅데이터 분석결과를 확인시켜 주는 내용이었다. 최근의 인테리어는 색상을 줄이고 톤을 중시하는 트렌드라는 것이다. 이에 MRD는 여러 차례의 디자인 시안작업을 거쳐 무채색/무광 라인의 제품 출시를 확정하였다. 또한, 기존 캐릭터만을 활용한 디자인에서 벗어나 쿠션타일 패턴 디자인을 다양화할 필요가 있다는 빅데이터 분석결과도 발 빠르게 적용하기로 하였다. 그동안 자체적으로 개발하였던 기존 캐릭터 디자인의 세련미가 떨어진다는 반응이 많았다. MRD에서는 한국전통문양, 명화 등의 패턴을 반영한 제품 개발을 기획하면서, 해외에 진출한 대기업을 고객으로 예술성을 가미한 광고 전광판을 제작해온 작가를 섭외하여 협업을 진행하였다. MRD는 셀프인테리어 고객과 유사제품에 대한 빅데이터 분석을 통하여, 홍보 활용 측면에서 '분위기를 바꾼다', '쉽고 간편하다', '냄새가 나지 않는다', '커팅이 쉽다'라는 키워드를 얻었다. MRD는 이러한 홍보 키워드를 활용하여 인테리어 전문 온라인 쇼핑몰, 오프라인 매장을 대상으로 홍보메시지를 제작하여 홍보를 강화하고 있다. 온라인 쇼핑몰에서는 다양한 접착도구를 이용하여 쉽게 시공이 가능한 제품으로, '초보자도 손쉽게!', '다양한 분위기 연출'이라는 홍보메시지를 활용하여 홍보를 펼치고 있다.

빅데이터 분석결과를 반영하여 '무채색/무광라인의 제품 출시, 디자인을 강화한 제품 개발'과 '초보자도 손쉽게 내 맘대로 분위기를 바꾸는 쿠션타일을 홍보' 중인 MRD는 국내외 시장의 빠른 반응에 놀라고 있다. 대형마트에서 먼저 MRD를 찾아온 것이다. 폼브릭 제품 외에 참신한 제품을 찾고 있던 대형마트 MD는 DIY 아트 쿠션타일을 통해 쉽고 간편하게 분위기를 바꿀 수 있다는 점과, 제품이 가진 고급스럽고 은은한 이미지를 긍정적으로 평가한 것이다. MRD는 우선 대형마트 10개 지점에 납품을 하였고, 고객의 반응을 보고 전 지점을 확대하기로 하였다. 시장의 반응은 해외에서도 나타나고 있다. 박람회에서 새로운 MRD 제품이 일본 바이어의 눈길을 끈 것이다. 기존의 폼브릭에서는 볼 수 없었던 조명에 따라 색감이 달라 보이는 특징과 폼브릭 제품과 DIY 아트제품을 겸용하여 사용함으로써 기존 폼브릭제품의 디자인 품격을 높이는 효과를 주는 특징을 모두 가지고 있었기 때문이다. 특히, 폼브릭과 아트, 두 제품의 상호 호환성은 구매우위요소로 작용할 수 있다는 점에 대해서 바이어들에게 우호적인 평가를 받았다. 바이어는 12월 중으로 일본용 포장디자인을 MRD에 제안하고 수입물량을 주문할 예정이다.

자료원: 2016 중소기업 빅데이터 활용지원사업 우수사례집

토의문제

01 셀프인테리어 소재 생산 기업 중 빅데이터 분석을 통해 비즈니스 환경을 개선한 사례를 찾아 설명하시오.

02 MRD가 향후 지속적으로 고객 데이터를 축적하여 내·외부 데이터를 통합적으로 분석하여 의사결정을 내릴 수 있는 인프라를 구축하기 위해 어떤 활동을 해야 하는지 토의하시오.

사례연구 2

"빅데이터, 북미 차(茶) 시장의 취향을 읽다."

㈜티젠은 국내 차(茶) 선도기업으로 2012년말 설립되었다. ㈜티젠은 최근 해외사업팀을 신설하고 해외 시장 진출을 위한 교두보 확보에 매진하고 있다. 앞서 시장조사한 결과 북미지역이 웰빙 문화에 대한 관심이 높고, 밀레니얼 세대를 중심으로 차 소비 인식이 확산되고 있다는 점에 주목하여 북미시장을 타깃 시장으로 선정했다. 이를 위해 북미시장 소비자들의 차에 대한 인식을 분석하는 것이 선결과제라 판단했다. 이에 ㈜티젠은 현지화 전략 수립에 필요한 맛과 패키지, 효능에 대한 고객들의 선호, 비선호 요인을 분석하고, 주력 제품인 민들레차, 연잎차, 우엉차, 옥수수 수염차에 대한 소셜 데이터 분석을 토대로 소비층, 섭취요인들을 분석하여 마케팅 전략을 수립하기로 했다. 아울러 국내 브랜드인 Teazen이 미국 현지 시장에서는 이미 다른 기업이 등록하여 사용하고 있는 상황이어서 새로운 브랜드 개발이 필요했다.

㈜티젠은 뉴스, 트위터, 커뮤니티, 블로그, 카페, 구글 애널리틱스(Google Analytics)의 소셜 데이터를 수집·분석하여 북미시장 진출을 위한 현지화 전략을 수립하고, 신규 브랜드 네이밍을 진행했다. 우선 ㈜티젠은 북미시장 진출 시, 블렌딩에 유의해야 하는 성분들에 대한 조사를 진행했다. 아마존, 월마트 등 온라인 쇼핑몰과 Rate Tea, Steepster 등 차 커뮤니티에서 차에 대한 소비자들의 리뷰를 수집하여 감성분석을 실시했다. 분석결과 북미시장 소비자들은 레몬, 살구 등 과실류 성분의 신맛과 발레리안, 베르가못, 살리팔렐라 등 허브류 성분의 쓴맛에 대한 비선호도가 높은 것으로 확인됐다. 특히 ㈜티젠의 주력제품인 연잎 제품의 선호도가 떨어지는 점을 확인할 수 있었다. 국내와 달리 북미시장에서는 연잎을 이용해 케이크, 잼 등의 가공식품을 주로 생산·소비하는 과정에서 소비자들은 달콤한 맛과 향을 기대하는 경우가 많아 연잎차의 맛과 향이 너무 밋밋하다는 의견을 확인할 수 있었다.

㈜티젠은 같은 방법으로 패키징과 효능에 대한 감성분석을 실시하고자 했다. 분석결과 패키징 형태는 냉차(Iced, Cold Brew)와 잎차(Leaves)를 선호했

고, 포장방식은 티백 불량상태에 대한 우려가 많았다. 효능의 경우는 숙면(Sleep, Calm, Bed)과 안정(Soothe, Relax), 해독(Detox, Liver)에 대해 긍정적으로 인식하는 것으로 분석됐다. 특히 북미시장 소비자들이 커피 대신 카페인 없는 차를 구매하는 주요인은 숙면이었다.

㈜티젠은 같은 민들레차, 우엉차, 옥수수수염차, 연잎차별로 소비자들의 인식을 분석하여 이에 걸맞는 세일즈 컨셉을 도출하기로 했다. 이를 위해 미국의 페이스북, 트위터 등 SNS(Social Network Service) 데이터들을 대상으로 주 소비층, 구매목적, 구매요인에 대한 빅데이터 분석을 실시하였다. (주)티젠은 처음에는 전통 차로 세일즈 컨셉을 정했지만 빅데이터 분석 결과로 도출된 제품별 소비자들의 인식을 바탕으로 세일즈 컨셉을 수립하기로 하였다. 민들레차는 여성용 디톡스 제품 또는 커피 대용품으로, 우엉차는 허벌리스트들이 추천하는 전통 한방차로, 옥수수수염차는 생리통 약 대신 먹는 일일 건강차로, 연잎차는 진한 향과 맛을 강조한 연잎차로 컨셉을 설정하고 바이어들을 대상으로 진행하는 거래제의서나 제품 카탈로그에 해당 특성을 강조하기로 했다.

(주)티젠은 신규 브랜드 출원에 있어서도 빅데이터 분석을 활용해보기로 결정했다. (주)티젠이 지향하고자 하는 컨셉들인 Wellness Tea, Health Tea, High－end Tea 컨셉에 따라 연관어를 도출하기로 했으며 브랜드 도출 방법론으로는 (주)티젠이 국내 브랜드 도출 시 활용했던 합성 기법(키워드의 앞 뒷부분을 합성하는 기법)을 활용하기로 결정했다. 연관어 분석의 경우 북미시장 SNS 데이터, 리뷰 데이터, Google Analytics의 데이터에서 Wellness tea, Health Tea, High－end tea를 입력한 결과 도출된 연관어들을 분석하였다. (주)티젠은 빅데이터 분석으로 3개의 후보군을 도출하고 전문가의 조언을 통해 최종 브랜드 네임을 선정하기로 결정했다.

Wellness Tea의 경우 다이어트(Diet, Dietitan, Weight Loss 등)와 해독(Detox, Cleanse), 선물 세트(Gift, Specialty, Tea Set, Tea Pot) 등의 키워드들이 도출되어 다이어트 또는 해독용 선물과 밀접한 관련이 있는 것으로 확인되었다. Health Tea는 'Friend, Husband, Daughter, Mom' 등 가족 또는 지인들과 관련된 키워드들과 'Green Tea, Matcha' 등 녹차 키워드들이 많이 도출되었다. High－end Tea의 연관어들은 Health Tea와 마찬가지로 'Daughter, Friend, Grandson, Husband, Mom, Couple' 등의 가족 및 지인과 'Gift Set, Gift, Tea

Set, Tea pot' 등의 선물과 관계된 키워드들이 확인되었고 Birthday, Christmas, Party 등 기념일과 관련된 키워드들도 도출되었다. (주)티젠은 상기 컨셉별 연관 키워드들간의 조합을 통해 최종적으로 TEAYA, TEAYA PEOPLE, TEATOX 후보군을 도출하였으며 주요 의미는 다음과 같다. TEAYA는 너의 건강에 주는 선물(Special Gift for your Health), TEAYA PEOPLE은 특별한 사람들을 위한 선물(Tea Gift for Special People), TEATOX는 디톡스와 차의 만남(Tea Collaboration with Detox)이다.

(주)티젠은 북미시장 진출과정에서 전략이 반드시 필요하다는 것을 인지하고 있었지만 이를 실천에 옮기기는 쉽지 않았다. 하지만 빅데이터 분석을 통해 짧은 시간 안에 효율적인 전략을 수립할 수 있어 북미시장 진출에 큰 밑거름이 되었다. 빅데이터를 통한 현지화 전략 수립의 성과는 예상보다 빨리 찾아왔다. 빅데이터 분석을 빠르게 반영해 세일즈 주력 제품을 선정한 결과, (주)티젠은 2017년 9월, 미국 수입유통업체 U社에 Tea Leaf Essentials를 약 4만 달러 가량 직접 수출하는 쾌거를 달성할 수 있었다. 이후 (주)티젠은 빅데이터를 통한 세일즈 컨셉들을 수립하여 시카고 PLMA 전시회에 참가했으며 수입유통업체 U社와의 신규제품인 Wellness Infusion 등을 포함하여 2018년 약 30만 불의 추가 수출 건에 대한 논의를 마쳤으며, 현재 미국 현지의 빅 바이어들과의 협상을 통해 미국 본토 공략을 준비 중에 있다.

자료원: 2017 중소기업 빅데이터 활용지원사업 우수사례집

토의문제

01 커피 또는 차 관련 기업 중 빅데이터 분석을 통해 비즈니스 환경을 개선한 사례를 찾아 설명하시오.

02 (주)티젠이 수출 경쟁력 강화를 위해 빅데이터를 분석한 방법과 효과성에 대해 토의하시오.

참고문헌

김경태 (2018), 안정국, 김동현, 빅데이터 활용서, 시대고시기획.

김성웅 (2013), OECD의 빅데이터 관련 논의 동향, 정보통신정책연구원 동향 제25호 10호 통권 555권, pp. 85~92.

김진상 외 (2013), OECD의 빅데이터 산업 가치 측정 동향, IT Spot Issue, 정보통신산업진흥원(NIPA).

김진호·최용주 (2018), 빅데이터 리더쉽, 북카라반.

방병권 (2017), 빅데이터 경영4.0, 라온북.

박형준 (2018), 빅데이터 빅마인드, 리드리드출판.

송주영·송태민 (2018), 빅데이터를 활용한 범죄 예측, 황소걸음 아카데미.

오현희 (2017), 빅데이터와 인문학, 홍릉과학출판사.

윤종식 (2018), 빅데이터 활용사전 419, 데이터에듀.

이종석·황현석·황진석 (2018), 빅데이터 비즈니스 이해와 활용.

이현웅·김종업·최현재 (2018), 빅데이터의 이해와 활용, 생각나눔.

임종수·정영호·유승현 (2018), 미디어 빅데이터 분석, 21세기사.

주해종·김혜선·김형로 (2018), 빅데이터 기획 및 분석, 크라운출판사.

지원철 (2017), 빅데이터 시대의 데이터 마이닝, 민영사.

최공필·서정희 (2017), 빅데이터4.0, 개미.

한국소프트웨어기술협회 (2018), 빅데이터 개론, 광문각.

한현욱 (2018), 이것이 헬스케어 빅데이터이다, 클라우드나인.

한국정보화진흥원 (2013.11), 빅데이터의 진화: 스마트데이터, 원문 자료의 번역 보고서(원문 제목은 the smart data manifesto, 출처는 http://exelate.com/white-papers/the-smart-data-manifesto-goodbye-big-data-hello-smart-data)

한국정보화진흥원 (2016), 2016년 중소기업 빅데이터 활용지원 우수사례집

한국정보화진흥원 (2017), 2017년 중소기업 빅데이터 활용지원 우수사례집

Akhtar, S. M. F. (2018), Big Data Architect's Handbook: A Guide to Building Proficiency in Tools and Systems used by Leading Big Data Experts, Packt Publishing.

Arghandeh, R. and Zhou, Y. (2017), Big Data Application in Power Systems, Elsevier Science.

Bahga, A. and Madisetti, V. (2016), Big Data Science & Analytics: A Hands−On Approach, VPT.

Berman, J. J. (2018), Principles and Practices of Big Data: Preparing, Sharing, and Analyzing Complex Information, Academic Press.

Chen, H., Chiang, R. and Storey, V.C. (2012), "Business Intelligence and Analytics: From Big data to Big impact," MIS Quarterly, Vol. 36 No.4, pp.1165~1188.

Francesco, D. and Renaud, D. (2018), Big Data Economics, Towards Data Market Places, Nature of Data, Exchange mechanisms, Prices, Choices, Agents & Ecosystems, Independently Published.

Gilder, G.(2018), Life After Google: The Fall of Big Data and the Rise of the Blockchain Economy, A Division of Salem media Group.

Mayer−Schonberger, V. and Ramge, T. (2018), Reinventing Capitalism in the Age of Big Data, Basic Books.

Hoeren, T. and Kolany−Raiser, K. (2017), Big Data in Context: Legal, Social and Technological Insights, Springer.

Holmes, D. (2018), Big Data: A Very Short Introduction, Oxford University Press.

Information Resources Management Association (2018), Big Data: Cencepts, methodologies, Tools and Applications, IGI Global.

Jones, H. (2018), Data Analytics: An Essential Beginner's Guide to Data Mining, Data Collection, Big Data Analytics for Business and Business Intelligence Concepts, CreateSpace Independent Publishing Platform.

Marr, B. (2017), Data Strategy: How to Profit from a World of Big Data, Analytics and Internet of Things, Kogan Page.

Miller, J. (2017), Big Data Visualization, Packt Publishing.

Minelli, M., Chambers, M and Dhiraj, A. (2018), Big Data, Big Analytics: Emerging Business Intelligence and Analytic Trends for Today's Businesses, Gildan Media.

Paley, N. (2017), Leadership Strategies in the Age of Big Data, Algorithms, and Analytics, Productivity Press.

Tenner, E. (2018), The Efficiency Paradox: What Big Data Can't Do, Knopf.

PART 02

빅데이터 영향

빅데이터의 영향: 기업

★ 학습목표

_빅데이터로 인해 야기되는 경영 전반에 미치는 영향력에 대해 살펴본다.
_빅데이터를 기반으로 경영 의사결정을 수행하려는 기업들이 갖는 도전과 이슈에 대하여 알아본다.
_빅데이터를 기반으로 리스크 경영을 하려는 산업 영역, 특히 금융업종을 탐구한다.
_빅데이터를 활용하여 문제를 해결하려는 산업 영역, 특히 물류업종을 학습한다.
_빅데이터에 기반하여 맞춤서비스를 제공하려는 산업 영역, 특히 패션업종에 대하여 살펴본다.

빅데이터와 기업경영

아직도 빅데이터가 낯설지만, 다양한 소스로부터 만들어지는 수많은 데이터가 빅데이터 이슈를 만들고 있다. 빅데이터는 기업 규모에 상관없이 영향을 끼칠 것이다. 기업경영 관점에서 보면 비즈니스 데이터 양이 증가하고 있다는 점이 주목된다. 이에 기여하는 다양한 요소들이 있는데, 예를 들면, 저장공간, 영업 성과, 페이스북 댓글, 트위터 댓글, 아마존의 쇼핑 습관, 판도라 플레이리스트, 온라인 검색 습관 등 무수히 많다. 이들 데이터는 과거 비즈니스인텔리전스(BI)와는 다르다. 즉, 전통적인 BI 분석 툴은 소셜 네트워크와 클라우드를 통해 가져온 비정형 데이터의 거대한 양에 대처할 수 없다. 따라서 그동안 일반적으로 사용된 BI 툴들은 IT부서가 감당하기 힘든 일들이 요구되면서 구현 실패로 이어지게 되고, 고객만족을 충족시키지 못하게 되면 경쟁력을 잃게 될 것이다. 빅데이터 경영 사례로 회자되는 영화 <머니볼>에서 감독과 빅데이터 전략을 논의하는 사람은 IT 인력이 아닌, 실제 인물인 하버드대 경영학과 교수라는 점은 시사하는 바가 매우 크다. 즉, 기업이 무엇을 할지를 먼저

그림 1 데이터 활용 유형

전통적인 소스의 크기가 커짐 SOURCE 기업, 정부기관, 금융사, 비즈니스와 소비자 연구, 설문조사, 투표 VALUE 비즈니스 퍼포먼스 측면-운영 효율, 매출관리, 전략 기획	인터랙션들의 디지털 데이터 SOURCE Online click-stream, Application logs, Call/service records, ID scans, Security cameras VALUE 새로운 매출 영역, 소비자 프로모션, Risk management, fraud detection
Web 2.0 현상 SOURCE 소셜미디어 포스트들에서 생성된 컨텐츠들, 트위터, 블로그, 사진, 비디오 평가 VALUE 고객 접점, 고객 서비스, 브랜드 관리, 폭넓은 마케팅	물건들의 인터넷 SOURCE 기계들이 생성하는 센서 데이터 및 서로 연결된 기기들 사이의 통신 정보 VALUE 운영 효율 제고, 비용 최적화, 발생할 수 있는 리스크를 미리 파악하여 회피

출처: 마이크로스트라티지(2014)

결정하고 그 다음에 기술과 인력을 고려해야 된다.

빅데이터 시대에는 데이터의 특성이 바뀌고 있으며, 이를 비즈니스 현장에 반영해야 한다. 즉, 현장에 있는 직원 스스로가 고객이 어떻게 영업과 이익에 영향을 미치는지 살펴볼 수 있어야만 한다. 그에 덧붙여, 유동적인 고객들을 계속 유지하려면, 이들의 목소리에 귀 기울여야 한다. 예를 들면, 보험업 같은 업종은 쓰나미 등으로 인해 발생할 자연 재해와 비용도 예측할 수 있어야 한다.

기업에게 영향을 미치는 데이터 소스와 가치는 매우 다양한데, 마이크로스트라티지(MicroStrategy, 2014)는 이를 크게 네 개 유형으로 구분하였다. 먼저, 기업, 정부기관, 금융기관에서 내뿜는 전통적 데이터 소스의 크기 자체가 커지고 있고, 이에 따른 기업경영의 가치는 운영 효율이나 매출 관리, 전략 기획 등의 비즈니스 성과 측면이다. 두 번째로는 웹2.0현상에 따른 SNS 등 소셜 데이터 소스가 다양해지고 있고, 이에 따른 기업경영의 가치는 고객 접점, 고객 맞춤 서비스, 브랜드 관리, 그리고 폭넓은 마케팅 가능성이다. 세 번째로 온라인 클릭스트림이나, 앱 로그, 통화 기록, ID 스캔, 보안 카메라 등 실시간 양방향 데이터 소스가 다양해지고 있다. 이에 따른 기업경영의 가치는 새로운 매출영역의 개발, 소비자 프로모션, 리스크경영, 사기 감지 등이다. 마지막으로, 급부상 중인 사물인터넷(IoT) 등장으로 센서 데이터가 급증하고 있다. 이에 따른 기업경영의 가치는 운영 효율성의 제고, 비용의 최적화, 그리고 발생할 수 있는 문제의 선제적 해결 등이다.

기업들은 이처럼 다양한 유형의 빅데이터를 경영 및 비즈니스전략에 활용하는 단계를 맞이하게 된다. 그 어떤 기업도 처음에 입증되지 않은 상태에서 성급히 투자를 수행하지는 않을 것이다. 또한, 어느 날 갑자기 기업이 분석 기반을 가진 상태로 이행하기 어렵다. 따라서, 기업들은 그들의 빅데이터 분석 기반이 성숙한 단계에 도달할 수 있도록 여정표를 수립해야 한다. 한 단계 한 단계 벽돌 쌓듯이 여정을 밟아 나아가야 한다는 말이다. 고전적 툴들은 트렌드를 보고 어떤 일들이 과거에 일어났었는지 분석하는 것을 가능하게 했다. 예컨대, 전년도 특정 분기 분석을 통해 다음 해 동일한 분기 영업전략을 수립할 수 있다. 이러한 과거지향적 접근은 현재 일어나는 정보에 대해서는 실제적으로 반응할 수 없도록 만들어 결국 미래 비즈니스의 성과에 좋은 영향을 미치지 못하게 된다.

마이크로스트라티지(2014)는 가트너와 IBM에서 최근 몇 년 간 실시되었던 설문조사 결과들을 토대로 하여 기업들이 거쳐야 할 여정표를 제시했다. 빅데이터 여정은 회피－구상－평가－실행－확장의 다섯 단계를 거치면서 성숙 단계로 발전한다. 각 단계별로 "무엇을", "왜", "어떻게" 등의 질문들이 던져질 수 있으며, 이 과정을 통해 다양한 분석 니즈로 연결될 수 있다. 마이크

그림 2 "5Es" 빅데이터 여정의 다섯 단계별 요구사항

회피 Evading	구상 Envisioning	평가 Evaluating	실행 Execution	확장 Expanding
빅데이터 기술에 대한 갭 좁히기	데이터에서 나온 인사이트를 시각적으로 표현	적용될 분석의 넓이	고급 분석 모델 적용	빅데이터 분석의 가용 범위를 확장
관련 Use Case 이해	필요한 분석 능력을 구상	분석할 정형, 비정형, 반정형, 데이터의 범위	비정형 및 반정형 데이터를 어떻게 정형화 할 것인가	실시간 분석 니즈에 대한 업데이트 주기 고려
데이터 시각화를 통하여 데이터의 가치를 평가	어떠한 데이터 소스가 결합될 수 있는가	멀티 소스 데이터에 대한 공통 모델 생성	이해관계자들에게 시각적 분석 기능을 보급	다른 빅데이트 Use Case로 확장

출처: 마이크로스트라티지(2014)

그림 3 빅데이터 여정 다섯 단계("5Es")에 대한 기업 비율

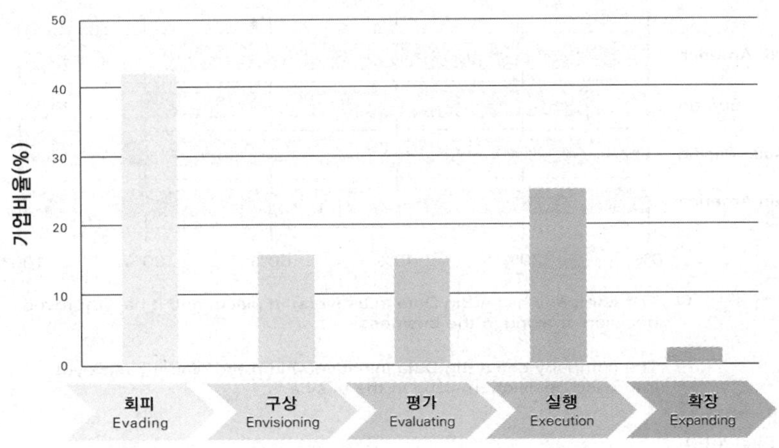

출처: 마이크로스트라티지(2014)

로스트라티지의 분석 결과, 설문 당시 약 40% 이상의 기업들이 여전히 빅데이터를 회피하고 있는 것으로 파악되었다. 한편, 설문 응답자의 25%는 실행 단계를 가진 것으로 파악되었다.

기업의 크기, 데이터의 크기는 이슈가 되지 않는다. 빅데이터는 크기나 유형에 관계없이 모든 기업에게 제공되는 원료이며 식자재와 같은 것이다. 즉, 빅데이터는 기업에게 수익을 창출하게 하는 새로운 방법과 비즈니스 모델을 찾아주도록 도와 좀 더 현명한 경영 의사결정을 내리는 데에 민첩해지도록 만들어 주며, 리스크 경영과 문제의 해결, 그리고 고객 맞춤 서비스 제공 능력들을 가지게 한다. 각각의 경우에 대해 빅데이터의 영향력과 관련 사례들을 살펴보기로 한다.

빅데이터와 경영 의사결정

빅데이터를 통해 기존보다 뛰어나고 민첩한 경영 의사결정이 가능하다. 글로벌 컨설팅 기관인 타타(Tata, 2013)는 빅데이터 이니셔티브가 자사의 경영

그림 4 빅데이터 이니셔티브가 경영 의사결정을 향상시켰는지에 대한 응답률 비교

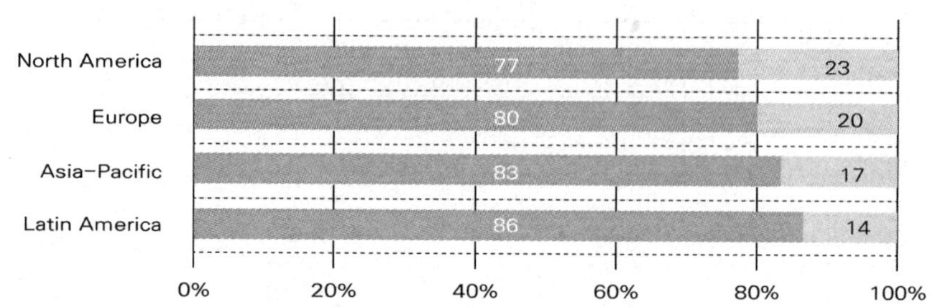

출처: Tata(2013)

의사결정을 향상시킨 기업들의 비율을 지역별로 비교하였다. 약간의 차이는 있으나, 빅데이터 활용 후에 북미권, 유럽권, 아태권, 남미권 모두에서 대다수 기업들의 의사결정이 향상된 것으로 응답하였다. 대동소이하나 가장 높은 수치를 보인 지역은 남미권으로 86%로 나타났고, 이후 아시아태평양권이 그 다음을 차지했다.

이렇게 향상되는 경영 의사결정을 하려면 빅데이터 기술이 필요하다. 타타는 2013년 현재, 기업들이 빅데이터로 비즈니스 가치를 얻는 데 있어서 제기되는 다양한 이슈들을 확인한 바 있다. 가장 큰 도전은 아직도 칸막이 조직을 가진 사업부서를 정보를 공유하게 하는 조직으로 만드는 이슈이며, 큰 규모와 속도, 다양성이라는 3대 특성을 가진 빅데이터로 어떻게 가치를 창출할지에 대한 이슈, 그리고 다양한 비즈니스 의사결정을 위한 다양한 유형의 데이터 중 어떤 것을 결정할지에 대한 이슈 등이 상위를 차지했다. 그 외에도 빅데이터에 기반해 인사이트를 도출하는 데이터과학자와 실무자들 간에 보다 높은 신뢰를 어떻게 쌓을지에 대한 이슈, 빅데이터 투자 및 관련되는 투자를 최고경영진으로부터 어떻게 승인 받을지의 이슈들도 중요한 도전으로 보인다.

타타의 설문조사와 유사하지만, 글로벌리처치 기관인 가트너(Gartner)의 하리스-페란테(Harris-Ferrante, 2013)는 특정 업종으로 한정하여, 86개 글로벌 생명보험 업계만을 대상으로 빅데이터를 경영 의사결정에 활용하는 데 있어서

그림 5 빅데이터 투자를 2년 내 계획중인 생명보험 기업들의 도전과 장애요인

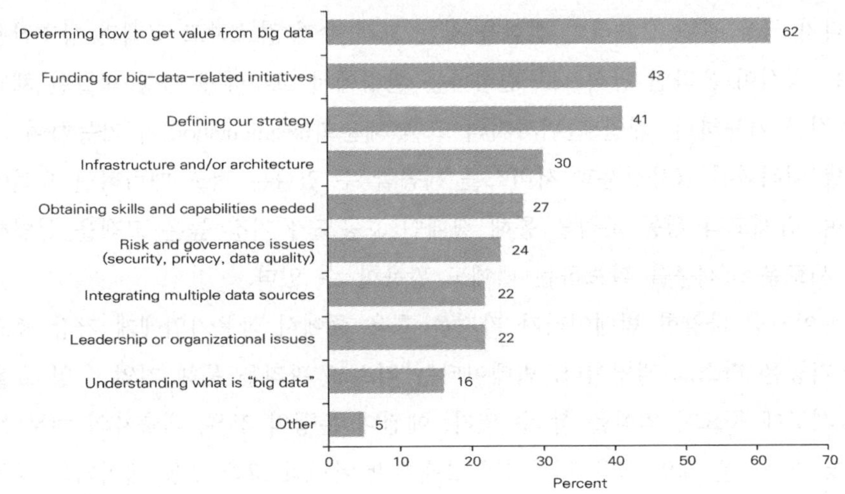

출처: Harris-Ferrante(2013)

도전 내지 장애요소가 무엇인지에 대해 세 가지를 답하도록 설문 조사하였다. 또한, 이들 중에서 향후 2년 내에 빅데이터 기술과 기획에 투자할 의향이 있는 기업들만을 대상으로 같은 질문에 대해 설문 조사한 결과, 첫 번째 순위로 나타난 이슈는 빅데이터에서 어떻게 가치를 얻을지를 결정하는 것이며, 두 번째 이슈는 빅데이터 관련 이니셔티브 추진을 위해 자금을 조달하는 문제, 그리고 세 번째 순위의 이슈는 전략을 정의하는 것으로 나타났다.

빅데이터와 리스크경영

빅데이터가 기업의 리스크를 감소시켜줄 것이라는 기대감으로 특히 금융기업들의 투자 대상이 되고 있다. 글로벌 금융기관들은 빅데이터의 중요성을 크게 인식하고 이에 대한 투자를 지속적으로 확대하고 있는 추세이다. 빅데이터는 금융기관들의 고객 행동 예측 능력을 향상시켜 고객 유지율을 높일 뿐 아니라, 신규 고객을 확보하게 하여 수익 증대에도 기여하게 한다. 고객이 다

양한 경로를 통해 남긴 흔적을 데이터로 분석하여 고객 이탈을 조기에 감지하고 타 금융기관으로의 이동을 사전에 차단하는 효과를 기대해볼 수도 있다. 게다가 금융 관련 오프라인 접점을 찾는 고객 수가 감소하고 고객과 상호작용하는 방식이 온라인 방식으로 변화하는 환경에서 고객에게 가장 적합한 채널로 접근 가능하다. 개인 단위까지의 고객 세분화(segmentation)가 가능하여 개인별 최적화된 금융상품과 서비스를 제공할 수 있다는 점도 매력적인 요인이 되며, 잠재고객 행동 분석을 통해 캠페인 호응도가 가장 높은 고객을 선별하여 새로운 고객층을 확보하는 데에도 활용할 수 있다.

이처럼 다양한 빅데이터가 가져올 효용 중에서 금융기업에게 가장 중요한 기능은 리스크 경영이다. 빅데이터는 리스크 관리를 통해 기업 운영 효율성 제고에 중요한 역할을 할 수 있다. 예컨대 은행의 경우, 대출자의 채무 불이행 가능성을 개인 신용도와 재정 상태뿐만 아니라 고객 행동 데이터의 분석을 통해 판단 가능하다. 이 밖에도 수만 명의 고객 금융행동 데이터를 분석하여 금융사기를 방지하고 유동성 리스크를 관리하는 등 빅데이터 분석의 기능은 매우 다양하다.

한국의 많은 금융기관들은 빅데이터 활용을 위해 데이터 통합 작업을 추진하고 있는 단계이며 막연한 성과를 기대하는 경우도 있어서 초기의 투자비용이 낭비될 우려도 상존한다. 카드사 및 보험사를 중심으로 고객 행동 데이터를 분석하여 상품을 설계하거나 금융사기를 적발하고 있으나 아직 비정형 데이터를 결합한 빅데이터 활용은 미미한 것이 현실이다. 은행들은 아직 빅데이터 활용 분야를 검토하고 있는 수준이다. 이제 이들은 특히 리스크 경영이라는 뚜렷한 목표하에 빅데이터 활용 방안을 모색해야 하며 고객 대응이 빅데이터 활용 성과를 높이는 핵심이라는 점을 인식할 필요가 있다.

해외의 성공사례 몇 가지를 살펴보고, 한국의 사례를 소개하고자 한다. 금융위기 이후 소비자 신뢰도 하락, 경기 침체, 불확실성의 증가, 규제 강화 등으로 어려움을 겪고 있는 글로벌 금융기업들은 빅데이터에 많은 투자를 하고 있다. 미국의 4대 은행들은 매년 IT 부문에 70~100억 달러를 투자하면서 빅데이터 관련 혁신을 강화하고 있으며, 제이피모건체이스(JPMorgan Chase)와 웰스파고(Wells Fargo)가 가장 선도적이며 혁신 경쟁에서 이들보다 12~18개월 뒤쳐졌다고 평가받는 시티그룹(Citigroup), 뱅크오브아메리카(BofA)는 시행착오

표 1 미국 주요 은행들의 빅데이터 활용 사례

은행	특징
JP Morgan Chase	방대한 양의 고객 신용카드 이용 정보와 정부를 통해 확보한 금융소비자 재무 정보를 통합하여 새로운 소비 트렌드를 발견하고 세그멘테이션 등에 활용
Bank of America	자사 웹사이트 및 콜센터 통화 내역에서 고객 기록을 수집하여 이탈한 고객들의 특성을 파악, 이 정보를 All-in-One 상품 개발에 이용하여 온라인 상품으로 제공한 결과 이익이 크게 증가
Citigroup	전 세계적으로 고객 정보를 수집하여 개별 고객의 거래 패턴을 발견하기 위해 노력, 그룹 내 새로운 조직 구성에 반영
Wells Fargo	2년 전부터 각기 다른 시스템에서 관리되어 왔던 고객 기록을 통합하는 작업을 추진해왔으며 IT 투자비용의 80%는 사업부문 단위에서 새로운 서비스와 역량 개발을 위해 필요한 분야에 지출

출처: WSJ(2013)

를 줄여 격차를 좁히기 위해 노력중이다. 이들 4대 은행은 새로운 소비트렌드 발굴, 상품 개발, 조직 개편, 고객 기록 통합 등의 측면에서 빅데이터를 적극 활용하고 있다(WSJ, 2013).

정리하면, 미국 4대 은행들은 처음에는 리스크경영에서 접근했지만, 결과적으로는 고객경험을 최적화하고 새로운 서비스를 개발하는 데 빅데이터를 활용하는 것으로 나타났다. JP모건체이스의 경우, 방대한 양의 고객 신용카드 이용 정보와 공공데이터인 금융소비자 재무 데이터를 통합하여 새로운 소비트렌드를 발견하는 데 활용하고 있으며, 웰스파고는 이미 2년 전부터 흩어진 고객 데이터를 통합해, IT 투자비용의 80%를 사업부분 단위에서 새로운 서비스와 역량 개발을 위해 필요한 분야에 배분하고 있다. 시티그룹도 전세계 고객 데이터를 수집하여 개별 고객의 거래 패턴을 발견하기 위해 노력하고 있으며, 뱅크오브아메리카도 고객 특성을 파악한 결과를 상품 개발에 활용하고 있는 것으로 나타났다.

한국의 기업 사례로 가장 최근의 푸르덴셜생명보험 사례를 소개한다. 빅데이터를 이용한 예측모델과 이를 통한 변화가 산업 전반에서 나타나는 가운데, 푸르덴셜생명보험은 특히 언더라이팅(Underwriting), 클레임, 리스크 등의 분야에서 예측 모델이 활용되고 있음을 주시한다. 언더라이팅이란 생명보험 계약 시 계약자가 작성한 청약서상의 고지의무 내용이나 건강진단 결과 등을 토대로 보험계약의 인수 여부를 판단하는 최종 심사 과정으로서 생명보험사 예측모델은 최초 가입 시점부터 언더라이팅, 보전, 지급 시점까지 전 부분에 걸쳐 적용될 수 있으며 응용이 가능하다.

특히 과거 및 현재의 정보를 기반으로 미래의 위험을 예측해야 하는 언더라이팅 입장에서 예측모델의 발전이 매우 중요해지고 있는 것이 업계의 현실이다. 참고로 예측 모델은 미래의 특정 행동이나 사건을 예측하기 위한 통계학적 모델로 예측분석의 한 과정이며 예측 분석은 확률과 경향을 예측하기 위한 데이터 마이닝(Data mining)의 한 분야. 예측 모델은 미래의 행동이나 사건을 예측하는 예측인자와 변수들로 이루어져 있다.

참고로 우량체(건강체)는 일반고객에 비해 사망의 확률이 낮다고 판단되는 고객을 지칭하는데, 보험회사에서는 이들을 대상으로 보험료 할인 등의 혜택을 주기 위해 언더라이팅을 진행한다. 기존의 언더라이팅 과정에서 우량체(건강체)는 BMI, 혈압, 니코틴 수치에만 의존하여 단순하게 판별된다. 그러나 피보험자의 라이프스타일(Lifestyle)이 많은 영향을 끼치고 있기 때문에 보다 정확한 우량체를 선별할 수 있는 예측모델의 도입이 필요하다.

푸르덴셜생명보험사는 언더라이팅에서 우량체 선별을 기존의 'All or nothing'이 아닌 스코어링 방식인 'Debit & Credit' 방식을 적용하였다. 스코어

그림 6 생명보험사 예측모델의 적용

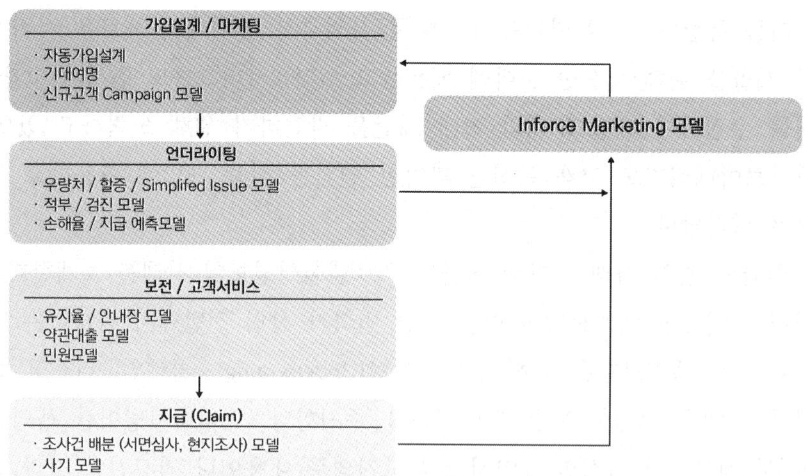

출처: 푸르덴셜생명보험 계약심사팀(2013), 정보화진흥원(2014) 재인용

표 2 우량체 판별 스코어링 예시

	연령	SGOT	r-GTP	HBs4g	Hbe4g	FB5	영업 보험료	니코틴	수축기 혈압	일사가입 금액	BMI	혈뇨	Hemo globin	계
시나리오 1	38	12	31	Neg	Neg	65	28,300	Neg	120	3,000만	20	Neg	10.8	-40
Score	-13	19	-27	-6	-18	-3	9	-24	-7	-2	-9	-3	44	
시나리오 2	54	45	87	Neg	Neg	124	125,800	Pos	150	5,000만	28	Neg	12.5	143
Score	19	56	-7	-6	-18	42	5	3	35	2	11	-3	4	
시나리오 3	30	32	51	Neg	Neg	102	48,500	Pos	135	1억	28	Neg	11.7	-6
Score	-21	28	-23	-6	-18	2	9	3	3	5	11	-3	4	

출처: 푸르덴셜생명보험 계약심사팀(2013), 정보화진흥원(2014) 재인용

링 방식은 개별 변수가 가진 리스크의 크기에 숫자를 매번 더하는 방식으로 산정하는 방식을 말하는데, 일반적으로 높은 점수는 더 위험하고 낮은 점수는 덜 위험한 것으로 판단한다. Debit & Credit 방식은 항목별 각각의 점수를 부여한 후 미리 정해진 가중치에 따라 점수를 계산하는 것이다.

푸르센셜생명보험은 과거 10년 이상의 데이터를 바탕으로 고객집단별 평균 사망률을 추정하고 스코어 점수로 구현했다. 이를 수행하기 위해 일반화 선형모형(Logistic) 및 일반화 가법모형(GAM)에 대한 이론적 배경과 사례분석을 통해 모형을 추정하고 해석을 시도했으며, 언더라이팅 실무에서는 이를 스코어 테이블로 개발하여 특정 스코어 기준치 이하일 시 우량체를 적용하였다.

푸르덴셜생명보험사는 모형을 적용한 결과 우량체 선별 시 피보험자의 건강상태보다는 생활습관 등의 환경적 영향이 중요하다는 것을 알게 되었다. 즉, 간수치, 연령, 혈당, 보험료 보다는 피보험자의 연령/직업/소득 등에 따른 음주 및 흡연습관, 신체활동 등 라이프 스타일이 우량체 선별에 중요하였고, 이를 바탕으로 숫자사정 우량체 평가 테이블을 개발하거나 경험 사망률과 비교해, 보다 적절한 방법으로 우량체를 분류할 수 있게 되었다. 한편, 추가적으로 정확한 모델의 개발을 위해서는 여러 통계적 기법을 통해 지속적으로 모델을 유지 보수해 나가는 과정이 필요할 것이다.

빅데이터와 문제 해결

사물인터넷(Internet of Thing; IoT)이란 거대한 흐름 속에서 디바이스 등이 인터넷과 연결되고 있으며 이 과정에서 수많은 데이터를 쏟아낸다. 이렇게 축적된 전세계 데이터의 90%는 최근 3년 내 생성된 것으로 2020년까지는 5배가 늘어난다는 전망처럼 엄청나게 많은 데이터가 생성되고 있다. 이 데이터는 빅데이터의 유형 중 특히 센서데이터를 의미하며, 문제 해결을 위한 키가 된다. DHL이 물류산업에서의 빅데이터 활용방법을 소개한 '빅데이터 인 로지스틱스(Big Data in Logistics)'(2013)에 의하면, DHL은 물류기업의 빅데이터 활용방안 3요소로 인력 운송 등의 운영 최적화, 고객 예측, 그리고 신규 비즈니스모델 개발을 강조하고 있다. 또한, 물류시장에서 빅데이터는 모든 비즈니스 활동의 나침반 역할을 한다고 DHL은 강조한다.

실제로 물류기업은 제품의 흐름을 관리하다 보니 방대한 양의 데이터를 매일 생산한다. 물품의 도착지, 크기, 무게, 내용물 등 하루에도 수십에서 수백반 건의 배송 정보가 쌓이고 있다. 이 때문에 물류에서 발생한 모든 데이터가 관련 기업들의 새로운 비즈니스모델 개발에도 실마리를 제공할 수 있다.

그렇다면, 실제로 물류기업에게 빅데이터는 무엇을 의미하는가? 무엇보다도 빅데이터는 물류기업의 가장 큰 문제인 운송 문제를 해결해 준다. 대표적인 사례가 미국의 택배회사인 UPS(United Parcel Service)이다. UPS는 화물운송 노선을 최적화시켰다. 오리온(ORION) 이니셔티브라는 시스템을 만들어 텔레매틱스 센서 데이터를 활용해 배송 시스템을 실시간으로 최적화하였다. 46,000개 이상의 화물 운송 차량에 부착된 센서 데이터를 수집해 운행 속도, 방향, 제동, 동력 전달 성능 등을 데이터 분석을 통해 성과 모니터링 및 운행 노선 개선을 이뤘다. 실제 배송 기사 1명이 매일 1마일 운행 노선 단축 시 3천만 달러의 절약 효과를 얻을 수 있었다. 이에 UPS는 매일 2,000여 건의 항공기 운항 효율성 극대화에도 적용 중이다.

UPS는 2011년 고객들이 배달 장소와 일시를 바꾸고, 2시간 앞서 배달 시간을 연락 받을 수 있는 마이초이스(My Choice)라는 시스템을 구축했다. 오리온(Orion)은 센서와 데이터베이스, 지도나 배달 상품의 명세 등을 이용해 운전자에게 가장 효율적인 배달 경로를 알려주는 분석 시스템이다.

한국의 사례로는 CJ대한통운의 물류시스템 문제해결 사례를 살펴보자. CJ 대한통운은 스마트 통합 단말기에 디지털운행기록계를 결합해 차량의 위치와 경로, 화물의 상태, 연료 소모량, 속도 등을 실시간으로 파악하고 관제하여 물류 차의 전반적인 관리와 통제를 효과적으로 할 수 있도록 했다. 최적의 운송 경로를 찾아 택배 배송기사들에게 지급된 스마트폰과 태블릿 등에 네비게이션 기능을 통해 전달하게 되었고, 운전자가 화물을 내린 장소에서 가장 가까운 곳에 있는 다른 화물의 정보를 실시간으로 확인할 수 있어 공차율을 낮출 수 있게 되었다.

CJ대한통운은 디지털운행기록 데이터를 분석해 급출발, 급정지, 급가속 등의 10대 안전지표를 관리하여 각종 안전사고를 줄일 계획이다. 데이터 수집 및 저장 시스템을 단일화해 빅데이터를 활용하여 화물비용 관련 데이터를 한 곳에서 처리할 수 있도록 하고, 각종 차량의 수집된 정보는 빅데이터 분석을 통해 연료절감을 꾀할 수 있고, 물류 효율성을 높일 수 있다. 빅데이터 분석으로 불필요한 지출을 억제시켜 인력 및 비용절감 효과를 누릴 수 있다.

최근에 CJ대한통운은 통합물류 시스템을 확장 중이다. 즉, 증가한 택배 물량을 통합적이고 효율적으로 관리하기 위해 파워7+ 프로세서로 보다 강화된 성능을 제공하는 IBM 파워 시스템즈를 추가적으로 도입하였고, 통합물류

그림 7 CJ대한통운의 스마트 통합 단말기 사용

출처: CJ대한통운(2013), 정보화진흥원(2014) 재인용

시스템 확장을 통해 국내 택배 물동량을 사전에 예측하고 선제적으로 관리함으로써 운영 효율성과 안정성을 증대시켰다. 특히, 추석, 설날 등 택배 물량이 급증하는 성수기에 대비한 처리 용량을 확보하여 갑작스런 시장 변화에도 새로운 추가 업무에 유연하게 대응하는 체제를 갖추었다.

CJ대한통운은 통합 물류 시스템 확장을 통해 안정적이고 최적화된 IT 인프라를 마련하고 고객 서비스 경쟁력을 한층 더 강화할 수 있게 되었으며, 서비스의 속도 향상과 연속성을 보장하는 안정된 기반을 확대해 물류 시스템의 전반적인 퍼포먼스 상승과 운영 및 관리 비용의 절감을 꾀할 수 있게 되었다.

빅데이터와 맞춤서비스

빅데이터를 활용한 고객 맞춤 서비스는 다양한 영역의 서비스 산업에 적용 가능하다. 가장 잘 인용되는 산업군은 호텔 등 레저산업과 화장품 산업, 그리고 패션 산업이다. 레저산업과 화장품산업에서는 이미 많은 사례들이 등장했다.

세계적 화장품 기업인 로레알은 2013년 하반기에 우루과이 지사에 클라우드 기반으로 IBM의 빅데이터시스템인 퓨어플랙스(PureFlex)를 갖추기로 했다. 로레알은 퓨어시스템을 통합적으로 구축해 전력 소비를 혁신적으로 감축하고 이에 따라 전반적인 IT 기반 설비의 사이즈도 축소될 것이라고 발표했다. 이는 IT 환경의 현대화로 클라우드 기반 설비를 구축하여 사업 성장 전략을 만족시키고자 함이며, 그런 목적으로 도입된 IBM 퓨어플렉스(IBM PureFlex)는 중앙 집권화된 환경과 새로운 가상 시스템을 창조할 수 있는 유연성으로 클라우드 기반 운영 역량을 강화하고 이를 통해 개별 고객에 맞춘 제품을 창조하는 목적을 가진다. 퓨어플렉스는 로레알의 모든 컴퓨터, 스토리지, 네트워크, 가상화, 관리를 단일 시스템으로 통합하여 리소스의 최적화를 구현하게 한다. 또한, 로레알은 클라우드 기반 분석력을 일상적 영업 활동에 통합하고자 IBM 리서치(IBM Research)가 개발한 스마트클라우드(IBM SmartCloud) 커머스 솔루션과 분석 개발 도구도 도입했다.

그림 8 노르트스트롬의 트루핏 서비스

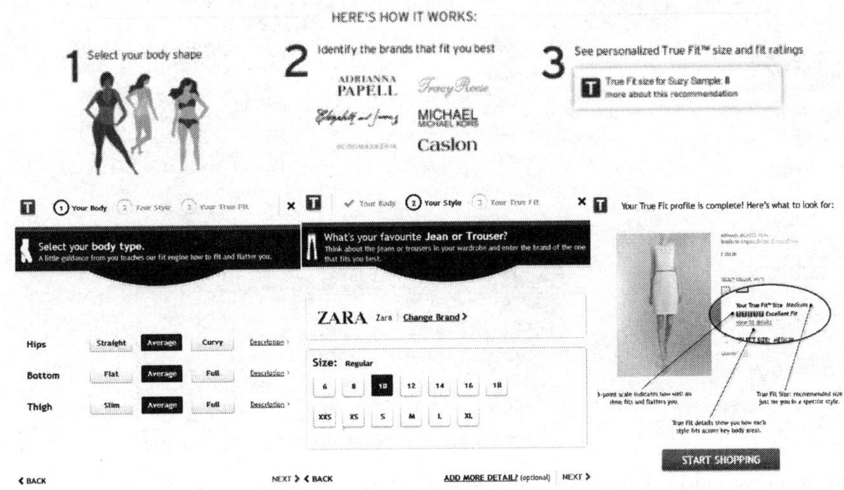

출처: 패션코리아 사이트(2013)

최근 가장 관심을 보이는 산업 중 하나가 패션계이다. 패션은 이제까지 통계적인 데이터 수치들 보다는 그 자체의 유행과 스타일에 따라 많은 변화를 보여주는 것으로 여겨져 왔다. 그러나 빅데이터는 패션 기업들이 본격적인 경쟁에 돌입하기 이전에 소비자의 트렌드나 스타일에 대한 동향 파악이 가능하게 도와주어 고객에 대한 전문적인 성향 정보를 수집할 수 있게 함으로써 크리에이티브한 디자인, 물류 시스템, 가격 결정 등 다양한 요소들에 도움을 주고 있다. 해외의 패션기업으로 가장 회자되는 기업은 자라(Zara)이다. 그 외에도 최근에는 다양한 패션업계 사례들이 나타나기 시작했다.

예로 노드스트롬(Nordstrom)이 제공하는 트루핏 서비스가 있다(패션넷코리아, 2013). 1단계는 고객 자신의 바디 타입을 선택하는 단계(엉덩이, 발목, 허벅지 사이즈 기입)이고, 2단계는 가장 착용감 좋은 브랜드 및 사이즈를 입력하는 단계, 3단계는 추천 브랜드와 아이템을 보여주는데 착용감이 좋은 경우 5개의 T가 표시되며, 주요 신체 부분에 착용감은 어떠한지를 표시한다.

트루핏의 플랫폼에서는 2013년 말 현재 1천 개 이상의 브랜드 및 매장으로부터 수집한 정보가 있다. 동일 업종 내에서는 세계 최대 규모의 데이터베

그림 9 FNC코오롱의 고객가치 분석

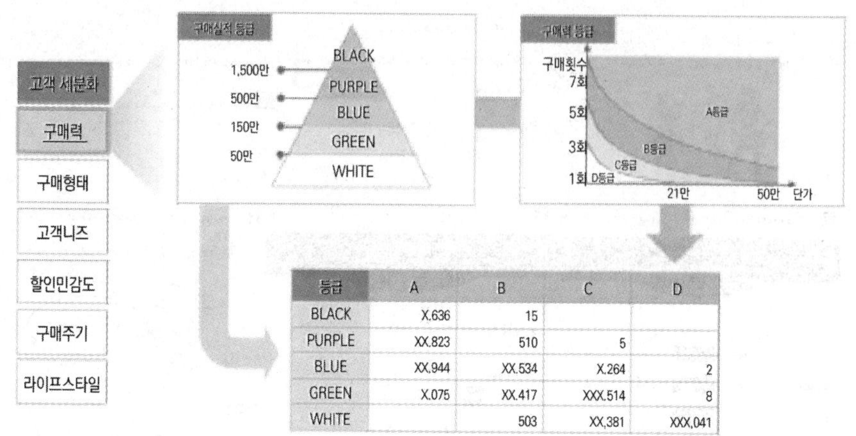

등급	A	B	C	D
BLACK	X,636	15		
PURPLE	XX,823	510	5	
BLUE	XX,944	XX,534	X,264	2
GREEN	X,075	XX,417	XXX,514	8
WHITE		503	XX,381	XXX,041

- 다양한 고객 등급 기준을 조합하여 보다 정밀한 target marketing 가능

출처: Business Impact & Big Data 2014 발표문, 정보화진흥원(2014.1)재인용

이스를 보유하고 있으며, 디자이너들이 스타일을 위해서 고려해야 하는 정보들도 포함하고 있고 고객들의 구매 및 반품에 대해서 매장들이 가진 정보도 포함하고 있다. 트루핏의 개인 고객 프로필은 현재 수백 만 개이지만, 모든 고객 정보는 익명으로 관리되며 다양한 매장에서 구매한 아이템들의 선호도만을 판별할 수 있는 정보로 구성된다. 고객 정보 수집에 걸리는 시간은 60초이며, 이것이 고객들의 참여도를 높일 수 있는 주요 원인이다.

패션은 항상 소수 엘리트가 지배하는 산업이었다. 선별된 디자이너들과 에디터들이 창조성과 감각, 인기 컬러에 대한 일반적인 정보와 다음 시즌의 라인을 결정하는 패턴을 활용하여, 다음 시즌의 패션 트렌드를 제안하고 그것을 대중들이 수용하도록 하는 방식이었다. 그러나 이러한 전통적인 유행 시스템은 결함을 내포하고 있었다. 실제로 클리어런스 세일을 보면, 상업적인 매력도나 제품 생산 비중에 있어 실패한 다양한 트렌드를 볼 수 있으며, 매 시즌 매장에서는 시장에서 실제로 테스트 해보지 못한 의류 판매 수익률 예상에 고심했다. 한편 소비자들은 착용감과 개개인의 스타일에 매치되는 의상을 찾는데 열중하는데, 때때로 매장들조차 이상한 프로포션과 특이한 취향의 이해할 수 없는 의상들을 입고시키는 것처럼 보인다. 이제 빅데이터의 활용은 브랜드들이 항상 최우선 순위로 고려해야 했었던 소비자들이 원하는 제품을 만든다

그림 10 FNC코오롱의 브랜드별 판매 시점 분석

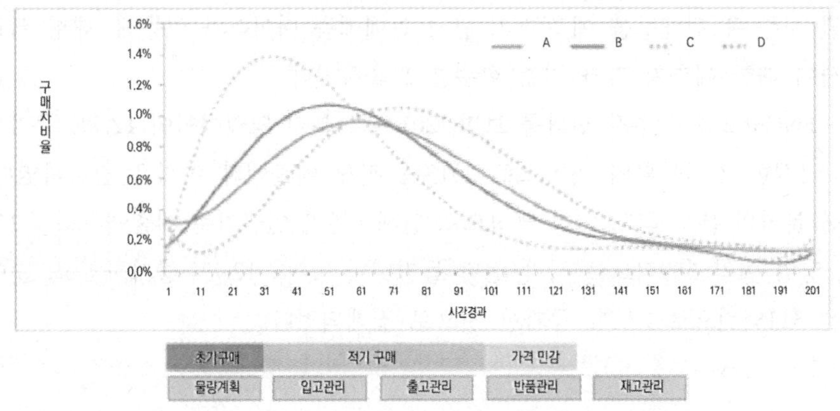

출처: Business Impact & Big Data (2014) 발표문, 정보화진흥원(2014)재인용

라고 하는 관점을 패션업계에 도입할 수 있게 된 것을 의미한다.

한국의 최근 패션업계 사례로는 소비자 맞춤형 수요 매칭 사례로 FNC 코오롱을 예로 들 수 있다(정보화진흥원, 2014). 한국에서도 패션 산업의 특성상 새로운 방식이 필요해진다. 제조업과 유통업이 결합된 패션 산업의 특징 및 감성·트렌드·디자인·영감·직관 등 사업 추진에 있어 주관적 영역이 많이 개입되어 정확한 예측을 하기 어려운 부분을 빅데이터 분석으로 해결 가능할 것으로 기대된 것이다. FNC코오롱은 고객 구매 데이터 및 코오롱 온라인 쇼핑몰 방문 로그 데이터 등 자체 데이터를 활용하여 분석했다. 즉, 매출을 기준으로 한 구매실적에 기반한 우수고객 관리 후 구매 횟수와 단가 기준의 구매력을 관리해, 구매력 등급 세분화 작업을 완료했다.

FNC코오롱은 특정 브랜드의 매출을 고객의 분류와 구매단계 분석을 통해 시각화했고, 고객자산 성장모형으로 브랜드의 상태를 예측했으며, 고객의 구매성향 분석 연동, 프로모션 대상 설정, 브랜드별 판매량 예측 기준 세분화, 브랜드별 판매 추세 응용, 물류 물량 관리 효율화 등을 꾀했다.

FNC코오롱은 매장별 입점 고객을 분석하였다. 즉, 성별, 연령별 매장 입점고객 데이터 확보를 위한 객수정보 시스템을 도입하고, 매장 단위의 매출 증감에 대한 원인 파악, 판매 효율 분석 기준 자료를 기반으로 온/오프 매출 상관관계를 분석하였다. 온라인 고객 관심 상품과 오프라인 매장에서 판매 간 상관관계 분석, 단기 판매 예측, 판매증가 예상 아이템 추출 등을 수행하였다. 또한, 패턴 분석을 통한 예측도 감행하였다. 과거 판매 패턴 분석을 통한 아이템별 시즌 총 판매량을 예측하고, 단기 판매예측 데이터와 연동해, 대형 프로모션에 대한 예측치 감가 기준 함수를 도출하였다.

FNC코오롱의 추진 성과를 보면, 2013년 4분기 영업이익이 12.7% 증가했다. 극심한 경기불황의 영향으로 2013년 전체 매출액과 이익은 감소하였다. 패션 분야의 분기 최고 이익 달성으로 인해 4분기 연결기준 매출액 1조 4,253억, 영업 이익 689억으로 각각 전년 동기대비 0.7%, 12.7% 증가하였고, 순이익은 311억원으로 77.7% 증가한 것으로 집계되었다.

✿ 토의문제

1. 빅데이터가 기업들의 경영 전반에 미치는 영향력에 대하여 설명하시오.
2. 빅데이터를 기반으로 경영 의사결정을 수행하려는 기업들이 직면한 이슈는 어떤 것들이 있는지 논의하시오.
3. 빅데이터를 기반으로 리스크 경영을 실행하기에 적합한 산업 영역은 무엇이며, 어떤 성과가 있는지 사례를 들어 토의하시오.
4. 빅데이터를 활용하여 문제해결을 하려는 산업과 성과에 대하여 사례를 들어 설명하시오.
5. 빅데이터를 기반으로 고객 맞춤 서비스를 제공하려는 산업 영역과 성과에 대하여 사례를 들어 토론하시오.

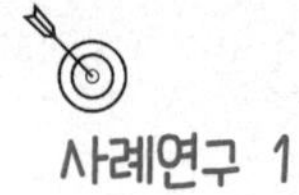

사례연구 1

"채팅 대화의 감정을 분석해주는, 스캐터랩의 '텍스트앳'"

'텍스트앳(textat)'은 서로 주고받는 카카오톡 대화를 바탕으로 감정을 객관적으로 분석해 주는 '감정분석 서비스'이다. 빅데이터 자체가 서비스로 연계된 비즈니스 모델이라고 할 수 있다. 텍스트앳이 보유하고 있는 대화 데이터베이스양은 무려 5억개 이상이다. 이 데이터베이스를 바탕으로 과학적 분석을 통해 상대방의 감정을 '애정도 분석', '호감도 분석' '상대방과 내가 나눈 대화 주제', '서로가 많이 쓰는 말투 순위'를 별도 숫자를 통해 명확하게 알 수 있다.

사람마다 표현방식이 다른데 결국은 표현하고자 하는 내용을 정확히 집어내고, 이들 사이에 작은 차이를 알아내기 위해 2년간의 연구개발을 통해 이 기술을 검증 받았다고 한다. 실제로 서비스 이전에 베타 서비스로 30만명 이상의 감정을 분석했다고 한다. 향후 업데이트를 통해 네이버 라인, 다음 마이피플, 문자 등과 연계할 수 있도록 지원할 예정이라고 한다.

자료원: www.textat.co.kr

토의문제

01 텍스트앳을 사용해 보고 이 비즈니스 모델의 특징에 대하여 토론하시오.

02 텍스트앳이 보다 많은 사용자를 확보하기 위해서는 어떤 점이 보완되어야 하는지에 대하여 논의하시오.

사례연구 2

"빅데이터, 남성 수제구두의 고객별 선호를 재다."

칼렌시스는 2016년 초에 설립된 온라인 유통을 기반으로 하는 남성 수제구두 전문업체로, '칼렌'이라는 브랜드의 수제화를 판매하고 있다. DIY(Do It Yourself) 형태의 '맞춤형' 시장이 성장함에 따라, 칼렌시스는 해외 유명업체에서 수입한 고급 가죽과 차별화된 소재를 강점으로 국내 맞춤 구두 시장에 뛰어들었다. 칼렌시스는 단순히 개인의 발 사이즈를 측정하여 제작하는 '사이즈' 맞춤형 구두를 넘어서, 개인이 직접 디자인한 상품을 제작하는 '디자인' 맞춤형 구두를 지향하고 있다.

과거, 맞춤형 수제구두는 멋쟁이들의 전유물이라고 생각했지만, 최근 맞춤형 시장이 성장하면서 많은 사람들에게 대중적으로 다가갈 수 있는 아이템이 되고 있다. 실제로 남성구두의 신장률은 전년대비 3%에 불과했지만, 고급 수제구두는 12%에 달할 정도로 점차 인기가 높아지고 있다. 하지만 올해 초 시장에 뛰어든 칼렌시스에게 시장은 생각했던 것처럼 녹록치 않았다. 그루밍족(패션과 미용에 아낌없이 투자하는 남자들)을 타깃으로 홍보하고 있었으나, 반응은 미미한 수준이었다. 자체적인 분석 결과, 브랜드에 대한 신뢰가 쌓인 후에 구매를 결정하는 그루밍족에 대한 이해없이 제품홍보에만 집중한 데 원인이 있었다.

칼렌시스는 외부 전문가와의 자문을 비롯한 다양한 고민 끝에 칼렌시스의 마케팅 방향을 다시 잡았다. 단기적으로 그루밍족뿐 아니라, 일반 소비자를 대상으로 한 판매를 확대하는 전략을 통하여 칼렌의 브랜드 인지도를 높이는 데 집중하기로 한 것이다. 이를 위해서 '일반고객'과 '그루밍족'별로 차별화된 마케팅 전략을 수립하여야 했다.

칼렌시스는 마케팅 전략의 수정에 따라 고민해 오던 '그루밍족과 일반소비자들의 니즈'를 빅데이터 분석에서 찾아보기로 하였다. 평소 SNS에 익숙해 있던 20대 후반의 젊은 두 대표는 SNS(Social Network Service) 데이터를 분석하여, 맞춤형 구두에 대한 소비자들의 마음을 읽어 이를 제품개발과 마케팅 모두에 활용해보겠다는 의지를 보였다.

칼렌시스는 '남성 수제구두'가 분석의 대상이었기 때문에 '남성'과 연관된 키워드들이 많이 도출될 것으로 기대하였다. 그러나, 분석을 해보니 '예쁘다', '신랑', '남편', '남자친구' 등 여성적인 표현이 남성적인 표현보다 높게 나타났다. '여성'들이 신랑/남편/남자친구를 위하여 선물로 남성 수제구두를 구매한다는 현상을 반영한 결과였다. 또, 구매의 중요한 결정요소에도 '여성'의 취향이 반영되어 있었다. 중요하게 생각하는 구매결정요소는 예쁜 디자인, 가격, 착용감(편함), 다양한 착장에 어울리는 실용성으로 나타났다.

남성 수제구두이지만, 여성고객을 중심으로 마케팅을 시행할 필요가 있다는 시사점을 얻은 칼렌시스는 여성고객을 대상으로 한 활발한 홍보에 착수하였다. 신랑/남자친구/남편을 위한 선물로 구매한다는 빅데이터 분석결과를 반영하여 '남자친구/남편을 위한 선물'을 핵심 메시지로 하여 인스타그램, 여성 중심 커뮤니티에 홍보를 진행 중에 있다.

기존 단일 로퍼제품을 보유하고 있었던 칼렌시스는 일반 소비자들이 로퍼제품을 가장 많이 찾는다는 분석결과에 따라, 발 빠르게 로퍼제품 강화에 착수하였다. Boat shoes 라인만 보유하고 있던 칼렌시스는 빅데이터 분석결과 선호도가 높았던 테슬로퍼, 페니로퍼 출시계획을 수립하였고, 가장 선호도가 높은 테슬로퍼는 스웨이드, 블랙가죽 라인 추가 제작으로 2016년 11월에 사이트 내 판매를 시작할 수 있었다. 또한 맞춤형 디자인을 원하는 고객을 위해, 칼렌시스 Customizing System의 로퍼부문에 Part별 다양한 디자인 아이템을 반영한 시스템을 개발 중이다.

그루밍 족을 위해 어떤 제품을 선보일까를 고민 중이던 칼렌시스는 빅데이터 분석을 통해 그 답을 명확히 할 수 있었다. 일반 대중은 로퍼를 선호했지만, 그루밍 족은 수트, 셔츠에 어울리는 클래식한 라인의 고급가죽 구두를 선호하였다. 칼렌시스는 이런 분석결과를 디자인 및 재료에 반영하여 Horween사에서 수입한 가죽으로 프레스티지 라인 옥스포드화를 제작하여 판매에 착수하였다. Horween사는 미국 전통 슈메이커인 알든, 팀버랜드, 알랜 애드몬즈 등에 주로 납품하며, 이미 전 세계적으로 명성이 나있는 브랜드로 국내에 정식 판매되는 경우는 드물었다. 이러한 하이브랜드 가죽은 고 퀄리티 가죽을 선호하는 그루밍족의 니즈를 제대로 겨냥한 선택이었다.

칼렌시스는 빅데이터 분석결과, 그루밍족은 구두관리에 높은 관심을 보인다는 점에 주목하였다. 분석결과를 확인한 순간, 그루밍족만큼이나 구두에 애착이 큰 두 대표의 머릿속에는 그루밍족들을 유인할 방법이 떠올랐다. 칼렌시스는 현재 운영중인 블로그에 'Shoe Care' 카테고리를 추가하여 구두관리에 대한 팁과 상품에 대하여 지속적으로 포스팅하며 잠재고객들과 소통 중에 있다. 또한 판매하는 슈 케어 제품을 대폭 확대함으로써, 구두에 관심이 높은 사람들의 사이트 유입을 유도하고 있다.

칼렌시스에게 마케팅 방향의 재수립은 상당히 많은 에너지를 요구하는 변화였다. 자원이 부족하다는 단점을 가진 반면, 그만큼 빠른 의사결정 구조를 가지고 있는 칼렌시스는 빅데이터 분석결과를 바로 사업에 적용하였다. 매출과 직접적인 연관이 있는 제품 문의건수는 11월 기준 전월대비 104% 증가했으며, 11월 매출은 10월 매출에 비해 48% 증가하였다. 또한 11월 첫 주에 출시된 옥스포드화의 경우, 기존 타 상품 판매 대비 빠른 판매율을 보여주고 있다. 매출에 선행적으로 영향을 미치는 홈페이지 11월 방문자수는 전월대비 120% 증가하였으며, 블로그 방문자 수는 전월대비 168% 증가한 모습을 보였다.

자료원: 2016 중소기업 빅데이터 활용지원사업 우수사례집

토의문제

01 수제 구두제작 기업 중 빅데이터 분석을 통해 비즈니스 환경을 개선한 사례를 찾아 설명하시오.

02 칼렌시스가 데이터기반의 수제 구두제작 기업으로 성장해 나갈 계획을 실현하기 위해 어떤 활동을 해야 하는지 토의하시오.

사례연구 3

"빅데이터로 들여다 본 화장품 산업 프로세스"

최근 'K-뷰티' 바람을 타고 '마스크팩 한류' 열풍이 불면서 관련 제조업체들의 주도권 경쟁이 치열해지고 있다. 이러한 상황에서 이미인은 '제조원가 상승'이라는 커다란 문제에 직면했다. 이미인은 그에 따른 해결책으로 '프로세스 체질 개선'을 통해 제조원가를 통제하고 경쟁력을 강화하기로 했다.

이미인은 먼저 '신속한 고객 납품 달성과 생산성 향상'에 요구되는 빅데이터 분석요건을 정의했다. 내부 회의와 탐색적 데이터 분석을 통해 원부자재 '관리유형 분석'과 '공급업체 평가'가 '신속한 고객 납품 달성'의 핵심요인으로 선정되었다. 또한 베일에 가려진 '프로세스의 비효율 요소 발견'과 화장품 산업 평균대비 '자사의 프로세스 수준 진단'이 생산성 향상에 기여할 수 있다고 판단했다. 이미인은 프로세스 맵과 주요 수행패턴 분석을 통해 ERP 시스템의 구매 마스터데이터가 제대로 관리되지 않고, 현실을 정확히 반영하지 못함을 발견하였다. 정확한 확정납기일 산출과 정보 입력 재작업을 줄이기 위해 이미인은 구매 마스터데이터의 납기일 정보의 정확도를 개선하여 불필요한 변경을 줄이기로 하였다. 이를 위해 약 80여개의 관리유형별 리드타임을 도출하여 구매 관련 마스터데이터를 업데이트하고, 관련 교육제공을 통해 문제점을 해결해 나가기로 하였다.

이미인은 화장품 산업에 대한 프로세스 벤치마킹을 통해 자사 프로세스의 수준이 전반적으로 우수함을 확인했다. 이와 함께, 이미인은 '입고취소' 비율이 산업평균 대비 높은 수치이며 개선의 대상이 될 수 있음을 발견했다. 이미인은 '입고취소' 유형을 세부적으로 정의하고, 공급업체 관리를 통해 이후 프로세스에 악영향을 줄 수 있는 '입고취소' 유형을 줄이는 노력을 수행해 나가기로 하였다.

추가 분석을 통해, 각 관리유형의 평균 리드타임보다 더 긴 리드타임을 가지는 공급업체를 선별해 발생한 문제에 대한 원인이 무엇인지 파악하기로 하였다. 전체 리드타임에 영향을 주는 공급업체에 대한 체계적 평가와 관리 방안을 마련하지 못했던 이미인은 프로세스 성과 지표의 값이 공급업체별로 크게 상이함을 발견하였다. 공급업체를 선정하고 평가하기 위한 기준과 방법을 정비할 필요성을 느낀 이미인은 공급업체 평가체계 기준을 마련하고, 공급업체의 적기 입고를 향상시킬 수 있는 구체적인 방안을 수립하기로 하였다.

입고부터 QC검사까지의 긴 리드타임이 이후 프로세스에 부정적인 영향을 줄 것이라 판단한 이미인은 QC검사의 원활한 진행을 위해 QC검사를 모니터링하고 지연되고 있는 품목들을 알려주는 기능을 ERP 시스템에 추가하기로 하였다.

마스크팩 시장의 경쟁이 격화되는 상황에서 이미인은 프로세스 개선을 위한 다양한 방안을 고민해 왔다. 그러나 객관적 증거가 충분하지 않아 개선활동을 적극적으로 진행할 수 없었다. 이미인은 빅데이터 분석을 통해 몇 차례 언급되었으나 본격적으로 다루어지지 않았던 QC검사 리드타임의 문제를 정확히 밝혀냈다. 이를 통해 이미인은 ERP 시스템의 기능을 개선하고, 공급업체가 QC검사에 필요한 서류들을 잘 구비하도록 하는 적극적인 개선활동을 전개하였다. 이러한 노력은 QC검사 리드타임의 획기적인 감소로 이어졌다. 이미인은 개선활동이 반영된 10월분의 ERP 시스템 로그 데이터를 다시 추출해서 개선 효과를 과학적으로 검증한 결과, QC검사 완료까지의 리드타임이 부자재의 경우에 55%, 내용물의 경우에는 44% 단축되었다.

이미인은 ERP 시스템에서 얻어진 데이터를 통해 약 80여 개의 관리유형별 리드타임을 산출하였고, 이를 기반으로 구매 마스 터데이터를 갱신함으로써 직원들은 합리적인 납기일을 설정할 수 있었다. 이로 인해 '적기입고' 비율이 증가했고, '지연입고' 비율은 개선 전 대비 대략 31% 감소했음을 확인했다. 이러한 개선을 통해 생산이 지연되거나 예상치 못한 생산계획 변경이 줄어든 이미인은 생산자원의 유휴비용을 크게 줄일 수 있을 것으로 기대하고 있다.

자료원: 2017 중소기업 빅데이터 활용지원사업 우수사례집

토의문제

01 마스크 시트 등 화장품 관련 기업 중 빅데이터 분석을 통해 비즈니스 환경을 개선한 사례를 찾아 설명하시오.

02 이미인이 프로세스 경쟁력 강화를 위해 추진한 활동에 대한 효과성에 대해 논의하시오.

참고문헌

김경태 (2018), 안정국, 김동현, 빅데이터 활용서, 시대고시기획.

김진호·최용주 (2018), 빅데이터 리더십, 북카라반.

박형준 (2018), 빅데이터 빅마인드, 리드리드출판.

방병권 (2017), 빅데이터 경영4.0, 라온북.

송주영·송태민 (2018), 빅데이터를 활용한 범죄 예측, 황소걸음 아카데미.

오현희 (2017), 빅데이터와 인문학, 홍릉과학출판사.

윤종식 (2018), 빅데이터 활용사전 419, 데이터에듀.

이종석·황현석·황진석 (2018), 빅데이터 비즈니스 이해와 활용.

이현웅·김종업·최현재 (2018), 빅데이터의 이해와 활용, 생각나눔.

임종수·정영호·유승현 (2018), 미디어 빅데이터 분석, 21세기사.

주해종, 김혜선, 김형로 (2018), 빅데이터 기획 및 분석, 크라운출판사.

지원철 (2017), 빅데이터 시대의 데이터 마이닝, 민영사.

최공필, 서정희 (2017), 빅데이터4.0, 개미.

한국소프트웨어기술협회 (2018), 빅데이터 개론, 광문각.

한현욱 (2018), 이것이 헬스케어 빅데이터이다, 클라우드나인.

한국정보화진흥원 (2013.11), 빅데이터의 진화: 스마트데이터, 원문 자료의 번역 보고서 (원문 제목은 the smart data manifesto, 출처는 http://exelate.com/white-papers/the-smart-data-manifesto-goodbye-big-data-hello-smart-data)

한국정보화진흥원 (2016), 2016년 중소기업 빅데이터 활용지원 우수사례집

한국정보화진흥원 (2017), 2017년 중소기업 빅데이터 활용지원 우수사례집

Akhtar, S. M. F. (2018), Big Data Architect's Handbook: A Guide to Building Proficiency in Tools and Systems used by Leading Big Data Experts, Packt Publishing.

Arghandeh, R. and Zhou, Y. (2017), Big Data Application in Power Systems, Elsevier Science.

Bahga, A. and Madisetti, V. (2016), Big Data Science & Analytics: A Hands-On Approach, VPT.

Berman, J. J. (2018), Principles and Practices of Big Data: Preparing, Sharing, and Analyzing Complex Information, Academic Press.

Chen, H., Chiang, R. and Storey, V.C. (2012), "Business Intelligence and Analytics: From Big data to Big impact," MIS Quarterly, Vol. 36 No.4, pp.1165~1188.

Francesco, D. and Renaud, D. (2018), Big Data Economics, Towards Data Market Places, Nature of Data, Exchange mechanisms, Prices, Choices, · Agents & Ecosystems, Independently Published.

Gilder, G.(2018), Life After Google: The Fall of Big Data and the Rise of the Blockchain Economy, A Division of Salem media Group.

Mayer-Schonberger, V. and Ramge, T. (2018), Reinventing Capitalism in the Age of Big Data, Basic Books.

Hoeren, T. and Kolany-Raiser, K. (2017), Big Data in Context: Legal, Social and Technological Insights, Springer.

Holmes, D. (2018), Big Data: A Very Short Introduction, Oxford University Press.

Information Resources Management Association (2018), Big Data: Cencepts, methodologies, Tools and Applications, IGI Global.

Jones, H. (2018), Data Analytics: An Essential Beginner's Guide to Data Mining, Data Collection, Big Data Analytics for Business and Business Intelligence Concepts, CreateSpace Independent Publishing Platform.

Marr, B. (2017), Data Strategy: How to Profit from a World of Big Data, Analytics and Internet of Things, Kogan Page.

Miller, J. (2017), Big Data Visualization, Packt Publishing.

Minelli, M., Chambers, M and Dhiraj, A. (2018), Big Data, Big Analytics: Emerging Business Intelligence and Analytic Trends for Today's Businesses, Gildan Media.

Paley, N. (2017), Leadership Strategies in the Age of Big Data, Algorithms, and Analytics, Productivity Press.

Tenner, E. (2018), The Efficiency Paradox: What Big Data Can't Do, Knopf.

빅데이터의 영향: 사회

★ 학습목표

_빅데이터가 개인 측면에 미치는 영향에 대해 학습한다.
_빅데이터가 교육 및 직업 측면에 미치는 영향에 대해 탐구한다.
_빅데이터가 의료 및 복지 측면에 미치는 영향에 대해 이해한다.
_빅데이터가 도시 및 교통 측면에 미치는 영향에 대해 탐색한다.
_빅데이터가 의식주 측면에 미치는 영향에 대해 학습한다.

개인 측면의 영향

모바일 환경은 IT 혁신 단계를 넘어 새로운 산업을 창출하고 개인에게는 라이프스타일(Lifestyle)을 바꾸는 '거대한 재편(再編 · great reset)'을 유도고 있다. 개인 측면의 영향은 특히 모바일 중심의 삶의 변화로서, 빅데이터는 개인들의 삶이 어떻게 변하는지 깨닫게 하는 실질적인 정보가 된다. 이러한 환경에 대해, 글로벌리서치기관인 가트너(Gartner)는 2013년 11월 10일 ＜스마트 디바이스의 미래(Future of Smart Devices)＞에 관한 심포지엄을 바르셀로나에서 열리는 IT엑스포 2013에서 개최하고, 가까운 미래에 사용자 움직임, 구매 예측 및 행동해석 등을 정확하게 할 수 있는 기능을 가진 스마트폰이 등장할 것으로 전망했다. 이 발표에서 가트너는 포춘 500대 기업들 중에서 절반 이상이 상황인지 컴퓨팅을 도입하고 전세계 모바일 소비자 마케팅이 상황인지 컴퓨팅 기반으로 이루어질 것으로 전망했다. 이는 다양한 모바일 디바이스와 관련된 네트워크 기술 발달 외에 개인용 클라우드 등 컴퓨팅 환경이 크게 개선되고 있기 때문이다.

사용자의 상황 정보는 위치 이동이나 특정 행동 패턴에 따른 일차적 요인에서부터 시작해서 특정한 정보 취득이나 SNS 이용 등의 이차적 요인들에 의해서 변화한다. 상황인지 컴퓨팅 초기에는 사용자의 개별 정보만 취합할 수 있지만 점차 복수 사용자의 다중적 상황 정보를 취합해서 하나의 패턴처럼 통합적으로 분석하는 것이 가능해진다. 즉, 사용자의 개인 이력 데이터와 외부 상황정보를 총 동원해 현 상황에서 가장 최적화된 맞춤 서비스 제공이 가능해진다는 것을 의미한다. 즉, 스마트폰이 더 똑똑해져 사용자의 위치 정보, 개인 데이터, 캘린더 및 디바이스 장착 센서 등에서 유용한 상황인식 정보(Contextual Information)를 수집하고 활용할 수 있으며, 앱은 시간이 지남에 따라 지식을 습득하고 실시간으로 데이터 수집과 대응을 하면서 사용자가 필요하고 원하는 것을 정확하게 예측하게 될 것으로 전망된다.

인지컴퓨팅 기술의 도움으로 스마트폰이 가장 먼저 "자동으로" 처리할 서비스는 이용자가 느끼기에 당장 중요하지 않으면서 시간이 많이 걸리는 일(Menial tasks)이다. 예를 들면 일정표에 있는 전자메일에 대한 응답이라든지, 생일 축하 메시지의 전송, 자신의 주간 업무 목록 작성 등이다. 이러한 습관을 통해 사용자가 점차적으로 많은 일들을 스마트폰이 본인 대신 자동으로 처리하는 것에 대해 신뢰를 쌓게 되면 사용자는 일상생활의 중요한 부분에도 "자동" 서비스를 활용하게 될 것이다. 이러한 단계를 인지한 가트너는 이 심포지엄에서 인지컴퓨팅 개념인 인식컴퓨팅(Cognizant computing) 진화 4단계를 제시하였다. 클라우드에 저장된 데이터가 정보의 의미를 만들 수 있는 능력을 스마트폰에 제공하게 된다. 완전한 개인용 클라우드 환경에서 도달하게 되는 인식컴퓨팅(Cognizant Computing)은 4단계로 진화될 것이며, 현재는 4단계의 1단계인 싱크미(Sync Me), 2단계인 씨미(See Me) 단계이며, 다음 단계로 진화하고 있다.

인식컴퓨팅은 향후 시장에서 하드웨어 업체 및 서비스/비즈니스 모델의 양쪽 측면에서 큰 영향을 끼치게 될 것이다. 인식컴퓨팅이 진화하면 사용자들은 자신들의 편의를 위해 개인정보 이슈를 일부 포기할 수도 있으며, 이는 곧 많은 사회적 데이터 공유로 이어져 장치나 관련 서비스에 더 큰 힘을 실어주게 될 것이다. 지금부터 향후 2~5년간 인식컴퓨팅은 IT 시장에 가장 큰 영향을 미치게 될 것이다. 또한, 향후 5년간 삶의 개선을 위해 더 많이 스마트폰을 활용하게 되는 데 도움을 줄 것이다.

가트너가 언급한 1단계인 싱크미(Sync me) 단계 즉, 동기화 단계에서는 아직 얼굴인식, 지문인식, 동작인식 등의 인식기술들이 활용되는 단계는 아니며, 기존의 스토리지 서비스를 제공받거나 멀티스크린 개념의 N-스크린이 발전하는 정도의 양상을 보인다. 초기에는 하드웨어 간의 동기화를 가능하게 하는 DLNA(Digital Living Network Appliance) 등의 기술이 등장하였으나 시장에서 자리를 잡지는 못하고 있다. 이보다는 오히려 가상 드라이브(Virtual drive)라고 말하는 스토리지(Storage) 서비스가 1단계를 대표하며 전세계적으로 발전하는 양상이다. 이를 제공하는 글로벌 사업자로는 드롭박스(Dropbox)와 에버노트(Evernote)가 있으며, 국내에서는 주로 통신사업자와 포털사업자 중심으로 스토리지 서비스가 제공되고 있다. 에버노트 같은 앱은 스토리지에 스케줄러를 부가가치화하여 제공한다. 이는 '자동(Automatic)' 서비스로서, 별로 중요하지는 않으면서 귀찮은 일(Menial task)을 자동으로 제시해 주는 스케줄러 기능을 말한다. 또한, 영화나 TV 드라마가 커넥티드 디바이스를 통해 유통되는 소위 말하는 OTT(Over the top) 서비스는 N-스크린 서비스 제공 덕분에 더욱 확대될 전망이다. 넷플릭스(Netflix)나 아마존(Amazon)이 제공하는 OTT동영상 서비스가 여기에 속한다.

2단계인 씨미(See me) 단계, 즉, 데이터 수집 단계에서는 다양한 위치정보와 디바이스 내에 장착된 센서데이터가 수집되고 데이터로 저장, 분석되어, 이를 활용한 디지털마케팅 앱, CRM 앱들이 막 등장하기 시작하는 단계이다. 여기서는 데이터 거래가 일어날 수도 있어서 정보보안 및 프라이버시 이슈가 크게 부각된다. 데이터 판매는 선진국에서 이미 산업화되고 있는 추세이며, 데이터브로커(Data broker)도 등장하였다.

3단계인 노우미(Know me) 단계, 즉 맞춤화 단계는 국가별로 차이는 있으나 대체적으로 이제 막 들어선 단계로 이해되며, 여기서는 수집된 개인정보가 본격적 빅데이터로 활용되어 분석되고, 고객서비스에도 적극 활용하기 시작하는 단계이다. 앞에서 언급했지만, 기업이 고객에게 맞춤화 서비스를 제공하기 위해서는 고객에 대한 인구통계 정보와 행태정보를 가지고 있어야 한다. 행태정보나 소비패턴 분석 등을 통해 기업들은 기존의 CRM 앱에 '소셜(Social)'이 가미된 CRM 앱으로 발전시켜 나갈 수 있다. 맞춤 서비스의 사례로는 이미 추천엔진을 개발한 넷플릭스와 아마존 등이 제공하는 콘텐츠 유통 앱과 거래데이터 등의 정형 데이터를 수집, 축적하여 소셜CRM 앱을 제공하는 월마트(Walmart) 등이 있다.

마지막 4단계인 비미(Be me), 즉 개인비서화 단계에서는 진정한 '자동'서비스가 제공되기 시작한다. 이미 애플이 제공하는 시리(Siri)와 구글이 제공하는 구글나우(GoogleNow)에서 제공되는 가상의 콘시어지 서비스가 존재한다. 패턴 분석에 의해 룰(Rule)이 정해지고 적절한 허락 절차를 통해 '나'를 알고 있는 구매 등의 의사결정을 해주는 것을 말한다. 이를 위해서는 디바이스나 앱과 '나' 사이에 확신과 신뢰가 구축되어 있어야 한다. 그리고 서비스를 제공하는 기업이 아닌 소비자인 '나'를 위한 구매 의사결정이어야 한다.

이상에서는 빅데이터가 개인 측면에 미치는 영향을 주로 모바일 환경과 클라우드 환경을 기반으로 하여 가트너가 제시한 인지컴퓨팅 진화 4단계로 설명하였다. 이 네 단계는 국가별로 다르지만, 이미 시작되었거나, 동시적으로 진행되고 있는 단계들이며, 빅데이터 분석을 기반으로 하는 다양한 앱들이 등장하면서 개인에게 영향을 미칠 것이다. 다음으로는 개인을 사회적 측면으로 확장하여, 특히 교육, 보건 및 의료, 도시, 의식주에 미치는 영향에 대해 빅데이터 관련 이슈, 정책, 그리고 최근 사례 중심으로 설명하고자 한다. 이에 대한 토대로 최근 IBM이 제시한 향후 5년 내 변화상을 활용하고자 한다.

IBM은 앞으로 향후 5년 내 우리 사회가 일하고 생활하고 소통하는 방식을 바꾸어 놓을 'IBM 5 in 5'의 8번째 혁신 연례 보고서를 2013년 12월 말에 발표했다(IBM 홈페이지). 이 보고서에는 교실이 학생을 학습하게 될 것, 오프라인 매장이 온라인을 앞서게 될 것, 의사들이 일상에서 DNA를 이용하여 환자의 건강을 지키게 될 것, 디지털 비서가 온라인상에서 인간을 보호하게 될 것, 도시가 인간의 도시 생활을 돕게 될 것 등 다섯 가지 혁신이 포함되어 있으며, 모두 인지컴퓨팅의 핵심인 '자동'서비스에 속한다. 향후 5년 내 개인 삶을 바꿀 이 다섯 가지 기술 발전 보고서 내용은 인지컴퓨팅 4단계인 "비서화"를 설명하는 데 충분하다. 즉, 기계가 보다 더 자연스럽게 학습하고 추론하며 인간과 소통하는 새로운 시대가 도래할 것이라는 내용이다. 스마트폰 등의 커넥티드 디바이스가 인간보다 더 똑똑해진다는 뜻이다.

교육 및 직업 측면의 영향

앞서 언급한 IBM(2013)의 'IBM 5 in 5'의 8번째 혁신 연례 보고서의 하나가 교실이 학생을 학습하게 된다는 것, 즉 '교실의 비서화'이다. 그 내용을 보면, 학생 수십 명을 수용하는 데만 그쳤던 교실이 미래에는 학생 개개인을 파악해 유치원에서부터 고등학교, 더 나아가 취업 준비에 이르기까지 모든 커리큘럼을 각 개인에 맞게 맞춤형으로 제공하게 된다는 것이다. 향후 5년 내 교실은 e러닝 플랫폼상에서 각 개인 학생의 시험 성적, 출석 상황, 행동 데이터를 분석해 개인별로 학습하게 되며, 이런 맞춤형 교육 시스템은 클라우드 기반 빅데이터 분석을 통해 어떤 학생이 실패할 위기에 처해 있는지, 그들의 이탈 요인은 무엇인지 등을 교사가 예측하고 학생 개인의 인생 목표에 필수적인 기량을 습득하고 어려움을 극복하게 하기 위한 대책을 제시할 것이다.

IBM의 시나리오대로라면 빅데이터는 개인의 교육과 직업에 상당한 영향을 미칠 것이다. 이미 미국에서는 MOOC(Massive Open online Courses)라고 해

그림 1　교실이 학생을 학습하게 될 것

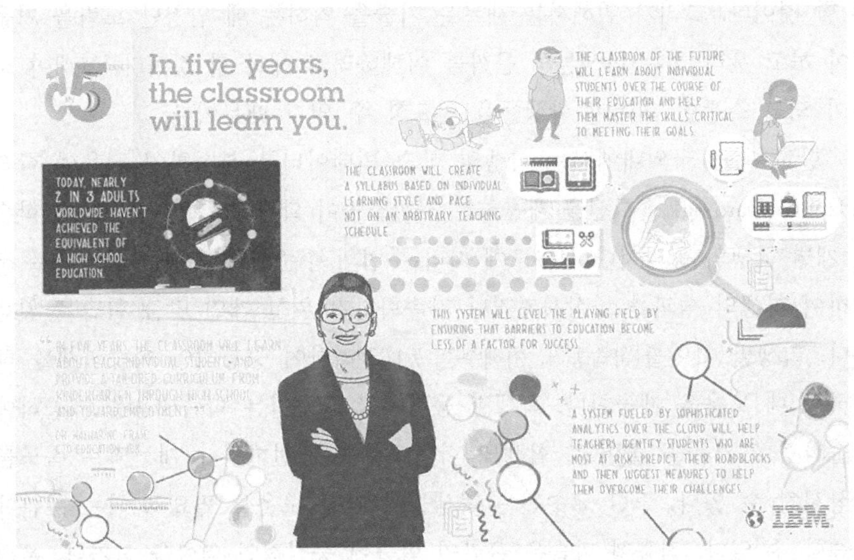

출처: IBM(2013)

서 대학들의 온라인 강좌 서비스가 큰 반향을 일으키고 있다. 대부분의 아이비 리그 교수들이 이 프로젝트에 참가하고 있다. 한국에서도 중·고등학교에서 온라인 강좌가 오래전부터 인기를 끌고 있으며, 메가스터디는 이런 온라인 강의로 성장한 대표적인 기업이다. 온라인 강좌가 인기를 끄는 이유는 저렴한 비용으로 저명 교수 및 저명 강사의 명강의를 언제 어디서나 들을 수 있기 때문이다. 기존 온라인 강의의 단점으로 일반적으로 이해되는 것은 강사와 학생 간의 소통 부족이다. 이를 해결하기 위해서 이메일 등으로 질문을 하고 대답해 주는 등의 방법을 동원하기도 하지만 초보 수준이다. 빅데이터가 이 부분에 답을 준다면 교육 부문에 좋은 영향을 미칠 수 있을 것이다. IBM의 시나리오대로라면, 향후 10년 내에 대부분 학생들이 자신의 수준과 요구 조건에 맞는 강의를 들을 수 있는 상황이 도래할 것이다.

이러한 '자동' 서비스 제공은 교사의 지식 전달 역할을 축소할 수 있다는 우려도 제기한다. 왜냐하면 학생들은 더 좋은 지식을 온라인을 통해서 언제 어디서나 얻을 수 있기 때문이다. 따라서, 이에 대응하기 위해서는 교사의 역할이 지식 전달자에서 지도자로 전환되어야 할 것이다. 마치 운동 선수들보다 경기 능력이 떨어지는 코치가 일류 선수를 코치하는 것과 같은 맥락이다. 학생들이 이용할 수 있는 정보와 수단이 많아질수록 이들 스스로 길을 잃을 확률이 높다. 교사는 이런 학생들에게 길을 안내해 주는 코치의 역할에 집중해야 할 것이다. 그러기 위해서는 새로운 기술을 익히는 데 엄청난 노력을 기울여야 하고 우리 젊은 학생들의 문화를 이해하려고 해야 할 것이다. 그래야 소통이 되고 소통이 되어야 학생들을 인도할 수 있기 때문이다.

한편 최근 국외내에서는 학생의 학습 빅데이터를 분석하여 적응형 학습(Adaptive Learning) 솔루션을 제공하는 서비스들이 확산되고 있다. 적응형 학습은 개별 학생의 능력이나 선호도에 따라 수업의 수준이나 유형을 동적으로 조정하여 학생의 성과를 향상시키거나 가속화하기 위한 개인 맞춤 학습을 일컫는다. 학생별 차이를(학습동기, 이해수준 등) 고려하여 공통적인 학습과제를 해결하는 데 도움을 제공한다. 학생별 능력치와 요구하는 학습내용을 제공하여 학습과정 포기율을 줄이고, 학생의 학업수준을 개선하거나 개선되는 속도를 향상시킬 수 있다. 또한 교수진은 학생들이 가장 도움을 필요로 하는 부분에 집중할 수 있다. 적응형 학습은 온라인 학습에 중심적인 역할을 하거나, 온라

그림 2 종합 고용서비스 시스템 구성도

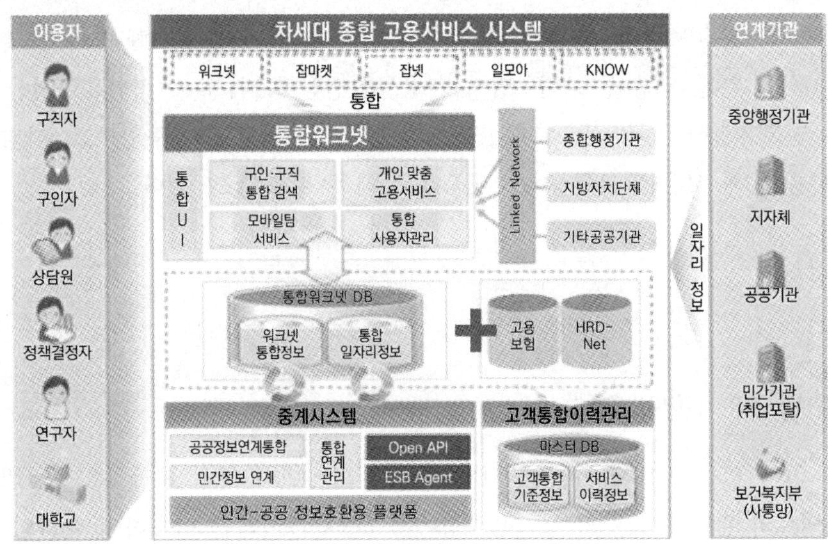

출처: 공개SW포털, 한국정보화진흥원(2014) 재인용

인 학습을 지원하는 형태, flipped-learning 진행 보조도구 등으로 활용 가능하다. 미국은 초창기에 정부보조금으로 초등학교 학생을 위한 수학 주제별 일대일 개인학습(Intelligent Tutoring Systems) 형태로 서비스를 제공하기 시작하여 현재는 과학 및 고등교육 분야로 확대하고 있다. 미국의 적응형 학습 서비스는 if-then 형태의 비교적 간단한 형태의 적응형 학습시스템부터 고급 수학 공식이나 기계학습 개념을 도입한 알고리즘 기반 서비스가 출현하여 개별 학생의 능력이나 요구에 더 빠르고 정확하게 반응할 수 있는 환경을 조성하고 있다. 특히 빅데이터를 활용할 수 있는 기술이 가속화됨에 따라 알고리즘 기반 서비스가 더욱 영향력을 강하게 하고 있다. 앞으로 적응형 학습 시스템은 교육의 모든 단계에 확산될 것이며, 기술적으로는 자연어 처리 기술의 고도화로 학생이 쓰거나 말한 질문을 해석하거나 학생의 감정상태를 인지하여 이를 근거로 적절한 학습 동기를 부여할 수 있는 능력을 갖출 것으로 예상된다. 미국의 대표적인 적응형 학습 솔루션은 Knewton Platform이다. 국내에서는 노리(Knowre) 스마트 스쿨수학, Kidaptive ALP(Adaptive Learning Platform), Riiid의 산타토익 등이 대표적이다.

개인의 직업에도 영향을 미칠 것이다. 최근 청년 실업 문제가 대두되면서 고용정책을 위한 현황 정보의 개인별 적시 제공이 더욱 필요하게 되었다. 이에 한국고용정보원이 고용정보통합분석 시스템을 구축했다(한국정보화진흥원 2014). 그 추진 내용을 보면, 먼저 고용보험전산망, 워크넷, 직업훈련전산망, 외국인고용관리전산망 등 11개 전산망을 통합 관리하도록 구축하고, 다양한 분석을 통해 고용 정보를 적시 제공하는 데 초점을 두고 있다.

의료 및 복지 측면의 영향

앞서 언급한 IBM(2013)의 'IBM 5 in 5'의 8번째 혁신 연례 보고서 내용 중 의료와 관련해서는 의사들이 일상에서 DNA 데이터를 이용하여 환자의 건강을 지키는 건강 비서가 된다는 내용이다. 전 세계 암 발생률은 2008년 이래 10% 이상 증가했고, 매년 1천 4백만 명의 신규 암 진단 환자가 발생하고 있으며, 810만 명의 생명을 앗아가고 있다. IBM에 따르면, 고령화가 진행됨에 따라 전세계 암 발생률은 2030년까지 무려 75%로 증가할 것으로 예상된다.

향후 5년 내에 빅데이터 분석, 새로운 클라우드 기반의 인지시스템 발달로 유전자 연구와 의학 검사 기술이 획기적으로 발전하게 될 전망이다. 이로 인해, 의사들은 이전에는 상상할 수 없었던 속도와 규모로 개인화된 의료 서비스를 제공할 수 있게 될 것이며, 특히 암을 더 정확히 진단하고 전세계 수백만 명의 환자들에게 맞춤형 암 치료 계획을 수립할 수 있게 될 것이다. 암 전문의에게 구체적이고 조치 가능한 치료에 대한 인사이트를 제공하기 위해 컴퓨터는 전체 염기배열의 결과를 학습하고 방대한 양의 의료 기록과 각종 출판 기록들을 샅샅이 검색할 수 있게 될 전망이다.

특히 인구 고령화와 만성질환 유병률의 증가로 의료비 문제와 의료서비스의 접근성 및 질에 관한 문제가 논의되면서 많은 국가에서 IT와 의료기술을 접목한 유헬스(u-Health)의 도입이 진행되고 있다. 이제는 유무선 통신기술 외에 센싱 기술 발전으로 유헬스 기기를 통해 의사의 건강상담 및 진료가 가능한 의료서비스를 이용할 수 있으며 개인의 건강정보를 기록하는 전자의무기

그림 3 의사들의 DNA 데이터 기반 건강 비서 역할

출처: IBM(2013)

록(EHR)을 통해 환자의 건강상태를 실시간으로 관찰할 수 있게 되었다. 미국 국립보건원 산하 국립의학도서관은 개인 측면에서 요구할 수 있는 다양한 약에 대한 정보를 제공하고 제조사와 개인 사용자 간의 쌍방향 상호작용을 통해 약의 정보를 제공하는 필박스(Pillbox) 프로젝트를 추진 중이다. 필박스 서비스 사이트(pillbox.nlm.nih.gov/)로 미국 국립보건원에 접수되는 알약의 기능이나 유효기간을 문의하는 민원 수는 100만 건 이상으로 평균 한 건당 확인하는 소요 비용 50달러를 감안하면 연간 5,000만 달러의 비용 절감효과가 있는 것으로 전망된다.

최근에 한국국민건강보험공단은 다음소프트 기술을 활용해 개인 측면의 활용을 목적으로 국민건강 주의 예보 시범 서비스를 구축했다(정보화진흥원, 2014). 주요 개발 내용을 보면, 현재 시점의 주요 유행성 질병에 대한 위험도 예보 및 지역별·연령별 위험도 예보 등 감염병 유행 징후 시 주의 예보를 개인에게 제공한다. 독감을 예로 들면, 어떤 지역을 중심으로 환자가 늘고 있는지, 환자들의 연령대는 어떤지, 진료 환자 숫자가 얼마나 늘어나는지, 소셜미디어에서 검색하는 사람들의 추이는 어떤지 등을 파악해 미리 알려주는 방식

그림 4 국민건강 주의 예보 시범 서비스 과정

출처: 국민건강보험공단(2013), 정보화진흥원(2014) 재인용

이다. 주요 유행성 질병에 대한 건강보험정보와 소셜미디어 정보를 융합하여 질병 예측 모델을 개발하고, 주요 유행성 질병의 위험도와 동향을 한눈에 파악할 수 있는 대시보드 서비스를 제공하며, 지역별 주요 유행성 질병 위험도 정보, 지역 내 질병 관련 진료 동향 및 연령별 진료 현황정보 등을 제공한다.

복지 측면에서는 보건복지부를 포함한 각 부처의 공공기관이 수행하여 구현한 사회복지통합관리망(행복e음)이 2010년 2월부터 가동되고 있다. 이는 지방자치단체(이후 지자체) 공무원들의 복지 행정 처리를 지원하는 정보시스템으로서 지자체에서 집행하는 120여 개 복지 급여 및 서비스 이력 데이터를 이용하여 복지 대상자 선정과 맞춤형 서비스를 제공 중이다. 또한, 근로복지공단은 공공부문 고객관계관리(CRM)를 구축하였다.

도시 및 교통 측면의 영향

앞서 언급한 IBM(2013)의 'IBM 5 in 5'의 8번째 혁신 연례 보고서의 하나는 인간의 도시 생활을 돕는 도시의 비서화이다. 현재, 전세계 인구의 절반 이상이 도시에서 거주하고 있다. 2030년까지 개발도상국의 도시 인구는 전세계 인구의 80%를 차지할 예정이며, 2015년에는 10명 중 7명이 도시에서 거주하게 될 것으로 IBM은 전망한다. 5년 내에 기계학습을 통해 지금보다 더 똑똑해진 도시가 인간의 필요, 선호도, 행동, 이동 등을 이해하는 방법을 습득함에 따라, 수십억 건의 사건(Events)이 어떻게 발생하는지를 실시간으로 이해하게 될 전망이다. 도시 행정가들은 시민들이 자유롭게 제공하는 새로운 정보를 이해함으로써 어떤 도시 자원이 언제 어디에서 얼마만큼 필요한지를 알고, 시민들의 필요에 따라 역동적으로 최적화하게 될 것이다. 이에, 도시 행정의 관료주의는 줄어들고 데이터와 소셜 피드백을 더욱 개방적으로 공유할 수 있게 될 것으로 IBM은 전망한다. 또한, 이를 통해 시민 개개인이 도시 행정의 정책 결

그림 5 인간의 삶을 도와주는 도시의 비서화

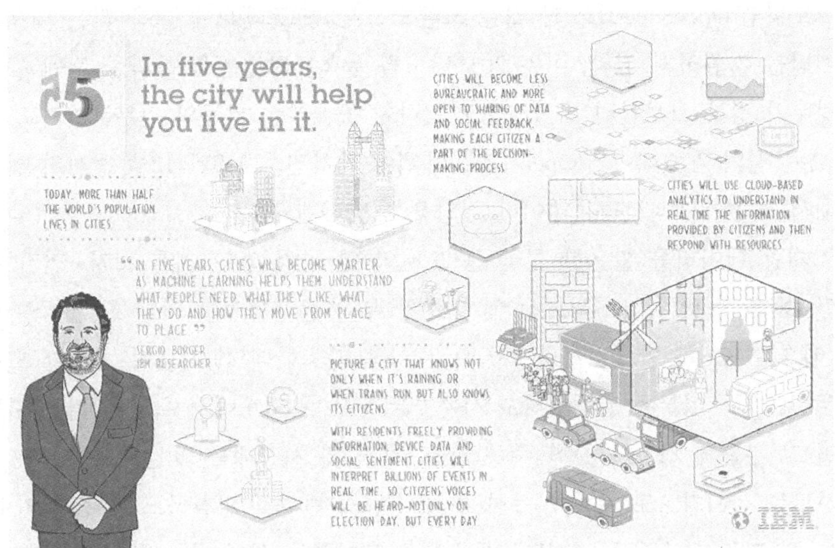

출처: IBM(2013)

그림 6 스팟히로 앱 화면 예시

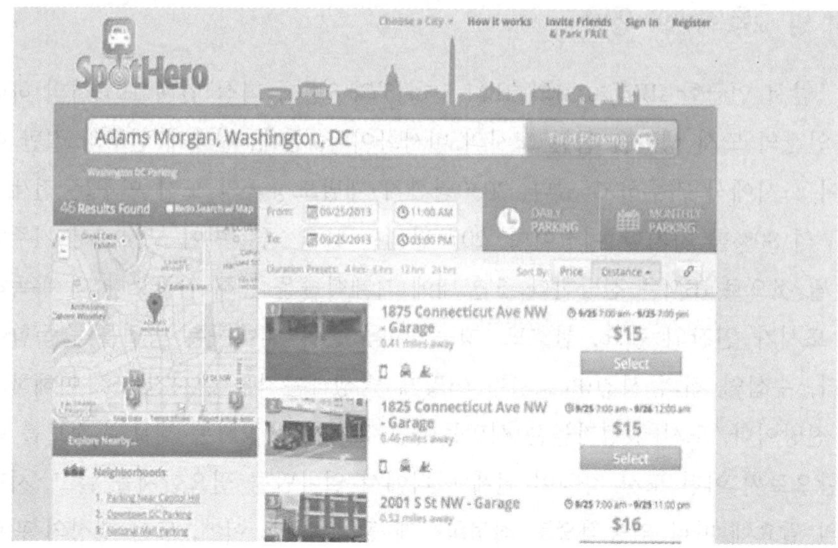

출처: 스팟히로 캡쳐

정 과정에도 참여하게 될 것으로 전망된다.

전세계적으로 많은 대도시 시정부들이 데이터를 오픈하는 것을 지원하기 시작했다. 일례로 뉴욕시가 오픈한 200여 개의 가치있는 도시 데이터들은 오픈스트릿맵(OpenStreetMap)과 같은 오픈소스지도프로젝트에 더욱 많은 내용과 데이터를 지원하게 된다. 이는 2013년 2월 뉴욕지방법원을 통과한 후에 뉴욕 시정부가 정부 사무관련 데이터를 투명하게 공개하는 활동의 일부분이기도 하다. 뉴욕시의 개방데이터(Open Data) 계획에 의하면, 2018년 12월 전까지 법에 의해서 400여 개의 도시 데이터 집합을 개방하게 된다.

개방 데이터를 활용한 미국 큰 도시의 몇 가지 앱 사례를 보자. 먼저 워싱턴 DC의 스팟히로(SpotHero) 앱은 주차 부족 문제를 해결하게 한다. 스마트폰 앱으로 iOS와 안드로이드에서 모두 사용 가능한데, 인터넷이 가능한 도시의 주차 가능 여부를 트래킹하고 사용자는 주소나 지도에서 특정 위치만 지정하면 그 부근의 사용 가능한 주차 위치, 가격 및 시간대를 확인할 수 있다. 스팟히로는 실시간으로 주차 가능한 위치 수량의 변화를 관찰하고 뉴욕, 시카고, 볼튼 등 7개 도시 주차 위치에 대해서 사용이 가능하다.

2013년 1월 보스톤에서는 "소화전입양"이라는 앱이 발표되었다. 이 앱은 지도에 도시 전체 13,000개의 소화전 위치를 표기하고 시민은 한 개 혹은 여러 개의 소화전을 "입양"신청할 수 있고 폭설이 오는 날 본인이 입양한 소화전을 쌓인 눈에서 파낼 수 있다. "입양"수속이 끝나면 신청자는 소화전이 폭설에 쌓이게 되면 메시지를 받게 된다. 이와 유사 개념으로 시카고에서는 인행도 "입양"하기 앱이 발표되었고 시민은 폭설 시 자신이 입양한 인행도에 대해 폭설을 청소할 수 있다.

도시 측면의 다양한 이슈가 있으나, 한국에서는 가장 고질적인 이슈가 교통 문제이다. 교통 관련 데이터로는 GPS 기반 데이터로 자가용 위치 정보(네비게이션), 일반택시 위치정보(카드결제시스템), 화물차의 위치정보(GPS 또는 RF-ID), 휴대폰 위치정보(GPS 또는 기지국 기반)가 있고, 과금 기반 위치 데이터로 교통카드 및 신용카드 사용 정보가 있으며, 그 외에도 ITS 센터에서 차량검지기/영상/DSRC 등을 통해 수집하는 교통 정보(교통량 및 속도 등)와 교통 사고 정보 등이 있다.

한국에서는 통신기업이 제공하는 네비게이션 앱 서비스가 가장 개인 측면에서 애용되는 교통 나침반 같은 것이다. 예컨대, SK텔레콤의 티맵(T-Map) 서비스는 택시, 배송차량, 버스 등에서 소통 정보를 수집해 5분간 수집한 정보를 5분 이내 가공하여 5분 이내에 정보를 제공하며, 개인에게 교통상황, 길안내, 도착예정시간 등을 전달해주고, 매 5분마다 교통 정보를 업데이트하여 제공하는 실시간 서비스이다. 국가기관으로는 한국교통연구원 국가교통DB센터의 빅데이터 분석 활동이 눈에 띈다. 교통 자료로는 전국 속도 및 교통량, 수도권 교통카드 및 택시 자료를 비롯해 각종 영상 자료와 교통사고 자료가 포함된다. 또한, 트위터와 택시 데이터, 교통카드 자료 분석용 프레임워크가 구축되어, 영상 처리, 전국 속도 교통량 자료를 처리해 GIS에 기반한 공간 분석 후에 데이터를 시각화(Visualization)하여 제공한다.

의식주 측면의 영향

의식주는 개인이 입고, 먹고, 거주하는 것과 관련이 있다. 특히 입고 먹는 문제는 거의 매일 하다시피 하는 쇼핑과 관련된다. 앞서 언급한 IBM(2013)의 'IBM 5 in 5'의 8번째 혁신 연례 보고서의 하나가 쇼핑이다. 향후 5년 내에 오프라인 쇼핑이 온라인을 앞선다는 시나리오이다. 이는 기존의 생각과 달리, 오프라인 매장이 개인의 비서가 된다는 말이다. 향후 사물인터넷, 즉 IoT 기반에서 센서가 여기저기 심어지게 되면 가능한 일이다. 애플이 2014년 2월 발표한 iOS7 기반의 아이비콘(iBeacon)은 저전력 블루투스(Bluetooth Low Energy; BLE) 기술 기반의 초정밀 실내 측위 시스템(In–Door Positioning System; IPS)으로서, 예컨대 오프라인 매장 등에서 고객의 정확한 위치를 측정해 상품 정보와 광고 동영상, 할인, 결제 등의 서비스를 즉석에서 제공 가능하게 된다.

한편, IBM에 의하면, 2013년 사상 최초로 전세계 온라인 쇼핑 매출액은 이미 1조 달러를 넘어섰다. 아직도 온라인 쇼핑은 웹을 통한 구매자의 구매 행동을 학습할 수 있다는 이점을 지니고 있는데 비해, 현재 대부분 오프라인 매장은 판매 장소에서 얻을 수 있는 인사이트가 사실상 매우 제한적이다. 상품 진열 트렌드도 오직 가격만으로 경쟁하는 온라인 유통업체와의 경쟁을 더욱 어렵게 만드는 게 사실이다. 그러나 아이비콘 등이 활성화되면 세상은 달라질 것이다.

이러한 측면에서 볼 때, IBM은 향후 5년 내에 오프라인 매장이 소비자와의 접근성을 이용해 소비자가 직접 제품을 만져볼 수 있는 곳으로 웹을 가져옴으로써 디지털 경험을 몇 배로 증대할 것으로 전망한 것이다. 다시 말해 앞으로 오프라인 매장은 디지털 기술의 장점과 제품을 직접 만져보고 바로 구매할 수 있는 오프라인 매장의 장점을 융합하여 개인에게 더욱 최적화된 쇼핑 경험을 제공하게 될 것이며 당일 배송도 간편해질 것이라는 시나리오이다. 특히 클라우드 기반 기술을 활용하면 쇼핑객과 매장 직원 모두가 풍부한 제품 정보와 사용 후기를 활용할 수 있게 되며 구매부서는 고객 수요에 따라 재고 물량을 쉽게 조절할 수 있다는 시나리오이다.

그림 7 오프라인 매장이 온라인을 앞서, 개인 비서 역할

출처: IBM(2013)

IBM의 시나리오를 정리하면, 클라우드 컴퓨팅 기술을 지원하는 모바일 기기로 개인의 관심사와 건강, 영양, 가상 벽장, 소셜 네트워크 등의 공유가 가능해짐에 따라, 유통업체 등 관련 기업들은 개인 소비자가 가장 원하고 필요로 하는 상품을 정확히 예측할 수 있게 됨에 따라 오프라인 매장이 소비자 개인별 맞춤 경험을 제공하게 되고, 소비자와의 접근성과 그 외 다양한 부분을 고려했을 때, 오프라인 매장이 고객이 어느 곳에 있든지 제품의 신속한 픽업이나 배송 등 다양한 구매 옵션을 제공할 수 있다는 것이다.

의식주와 관련해 이러한 사례들을 살펴보자. 먼저, 개인의 의(衣)의 예로는 스포츠용품 업체인 나이키(Nike)가 있다. 그런데, 제조업체로서 처음으로 웨어러블 기기와 관련 앱을 출시했던 나이키는 최근에 웨어러블 기기, 즉 하드웨어 사업 경쟁이 심화되면서, 사용자 데이터를 분석하고 외부 소프트웨어 생태계를 구축하는 데 초점을 맞추려는 움직임을 보이기 시작했다. 실제로 나이키는 그간 자사 '피트니스밴드'류 제품 판매량을 한 번도 공개하지 않았다. 나이키는 그동안 핏빗(Fitbit), 조본, 위싱스, 가민 등 여러 업체와 경쟁해 왔다. 나이키의 점유율은 10% 수준이다. 따라서, 나이키는 퓨얼밴드 사용자를 위한

그림 8 나이키 제공의 만보기, 웨어러블 기기, 관련 앱

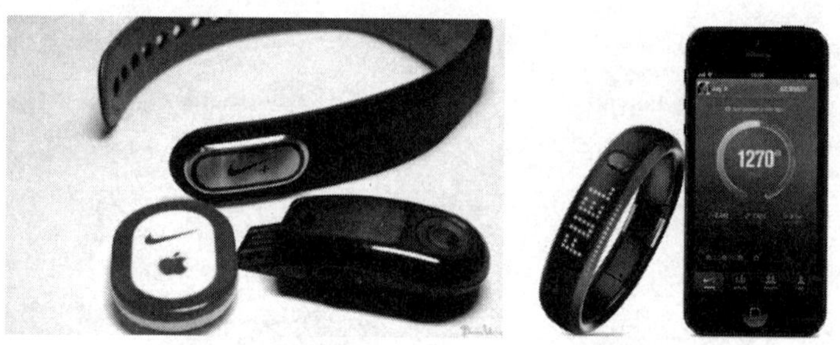

출처: 나이키 홈페이지

개인화 데이터분석 서비스 '나이키플러스(Nike+)'를 활용해 앱 생태계를 강화해 나갈 가능성을 높게 보고 있으며, 샌프란시스코에 '퓨얼랩'이라는 R&D조직을 열고 나이키플러스 서비스를 외부 사업자들이 활용할 수 있는 API를 공개하기로 했다. 경쟁사인 핏빗은 이미 API를 개방하였다.

개인의 식(食), 특히 건강과 영양 측면에서 센서 및 센서데이터 기반의 식사 도구도 개발되어 CES 2013에서 화제가 되었다. 미국의 스타트업인 해비랩스(HAPILABS)가 개발한 해피포크(HAPIfork)는 음식을 먹게 하기 위해 만들어진 상품이나, 이러한 일차원적 목적에서 한 단계 진화해 인간의 '먹는' 행위에 관여한다. 비즈니스 모델은 '식습관' 개선이다. 해피포크는 내부의 마이크로칩과 센서를 통해 사용자 움직임을 읽어내고, 총 식사시간, 분당 포크질, 포크질 간의 시간 등 데이터를 추출. 블루투스 및 USB를 통해 웹/앱으로 전송 및 재가공되는 이 데이터를 통해 사용자는 자신의 식사습관을 점검할 수 있을 뿐만 아니라, 코칭 프로그램을 통해 개선도 가능하다.

개인의 의식주 중에서 주(住)와 관련해서는 특히 안전과 보안이 연상된다. IBM(2013)의 'IBM 5 in 5'의 8번째 혁신 연례 보고서 내용 중 디지털 후견인, 내지 비서가 되어 인간을 보호해 준다는 내용이 있다. IBM에 의하면, 현대인들은 그 어느 때보다도 더 많은 아이덴티피케이션(Identification; ID)과 다양한 기기들을 보유하고 있지만 보안은 더 취약해짐을 느낀다. IBM에 따르면, 2012년 미국에서만 신원 도난 피해자가 1,200만 명이 넘었다.

IBM에 의하면, 향후 5년 내 개인은 해당 개인의 정보에 집중하도록 훈련받아 신원 도난 보호를 새로운 차원으로 끌어올릴 디지털비서를 갖게 될 것이

그림 9 해피랩스의 해피포크

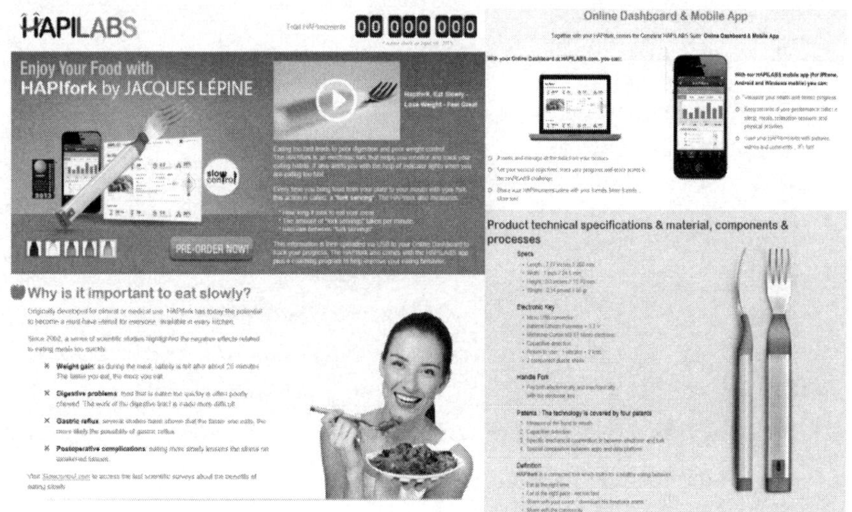

출처: 해피랩스 홈페이지

다. 보안은 여러 기기에서 신원 내지 ID를 확인하기 위해 맥락, 상황, 과거 데이터 등을 이해하게 될 것이며, 사용자에 대해 학습함으로써, 디지털 비서는 온라인에서든 오프라인에서든 정상적이거나 의심스러운 활동을 지능적으로 식별할 수 있으며, 인간의 개인 정보를 유지하면서 필요 시 인간을 대신해 개입하게 될 것이라는 시나리오이다.

개인의 안전을 위해 주거 환경에서는 다양한 보안 시스템이 작동한다. IBM은 머지 않아 보안 시스템이 기존처럼 더 이상 암호와 같은 규칙에 의존하지 않고, 사용자가 누구인지, 사용자가 무엇을 원하는지에 기반해서 더욱 유연하게 작동할 것으로 전망한다. 즉, 향후 보안 시스템은 맥락적 상황과 과거 데이터를 조합해 여러 기기에서 개인 사용자의 신분을 확인하게 될 것이다. 이의 한 예로 최근 미국에서 센서와 센서데이터 기반의 스마트 키가 개발되었다.

유니키(UniKey)에서 개발된 유니키도어(UniKey Door)는 블루투스를 통해 집 주인의 스마트폰과 연동되고, 집주인의 접근만으로 잠금 해제와 설정이 자동으로 이루어진다. 또한, 집에 출입해야 하는 가족 혹은 친구가 있으면 문자

그림 10 온라인상에서 인간을 보호하는 디지털비서 역할

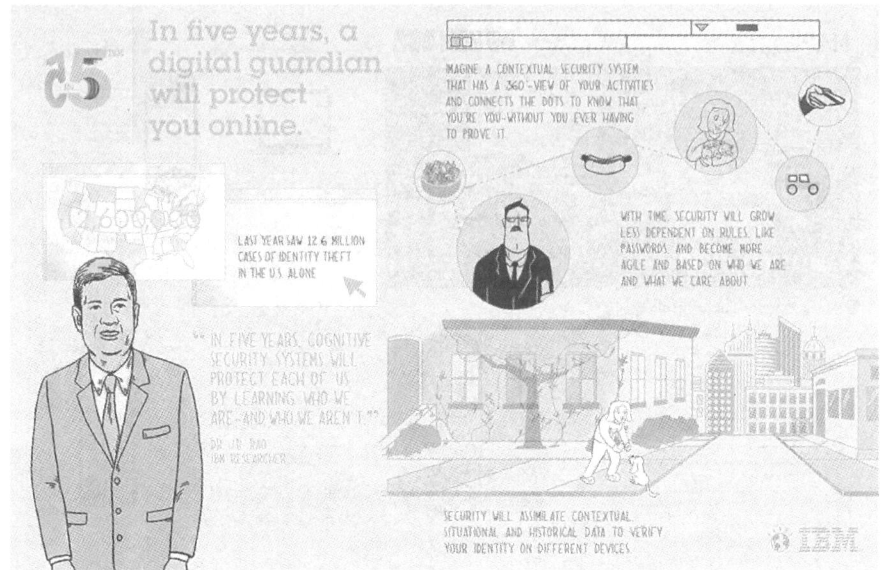

출처: IBM(2013)

메시지 형태로 접근 권한을 부여해 줄 수 있는데, 접근 권한을 일회성 또는 영구적으로 설정할 수 있으며, 특정한 시간만 작동되도록 제한 설정도 가능하다. 예를 들어, 집에 사람이 없는데 급하게 누군가를 집에 들여 보내야 한다면, 그 사람에게 일회용 열쇠를 보내줄 수 있으며, 특정 시간에 파출부에게는 그 시간에만 들어올 수 있는 열쇠를 보내줄 수 있는 것 등이 가능하게 된다. 문은 '출입을 위한 도구'와 '보안을 위한 도구'라는 양면성을 지닌다. 필요할 땐 자유롭게 출입할 수 있어야 하지만, 필요하지 않을 땐 그 누구도 통과시켜선 안 되는 것이다.

개인들에게 기본적인 의식주는 해결되고 있으며, 여기에 IoT 세상이 열리면서 다양한 자동 서비스들이 개인용으로 등장하게 될 것이다. 한편, 개인은 제한된 시간과 자원, 그리고 과다 정보로 시간 비용과 정신적 스트레스가 증가되는 세상에 더욱 노출되기 시작한다. 특히 의식주와 관련한 정보와 상품 그리고 서비스가 순식간에 과잉화되면서, 이제는 이러한 과잉 속에서 적합한 것을 '자동'으로 골라 주는 것이 더욱 필요하게 되었다. 무분별하게 복제된 콘텐츠, 상업화로 인한 광고성 글과 상품 및 서비스들로 인해서, 무엇이 제대로

그림 11 미국 UniKey의 스마트 키와 관련 앱

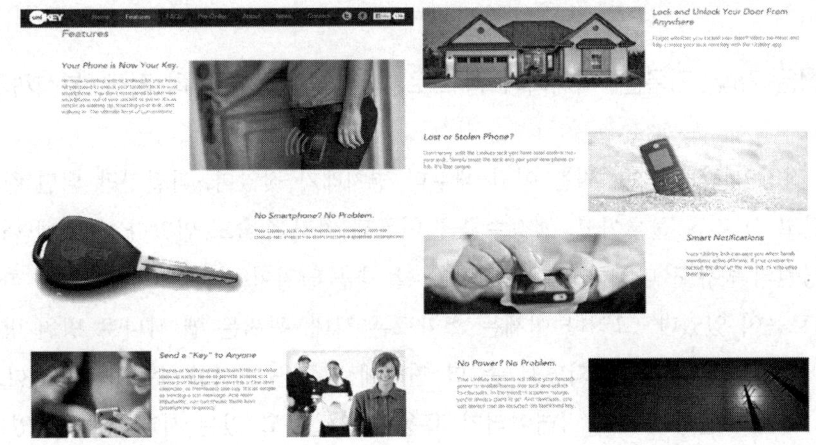

자료:UniKey 홈페이지

된 것인지 판별해 주지 않으면 개인은 더 혼란스러워진다. 의식주에서도 개인별 큐레이션(Curation)이 더 필요해진 것이다.

✩ 토의문제

1. 빅데이터가 개인 측면에 미치는 영향에 대해 장점과 단점으로 나누어 설명하시오.
2. 빅데이터가 개인의 교육 및 직업 측면에 어떤 영향을 미치는지 논하시오.
3. 빅데이터가 개인의 의료 및 복지 측면에 어떤 영향을 미치는지 토의하시오.
4. 빅데이터가 개인의 도시생활 및 교통 이용 측면에 어떤 영향을 미치는지 토론하시오.
4. 빅데이터가 개인의 의식주에 어떤 영향을 미치는지 설명하시오.

사례연구 1

"수첩은 가라, 기록은 '빅데이터 앱'으로: 병원 방문 기록부터 저장, 분석까지"

직장인 곽모씨(29) 씨는 어릴 때부터 병치레가 잦았다. 환절기만 되면 감기를 달고 산 것은 물론이고, 맹장수술을 비롯해 여러 수술도 받았다. 때문에 내원한 병원의 종류도 다양하고 챙겨먹어야 할 약을 일일이 기록하고 기억해야 하는 번거로움이 있었다. 그러나 이제는 스마트폰 시대. 곽씨는 앱 하나로 병원 방문 기록을 정리할 수 있게 되면서 좀 더 편하게 기록을 관리할 수 있게 되었다.

개인의 일상에서도 빅데이터가 유용하게 쓰이고 있는 사례가 늘고 있다. 빅데이터(Big data)란 말 그대로 방대한 양의 데이터를 말한다. 기존에 빅데이터란 기업에서만 쓸 수 있는 것으로 여겨졌다. 하지만 각종 스마트 기기가 발달하면서 개인이 데이터를 수집하는 것부터 저장, 검색, 분석하는 것이 쉬워지고 있다. 일상생활에서 만들어지는 정보를 모으고, 분석하는 것이 앱 하나로 가능한 시대가 온 것이다. 일일 소모된 칼로리와 걸음수는 물론 병원 방문 기록, 근무 시간까지 일상적인 활동들에서 만들어진 데이터를 축적하고 분석할 수 있는 앱을 소개한다.

◆야근시계: 내가 하루 근무하는 시간은 몇 시간일까? '야근시계'는 출퇴근 시간을 기록해 빅데이터로 만들어준다. 야근시계는 출퇴근 시간과 더불어 위치정보를 저장해준다. 업무를 마치고 야근시계의 '퇴근' 버튼을 누르면 퇴근 전 근무지에서 사진을 찍어 저장할 수도 있다. 연장근무시간도 기록으로 남길 수 있다. 야근시계에 저장된 연장근무기록은 이용자의 스마트폰에 저장된다. 이외에 이메일, 페이스북, 트위터 등으로 자동전송도 할 수 있다.

◆엑스맨: '엑스맨'은 아이들의 성장일기를 기록할 수 있는 앱이다. 매일매일이 다르게 크는 유아기부터 청소년기까지 아이들의 키와 체중 등을 기록 저장할 수 있도록 도와준다. 엑스맨은 자녀들의 체력 측정결과를 기록하면 이에 따른 신체 변화 그래프를 시간별로 보여준다. 또한 식단, 보완해야 할 운동도 처방해준

다. 체성분 검사기기와 스마트폰이 연동돼 측정 즉시 앱에 기록된다. 자녀들의 체력 데이터를 분석해 건강한 체력 관리를 도와줄 수 있는 것이다. 이외에 2011년 국민체력실태조사와 교육과학기술부 학생건강체력평가 연령별 기준을 기초로 개인별 종합등급이 자동으로 산출되는 기능을 갖췄다.

◆망고플레이트: '망고플레이트'는 빅데이터를 기반으로 맛집을 소개해주는 앱이다. 망고플레이트 이용자들이 맛집에 대해 남긴 데이터를 빅데이터로 축적해 다른 이용자들의 취향에 맞는 식당을 추천해준다. 즉 A라는 이용자가 자신이 방문한 식당에 '추천', '괜찮다' 혹은 '비추천' 등 세 가지 평가 중에서 하나를 고르면 해당 데이터를 축적해 자신의 입맛에 맞는 맛집을 추천해주는 식이다.

◆메디라떼: '메디라떼'는 내원한 병원 이름과 날짜를 모아서 데이터로 보여주는 앱이다. 치과, 피부과부터 정형외과까지 전국 5만 8천여 개의 병원을 검색할 수 있으며, 병원 방문 기록을 데이터로 만들어 한눈에 확인할 수 있다. 병원 이름을 클릭하면 의료진 정보를 확인할 수 있고, 사용자가 어떤 의사에게 진료를 받았는지 기록할 수 있다. 또한 해당 앱에 등록된 병원에서 치료를 받았을 경우, 해당 병원에서 메디라떼 아이디를 말하며 앱에 방문한 병원으로 기록을 바로 할 수 있다. 비급여 진료비의 일정 부분을 포인트로 적립 받을 수도 있다. 병원 찾기 기능도 있다. 지역별, 거리순 등으로 원하는 병원을 찾을 수 있다. 메디라떼에 등록된 병원에서 진료를 받은 이들이 남긴 후기도 살펴볼 수 있다.

자료원: 아이뉴스24, 2014.5.17

토의문제

01 일상생활과 관련하여 개인에게 유익한 앱들의 사례를 탐색하여 소개하시오.

02 다양한 의료 관련 앱들을 활용함으로써 개인 측면에 어떤 유익함이 있는지 설명하시오.

사례연구 2

"빅데이터, 고객을 유혹하는 주얼리를 말하다."

제이에스티나는 2003년에 론칭한 왕관 모양의 티아라가 심벌인 글로벌 '브릿지 주얼리'(파인 주얼리와 저가의 코스튬 주얼리의 중간)브랜드로, 합리적인 가격에 골드와 실버를 사용한 트렌디한 제품을 내세우고 있다. 제이에스티나는 주얼리 사업을 시작으로 2011년에 핸드백(J.ESTINA HANDBAG)을 론칭하였고, "패션과 문화를 융합한 새로운 라이프스타일을 창조해 삶을 더 행복하게 만든다"는 비전을 바탕으로 2014년에는 하이-테이스트 라이프스타일을 대변하는 브랜드 제이에스티나 레드(J.ESTINA RED)까지 론칭하며 패션 카테고리까지 그 영역을 확대하고 있다.

최근 결혼준비를 위한 예물보다 선물, 개인수요 등의 비예물 주얼리 시장이 커지면서 제이에스티나와 같은 비예물 중심의 주얼리 브랜드들이 많이 생겨났고, 이에 따라 14년차 제이에스티나는 새로 생겨난 트렌디한 브랜드들과 경쟁하고 있다. 이런 상황에서 경쟁업체는 비약적인 성장을 보이고 있으나 제이에스티나의 성장률은 점차 둔화되는 추세로, 이는 전체 주얼리 시장과 제이에스티나의 주 구매층 비교를 통해서도 알 수 있다. 2016년 기준 주얼리 시장 고객의 63%가 20, 30대 고객인 데 비해, 제이에스티나의 주 고객은 30대 후반, 40대 초반으로, 젊은 고객들은 제이에스티나에 비해 타사 제품을 더 선호하고 있는 것이다. 브랜드가 지속유지 되기 위해서 젊은층 고객의 유입이 필요한 제이에스티나는 현재의 정체된 성장세를 극복해야 하는 시급한 과제를 안고 있다. 또한 온라인 구매가 확산하는 추세에 맞춰 백화점 위주의 사업에서 자사 온라인 몰을 통한 사업의 확장도 중요한 상황이다. 이에 따라 제이에스티나는 주얼리와 자사 브랜드에 대한 고객의 소리를 듣는 것이 가장 중요하다고 판단하였고, 이를 바탕으로 제품을 기획하고 마케팅하는 일련의 활동을 재수립하고자 하였다.

제이에스티나는 그동안 가격대를 고려하여 디자인을 진행해왔다. 하지만,

주얼리 구매시 가격보다 디자인과 마감, 품질을 우선적으로 고려한다는 분석 결과는 가격대는 높더라도 디자인이 좋은 제품을 출시할 경우 구매 가능성이 있음을 말해주었다. 이에 따라, 제이에스티나는 2017년 S/S 시즌부터 더욱 고급스러운 디자인, 좋은 품질을 내세우는 제품라인을 출시하기로 하였다. 제이에스티나는 선물목적의 구매가 일반적인 주얼리에 비해 현저히 높은 수준이기에, 선물로 브랜드를 처음 접한 고객의 꾸준한 구매가 이루어지도록 하는 고객관리 전략이 필요하다고 판단하였다. 이에 따라 CRM 부서 주도 아래 신규고객을 충성고객으로 만들기 위한 아이디어를 수렴 중에 있으며, 연말까지의 의견수렴을 바탕으로 2017년부터 제도 개편을 시행할 예정이다. 제이에스티나는 고급스럽고 세련된 브랜드 이미지를 추구하고 있다. 하지만 론칭 후 오랜 기간 브랜드 심벌인 티아라 모양의 주얼리를 활용하여 브랜드를 알려왔기에, 여전히 어리고 귀여운 이미지의 브랜드로 각인되고 있음을 확인할 수 있었다. 또한 기존의 마케팅 활동이 브랜드 이미지 구축에 중점을 두기보다는 모델에 집중하여 단기적인 매출을 유도하는 마케팅 중심으로 이루어졌기에, 지향하는 브랜드 이미지에 대한 인식이 약할 수밖에 없었다. 제이에스티나는 사회 초년생, 직장인을 타깃으로 하는 만큼 귀여운 이미지를 벗어나, 고급스럽고 세련된 이미지로 인식의 전환을 가져올 수 있는 마케팅이 시급하다고 판단하였다. 아울러 기존에 제품 착용사진 없이 제품 사진만을 보여주고, 크기 정보를 명시하는 기존의 온라인 몰 운영방식에 개선이 필요하다는 것을 시사점을 발견하여 2017년도 온라인 몰 강화를 계획하고 있는 제이에스티나는 제품별 착용사진 추가 등 온라인 몰을 개선하는 작업에 빠르게 착수했다.

제이에스티나는 온라인 몰 구매후기 분석을 통해, 온라인상 제품사진에서 느낀 크기와 실제 제품을 받아보았을 때의 크기에 차이를 느끼는 소비자가 꽤 많다는 것을 알게 되었다. 이는 온라인 몰상에 모델 착용사진 없이 제품 사진만 있기 때문에 발생한 결과이기에, 제이에스티나는 온라인 몰상에 착용사진을 추가 하는 등의 개편활동을 진행하기로 하였다. 현재는 순차적으로 주얼리 착용사진을 추가하고 있다. 향후, 제이에스티나는 온라인 몰에서 판매 중인 의류, 패션소품 등을 활용하여 주얼리 느낌을 고객들에게 보다 효과적으로 전달하고자 한다. 이는 주얼리와 함께 착용된 상품을 연관 상품으로 보여줌으로써 동시구매를 유도할 수 있을 것으로 보인다. 제이에스티나는 고급스럽고 세련된 브랜드 이미지를 추구하고 있으나, 빅데이터 분석을 통해 소비자들이 제이에스티나를 이러한 이미지로 인식하는 정도가 높지 않음을 알 수 있었다. 이를 개선하기 위해 원인을 분석해보니, 기존 마케팅 방식이 제품보다는 모델에 집중되어 있기에 모델 이미지가 소비자들에게 강하게 인식된 것으로 파악되었다. 결국, 제이에스티나는 다양한 논의를 거쳐 마케팅 방식을 다음과 같이 변경하기로 하였다. 우선, 모델 중심이 아닌 제품 중심의 사진으로 촬영방식을 변경하여, 제품 자체의 고급스러운 분위기를 강조하는 마케팅을 시행하기로 하였다. 또한 메인모델 이미지에 의존하지 않고 다양한 분위기로 제품을 돋보일 수 있는 패션모델들을 서브 모델로 활용하여 고급스럽고 세련된 이미지를 강조하기로 하였다. 현재 2017년 S/S 제품의 제품별 촬영 시안을 준비하고 있으며, 이는 2017년 제이에스티나의 이미지를 변화시키는데 중요한 역할을 할 것이라고 보고 있다.

빅데이터 분석을 통해 소비자들은 주얼리 구매 시 가격보다, 디자인, 마감, 품질을 더 중요시 한다는 것을 알 수 있게 된 제이에스티나는 가격대는 높더라도 기존보다 디자인이 더욱 고급스러운 제품라인을 출시하기로 하고 현재 디자인 개발 중에 있다. 이 제품라인은 스몰럭셔리를 추구하는 고객 trend에 맞춰 소재와 디자인의 차별화를 두어 고급스러움을 강조하는 제품이 될 것이며, 2017년 봄에 출시될 예정이다. 이를 통해 기존에 소비자들에게 인식되고 있던 어리고 귀여운 제이에스티나 브랜드 이미지를 점차 해소해 나가고자 한다.

제이에스티나는 금번 빅데이터 분석을 통해 주얼리 구매 결정요소·구매목적 분석, 2030세대가 인식하는 제이에스티나 이미지 분석, 제이에스티나 주얼리 제품에 대한 인식 분석 등 다양한 분석을 시도하였다. 그리고 이렇게 분석된 결과를 사안별로 정리하여 장단기 과제로 추진하고 있다. 이러한 제이에스티나의 노력은 단기적으로 다음 시즌에 출시될 제품에 반영되어 빠르게 성과를 창출할 것으로 기대된다. 우선, 2017년 봄 새롭게 출시될 새로운 제품라인은 차별화된 소재와 고급스러운 디자인으로 기존 제품 가격대보다 높아, 매출에 크게 기여할 것으로 보인다. 그리고 이러한 제품은 제이에스티나의 고급스러움을 강조하는 마케팅을 통해 20대, 30대 초반 직장인들의 눈길을 다시 한 번 끌 수 있을 것이다. 또한 현재 진행 중인 온라인 몰 재정비작업은 제이에스티나 온라인 부문 사업 확장을 위한 발판으로 작용할 것이다.

자료원: 2016 중소기업 빅데이터 활용지원사업 우수사례집

토의문제

01 주얼리 기업 중 빅데이터 분석을 통해 비즈니스 환경을 개선한 사례를 찾아 설명하시오.

02 제이에스티나가 의류, 핸드백, 시계 등 취급하는 모든 상품군으로 빅데이터 분석의 범위를 확대할 계획을 실현하기 위해 어떤 활동을 해야 하는지 토의하시오.

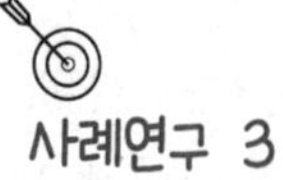

사례연구 3

"빅데이터를 통해 고객에게 스며들다."

큐비엠은 해양심층수 기반의 기능성 음료사업을 중심으로 사업을 하는 중, 울릉도에 해양심층수 생산 및 미네랄추출 가공 시설을 완비하면서 화장품, 기능성식품, 농축산 가공품(비료, 첨가제) 등의 가공 상품 중심으로 사업을 확대하게 되었다. 그 가운데 큐비엠의 신규 화장품 브랜드 '잇비'는 큐비엠이 가장 주목하고 있는 사업 분야였다. 하지만 K-beauty로 대변되는 수많은 화장품 브랜드 및 상품이 쏟아져 나오고 있는 국내 화장품 시장에서 '잇비'가 소비자들에게 쉽게 인지되고 많이 판매되기란 쉽지 않았다. 일단 '잇비'를 널리 알리기 위해 '미스트'를 핵심 상품으로 선정한 큐비엠은 브랜드 및 미스트 제품을 효과적으로 알리기 위한 마케팅 컨셉 및 홍보 컨텐츠 마련이 시급한 상황이었다.

큐비엠은 미네랄 화장품이 해양심층수 화장품에 비해 소비자 관심도가 높고, 화장품의 주요 효능 관련해서도 상대적으로 높게 언급되고 있다는 결과를 통해 '해양심층수' 대신에 '미네랄'을 '잇비'의 대표 키워드로 가져가는 것이 소비자 인지도를 높이는 데 더욱 효과적일 것이라고 판단하였다. 이에 따라, 그동안 진행했던 '해양심층수' 중심의 마케팅 컨셉을 '미네랄' 중심으로 전면 수정하기로 했다.

미스트에 대한 소비자 구매결정요인, 긍·부정 분석결과, 소비자들은 미스트에 있어 지속적인 보습력과 성분, 분사력을 중요하게 생각하는 것을 알 수 있었는데, 이는 큐비엠의 '잇비' 미스트가 가지고 있는 강점에 해당하는 내용이었다. 큐비엠의 '잇비' 미스트는 1,500M 수심의 해양심층수에서 추출한 천연미네랄을 함유하고 있어 '타 제품에 비해 수분공급 및 지속력에서 탁월한 효과가 있다'는 기술적 검증 결과를 보유하고 있고, '안개분사' 방법을 사용하여 물방울이 튀는 느낌이 아닌 부드럽게 피부에 흡수되는 강점을 가지고 있었기 때문이다. 따라서 큐비엠은 자사 제품의 지속적인 보습력, 성분, 분사력을 강조한 마케팅 콘텐츠를 작성하여 홍보하기로 하였다. 아울러 화장품 미니멀리즘에 대한 시장수요가 상승하고 있는 것을 확인한 큐비엠은, 자사 미스트

하나만으로도 충분히 수분공급과 보습효과를 누릴 수 있다는 내용을 강조하는 홍보 콘텐츠를 작성하기로 하였다.

큐비엠은 빅데이터 분석 결과를 활용하여, 기존의 '해양심층수' 중심에서 '천연 미네랄' 성분 중심으로, 지속적인 보습력, 성분, 분사력과 미니멀리즘을 강조한 방향으로의 마케팅 컨셉을 전환한 이후 9월부터 본격적인 마케팅 및 판매활동을 실시한 결과 매출액 및 브랜드 및 제품 인지도 측면에서 놀라운 향상을 경험하였다.

우선 매출액은 지속적인 증가 추세로 2017년 10월 기준 전월 대비 30% 상승했으며, 온라인상의 잇비 브랜드 및 제품에 대한 인지도가 9월 대비 10월에 비약적으로 70% 증가한 것을 확인할 수 있었다. 또한 마케팅 콘텐츠 및 쇼핑몰 유입 고객수는 9월 대비 10월에 150% 증가하는 모습을 보였다.

자료원: 2017 중소기업 빅데이터 활용지원사업 우수사례집

토의문제

01 미스트 등 화장품 관련 기업 중 빅데이터 분석을 통해 비즈니스 환경을 개선한 사례를 찾아 설명하시오.

02 큐비엠이 앞으로 제품개발 및 마케팅 등 다양한 목적을 위해 빅데이터를 활용하고자 할 때 고려해야 할 사항에 대해 토의하시오.

참고문헌

김경태 (2018), 안정국, 김동현, 빅데이터 활용서, 시대고시기획.

김근태 (2012), 빅데이터 분석을 위한 기업의 Big Analytics 환경 변화, 정보처리학회지, 제19권 제2호, pp. 70~78.

김진호·최용주 (2018), 빅데이터 리더십, 북카라반.

박형준 (2018), 빅데이터 빅마인드, 리드리드출판.

방병권 (2017), 빅데이터 경영4.0, 라온북.

송주영·송태민 (2018), 빅데이터를 활용한 범죄 예측, 황소걸음 아카데미.

오현희 (2017), 빅데이터와 인문학, 홍릉과학출판사.

윤종식 (2018), 빅데이터 활용사전 419, 데이터에듀.

이종석·황현석·황진석 (2018), 빅데이터 비즈니스 이해와 활용.

이현웅·김종업·최현재 (2018), 빅데이터의 이해와 활용, 생각나눔.

임종수·정영호·유승현 (2018), 미디어 빅데이터 분석, 21세기사.

주해종, 김혜선, 김형로 (2018), 빅데이터 기획 및 분석, 크라운출판사.

지원철 (2017), 빅데이터 시대의 데이터 마이닝, 민영사.

최공필, 서정희 (2017), 빅데이터4.0, 개미.

한국소프트웨어기술협회 (2018), 빅데이터 개론, 광문각.

한현욱 (2018), 이것이 헬스케어 빅데이터이다, 클라우드나인.

한국정보화진흥원 (2013.11), 빅데이터의 진화: 스마트데이터, 원문 자료의 번역 보고서(원문 제목은 the smart data manifesto, 출처는 http://exelate.com/white-papers/the-smart-data-manifesto-goodbye-big-data-hello-smart-data)

한국정보화진흥원 (2016), 2016년 중소기업 빅데이터 활용지원 우수사례집

한국정보화진흥원 (2017), 2017년 중소기업 빅데이터 활용지원 우수사례집

Akhtar, S. M. F. (2018), Big Data Architect's Handbook: A Guide to Building Proficiency in Tools and Systems used by Leading Big Data Experts, Packt Publishing.

Arghandeh, R. and Zhou, Y. (2017), Big Data Application in Power Systems, Elsevier Science.

Bahga, A. and Madisetti, V. (2016), Big Data Science & Analytics: A Hands-On Approach, VPT.

Berman, J. J. (2018), Principles and Practices of Big Data: Preparing, Sharing, and Analyzing Complex Information, Academic Press.

Chen, H., Chiang, R. and Storey, V.C. (2012), "Business Intelligence and Analytics: From Big data to Big impact," MIS Quarterly, Vol. 36 No.4, pp.1165~1188.

Francesco, D. and Renaud, D. (2018), Big Data Economics, Towards Data Market Places, Nature of Data, Exchange mechanisms, Prices, Choices, Agents & Ecosystems, Independently Published.

Gilder, G.(2018), Life After Google: The Fall of Big Data and the Rise of the Blockchain Economy, A Division of Salem media Group.

Mayer−Schonberger, V. and Ramge, T. (2018), Reinventing Capitalism in the Age of Big Data, Basic Books.

Hoeren, T. and Kolany−Raiser, K. (2017), Big Data in Context: Legal, Social and Technological Insights, Springer.

Holmes, D. (2018), Big Data: A Very Short Introduction, Oxford University Press.

Information Resources Management Association (2018), Big Data: Cencepts, methodologies, Tools and Applications, IGI Global.

Jones, H. (2018), Data Analytics: An Essential Beginner's Guide to Data Mining, Data Collection, Big Data Analytics for Business and Business Intelligence Concepts, CreateSpace Independent Publishing Platform.

Marr, B. (2017), Data Strategy: How to Profit from a World of Big Data, Analytics and Internet of Things, Kogan Page.

Miller, J. (2017), Big Data Visualization, Packt Publishing.

Minelli, M., Chambers, M and Dhiraj, A. (2018), Big Data, Big Analytics: Emerging Business Intelligence and Analytic Trends for Today's Businesses, Gildan Media.

Paley, N. (2017), Leadership Strategies in the Age of Big Data, Algorithms, and Analytics, Productivity Press.

Tenner, E. (2018), The Efficiency Paradox: What Big Data Can't Do, Knopf.

빅데이터의 영향: 국가

★ 학습목표

_빅데이터 관련 정책은 주요 국가별로 어떻게 진행되고 있는지 학습한다.
_빅데이터 기반의 국방 정책에 대해 탐색하고, 관련 사례에 대해 살펴본다.
_빅데이터 기반의 치안 정책에 대해 조사하고, 관련 사례에 대하여 고찰한다.
_빅데이터 기반 의료 정책에 대해 집중 탐색하고 관련 사례에 대하여 이해한다.
_빅데이터 기반 사회안전 정책에 대해 살펴보고, 관련 사례에 대해 알아본다.

정책과 빅데이터

빅데이터 이용 증가 및 관심에 따라 빅데이터 관련 정책도 지속적인 진전을 보이고 있다. 주요 선진국의 정부는 빅데이터가 화두가 된 2012년 전후로 빅데이터 활성화 관련 정책 이슈로 R&D 및 인력양성, 개인정보 보호 및 보안 등 진흥 및 제도 개선을 위한 전략 청사진들을 내놓고 있다. 하지만 주요국의 빅데이터 정책은 동일하지 않다. 각국의 산업 성숙도나 법체계, 정책목표 등에 따라 구체적 방안은 상이하다. 그러나 한 가지 동일하게 추진되는 정책이 있는데, 공공 데이터 개방 정책이다. 미국, 일본, EU 등은 2012년 전후로 빅데이터 종합전략을 발표하였고, 이들의 공통점은 국가기관 보유 데이터의 개방이다. 게다가, 이의 민간 활용도를 높이기 위해 무료로 활용하기 좋은 형식으로 단일 포털을 개설해 제공하는 것도 공통된 점이다. 또한 보유 데이터 개방에 그치지 않고 정부기관이 직접 빅데이터를 활용하여 정부서비스 혁신도 도모하는 모습도 보인다.

공공데이터 개방 외의 정책들은 각국의 빅데이터 시장 성숙 정도, 법제도

표 1 주요국의 빅데이터 정책 동향

구분	미국	EU	일본
민간시장	-글로벌 기업 포진 -자유로운 데이터 유통구조 형성	-금융시장 중심의 제한적 형성	-일부 빅데이터 활용사례가 있으나 제한적 형성
정책	Big Data R&D Initiative ('12년 3월)	Open data strategy ('11년 5월)	Active Data('12년 5월)
공공개방 포털	data.gov	open-data.europa.eu/	openlabs.go.jp
R&D 개발 인력 양성	-6개 기관별 84개 세부 빅데이터 프로그램 -2억 달러 예산	-데이터처리기술 R&D예산 지원 -1억 유로('11~'13년)	-빅데이터 관련 R&D지원 -해석기술 전문가 양성, 신진 연구자·벤처 대상 테스트베드 개방 -89.3억엔 예산('13년)
법 제도	-개인정보보호와 상업적 이용(산업성장)간 균형지향 -Opt-Out 방식 -신규 이슈에 대한 논의중	-엄격한 개인정보보호 기준 준수(Opt-in방식) -공공부문 보유 데이터에 대한 개인의 접근권 존중	-Opt-in 방식 -빅데이터 성장에 따른 개인정보 개정안 논의중
연관 산업 지원	-Cloud-First Policy('10.2월) -Federal Cloud Computing Strategy('11년 2월) -National Broadband Plan('10년 3월)	-the Digital Agenda for Europe ('10년 5월, 브로드밴드 기반 확대, 공공기관 클라우드 확산 정책 포함) -Horizon 2020(ICT R&D 투자를 '15년까지 두 배 확장)	-M2M 등 연관 산업 육성 -Active Communication 병행(빅데이터 전송기반 인프라 구축)

출처: 배동민/박현수/오기환(2013)

환경 등에 따라 차이를 보인다. 미국은 이미 세계 최고 수준의 빅데이터 시장이 형성되어 민간의 정보활용이 상대적으로 활발해, 정책적으로 공공 데이터 활성화 정책에 중점을 두고 있고, 유럽은 시장 활성화에 앞서 시민의 공공데이터 접근권 보장 차원에서 공공 데이터 개방을 추진 중이다. 두 진영의 공통점은 공공 데이터 개방을 확대하고 정부기관의 빅데이터 활용방안을 모색하는 과정에서 기술개발 등 민간의 참여를 유도하여 그 효과가 민간으로 확산되도록 한다는 점이다. 최근에 조사된 주요국의 빅데이터 정책 동향을 간단히 소개한다.

[표 1]에서 간략히 제시한 대로, 미국, EU, 일본이 빅데이터 기반 시장 활성화 이슈에 대응해 추진한 정책들을 분류해 보면 공공데이터 개방, 공공 개

방 포털, R&D 개발 및 인력 양성, 연관 산업의 지원 등 진흥정책과 개인정보 보호 및 보안 등 법제도 정책으로 나뉜다. 이 구분은 영국의 대혁신센터(Big Innovation Centre, 2013)가 정부에 빅데이터 활용을 위한 정책 제언에서 5개 빅데이터 정책 도전과제를 선별하여 제언한 기준에 따른 것이다. 이 분류를 기반으로 각국 빅데이터 정책 방향성, 공공데이터 공개, R&D 및 인력육성 등 주요 정책 내용, 개인정보 등 법제도 개선 및 관련 연관산업 진흥정책 순으로 간략히 검토한다.

먼저, 미국은 주요 기업 중심으로 글로벌 빅데이터 시장을 주도하고 있다. 따라서, 이러한 민간 영역의 자발적 성장을 지원하기 위한 공공 데이터 공개, 공공 데이터를 활용한 기술 개발 중심으로 구체적 진흥정책이 추진되고 있다. 미국 정부가 2012년 3월 발표한 <빅데이터 R&D 계획(Big Data R&D Initiative)>은 정부기관이 공공 데이터를 개방하고 빅데이터를 활용해 공공서비스도 개혁하겠다는 의지를 담고 있다. 이미 미국 각 정부기관은 디지털정부(Digital Government) 계획에 따라 2009년 12월 공공기관 전용 통합 데이터 공개 사이트인 데이터닷거브(www.data.gov)를 보유중이며, 이를 통해 정형, 비정형 데이터를 이용하게 쉬운 형태로 개방한다.

미국에서는 특히 빅데이터를 활용할 수 있는 기술 개발 및 인력양성을 위한 구체적 실천방안이 추진되었다. 세부적으로 보면, 국방부(DoD), 국립보건원(NIH), 에너지부(DoE), 미국지질조사국(USGS), 국립과학재단(NSF) 등 총 6개 기관별로 84개 프로그램에 2억 달러 예산이 투입되었으며, 기관별로 빅데이터 기술 개발 사항이 민간 연구기관 및 대학에도 의뢰되었다. 예컨대, 국립과학재단은 버클리대(大)에 데이터 변환 접근기술 개발 연구 목적으로 1천만 달러를 지원, 의뢰하였고, 미국지질조사국은 빅데이터 관리, 분석, 시각화 툴 개발을 위한 전문 연구소를 설립하였다. 에너지부는 버클리연구소에 빅데이터 전문 연구기관 설립을 지원하는 데 2,500만 달러를 사용하였다. 각 대학이 빅데이터 관련 교과과정 및 학과를 개설하는 데에도 국가적 지원이 진행되었다. 예컨대, 국립과학재단(NSF)는 빅데이터 관련 대학원 교육과정 개발 장려, 학부과정에 빅데이터 시각화 및 처리교육 과정 개설 지원에 200만 달러를 썼다. 각 정부기관의 빅데이터 분석 및 시각화 기술 개발을 위해 민간 기업들과의 제휴도 추진되었다.

미국의 또 다른 진흥정책은 빅데이터 생태계의 물리적 기반이 되는 클라우드, 네트워크 인프라의 진흥이다. 2010년 클라우드-퍼스트 정책(Cloud-First Policy) 및 2011년 연방클라우드컴퓨팅전략(Federal Cloud Computing Strategy) 등이 선행되었고, 이를 통해 공공부문 IT인프라 클라우드 시스템 도입이 의무화되었다. 또한, 2020년까지 240억 달러 예산이 투입되어 2010년에 마련한 초고속인터넷 인프라 공급정책인 국가초고속플랜(National Broadband Plan)도 있다.

법제도적으로 보면, 미국에서는 개인정보 보호보다는 시민의 알 권리를 강조하는 경향이 강해, 정보 활용에 대해 상대적으로 관대한 편이다. 미국 연방헌법에는 프라이버시를 명문으로 인정하고 있지 않으며, 구체적 개별 법령에 한해 프라이버시 보호규정이 적용되고 있다. 예를 들어 사용자가 정식적 이의를 제기하지 않으면 기업들의 사용자 정보 활용을 기본적으로 허용하는 옵트아웃(Opt-out)방식이 적용된다. 이는 이용자가 사업자에게 수신 거부 의사를 밝혀야만 활용할 수 없는 방식이며, 이의 반대 개념인 옵트인(Opt-in)은 사업자가 이용자의 사전동의를 얻어야 활용할 수 있는 방식이다. 이처럼 미국이 옵트아웃 방식을 채택한 배경은 산업 진흥 차원에서 과도한 개인정보 보호로 자칫 인터넷 산업 성장 정체로 이어질 수 있다는 우려 때문이다. 한편, 이러한 법적 배경을 가진 미국이지만 최근 빅데이터가 화두가 되면서 이전에 비해 개인정보 보호 수준을 높여야 한다는 주장도 제기되고 있다. 이러한 배경에서 온라인상에서 발생할 수 있는 새로운 유형의 개인정보 침해 행위에 대하여 개별적 입법을 통해 보호조치를 마련 중이다. 대표 사례로 추적 금지법(Do not track bill) 입법 추진, 개인정보 수집을 차단하는 '원클릭(One click)'시행 등이 있다.

다음은 유럽연합(EU)을 살펴보자. 유럽은 금융, 은행, 투자기관 등 민간 금융 영역만이 미국과 동등한 수준에서 빅데이터를 활용하는 정도이나, 공공데이터 공개에 대해선 매우 적극적이다. 유럽은 이미 공공 데이터에 대해 개인의 접근 권리를 인정하는 입장을 오래전부터 유지해 왔다. 공공기관이 보유한 정보는 결국 국민이 부담한 조세를 통해 축적된 것이므로 납세자인 국민의 공공 데이터 접근 및 재사용(re-use) 권리가 당연하다고 판단했기 때문이다. PSI디렉티브는 공공기관에게 데이터 재사용에 대한 투명성, 차별 금지, 독점 제공 금지 의무를 부여하였다. 공공 데이터 개방 확대가 진행되면서, 유럽은 글로벌 경제위기, 데이터의 폭증, 데이터 활용 기술의 진화 등의 환경 변화로 인해 공공 데이터가 가진 경제적 가치에도 점차 관심을 기울이게 된다. 특히, 영국, 독일 등 일부 회원국들이 공공 데이터 개방으로 경제 성장 및 고용창출 효과를 경험하였다. 예컨대, 공공 지리정보를 개방한 독일은 지리정보시장이 50%나 성장하는 성과(2001~2007년)를, 네덜란드는 지리정보 시장에서 1만 5천 명 고용창출을 달성하는 효과를 거두었다. 이러한 결과에 힘입어 EU는 2011년 12월, 2003년 '공공 분야 정보의 재사용에 관한 지침'을 개정해 공공기관의 데이터 개방 및 활용의 폭을 확장하였다.

또한, 2010년 5월에 EC가 정보통신기술(ICT)을 활용해 일자리 창출, 경제 번영, 유럽 시민 삶 개선을 도모하기 위한 정책으로 내놓은 '유럽 디지털 아젠다 정책'의 일환으로 '데이터개방전략(Open Data Strategy)'이 채택되어 유럽 데이터 단일 포털도 개설되었다. 그 외에도 데이터 처리 기술 연구 예산 지원(1억 유로, 2011~2013년), 개방 데이터에 대한 공정경쟁 환경 개선방안 등이 마련되었다. 2003년에 공공기관이 데이터를 제공할 경우, 이용조건 투명성 보장, 차별금지, 예외적인 상황을 제외하고 독점계약 금지 등의 의무가 부여되었으며, 2013년 4월, 거의 무료에 가까운(zero or very low cost) 데이터 제공 비용을 권고하여 공공데이터 이용에 대한 진입장벽을 더욱 낮추었다. 공공데이터 개방정책이 신규 사업을 창출하고, 정부행정의 투명성 및 효율성을 향상시켜 매년 약 400억 유로의 경제적 효과를 가져다 줄 것으로 전망되었다.

유럽도 미국처럼 네트워크 서비스 기반 확대 및 공공기관 클라우드 확산 정책도 추진하였다. '유럽디지털아젠다'전략에는 빅데이터, 클라우드, 네트워크 인프라 육성이 포함되어 있다. 2012년 9월에는 "유럽의 클라우드컴퓨팅 잠재성 발굴(Unleashing the Potential of Cloud Computing in Europe)"보고서를 통해 표준 및 인증 강화, 계약 관련 법, 공공 클라우드 우수 구현 사례들이 발표되었고, 2013년에도 클라우드 컴퓨팅 분야가 7대 정책 우선 과제 중 하나로 선정되었으며, 이후 호라이즌(Horizon) 2020에 따라 ICT R&D 투자를 2015년까지 두 배로 확장할 계획이 발표되었다.

한편, 개인정보 관련 법제도 측면에서 유럽은 전통적으로 개인정보 주체에 대한 권리를 엄격하게 강조하고 있다. 개인정보 공개의 경우, 오프라인 사전 동의(Opt-in) 의무를 온라인에도 그대로 적용하는 등 적극적인 개인보호정책을 취해 왔다.

다음은 일본을 살펴보자. 일본은 민간부분에서 일부 빅데이터 활용 사례가 증가하고 있으나, 활용 정도는 미국이나 유럽에 비해 아직 낮아, 정부의 진흥 기능이 중요한 역할을 하고 있다. 일본은 2000년 이후 성장 정체, 국제 경쟁력의 저하, 2011년 동일본 대지진 등 빈번한 자연재해 등 국가위기 상황을 맞이하게 된다. 이에, 일본 총무성은 이를 극복하기 위해 2012년 5월, ICT에 기반한 국가 주도의 종합적 진흥정책인 '능동적일본ICT(Active Japan ICT)'계획을 발표한다. 총무성은 이를 '벼랑 끝 일본에서의 탈출전략'이라 칭할 정도로 미래 핵심 정책으로 보고 있다. 이 계획은 5개 부문(Active life, Active Data, Rich Content, Active Communication, 사이버보안)으로 구성되어 있는데, 이 중 '능동적 데이터(Active Data)'부문이 빅데이터 관련 정책이다.

표 2 일본의 능동적 데이터 전략을 위한 7대 추진과제

분야	내용
데이터 개방 및 활용 가능한 환경 마련	•오픈 데이터 전략을 추진하여 공공 및 민간 데이터 개방 •데이터 재활용에 관한 법제도 정비('14) •오픈 데이터 환경 기반 마련을 위한 국제 표준화 추진('15) •전기통신 사업자가 보유한 데이터 등에 대해 개인정보보호를 기반으로 활용 가능성 검토 및 가이드라인 제공(재난재해 활용방안 모색)
데이터 신뢰성·안정성 확보를 위한 연구개발	•데이터의 안정성 및 신뢰성을 확보하면서 데이터의 효율적인 수집, 해석 등을 가능할 수 있도록 통신 프로토콜 보안대책(익명화 기술, 비식별화 처리기술 등), 데이터 구조 등에 관한 연구개발 추진 •일본이 기술적으로 가능한 M2M, 매쉬(Mesg), 센서 네트워크, 자동차용 무선통신 형태 등에 관한 연구개발 및 표준화 추진
데이터 과학자 육성	•데이터 분석을 위한 데이터 사이언티스트 육성
빅데이터 비즈니스 창출을 위한 M2M 보급 촉진	•M2M 통신의 제어를 가능하게 할 수 있는 기본 기술 확립('15) •기계간, 사물간 정보를 교환할 수 있고, 자동적으로 제어할 수 있도록 안전성·신뢰성 높은 통신규격 개발 및 국제 표준화 추진
법·제도 정비	•빅데이터의 효율적 활용 및 활성화를 위한 법 제도 및 규제 등에 대해 IT 전략 본부를 중심으로 재정비
추진체계 정비	•산학관 협업을 통해 활용이 가능한 데이터 및 성공사례 공유체계 마련 •데이터 자원의 수집, 활성화 방안 마련 등을 위한 인센티브 제도 등 도입
글로벌 협력 강화	•유럽, 미국 등 빅데이터 활용을 추진중인 국가들과 상호협력 체계 마련 •빅데이터의 데이터량과 활용에 따라 발생하는 경제가치 등에 대한 계측 및 평가방법 확립('13)

출처: 일본 총무성(2012), 한국정보화진흥원(2012a)
장병열/김영돈/최지선(2013)

'능동적 데이터'정책은 다종, 다량의 빅데이터를 실시간으로 수집, 전송, 해석하여 재난 관리를 포함한 정책 과제 해결에 이용함은 물론이고, 수 십조 엔 규모에 달하는 빅데이터 활용시장 창출을 목표로 한다. 즉, 이는 빅데이터를 국가 자산화하여 성장동력으로 육성하겠다는 의미이다. '능동적 데이터'정책으로 7개 추진과제가 선정되어 2013년 89억 3천 엔의 예산이 투자될 것이라는 계획이 발표되었고, 공청회를 거쳤다. 세부 추진 과제는 공공기관의 데이터 개방, 빅데이터 기술개발 지원, 인력 양성 등을 포함한다.

공공 데이터 개방과 관련하여 2012년 7월, '전자행정 오픈데이터 전략'이 마련되었는데, 여기에는 정부의 공공데이터 적극 공개, 기계판독이 가능한 형식의 사용, 영리/비영리 목적을 불문한 활용 촉진, 공개 가능한 공공데이터의 신속 공개 등이 포함된다. 또한, 인력 양성과 관련해서는 해석기술 전문가 양성 지원, 차세대 통신망 테스트베드(JGN-X)를 이용한 해석 기반 구축 및 벤처기업에의 개방 등이 포함된다.

한편, 일본도 유럽과 같이 사전동의(Opt-in) 중심의 개인정보 보호 법제로 구성되어 있다. 최근 빅데이터 활용사례가 늘면서 프라이버시 침해, 개인정보 보호 이슈가 제기되고 있다. 즉, 분석기술이 향상되면서 다른 데이터와 결합해 개인 식별이 가능해 짐에 따라 익명의 행동정보에 대한 개인정보보호법 적용 범위 개정이 검토 중에 있다. 또한, '능동적 데이터'정책에 전기통신사업자가 보유한 데이터를 활성화할 수 있는 법제도 개선방안도 함께 논의 중이다. 이외에 빅데이터 저장, 처리 및 전송을 위한 연관 산업 육성도 함께 추진되고 있는데, 이는 5개 부문 중 '능동적 통신(Active Communication)'에서 빅데이터 전송기반이 되는 인프라 구축이 병행 추진되고 있다. 이는 기존에 일본이 추진하였던 'e-Japan 전략'(2001년)과 'u-Japan 정책'(2004년)의 연장선상에 있으며 물리적 환경과 콘텐츠 용량에 제약 받지않는 유무선 브로드밴드 환경 구축을 목표로 한다.

이상에서는 미국, EU, 일본의 정책들을 간단히 살펴보았는데, 이들보다는 늦었지만 한국도 2011년 말부터 정부 차원에서 빅데이터 논의가 시작되었다. 이후 관련 정부부처에서 정책과제로 빅데이터를 채택하였으며, 연구소 및 포럼 등이 활발히 설립되었고, 2012년 11월에는 국가정보화전략위원회가 관계부처 합동으로 '빅데이터 마스터플랜'안을 발표하였다. 여기서는 부처 의견,

표 3 빅데이터 마스터플랜'의 6개 분야 빅데이터 대상과제

분야	빅데이터 대상과제	주관 부처
사회 안전	범죄발생 장소·시간 예측을 통한 범죄발생 취소화(우선추진)	경찰청, 안행부, 법무부, 검찰청
	예측기반의 자연재해 조기 감지 대응(우선추진)	방재청, 경찰청, 기상청, 안행부
	음란물 유통차단을 통한 건강한 인터넷문화 조성	방통위, 안행부, 경찰청, 여가부
국민 복지	민원 데이터 분석을 통한 정책의 환류 시스템 마련	권익위, 각부처, 지자체
	복지 수요-공급 매칭을 통한 맞춤형 서비스 제공	복지부, 노동부, 지자체, 국세청
	일자리 현황 분석·예측으로 고용정책 수립 지원	노동부, 중기청, 미래부
국가 경제	과거 데이터 분석으로 탈세방지 및 국가 재정 확충 지원	국세청, 기재부
	다양한 경제관련 데이터 분석 기반의 경제정책 수립 지원	기재부, 미래부
국가 인프라	주민참여형 교통사고 감소체계 구축(우선추진)	경찰청, 국토부, 지자체
	실시간 네트워크시스템 재난 관리 대응체계 마련	미래부, 안행부
산업 지원	자영업자 창업 실패 예방 지원	중기청, 노동부, 미래부, 지자체
	제조공정 실시간 장애 예측을 통한 생산효율 고도화	미래부
	수급 전망에 기반한 농수산물 생산 관리	농림부, 기상청
과학 기술	국가 기후 위험요소에 대한 선제적 대응 체계 구축	기상청, 국토부, 산림청
	유전자·의료 데이터 분석을 통한 국민 건강 증진	미래부, 복지부, 식약청
	위성영상 데이터 분석·활용을 통한 재난 대응	미래부, 기상청, 국토부

출처: 국가정보화전략위원회와 관계부처 합동(2012)

외국사례 등을 참조해 국민 관심이 큰 6개 분야에서 빅데이터 대상과제 16개 제시하였고, 국민 수혜, 유용성 등을 고려하여 3개 과제를 우선 추진 후 단계적으로 활용 및 확산하는 것을 계획하고 있다. 앞에서 살펴본 주요국 사례와 마찬가지로 여기에서도 빅데이터 활용기반 조성을 위해 빅데이터 공유 활용 인프라 구축, 기술개발지원, 전문 인력 양성 등의 진흥 과제가 제시되었다.

정부는 2016년 빅데이터 업무 추진 현황을 종합적으로 파악하고 공공과 민간 빅데이터 활성화를 지원하기 위해 행정안전부, 과학기술정보통신부, 통계청 등 3개 기관이 참여하는 '민관 합동 빅데이터 T/F'를 출범시켰다. '민관 합동 빅데이터 T/F'는 2016년 12월, 1차 회의를 시작으로 분기별로 개최하여 정부와 민간의 소통과 협업을 강화하기로 하였으며, 2017년 8월, 3차 회의까지 진행되었다. 1차 회의는 각 부처의 빅데이터 주요 정책과 과학기술정보연

표 4 빅데이터 마스터플랜'의 기반조성 과제

과제	세부과제	주관 부처
빅데이터 공유활용 인프라 구축	행정·공공기관 활용플랫폼 구축	안행부, 각부처
	공공데이터 개방	안행부, 각부처
	민간대상 빅데이터 테스트베드 구축·운영	미래부
기술연구 개발	빅데이터 기술연구개발 로드맵 마련	미래부
	빅데이터 기반기술 연구개발	미래부
	빅데이터 응용서비스 지원	미래부
전문인력 양성	빅데이터 기반기술 연구개발 인력 양성	미래부
	빅데이터 응용서비스 인력 양성	미래부, 안행부
법제도 정비	데이터 관리와 기본 법령 제정 추진	안행부
	개인정보보호 대책 마련	안행부, 미래부
	공공분야 빅데이터 활용 추진	안행부, 미래부
	빅데이터 역기능 방지대책 및 활용문화 확산	안행부

출처: 국가정보화전략위원회와 관계부처 합동(2012)

구원의 과학 데이터 활용 계획을 공유하였다. 2차 회의는 4차 산업혁명과 지능정보사회에 대응하기 위한 부처별 '17년 빅데이터 추진계획, 빅데이터 활성화 방안과 이를 위한 민관 협력체계 구축 방안에 관해 논의하였다. 3차 회의는 신정부 출범에 따라 4차 산업혁명을 지원하기 위해 각 부처별 빅데이터 추진방향과 계획을 공유하고, 통계기반 빅데이터 산업활성화를 위한 각종 진흥정책과 규제개선 필요 사항에 관해 논의하였다.

4차산업혁명위원회는 새정부 출범 이후 2017년 8월 대통령 직속기구로 4차 산업혁명 시대를 대비한 종합적인 국가전략을 마련하고 부처 간 정책을 조정하기 위하여 설립되었다. 4차산업혁명위원회는 초연결·초지능 기반의 4차 산업혁명 도래에 따른 과학기술·인공지능 및 데이터 기술 기반을 확보하고, 신산업·신서비스 육성 및 사회변화 대응에 필요한 주요 정책 등에 관한 사항을 효율적으로 심의·조정하는 기능을 수행한다. 4차산업혁명위원회는 「4차산업혁명위원회 설치 및 운영에 관한 규정(대통령령 제28613호)」에 의해 설립되었으며, 2017년 9월 위원 구성을 완료하고 본격적인 활동을 개시하였다. 4차산업혁명위원회는 2017년 11월 혁신성장을 위한 사람 중심의 4차 산업혁명 대응계획을 발표하고 '모두가 참여하고 모두가 누리는' 실체가 있는 「사람 중심의 4차 산업혁명 구현」을 비전으로 제시하였다. 이를 위해 기술·산업·사회

정책을 긴밀히 연계하여, ① 지능화 혁신 프로젝트 추진, ② 성장동력 기술력 확보, ③ 산업 인프라·생태계 조성, ④ 미래사회 변화 대응 등 4대 분야 전략 과제를 중점 추진하기로 하였다. 4차산업혁명위원회 규제혁신 해커톤('18.2. ~'18.4.), 국회 4차산업혁명특위 등을 통해 도출된 개인정보보호 규제혁신 방안은 '18년 9월 관계부처합동으로 '데이터를 가장 안전하게 잘 쓰는 나라를 만들겠습니다'라는 비전과 세부 전략과제의 초석이 되었다. 세부 전략과제는 ① 데이터 경제 활성화를 위한 산업 육성, '19년 1조원 투자 ② 다양한 분야에서의 데이터 기반 혁신사례 소개 ③개인정보 보호와 활용의 조화를 위한 규제혁신이었다. 특히 개인정보 보호와 활용의 조화를 위한 규제혁신 내용은 '가명정보 개념의 도입', '익명정보는 개인정보보호 대상에서 배제', '데이터 결합 법적 근거 마련' 등의 내용이 포함되었다.

다음에서는 이러한 정책적 기반을 형성한 후에 실제로 국방과 치안, 의료, 그리고 사회안전 분야에서 어떻게 빅데이터 진흥정책 및 활성화가 진행되고 있는지에 대해 가장 선두적인 미국의 사례들만을 살펴보고, 한국의 정책과 사례, 그리고 미래 방향성에 대해 미국 사례가 시사하는 바를 토대로 하여 학습하였다.

국방과 빅데이터

미국 국방부의 빅데이터 투입 예산은 연간 2억 5,000만 달러로, 빅데이터를 활용해 인지, 지각, 결정을 제공하는 자율시스템을 구축하여 스스로 결정하고 군사 행동을 수행하도록 추진하고 있다. 자세히 살펴보면, 상황인지 능력을 개선해 전투원과 군 분석가들을 돕고 군사 작전 지원 능력을 배가시키는 프로그램을 도모하고, 전 세계 언어 텍스트에서 정보를 추출해 군 분석가들의 분석 능력을 100배 이상 향상시키는 것을 목표로 하며, 분석가들이 관찰할 수 있는 대상, 활동, 사건 등 관찰 가능 능력을 동일하게 향상시킬 수 있도록 추진하고, 해상 테러, 해안침투 등 해안 영역에서의 안전 확보를 위한 의사 결정 지원을 위해 위크시그널과 예상 시나리오 등 의사결정 지원용 정보 처리와 시

미국 고등방위연구계획국에서 추진 중인 빅데이터 활용 사례

기상청 DataPoint NIND'S EYE프로그램을 적용하여 영상데이터 처리

- 영상 데이터 처리 기술을 발전시키기 위한 프로젝트
  - 'Mind's Eye' 프로그램을 통해 입력된 영상 정보를 기초로 관련 정보를 추론하고 실제 및 허구의 사건을 예측할 수 있는 기술 개발
  - 방대한 군사 동영상 콘텐츠를 빠른 속도로 검색·분석할 수 있도록 하는 VIRAT(Video and Image Retrieval and Analysis Tool)' 개발
- 대용량 데이터에서 특정 정보만을 탐지하는 기술개발 프로젝트 추진
  - 일상적으로 발생하는 다양한 데이터 속에서 국방 위협 요소를 발견·감시할 수 있는 'ADAMS(Anomaly Detection at Multiple Scales)' 시스템 개발 추진
  - 군사 네트워크 내부의 데이터를 감시하고 사이버 공격을 사전에 차단하기 위한 'CINDER(Cyber-Insider Threat)' 프로그램 운영
- 데이터 암호화와 관련된 프로그래밍 언어를 개발하기 위해 'PROCEED(Programming Computation on Encrypted Data)' 프로젝트 운영
  - 별도의 해독 절차 없이 암호화된 데이터를 그대로 사용할 수 있도록 함으로써 적국의 해킹시도를 사전에 차단
- 자연언어로 구성된 텍스트를 해독하고 이를 토대로 의미 기반의 결과를 제시하는 '기계독해(The Machine Reading)' 프로그램도 진행
- XDATA 프로그램 시작: 4년 동안 연간 2,500만 달러를 투자해 대용량 데이터를 분석할 수 있는 컴퓨팅 기술과 소프트웨어를 개발
  - 분산되어 있는 불완전한 데이터를 처리하는 포괄적인 알고리즘 개발
  - 범주 데이터, 메타 데이터 등 준정형 데이터와 텍스트, 문서 등 비정형 데이터 분석

출처: OSTP(2012), 김형주/박윤혁/이계용(2013) 재구성

각화를 위해 국방부 미래 시스템 이사회(MINDEF Future Systems Directorate), 미국 합동군사령부(Joint Forces Command), 북대서양조약기구(NATO)와 공동으로 해안 안전 확립을 위한 해상상황 인식(Maritime Situational Awareness) 프로젝트 등을 추진 중이다.

한 예로 미국 고등방위연구계획국은 4년 동안 연간 2,500만 달러를 투자해 대용량 데이터를 분석할 수 있는 컴퓨팅 기술과 소프트웨어를 개발하는 XDATA 프로그램을 추진하고 있다. 데이터 유형과 관련 기술을 보면, 분석 대상이 되는 데이터는 준정형 데이터(표, 관계형, 카테고리형, 메타데이터)와 비정형 데이터(텍스트 문서, 메시지 전송)를 포함하며, 데이터 분산 저장 환경에서 불완전 데이터(imperfect data)를 처리할 수 있는 확장 가능한 알고리즘을 개발하고,

다양한 임무들에 대해 시각적 추론을 신속히 수행할 수 있도록 하는 인간과 컴퓨터간 상호작용 툴을 개발하고, 유연한 소프트웨어 개발 환경을 구현하기 위해 XDATA 프로그램의 오픈소스 소프트웨어 툴킷을 지원한다는 내용이다. 여기서 추진중인 한 예를 도식화하면 앞의 사례와 같다.

한편, 국내에서는 정부 3.0 추진과 연계해 국방부 기획관리관실에서 국방 3.0 추진계획을 수립하여 진행 중이며, 국방 3.0 공유 확산을 위한 교육/홍보 및 과제발굴을 진행중이다. 국방분야의 약점인 개방·공개 분야를 중점 보완하고, 강점인 협력·통합분야는 내실있게 추진하고 있으며, 군 환경 정화사업·기술 민간 개방, 민관군 진료협력 활성화, 장병 개인별 맞춤식 건강관리 사업 등을 추진하고 있고, 국방3.0 추진기반 구축 계획의 일환인 '국방통계시스템 고도화 사업 및 지원시스템 구축'과 같은 발굴 진행중인 과제들에서 빅데이터 적용이 가능한 과제를 선별하여 빅데이터 추진 계획에 포함할 필요가 있다. 병무청도 정부 3.0 비전에 따라 다음과 같은 세부 추진계획을 수립하였다.

이러한 청사진에도 불구하고, 아직은 업무 개선 수준에 머물러 있다. 국방부는 최근에 빅데이터 기술을 활용한 국방업무 개선에 본격적으로 나선다고 밝혔다. 국방부는 현재 군이 보유한 방대한 데이터의 종합 분석이 '미래 예측'과 '실시간 현장대응 능력 강화'를 가능케 할 것이라 기대하면서 군내 빅데이터 활용을 선도할 '국방 빅데이터 활용 지원센터' 운용부터 시작한다. 지원센터는 국방부와 한국국방연구원(KIDA), 국방기술품질원, 외부 전문가, 시범사업 부대 등의 관련분야 인력 10여 명으로 이뤄졌으며, 빅데이터 활용사업 기획·관리, 군내 빅데이터 활용 문화 확산·소요 발굴, 군 빅데이터 융합 활용 전문

표 5 한국 병무청 빅데이터 추진 과제

과제명	내용
병역 트렌드 분석	홈페이지, 병무민원상담소 등의 접촉자료 등을 분석하여 병역의무자 동향을 분석함은 물론, 대형 포털업체와 연계, 병역 관련 트렌드를 분석하고 이를 정책 자료로 활용
국민신문고 민원사례 분석	국민신문고 불만민원 집중 모니터링 등 병무민원 동향 분석을 통하여 제도개선 과제 발굴
병역면탈 정보 분석	내부 병역자료와 유관기관 내 병역관련 정보 등을 주기적으로 분석, 면탈 개연성 수집체계 마련

출처: 병무청(2012), 정부3.0 세부 추진계획

표 6 국방 분야 빅데이터 활용 시나리오 후보

●(해당)◑(보통)○(일부)

구분	분석데이터	활용 시나리오	제공서비스	SV속성		
				규모	속도	다양성
내부 → 내부	민원상담정보	(콜센터상담내용 분석을 통한) 민원 서비스 개선	•대응 정보	●	◑	●
	청사출입정보	(청사출입 관련 빅데이터 분석을 통한) 내부보안 위험요인 탐지	•보안 관련 예보	●	◑	●
	인사정보	(인사정보 연관 분석을 통한) 장교 병과분류 및 진급심사 참고 자료 지원	•인사업무 의사결정	◑	○	○
	군수정보	(정비로그를 분석을 통한) PdM(PreDictive Maintenance)	•장비 예방 정비 가이드	●	●	●
	사고처리정보	(병사 관련 사고정보 분석을 통한) 사전 예측	•유형별 사고 예방 가이드	◑	○	●
	각종 게시판	(인트라넷 게시글 분석을 통한) 일부 개선 요소 발굴	•업무 개선 요소	◑	○	●
내부 → 외부 (개방)	병사신체정보	(신병 신체측정 정보 분석을 통한) 군복 및 개인장구 소요/생산량 예측	•신체 사이즈별 변화추세	◑	○	○
	군수정보	(수리부속소모현황 분석을 통한) 부속품 소요/생산량 예측	•부품별 소모량 추세 정보	◑	○	●
	복지정보	(PB/BX판매 정보 분석을 통한) 제품 소요/선호도 예측	•제품별 선호 추세 정보	●	◑	○
	급여정보	(급여정보 분석을 통한) 맞춤형 노후 설계/직업군인 대상 비즈니스 예측	•계급별 급여 추세 정보	●	○	○
	의무정보	(병적 정보 분석을 통한) 군 의료체계 개선/군 의료분야 비즈니스 예측	•질병발생 추세 정보	◑	○	○
	유해발굴정보	(유해발굴정보 분석을 통한) 전쟁사 학술연구, 굴착공사 유의 정보	•유해발굴 가능 지역 예보	●	○	◑
외부 → 내부	인터넷 SNS	(SNS 키워드 분석을 통한) 정책입안을 위한 여론수집 및 정책 반응 모니터링	•정책 완성도 제고	●	◑	●
	타기관 보유 군 데이터	(한전 및 수도사업소 데이터 분석을 통한) 비상운용계획 설계 및 절전(절수) 통제	•부대별 공공자원 운용 가이드	●	●	○
	통신사 과금 데이터	(병사 통신요금 분석을 통한) 복지 개선 정책 추진	•병사 통신비 절감 정책 기초 자료	●	●	○
	나라사랑카드 결재 정보	(나라사랑카드 이용 현황 분석을 통한) 장병 복지 개선	•장병 복지 요구 및 만족도 정보	●	●	○
	기상청데이터 (+군수데이터)	(기상데이터와 장비별 특성 분석을 통한) 장비 최적화 운용	•날씨에 따른 장비 운용 가이드	◑	●	○
	기상청데이터 (+의무정보)	(기상정보와 의무기록의 통합 고급분석을 통한) 질병 예방	•날씨별 질병 예방 가이드	◑	●	○
	병무청병적정보 +인터넷 SNS(+병사생활 정보)	(병적 정보와 병사생활정보, 솔저복/육군카페통합 분석을 통한) 군 자살 예방 *병사생활정보: 소대장 관리정보(수기 또는 개인보관)	•지휘관에게 유형별/개인별 자살 위험도 정보 제공	◑		●
외부 → 외부	인터넷 SNS	(솔저복/육군카페 분석을 통한) 병사 부모 대상 맞춤 서비스 제공	•자식의 군생활 예측 정보 (외부 서비스)	●	●	●
	병무청병적정보(+개방된 병사생활 빅데이터 결과 자료)	(병적정보와 병사생활정보 분석을 통한) 자대 생활 예측 *언제/어느 훈련소에서 훈련을 받고 어느 부대(병사 평균 학력 및 연령)로 배치되어, (전문하사 지원 등의) 선택을 할 수 있으며, 평균 휴가일수는 며칠인지 등 예측 정보 안내	•유형별/개인별 맞춤 군생활 가이드 제공(병무청 서비스)	●	○	●
내부 → 내부 (제한)	C4I 상황 데이터	(C4I 상황정보의 주기적 저장〈스냅샷〉을 통한) 작전 추세 분석 및 예측, 전쟁사 실증 자료 제공	•작전추세 분석 및 예측 서비스	◑	●	○
	정보보호장비 로그	(각종 이 기종 정보보호장비에서 발생하는 로그의 통합 분석을 통하여) 정보보호체계 최적화 운용 및 효과적 침해 대응	•정보보호 예측 대응 서비스	●	●	◑
	홈페이지 게시 및 외부 제공 데이터	(홈페이지 게시자료 및 각종 외부 자료 통합 분석을 통한) 외부에서의 정보 임의 융합에 따른 중요 정보 산출에 대한 사전 분석 및 추상화 등을 통한 예방	•군 중요 정보 유출 방지 서비스(데이터 개방 역기능 방지)	◑	○	●

출처: 김형주/박윤혁/이계용(2013)

인력 육성 등의 업무를 추진할 예정이다. 한편, 2013년에 분석된 국방 분야 빅데이터 조사에서 도출된 활용 후보들을 분류 기준으로 구분한 목록은 [표 6]과 같다.

국방부에서 수행될 주요 사업으로는 조사본부의 '병사정보 종합 분석을 통한 사건사고 예방', 공군본부의 '자동화방공체계 항적데이터 분석을 통한 비행종합정보 제공', 사이버사령부의 '실시간 관제 대응·사이버 공격 징후 예측', 육군본부의 '빅데이터 기술을 활용한 데이터 중심의 육군 업무수행 기반 구축' 등이 있다. 이 가운데 조사본부의 제안은 병사들의 상담 내용을 유형별 · 대상별로 분류하고 상호 연관성을 입체 분석해 병영문화 개선 요소를 찾아낸다는 점에서 주목받고 있다.

이 외에도, 국방부는 향후 업무계획을 데이터 기반으로 검증해 정책을 과학화하는 '미래 예측', 데이터 기반 부대 운영 지원으로 지휘역량을 강화하는 '실시간 상황 대응', 외부기관이 보유한 빅데이터를 군 업무에 활용하는 '군 정보자산 확대', 병사 관련 데이터 분석으로 병영개선 정책을 수립하는 '병영생활 개선' 등에 빅데이터를 활용하게 될 것으로 전망된다.

치안과 빅데이터

위키피디아 정의에 따르면, 치안(治安)은 사회 통제의 개념이며, 국가에 의한 통치가 안정적으로 실행되고 있는 것을 의미한다. 국가는 치안 유지를 위해 법률을 정하고 사법 기관, 경찰을 조직한다. 치안의 유지는 자유주의 국가에서도 안전 보장과 함께 국가의 최소한의 역할 중 하나로 생각되고 있으며, 안정된 국민 생활의 필수적인 기초이다. 치안은 종합적이고 복합적인 현상 형태이므로 객관적으로 파악하는 것은 어렵지만, 테러, 전투, 폭동, 강력 범죄 등이 빈발하는 지역은 대체로 치안이 나쁘다고 하며, 범죄 발생 건수 등이 높은 경우가 많다. 또한 국가의 관점에서 보면 치안 유지라는 것은 반란 예방으로서의 측면을 강하게 가지고 있으며, 과거에는 치안 유지의 명목으로 국가가 국민에게 첩보, 모략, 탄압을 기획하는 등, 국가가 국민에게 손해를 주기도 하였다.

이러한 개념 하에서 치안에 빅데이터가 활용된 사례는 뒤에서 언급될, 개인과 관련될 사회안전과는 다른 차원이며, 주로 범죄 예방 및 치안서비스와 관련한다. 가장 대표적으로 제시되는 사례는 미국 뉴욕시의 경우이다. 뉴욕시는 먼저 과거지향적인 범죄분석서비스로 '컴프스탯(CompStat)'을 구축하고, 과거 데이터 분석의 한계점 극복을 위해 즉시 대응 목적의 '실시간 범죄센터(Real Time Crime Center)'가 구축되었고, 점차 범죄를 예방한다는 차원에서 '범죄감시시스템(Domain Awareness system)'서비스 구조가 갖추어지면서 빅데이터 활용이 진화되었다. 각각에 대해 간단히 살펴보면 다음과 같다.

위키피디아에 의하면, 컴프스탯은 컴퓨터스태티스틱스(COMPuter STATistics)의 약자로, 경찰서 조직 관리 도구를 의미하며, 교통경찰관인 잭매플(Jack Maple)이 시작한 미래지도(Charts of the future)에 기원한다. 미래지도는 지도에 범죄들을 표시한 것인데 이를 활용함으로써 지하철 범죄가 27%나 감소되었다. 뉴욕시가 이를 1994년 처음 도입한 이후로 보스톤, 필라델피아, 마이애미, 뉴올리언스, 로스앤젤레스, 뉴어크 등 대도시 경찰서들이 도입하여 활용하고 있다. 이는 범죄사건 발생 직후 경찰이 추적할 수 있도록 하는 시스템으로, 포함된 정보는 향후 범죄패턴을 파악할 수 있도록 범죄유형, 희생자, 사건발생 일시 등이다. 도시에서 발생하는 범죄들의 장소와 시간을 나타내는 전산화된 지도를 통해 경찰은 빠르게 문제 지역을 파악할 수 있고 제한된 자원을 범죄를 예방하고 저지하는데 전략적으로 활용할 수 있다.

컴퓨스탯을 구성하는 핵심요소는 인적자원을 배치하는 관리팀과 적시에 정확하게 지도를 나타내고 분석하며 보고서를 제출하는 전산화된 정보시스템을 다루는 IT팀이다. 이 시스템의 성과를 보면, 다음 [그림 2]에서처럼 범죄는 살인, 강간, 강도, 폭행, 절도, 차량절도, 방화를 합산한 범죄 발생지수 비율 변화를 나타내는데, 1994년 활용 이후 범죄를 줄이는 데 성공하였음을 확인할 수 있다. 뉴욕시와 미국 전역의 범죄감소와 비교하였을 때 유의하게 그 수치가 크게 나타났다. 미국 전역은 2009년까지 범죄가 19.4% 감소하였지만, 뉴욕시는 세 배 이상이 되는 64.5%가 감소하였다.

미국은 이 시스템을 치안서비스를 제공할 때 데이터를 활용한 초기 모형으로 활용한다. 범죄사건에 대한 장소와 시간을 지도에 표시하고 이를 경찰자

그림 1 미국 전역과 뉴욕시의 범죄 누적 비율 변화

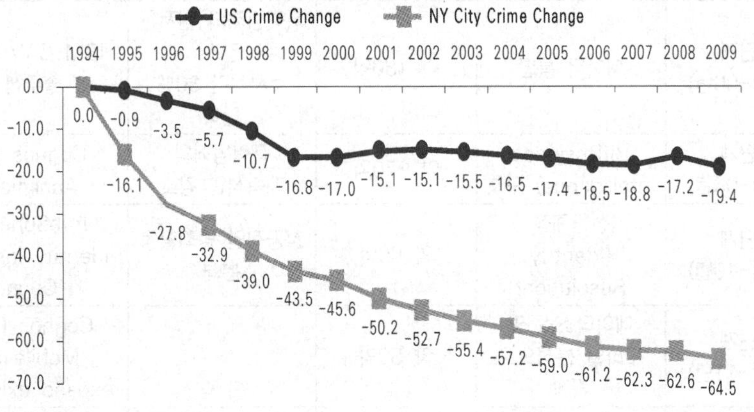

출처: FBI(http://www.fbi.gov/about-us/cjis/ucr/ucr), Ozdemir(2011); 장병열/김영돈/최지선(2013) 재인용

원을 배분에 활용함으로써 상당한 운영 개선 성과를 보여주었다. 하지만, 여전히 문제는 일선 경찰관들의 시스템 접근의 한계이다. 즉, 범죄 유발 요인과 관련된 자료를 활용하는 데 이르지 못하고 사후적 범죄결과만을 사용하였다는 점에서 원초적인 단계인 것이다.

이러한 한계 극복을 위해 등장한 것이 '실시간 범죄센터'의 운영이다. 뉴욕시의 실시간 범죄 센터는 다양한 범죄정보 데이터베이스로부터 빠르게 정보를 추출하여 현장에 있는 일선경찰관들에 필요한 정보를 제공하는 집중화된 데이터 허브이다. 이 센터를 운영하기 이전에는, 뉴욕시티에서 범죄 관련 정보들의 분산으로 인해, 일선 경찰관들이 정보 접근이 곤란하였다고 한다. 따라서 기술 플랫폼을 지원한 IBM(2011)도 시스템 구축 배경으로 범죄정보 분산을 들고 있으며, 보조 범죄정보가 격리된 DB에 저장되어 있다고 추진 배경을 설명한다. 또한, 그동안 프로그램밍과 수작업에 의존해 보고서 작성에 수일, 수주가 소요되는 문제점도 거론한다. 특히 데이터 분산으로 인해 동일한 질의사항에 대해서 시스템에 따라 다른 결과가 제시되는 한계도 보여, 일관성 없는 통계정보가 종종 공표되었음을 설명한다.

다미코(D'Amico, 2006)에 따르면, 2002년 뉴욕경찰국장으로 두 번째 임기를 시작한 레이몬드켈리(Raymond Kelly)가 일선 경찰관들이 문서보고나 분산

표 7 뉴욕 경찰국의 범죄 분석 플랫폼 단계별 추진 현황

단계/기간	목표	예산	결과	주요 솔루션
1단계 (04년-06년)	데이터 통합	약 180억	폭력범죄의 현저한 감소 수사기간 30% 단축	IBM CIW DW 솔루션
2단계 (07년-06년)	BI(Business Intelligence) 구축	약 170억	폭력범죄의 지속적인 감소	Cognos BI Analytics
3단계 (09년-10년)	신원해상 (Identity Resolution)	약 60억	성공적인 범죄활동 분쇄	InfoSphere Identity Insight & Cognos
4단계 (10년-11년)	데이터소스 및 모바일 분석으로 확장	약 80억	-	Cognos Go! Mobile & expand existing
5단계 (11년 이후)	분석시스템 고도화	약 102억(예상)	-	InfoSphere Streams, SPSS IBM Content Analytics

출처: IBM(2011)

된 데이터에서 범죄패턴을 찾는데 시간을 줄이고, 범죄를 줄이고, 범인들을 체포하는 데 집중할 수 있도록 하는 비전을 가지고 구체적 전략을 실천했다고 한다. 최고 정보 책임자(chief information officer) 자리를 새롭게 만들어 민간 정보통신기술분야의 권위 있는 전문가를 고용하여 프로젝트 전반을 관리 감독하고 목표한 개발기간을 달성할 수 있도록 하여 2005년 7월 천백만 달러를 투입한 실시간 범죄센터를 운영하기에 이른다. 이 센터의 구축은 다수의 격리된 시스템의 데이터를 통합하여 2005년 7월부터 운영되었고, 관련 시스템 서비스의 개발 및 고도화의 과정에 대해 수주를 받은 IBM(2011)은 [표 7]과 같이 다섯 단계로 진행되었음을 설명한다.

뉴욕시(New York City 2010)에 따르면, 실시간 범죄센터는 뉴욕시의 뉴욕경찰국 본청에 있는 여러 개 사무실에서 이용되며, 40명 이상의 수사관과 민간 분석가들에 의해 24시간 동안 운영되는데, 핵심부서는 2층의 비디오 벽면과 15개의 워크스테이션이다. 현장에 있는 일선 경찰관들에게 제공되는 정보는 5백만 건 이상의 뉴욕주 범죄 기록, 가석방, 보호관찰 파일들, 2천만 건 이상의 뉴욕시 범죄자 고발, 긴급 신고, 소환 기록, 3천 1백만 건 이상의 국가

그림 2 뉴욕 경찰국 범죄 예측 및 예방 업무흐름 예

출처: IBM(2011)

범죄 기록, 3백 3십억 건 이상의 공공 부문 기록 등이다. 일선 경찰관의 요청에 따른 관련 기록 분석뿐만 아니라 범죄예측 및 예방 시스템을 통해 사전에 경찰인력을 재배치하는 역할도 수행하며, 일선 경찰관들이 순찰 중에 확인한 정보를 반영하여 실시간으로 위험을 분석하여 범죄 예방에 대처하게 한다.

뉴욕시티(New York City 2010)에 따르면, 실시간 범죄센터가 운용된 첫해에 처리한 정보분석 건수가 1,600건을 넘어 2005년에 보고된 살인 사건 수의 3/4을 처리한 수치이다. 실시간 범죄센터는 2007년 디지털 정부 및 정부기술센터(Center for Digital Government and Government Technology)로부터 최고로 향상된 부서의 사업 목표 부문(Project Best Advancing Department/Agency Business Objectives)에서 뉴욕 최고상(Best of New York Awards)을 수상하였다. IBM(2011)에 따르면, 실시간 범죄센터 도입 이후에 수사기간이 30% 이상 단축되었고, 3천명의 치안 인력 감축에도 불구하고 2002년 대비 범죄 발생률이 약 20% 감소하였다.

IBM도 실시간정보센터 구축으로 인해 범죄정보시스템과 범죄 예방 및 예측시스템을 구현한 경험을 쌓게 되어, 자체 프로젝트인 '스마터 플랫닛'의 스마트 시티영역에서 공공안전 분야의 범죄분석 플랫폼을 완성하게 되고, 제공

대상은 버지니아주의 리치몬드 경찰청, 아틀란타 경찰청, 멤피스 경찰청, 찰스톤 경찰청, 영국 법무부 등으로 확대된다. IBM(2012)에 따르면 2012년 현재 미국 3천여 개 사법기관들이 IBM의 i2 범죄분석소프트웨어를 사용하며 동일 프로그램을 사용하는 기관간 정보공유도 용이해졌으며, 서로 다른 데이터베이스에 보관된 대용량의 데이터를 빠르게 분석해 주는 캅링크(COPLINK) 솔루션도 타 지역 사법기관과 공조를 강화할 수 있게 되었다.

한편, 실시간범죄센터의 통합데이터베이스 구축 측면에서 보면, 뉴욕시 경찰국의 8개로 분산되었던 범죄 관련 데이터를 통합하는 과정에서 일선 경찰관이 참여하여 서비스를 구성하고, 기존 업무절차를 데이터 기반으로 변경해 업무효율을 증진시킬 수 있었으며, 실시간범죄센터의 범죄예측서비스가 과거 범죄이력뿐만 아니라 날씨, 경찰배치여부, 사회기반시설 고장 여부(311전화 데이터), 급여일 여부, 장소 등 범죄유발요인을 고려하여 예측에도 활용하고 있다. 특히 활용된 데이터에서 날씨와 사회기반 시설에 관한 데이터는 경찰이 보유 관리하는 데이터가 아니라 타 기관 간 데이터 공유로 예측 효과성을 높일 수 있는 배경이 된다. 그러나 실시간범죄센터가 일부 예방 차원에서도 활용되기는 하지만, 결국 예방 차원에서 미국 뉴욕시는 범죄감시시스템(Domain Awareness System; 이후 DAS)을 구축하기에 이른다.

DAS는 뉴욕경찰국과 마이크로소프트(MS)가 공동으로 개발해 뉴욕시를 감시할 수 있는 영상시스템이다. 이는 남부 맨하탄 보안 이니셔티브(Lower Manhattan Security Initiative)의 일부로 발전된 시스템으로 2009년부터 개발을 진행, 2012년 8월 뉴욕경찰국과 MS가 공동으로 범죄감시시스템에 대하여 공표하였다. 남부 맨하탄 보안 이니셔티브는 뉴욕경찰국의 대테러 부서에 의해 활용될 수 있도록 민간과 공공 CCTV카메라 및 다른 도구들을 연결하는 것을 의미한다. 이와 같이 연결된 영상카메라의 데이터를 효과적으로 활용하는 새로운 솔루션을 마련하기 위해 시스템 개발을 진행하였다.

그리고 남부 맨하탄 보안 이니셔티브는 영국 런던의 이른바 강철고리(Ring of Steel)와 유사하다. 강철고리란 그물망 같은 확장된 카메라들로 테러리스트를 탐지하고, 추적 및 방지할 수 있도록 설계된 보도블럭을 의미한다. 영국은 2005년 지하철 폭탄테러 이후 감시카메라의 영상에 기반한 용의자 추적에 적극적으로 활용하고 있다.

범죄감시시스템은 [그림 4]처럼 영상카메라, 차량번호 판독기, 환경센서, 법률 집행 데이터베이스, 지도화된 범죄패턴, 911 신고전화 등의 범죄 관련 정보를 검색하고 전시하여 테러방지 등 치안유지에 활용할 수 있는 시스템이다. 신속하고 직관적인 그래픽 화면을 활용하여 실시간 경고를 제공할 수 있으며 범죄 관련된 다양한 정보를 활용하여 일선 경찰관들이 활용할 수 있도록 해준다. 뉴욕시(New York City, 2012)에 따르면, 범죄감시시스템에 연결된 약 3천개 CCTV 카메라 대부분이 남부와 중부지역의 맨하탄에 분포되어 있는데, 맨하탄 자치구 밖으로 범위가 확장되고 있다. 실제 뉴욕경찰관들이 참여하여 시스템을 개발하였기 때문에 공공안전을 증진시키는데 활용도가 높다.

MS(Microsoft, 2013)에 따르면, 범죄감시시스템 플랫폼은 식별(Detection)/분석(Analysis)/시각화(Visualization)와 공동작업(Collaboration)/문서관리(Document Management)/정보관리(Information Management), 플랫폼으로서의 데이터와 서비스(Data and Services as a Platform), 보고(Reporting)와 업무정보활동(Business Intelligence), 업무흐름(Workflow)/업무규칙(Business Rules)/경고(Alerting), 작동인식과 관리감독관리(Management Operational Awareness and Oversight), 고객 데이터베이스와 업무부문 체계(Customer Databases and LOB Systems)로 구성되어 있다.

그림 3 뉴욕시의 범죄감시시스템 활용 데이터 및 운영절차

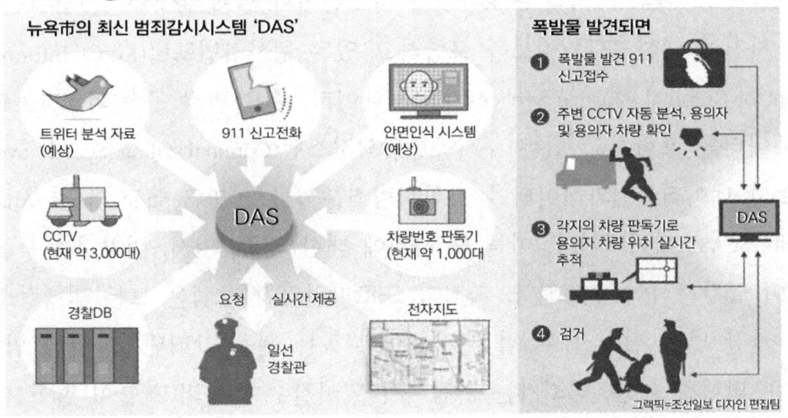

출처: 장상진(2012)

이와 같이 개발한 범죄감시시스템에 대해 MS와 뉴욕경찰국은 MS가 다른 지역의 기관들에 이 시스템을 판매할 때 발생하는 수입의 30%를 뉴욕경찰국에 지불하기로 합의하였고, 뉴욕경찰국은 MS가 플랫폼 판매 과정에서 새롭게 도출되는 개선사항과 관련된 정보에 접근할 수 있도록 하였다. 범죄감시시스템의 개발비용은 3천만 달러에서 최대 4천만 달러로 추정되며, 뉴욕 사례를 토대로 한 범죄지도와 실시간 대응 및 예방 시스템들이 다른 미국 도시에서도 도입되었다. 대표적 예로 샌프란시스코의 범죄지도 서비스, 로스엔젤레스의 범죄예측 서비스, 멤피스 경찰서의 범죄예측 분석 플랫폼 구축, FBI의 유전자 종합 색인 시스템 등이 있다.

한국에서도 도입 단계에서 먼저 시작된 것은 경찰청의 지리적 프로파일링 서비스이다. 프로파일링은 범죄현장에서 수집된 데이터들을 이용하여 범인의 행동 혹은 심리적 특성을 추론하여 용의자 확률이 높은 인구·통계적 특성, 단서를 도출하는 것이다. 프로파일링은 심리학적 프로파일링(psychological profiling), 범죄자 프로파일링(criminal profiling), 지리적 프로파일링(geographic profiling), 인종적 프로파일링(racial profiling)으로 구분된다.

과학적 수사기법으로서의 프로파일링은 2000년 2월 서울지방경찰청에 범죄분석팀이 생기면서 국내에 처음 도입되었고, 유영철, 강호순 등 연쇄 살인사건을 해결하면서 수사기법이 발전하여 왔다. 하지만 한국 실정에 맞는 지형공식이 없어 지리적 프로파일링은 범죄수사 범위를 줄여 수사를 도울 수 있는 주요한 프로파일링 기법임에도 2008년까지 활용되지 못하여 개발의 필요성이 제기되었다. 그 이후 지리적 프로파일링 시스템에서 현재 활용하는 데이터는 입건된 사건에 대한 모든 정보를 포함하고 있는 형사사법포털(Korea Information System of Criminal–Justice Services: KICS) 데이터, 주요 범죄 구속 피의자들의 수법 데이터를 포함하고 있는 수사종합검색시스템(Criminal Filing Search System: CRIFISS) 데이터, 전과데이터인 과학적범죄분석시스템(Scientific Crime Analysis System: SCAS) 데이터이다. 이들 중 사건에 대한 죄종, 일시, 위치정보 등을 포함하여 공간분석이 수행된다. 지리적 프로파일링 시스템은 모든 범행장소 중에서 가장 멀리 떨어진 두 점을 지름으로 하는 원을 그리면 그 안에 범인이 있다는 범행원 이론, 범죄자는 거점에서 멀어질수록 범죄 확률이 떨어진다는 거리감퇴 함수, 신분 노출을 꺼리기 때문에 거점에서 지나치게 가까운 곳에서

그림 4　크라임스탯 사용화면

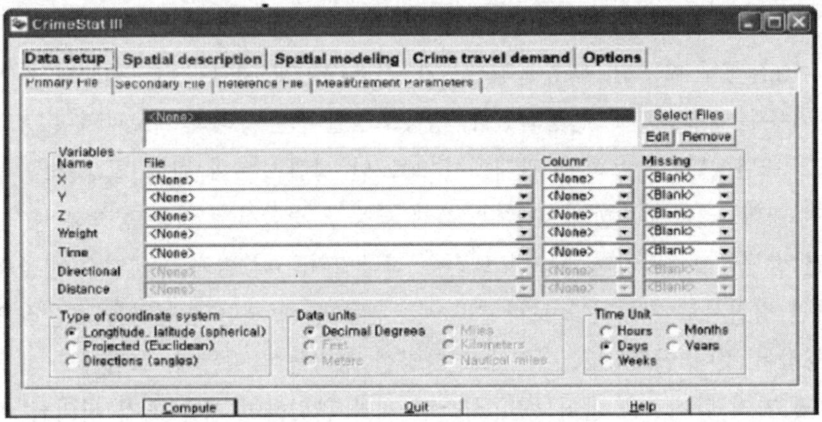

출처: 한국수사심리학회(2012)

는 범행을 하지 않는다는 완충이론을 적용하였다.

지리적 프로파일링 시스템의 기본적인 작동원리는 미국의 크라임스탯(CrimeStat)과 동일하나 인구밀도가 높은 한국 실정에 맞춘 함수공식을 수정하고 복잡한 공간 분석 프로그램 사용에 대한 이해없이도 사용할 수 있도록 자동으로 시각화된 결과물을 나타내 주도록 개발되었다. 범죄위험지역 분석에 활용되는 밀도함수와 같이 일반적인 함수식을 이용한 것은 그대로 활용하였으며 연쇄범죄자 거주지 예측과 같이 한국 실정에 맞지 않는 알고리즘은 자체 연구를 통해 수정하였다. 한국 크라임스탯(CrimeStat)의 사용화면은 [그림 5]와 같다.

크라임스탯은 지리적 프로파일링 시스템과 비교하여 몇 가지 한계를 가지고 있는데, 우선 자료입력에서 결과 도출까지 사용에서 전문적 지식을 필요로 하여 일선경찰관들이 활용하기 곤란하다는 점과 데이터 및 지도와 직접적 연동이 없어 비효율적이라는 점을 든다. 이로 인해 활용범위가 제한되어 일선 현장에서 이용하기 곤란하다. 한편, 지리적 프로파일링 시스템의 주요 기능은 범죄예방활동에 활용할 수 있도록 죄의 종류, 시간대, 장소, 기간별 범죄 위험지역을 예측해주는 것, 특정 지역 내에서 같거나 유사한 전과를 가진 우선 수사대상군을 추출해주는 것, 연쇄범죄자 주거지를 예측하고 주 활동 영역을 분석해 주는 것 등이다. 실제 현장에서 지리적 프로파일링 시스템의 적용은 범죄 위험지역을 사전에 확인하여 순찰차를 배치한 결과 현행범을 검거하거나, 연쇄 범죄자의 주거지 혹은 범행 예측 결과를 활용하여 탐문수사 범위를 좁혀 검거하는 것으로 이용되고 있다.

경찰청에 따르면, 영등포경찰서가 전국 249개 경찰서 중 2012년 치안성과 최우수 경찰관서로 선정되었다. 영등포경찰서는 지리적 프로파일링 시스템을 2012년 본격 활용하여 관내에서 2012년 상반기 5대 범죄 발생률을 전년 동기 대비 2.5% 감소하게 하였다. 특히 영등포 경찰서는 전국 경찰서 중 살인사건 발생률이 1위이며, 112신고 건수 전국 2위, 5대 범죄 발생건수 서울지역 2위인 경찰서로 지리적 프로파일링 시스템을 통해 제한된 인력을 효율적으로 운영하는 것이 필요하다. 이외에도 다양한 성과들이 있는데, 그럼에도 불구하고 몇 가지 한계점을 살펴보면, 시스템 개발 관련하여 개발 초기 지리적 프로파일링 시스템의 필요성 및 중요성에 대한 인식이 부족하여 별도 예산을 확보하여 사업을 추진하지 않았기 때문에 예산이 부족하였다는 점, 6개월의 짧은 개발 기간 동안 이루어졌으나 전담조직 및 경찰청 내 개발인력이 소수로 한정되어 개발자 입장에서는 업무 부담이 컸다는 점, 개발과정에서 국내 대학 및 연구기관에 지리적 프로파일링 시스템과 관련된 특성화된 전문 인력이 없어 지원을 받지 못한 점이 드러났다. 그 외에도 향후 범죄유발요인까지 포괄하는 데이터기반을 마련하기 위해 관련 데이터를 통합하여 가공할 수 있는 인력과 담당조직이 필요하다는 점도 지적되었다.

의료와 빅데이터

미국의 경우를 보면, 먼저 국립보건원이 다양한 질병을 연구하기 위해 유전자 데이터를 공유 분석할 수 있는 유전자 데이터 공유를 통한 질병치료 체계를 마련하여 주요 관리 대상에 해당하는 질병에 대한 관리 및 예측을 실시 중이다. 국립보건원은 2013년 현재 26개 인종 2,600명 유전자 정보를 아마존 클라우드에 저장해 누구나 데이터를 이용 가능하게 구축하였으며, 데이터 양은 200테라바이트에 달한다(www.1000genomes.org/). 그 외에 알약 검색정보인

필박스(Pilbox) 프로젝트는 HIV 등 증가에 대한 통계치 확보로 연간 560억 원을 절감하고 있다.

한국의 2012년 빅데이터 마스터플랜에는 의료 분야가 따로 있지 않고 과학기술 분야에 속해 있으며, 유전자, 의료 데이터 분석을 통한 국민 건강 증진이라는 내용으로 담겨있다. 국가 예산 총 14억 원을 들여 2013년 말에 빅데이터 시범서비스가 개시된 의료 분야 사업은 국민건강주의 예보 서비스, 의약품 안전성 조기경보 서비스, 심실부정맥 예측 등 세 가지 보건의료 서비스이다. 이 중에서 첫 번째만 국민건강보험공단과 다음소프트 컨소시엄으로 진행된 국가기관 주도 서비스로서 이에 대해 살펴보자.

먼저, 국가 기관들의 데이터베이스 구축 현황을 살펴보면, 국민건강보험공단이 2002년부터 데이터웨어하우스를 구축해 본부와 지역본부에서 운영중인 급여관리시스템, 요양급여비지급시스템, 건강검진시스템, 의료보호시스템, 자격, 보험료 급여 및 사후 시스템에서 생성되는 데이터를 저장·관리중이다. 데이터웨어하우스는 보험료 시뮬레이션, 보험료 및 보험급여비 상승 추계 등의 정보를 제공하고 있다. 건강보험심사평가원은 2000년 의약분업 시행 이후 청구심사 데이터가 비약적으로 증가해 2002년부터 데이터웨어하우스를 구축하여 기준정보, 요양기관정보, 지급정보에 대한 데이터를 저장·관리하고 있다. 이는 적시에 정보를 분석할 수 있도록 각 주제영역에 대한 통계분석, 시계열분석, 다차원분석, 추이분석 등과 같은 다양한 분석기법을 적용하고 있다. 또한 데이터의 활용목적별로 심사분석 데이터마트, 평가분석 데이터마트, 통계분석 데이터마트 등을 운영하고 있다. 국립암센터에서는 암통계(발생률, 사망률, 생존율) 산출로 암 부담 수준 파악과 암 관리 정책 수립 근거를 마련하기 위한 추이 분석 등을 위하여 2002년부터 암 등록자료의 데이터웨어하우스를 구축, 운영하고 있다. 그 외에 질병관리본부에서 운영하는 한국인체자원은행네트워크(kbn.cdc.go.kr/)가 16개 병원을 통해 36만 명 인체자원을 확보해 질병지표 발굴과 질병조기 진단을 위해 활용 중이다.

여기서는 국민건강보험공단이 다음소프트와 구축한 국민건강 주의 예보 서비스를 소개한다. 이는 건강보험 DB와 SNS 데이터를 연계하였다는데 의미를 가진다. 이를 통해 홍역, 조류독감, SAS 등 감염병 발생 예측모델이 [그림 6]과 같이 개발되었다. 국민건강보험공단은 내부 데이터와 외부 데이터(트위터

그림 5 국민건강 주의 예보 시범서비스 예측모델

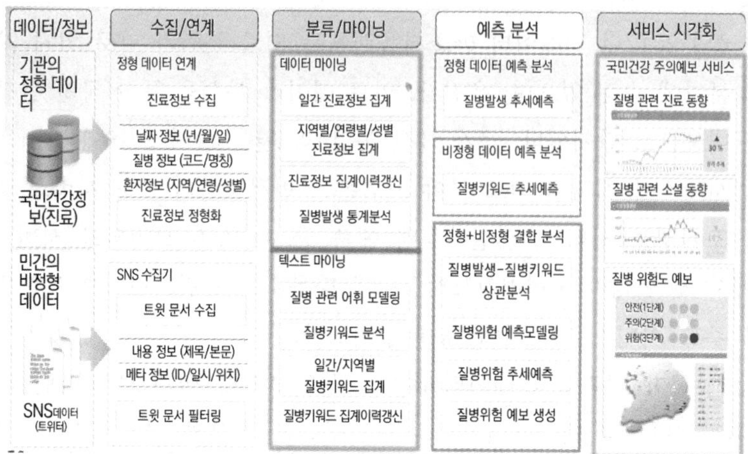

출처: 신순애(2013)

등)를 수집, 분석하여 예측 모델을 구현하였다. 제공 서비스는 주요 유행성 질병의 위험도와 동향을 한눈에 파악할 수 있는 대시보드, 지역별 주요 유행성 질병의 위험도 상세 정보, 지역 내 질병 관련 진료 동향 및 연령별 진료 현황 정보, 주요 유행성 질병 진료 현황 및 과거 진료통계 정보, 질병 동향 및 고위험 지역 정보, 민간 소셜 데이터에 발현된 주요 유행성 질병과 관련된 키워드 동향, 연관 키워드 및 문서, 소셜 상에서의 질병에 대한 관심도, 인식 상태, 주요 내용을 직관적으로 파악할 수 있는 내용 등이다. 2014년에는 예보 서비스 수준이지만, 향후에는 민관 협력 기반의 평생 맞춤형 건강서비스로 진화한다는 계획이다.

사회안전과 빅데이터

미국에서는 사회안전에 범죄를 포함하며, 대표 사례로 범죄 사전 예보가 있다. 치안서비스 차원에서의 범죄 네트워크 등의 실행에 대해서는 앞의 치안 부문에서 이미 설명하였으며, 여기서는 개인의 안전 관점에서 살펴보자. 가장 많이 제시되는 사례는 과거 8년 동안 범죄 발생지역과 범죄 유형을 분석해 후속 범죄 가능성을 예측하여 제한된 경찰인력의 효율적 재배치를 한 샌프란시스코 범죄지도(Crime map) 경우가 있다. 이는 범죄 예방뿐 아니라 해당 지역의 개인들에게도 안전 차원의 예보 시스템을 제공한다는 데 의미가 있다.

범죄지도는 사회안전 차원에서 거주민, 이웃주민 모두에게 개방되고 무료이다. 범죄지도를 검색할 때 분류기준은 범죄유형, 발생장소, 발생기간 세 가지로 이루어져 있다. 먼저 범죄유형은 살인, 강간, 절도, 폭행, 방화, 주거침입, 절도, 차량절도, 공공기물파손, 마약으로 구분한다. 다음으로 발생 장소에서는 주소 인근, 교차로 또는 랜드마크(거리, 공원, 공립 및 사립학교, 방범대, 도시철도 노선) 그리고 지리적 경계(이웃과 주소 및 방범구역 포함)를 선택할 수 있다. 발생기간은 지난 90일 동안 내에서 범위를 선택할 수 있다.

그런데 흥미로운 것은 이를 공개했더니 민간 기업이 이 범죄지도의 한계점을 개선했다는 점이다. 샌프란시스코 경찰청에 따르면, 범죄지도는 GIS (geographic information system) 소프트웨어를 사용하기 때문에 사건의 발생장소가 알려진 경우에만 지도에 표시할 수 있는 한계가 있다고 한다. 예를 들어 도시철도 어느 장소에서 지갑을 절도 당한 경우 구체적인 장소를 알 수 없기 때문에 표시가 불가능하다. 따라서 보고서에 나타난 많은 사건들이 지도에 나타낼 수 없게 된다. 또한 지도에 나타난 범죄들이 언론에서 공표되는 것과 다른 경우도 있는데 이는 초기에 보고된 사건이 시간이 경과되면서 변화되기 때문이다. 예를 들어 강도행위로 상처를 입은 피해자가 시간이 경과하면서 그 상처로 인해 사망에 이른 경우 초기 보고서에 따라 강도행위로 범죄지도에 표시되지만, 이후 살인사건으로 변화하여 범죄지도와 언론의 공표 사이에 괴리가 발생할 수 있다. 샌프란시스코에서는 경찰청이 공개하는 범죄 데이터를 이용하여 민간기업인 스태민 디자인(Stamen Design)에서 개발한 다른 형태의 범죄지도 서비스를 제공하고 있다. 이 서비스를 이용하면 주간, 야간 등 특정 시간대별 범죄현황 및 발생빈도를 추가로 확인할 수 있으며, 경찰청의 범죄지도와 다르게 90일 이전의 범죄 발생 현황까지 확인할 수 있다.

한국에서는 2012년 빅데이터 마스터플랜의 주력 분야 중 하나를 사회안전으로 정했고, 세 가지 세부 항목으로 범죄발생 장소, 시간 예측을 통한 범죄발생 최소화, 예측 기반의 자연재해 조기 감지 대응, 그리고 음란물 유통 차단을 통한 건강한 인터넷문화 조성을 들고 있다. 이 중 앞의 두 가지는 우선과제이기도 한다.

한국에서는 사회안전 전반에 걸친 담당 기관은 안전행정부이다. 최근의 사례로서 안전행정부 제공의 스마트 빅 보드를 들 수 있다. 스마트 재난 빅보드는 기상, CCTV, 재난이력 등의 다양한 정보를 통합하고 스마트폰을 기반으로 하는 스마트 모니터링 체계의 도입, 트위터를 중심으로 하는 빅데이터 분석 및 실시간 모니터링 장비(위성, UAV, MMS 등)의 활용을 통하여 공간적인 재난 상황 파악을 특징으로 한다. 특히, SNS기반의 국민참여형 재난관리와 각종 정보의 통합은 대응에서 복구까지의 전 재난관리프로세스를 모니터링할 수 있다는 점에서 스마트 재난빅보드의 차별화된 특징이라고 할 수 있다.

스마트 재난 빅보드는 기존 재난관리 유관기관에서 개별적으로 관리·서비스하고 있는 정보를 연계하여 하나의 프레임에서 표출하는 기능을 가지고 있다는 데 의미가 있다. 대표적인 기존의 재난정보로는 기상청에서 제공하고 있는 기상정보, 재난·도로용 CCTV영상, 재난 감지와 모니터링 등 특정 목적을 위해 설치된 센서정보 등이 있다.

한편, 기존 정보의 연계 메뉴가 수동적이고 간접적 상황정보 획득 수단이라면, 모바일 현장정보 메뉴는 보다 직접적이면서 적극적인 상황정보 획득방법

그림 6 스마트 빅 보드 메인화면

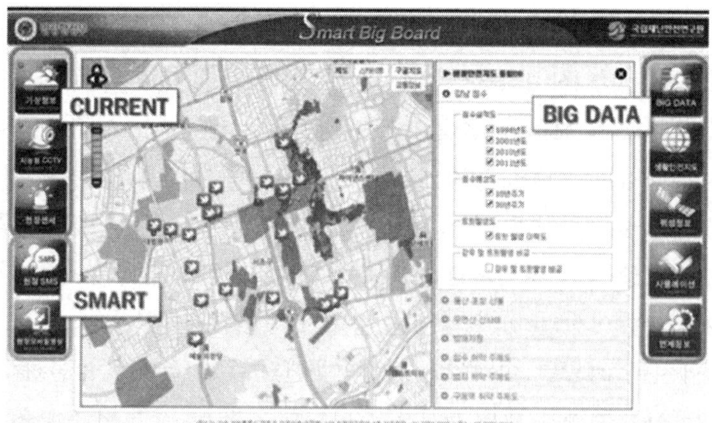

출처: 김진영/최우정/이종국(2013)

을 제공한다. 상황발생 시 현장에 파견된 조사인력에 의해 취득된 영상 및 텍스트정보는 실시간으로 서버에 전송되어 상황 실내에서도 현장상황에 대한 정확하고도 구체적인 정보를 실시간으로 공유하는 것이 가능하다. 이는 재난대응 프로세스 전반에 대한 시간적 측면의 업무효율을 증대시키고 시시각각 변화하는 상황 전개과정에 시의적절한 대응을 도출하는 재난관리 시스템의 기능을 강화시키게 된다. 또한, 재난관리에 활용성이 높은 실시간 트윗정보, 과거 재난이력 및 원인분석결과, 위성영상, 시뮬레이션, 관련 웹사이트 등이 별도로 빅데이터 메뉴로 분류되어 있다. 이는 예방, 대비, 대응, 복구의 재난관리 전체 프로세스에 대한 과학적이면서도 직관적인 재난관리 수행에 도움이 된다.

[그림 6]에서 보여지는 빅데이터 메뉴는 재난발생 및 상황전개에 대한 인과관계 유추가 가능하다는 점에서 기존 접근방식과 분명히 다르다. 2013년 4월 발생한 산대 저수지 붕괴사고 당시 중앙정부 및 해당 지자체에서 대응조치를 취하기도 전에 이미 트윗으로 붕괴위험에 대한 위험상황 전파가 이루어졌던 사례는 스마트폰 3천만대 시대의 미래형 재난관리의 청사진을 제시한 좋은 사례가 된다.

✿ 토의문제

1. 빅데이터 관련 정책이 주요 미국, EU, 일본, 한국 순으로 어떻게 진행되고 있으며, 주요 이슈는 어떻게 구분되어 있는지 간략히 설명하시오.
2. 빅데이터 기반의 국방 정책에 대해 선두적인 국가 사례를 설명하고, 한국의 방향성에 대해 토의하시오.
3. 빅데이터 기반의 치안 정책에 대해 선두적인 국가 사례를 설명하고, 한국의 향후 전략에 대해 토의하시오.
4. 빅데이터 기반 의료 정책에 대해 선두적인 국가 사례를 설명하고 한국의 향후 방향에 대해 설명하시오.
5. 빅데이터 기반 사회안전 정책에 대해 선두적인 국가 사례를 살피고, 한국의 향후 방향에 대해 논하시오.

사례연구 1

"정부정책에도 빅데이터 도입한다"

정부가 주요 정책에 대한 국민들의 반응과 의견을 참고하기 위해, 빅데이터 여론분석 솔루션 구축에 나선다. 정부는 단순히 정책에 대한 여론을 수렴하는 방식에서 나아가, 추후 정책을 결정할 때도 빅데이터 솔루션을 활용하기로 했다. 문화관광부는 '2014 주요 국정과제 빅데이터 여론 분석 사업'을 발주했다. 정부는 이번 사업을 통해 빅데이터로 핵심 국정과제들에 대한 국민적 관심도를 파악하고, 정량적으로 분석해 '맞춤형 정책' 수립의 기초 자료로 사용할 계획이다. 또, 정책 핵심 메시지에 대한 국민 인식과 기대를 파악함으로써 정부 정책 방향을 설정한다.

그동안 정부는 국정 운영의 장기 계획 수립과 정부 정책 추진의 우선순위 선정에 어려움을 겪어 왔다. 하지만 관련된 빅데이터 솔루션이 구축될 경우 온라인 정책 여론을 수집해 정책 분야별 정책 관심도 파악하고, 정책의 방향과 우선순위를 선정하는 데 참고 자료로 활용돼 정확성을 높일 수 있게 됐다.

우선 문화관광부는 소셜미디어·블로그·온라인뉴스·토론방·커뮤니티 등 다양한 채널에서 유통되는 국민의 정책적 관심사를 수집하여 핵심 국정과제 관련 국민들의 목소리와 기대·평가 등을 종합적으로 파악할 계획이다. 이를 위해 관련 솔루션을 구축하고 경제혁신·통일시대 기반 구축·국민역량강화의 3대 분야, 27개 세부과제, 국민 공감 44개 정책 등을 대상으로 빅데이터를 통한 여론 확인에 나선다. 또, 향후 정책 평가 방법론 등을 통해 평가 기준을 마련, 정부가 제공하는 콘텐츠의 주목도와 신뢰성 등을 평가할 계획이다.

이미 미국과 일본에서는 빅데이터를 정책 제안과 마련과정에 활용하고 있다. 각 나라는 도입 수준의 차이가 있지만 공유 데이터 개방에 그치지 않고 정부기관이 직접 빅데이터를 활용해 정부서비스를 혁신하고 있다. 미국과 일본뿐만 아니라 유럽 주요 국가들도 빅데이터를 활용해 정책의 방향성을 개선하고 있다.

SW업계 관계자는 "정책의 효과와 검증 등에 빅데이터를 활용하면, 실제

정량적인 효과를 통해 방향성을 확인할 수 있는 것이 장점이지만, 정책의 효과 포장을 위해 의도된 SNS, 데이터가 포함될 경우 역효과가 날 수도 있으니, 이에 대한 부분을 꼭 대비해야 한다"라고 말했다.

자료원: 디지털타임즈 2014.5.26

토의문제

01 국정 운영 과제 선정에도 빅데이터가 활용될 수 있는데, 미국과 일본에서는 어떻게 정책 제안 과정에 빅데이터를 활용하는지 탐색하여 논하시오.

02 부처별로 정책 이슈 발굴을 위해 빅데이터가 활용될 경우, 어떤 방식으로 의견을 수렴해야 할지에 대해 설명하시오.

사례연구 2

"빅데이터가 처방한 고객 관리방안"

휴병원은 '신뢰받는 의술로 인류의 건강과 행복에 기여한다'는 미션을 가지고, 2006년 부산 진구에 설립된 정형외과 내과 병원이다. 어깨, 무릎, 관절 진료 및 수술에 오랫동안 강점을 가지고 있어 이와 관련된 질병치료의 우수함이 부산, 경상 지역뿐만이 아니라 전라권, 수도권 지역까지 유명해져 전국에서 정형외과 환자들이 진료를 받기 위해 찾아오고 있다. 또한 사회공헌 활동으로 매년 배드민턴대회 개최, 의료봉사, 무료 건강강좌를 시행하여 지역사회에서 의료기관으로서의 역할과 책임을 다하고 있다.

부산 경남지역 정형외과 의료서비스 시장은 기존 우리들병원, 고려병원, 부민병원과 더불어 최근 많은 신생병원이 개점하고 있어 경쟁이 치열해지고 있는 추세이다. 이러한 시장 환경에서 10년차 개업 중인 휴병원은 관절수술 주력 병원으로서 지속적으로 경쟁력을 갖춘 병원으로 성장하기 위한 전략수립이 절실했다.

시장분석기법 중에서 간단하면서 유용하기 때문에 마케팅에서 많이 사용되는 RFM 기법을 활용하여 휴병원의 고객을 분석하였다. 최근 8년간 외래, 입원, 수술 진료데이터를 통합하여 환자의 '병원 방문시점(Recency, 거래의 최근성)', '병원 방문빈도(Frequency, 거래빈도)', '지출한 비용(Monetary, 거래규모)' 정보를 변수로 하여 K-means clustering 기반 RFM 분석을 진행했다. 그 결과 크게 우수고객, 이탈고객, 미확정고객을 분류하고 특성을 도출할 수 있었다. 분석결과를 바탕으로, 휴병원은 우수고객군의 특징이 '무릎관절증 혹은 척추협착을 진단 받은 환자 중에서 5개 이상의 복합질병을 진단' 받은 것이라는 것을 알 수 있었다. 휴병원은 이러한 특징을 가지고 있는 환자가 우수고객이 될 가능성이 높을 것으로 판단하여, 이들을 핵심고객으로 규정하였다. 휴병원은 전체고객 중 65%나 되는 미확정 고객 및 신규고객을 분석하여 이러한 특징이 있는 고객을 추출하여, 잠재 우수고객군으로 보고 마케팅을 강화하기로 하였다. 휴병원은 고객층의 연령대가 높은 이유가 젊은층 고객의 방문이 별로 없기 때문일 것으로 가정을 하고 있었다. 하지만, 휴병원은 데이터 분석을 통해 '염좌진단을 받은 젊은층'이라는 이탈고객을 파악하였고, 그 수가 점차 줄어들고 있다는 사실을 처음으로 알게 되었다. 휴병원은 이 결과를 바탕으로 이 고객층을 직접적으로 타깃으로 하는 마케팅 방안에 대해서 지속적으로 고민하여 아이디어를 도출하기로 하였다.

우수고객의 특성을 '무릎관절증 혹은 척추협착을 진단받은 환자 중 5개 이상의 복합질병을 진단'받은 이들로 규정한 휴병원은 우수고객 및 잠재우수 고객을 대상으로 연말 프로모션을 진행하고 있다. 그 첫 번째가 휴병원 달력이다. 기존에도 달력을 제작하여 왔으나 달력내용에 특별한 정보가 없고 임의의 고객들에게 제공되었으나 이번 달력제작과 배포에는 빅데이터 분석결과를 반영하였다. 달력에 척추협착증과 무릎관절증 등의 주요 발생 질병 정보를 제공하고, 그 대상도 데이터를 통해 추출된 우수고객군을 대상으로 하고 있다. 휴병원은 한편 이탈고객 중 40대 이하의 젊은 층이 주로 염좌로 내원했다는 분석결과를 마케팅에 어떻게 활용할 수 있을지 여러 차례 아이디어 회의를 진행하였다. 그 결과, 젊은층으로 구성된 단체 중에서 염좌의 가능성이 높은 스포츠 단체를 타깃으로 삼아 홍보를 강화하자는 아이디어가 나왔다. 스포츠 중에서도 특히 배드민턴과 같이 격렬한 스포츠의 경우 무릎 및 척추에 염좌를 자주 유발할 수 있다는 점에서 홍보 대상으로 제격이었다. 이에 따라 휴병원은 지리상 가까운 부산진구 배드민턴 협회, 부산진구 배드민턴 청년부, 부산진구 배드민턴 여성부에 홍보에 총력을 기울였다. 휴병원장배 부산진구 배드민턴 대회 개최, 배드민턴 대회 의료지원, 대회 참석자들을 대상으로 고주파 및 도수치료를 진행하여 홍보를 강화하였다. 이뿐만 아니라 부산광역시 축구협회와 협약을 체결하여 부산광역시 내 초등학교, 중학교, 고등학교, 대학교 축구부에 간단한 부상부터 골절과 같은 경우까지 진료 도움을 주기로 했다.

이번 빅데이터 분석을 통해 휴병원이 거둔 가장 큰 성과라고 하면, 데이터를 본격적으로 경영에 적용하기 시작하였다는 것이다. 10년 가까이 단순히 서버에 저장되고 있었던 고객 진료 정보로부터, 우리병원의 핵심고객을 찾고 이탈고객의 특성을 확인할 수 있었다. 이러한 경험을 통해 그동안 담당자 주관에 의해 추진되었던 고객관리에 데이터 분석결과를 적용하였고, 이 과정에서 보다 체계적이고 정교한 로드맵을 수립할 수 있었다.

자료원: 2016 중소기업 빅데이터 활용지원사업 우수사례집

토의문제

01 병원 중 빅데이터 분석을 통해 비즈니스 환경을 개선한 사례를 찾아 설명하시오.

02 휴병원이 병원경영 전반에 빅데이터 분석을 적용하기 위해 어떤 활동을 해야 하는지 토의하시오.

사례연구 3

"빅데이터로 마케팅의 방향을 비추다."

토란은 스마트폰의 플래시를 5가지의 기능으로 활용할 수 있는 제품인 트랜스 빔을 개발하고 시제품까지 완성했다. 하지만 연구인력 중심의 전문적인 마케팅 기획인력이 없는 소기업이었기 때문에, 소비자나 투자자에게 제품의 기능을 어떻게 효과적으로 설명하여 다가갈지 막막하였다. 간혹 주변 지인들과 전문가들에게 제품을 설명하고 조언을 구해보면, 기존에 없던 필요한 제품으로 느껴지나 제품의 다양한 기능으로 인해 사람마다 좋아하는 포인트가 다를 것이기 때문에 이를 잘 풀어내면 좋겠다는 의견을 받았다. 하지만 이를 마케팅 관점에서 어떻게 풀어내야 할지는 여전히 고민이었다. 당장 눈앞에 국내 최대의 IT 액세서리 및 주변기기 박람회 준비로 제품의 컨셉을 한눈에 전달할 수 있는 홍보 콘텐츠를 만들어야 하는 상황에 놓여 있었다.

그동안 토란은 사람들에게 더 효과적으로 기능을 설명할 수 있는 방법이 무엇인지에 대한 심도 있는 고민을 하지 못한 채, 트랜스 빔의 기능을 단순히 글로써 설명하는 평범한 자료만 작성하고 있었다. 하지만 본 분석을 통해서 스마트폰의 플래시에 비해 트랜스 빔을 사용했을 때 빛의 밝기가 얼마나 밝아지는지, 트랜스 빔의 모듈을 통해 스마트폰의 플래시가 얼마나 다양한 용도로 사용될 수 있는지에 대해 사람들이 직관적으로 느끼게 하는 것이 중요하다고 판단하게 되었다. 이에 따라, 토란은 말보다는 영상을 통해 보고 느끼게 하는 방법이 더 효과적일 것이라는 생각을 하게 되었고, 영상 제작을 위한 세부 콘텐츠에 대한 고민하기 시작하였다.

토란은 트랜스빔의 손전등 기능을 강조하여 홍보할 대상고객으로 아웃도어 애호가들을 설정하였다. 이들은 위급한 상황에 대한 대비가 중요한 사람들이기 때문이다. 토란은 '아웃도어 애호가'를 대상으로 '손전등 기능'을 강조한 마케팅 키워드를 만들어 홍보를 하기로 하였다.

토란은 빅데이터를 통해 나타난 캠핑과 아웃도어의 정의를 활용하여 두 타깃 시장별 강조해야 할 메시지를 다르게 설정하기로 하였다. 캠핑시장에서는 가족, 일행과의 활동과 경험하여 사용할 수 있는 기능을 강조하고, 아웃도어 시장에서는 트랜스 빔의 기술력, 비교우위 등을 강조하고자 하였다.

제품에 대한 철저한 준비와 빅데이터 분석을 활용한 트랜스 빔의 마케팅 메시지는 IT 액세서리, 주변기기를 주제로 한 박람회에서 많은 성과를 토란에게 가져다주었다. 우선적으로 분석결과를 활용하여 제작한 홍보물과 홍보영상은 지나가는 사람들로 하여금 제품을 쉽게 인지할 수 있도록 도와주어 많은 사람들의 발걸음을 멈추게 하였다. 토란의 부스는 박람회 기간 동안 지속적으로 사람들의 관심을 받았고, 이러한 관심은 시제품에 대한 긍정적인 피드백을 넘어서 약 150여 명의 고객으로부터 구매의향서를 받는 결과로 이어졌다. 또한 국내·외 바이어들에게도 많은 관심을 받아, 약 27명의 바이어들과 연락처를 교환하고 교류 중이다. 토란은 미국 바이어로부터 구매의향서를 받고 계약을 체결하였고, 인도 바이어와는 한차례 미팅 후 계약을 위한 의견 조율 중이다.

자료원: 2017 중소기업 빅데이터 활용지원사업 우수사례집

토의문제

01 스마트폰 관련 액세서리 기업 중 빅데이터 분석을 통해 비즈니스 환경을 개선한 사례를 찾아 설명하시오.

02 토란이 해외시장 진출 준비 과정에서 빅데이터를 활용하여 해외시장을 이해할 수 있는 방안에 대해 논의하시오.

참고문헌

경찰청 (2012), 경찰청 2012년 치안성과 우수관서 선정, 보도자료.

고찬유 (2010), 범인 저곳에! 예측력 미 프로그램의 10배, 한국일보.

국가정보화전략위원회와 관계부처 합동(2012), 스마트 국가 구현을 위한 빅데이터 마스터플랜.

김경태 (2018), 안정국, 김동현, 빅데이터 활용서, 시대고시기획.

김신곤·조재희 (2013), 지방자치단체의 빅데이터 도입을 위한 제언, 한국지역정보화학회지.

김진영·최우정·이종국 (2013), 새로운 재난관리시스템, 스마트재난 빅보드, 국립재난안전연구원.

김진호·최용주 (2018), 빅데이터 리더쉽, 북카라반.

박형준 (2018), 빅데이터 빅마인드, 리드리드출판.

방병권 (2017), 빅데이터 경영4.0, 라온북.

송주영·송태민 (2018), 빅데이터를 활용한 범죄 예측, 황소걸음 아카데미.

오현희 (2017), 빅데이터와 인문학, 홍릉과학출판사.

윤종식 (2018), 빅데이터 활용사전 419, 데이터에듀.

이종석·황현석·황진석 (2018), 빅데이터 비즈니스 이해와 활용.

이현웅·김종업·최현재 (2018), 빅데이터의 이해와 활용, 생각나눔.

임종수·정영호·유승현 (2018), 미디어 빅데이터 분석, 21세기사.

정도영·김민창·김재환 (2018), 빅데이터 정책 추진 현황과 활용도 제고방안, NARS 입법·정책보고서 제2호.

주해종·김혜선·김형로 (2018), 빅데이터 기획 및 분석, 크라운출판사.

지원철 (2017), 빅데이터 시대의 데이터 마이닝, 민영사.

최공필·서정희 (2017), 빅데이터4.0, 개미.

한국소프트웨어기술협회 (2018), 빅데이터 개론, 광문각.

한현욱 (2018), 이것이 헬스케어 빅데이터이다, 클라우드나인.

한국정보화진흥원 (2013.11), 빅데이터의 진화: 스마트데이터, 원문 자료의 번역 보고서(원문 제목은 the smart data manifesto, 출처는 http://exelate.com/white-papers/the-smart-data-manifesto-goodbye-big-data-hello-smart-data)

한국정보화진흥원 (2016), 2016년 중소기업 빅데이터 활용지원 우수사례집

한국정보화진흥원 (2017), 2017년 중소기업 빅데이터 활용지원 우수사례집

Akhtar, S. M. F. (2018), Big Data Architect's Handbook: A Guide to Building Proficiency in Tools and Systems used by Leading Big Data Experts, Packt Publishing.

Arghandeh, R. and Zhou, Y. (2017), Big Data Application in Power Systems, Elsevier Science.

Bahga, A. and Madisetti, V. (2016), Big Data Science & Analytics: A Hands－On Approach, VPT.

Berman, J. J. (2018), Principles and Practices of Big Data: Preparing, Sharing, and Analyzing Complex Information, Academic Press.

Chen, H., Chiang, R. and Storey, V.C. (2012), "Business Intelligence and Analytics: From Big data to Big impact," MIS Quarterly, Vol. 36 No.4, pp.1165~1188.

Francesco, D. and Renaud, D. (2018), Big Data Economics, Towards Data Market Places, Nature of Data, Exchange mechanisms, Prices, Choices, Agents & Ecosystems, Independently Published.

Gilder, G.(2018), Life After Google: The Fall of Big Data and the Rise of the Blockchain Economy, A Division of Salem media Group.

Mayer－Schonberger, V. and Ramge, T. (2018), Reinventing Capitalism in the Age of Big Data, Basic Books.

Hoeren, T. and Kolany－Raiser, K. (2017), Big Data in Context: Legal, Social and Technological Insights, Springer.

Holmes, D. (2018), Big Data: A Very Short Introduction, Oxford University Press.

Information Resources Management Association (2018), Big Data: Cencepts, methodologies, Tools and Applications, IGI Global.

Jones, H. (2018), Data Analytics: An Essential Beginner's Guide to Data Mining, Data Collection, Big Data Analytics for Business and Business Intelligence Concepts, CreateSpace Independent Publishing Platform.

Marr, B. (2017), Data Strategy: How to Profit from a World of Big Data, Analytics and Internet of Things, Kogan Page.

Miller, J. (2017), Big Data Visualization, Packt Publishing.

Minelli, M., Chambers, M and Dhiraj, A. (2018), Big Data, Big Analytics: Emerging Business Intelligence and Analytic Trends for Today's Businesses, Gildan Media.

Paley, N. (2017), Leadership Strategies in the Age of Big Data, Algorithms, and Analytics, Productivity Press.

Tenner, E. (2018), The Efficiency Paradox: What Big Data Can't Do, Knopf.

PART 03

빅데이터 분석

빅데이터 분석의 진화

★ 학습목표

_빅데이터 분석의 진화에 대해 학습한다.
_빅데이터 분석이 진화하는 이유에 대해 살펴본다.
_빅데이터 분석이 1.0에서 2.0으로 진화하는 상황을 사례와 함께 고찰한다.
_빅데이터 분석이 3.0으로 진화하고 있는데, 그 내용과 가능성에 대해 탐색한다.

빅데이터 분석의 진화 개요

ICT산업 기술의 진화로 방송과 통신, PC, 인터넷 부문의 서비스 진화를 경험하게 되었다. 방송서비스의 경우, 1939년에 흑백TV가 발명되어 1954년에 컬러TV가 보급되었고, 케이블방송, 위성 및 디지털TV를 거쳐 IPTV, 스마트TV로 진화하고 있다. 통신서비스 경우, 136년 전인 1876년에 유선전화가 발명되었고, 1973년 이동전화가 처음 개발되었는데, 처음엔 음성통화만 가능했고(1G), 1990년(2G) 단문 메시지, 저속데이터 통신까지 가능해졌다. 그 이후, 이동전화에 2000년대 초반부터 멀티미디어 메시지, 고속 데이터 통신(3G)이 가능해지더니, 2007년 아이폰(iPhone)이 출시되면서 스마트폰 보급이 급증하였다.

또한, 컴퓨터 서비스의 경우에는 1945년에 진공관 컴퓨터인 에니악(ENIAC)이 처음 개발되었고, 1964년 직접회로(IC) 컴퓨터, 1992년 웹브라우저, 1994년 내 손 안의 컴퓨터(Palm), 2010년 태블릿PC까지 발전하여 이제는 어디서든지 PC를 활용할 수 있게 되었다. 마지막으로 인터넷서비스의 경우, 1969년에 미국에서 실험용 ARPANET에 처음 등장하였으며, 1985년에 윈도우 인터넷이 등장했고, 1989년에 월드와이드웹(World wide web: www) 등장 이후

그림 1 ICT 산업의 진화

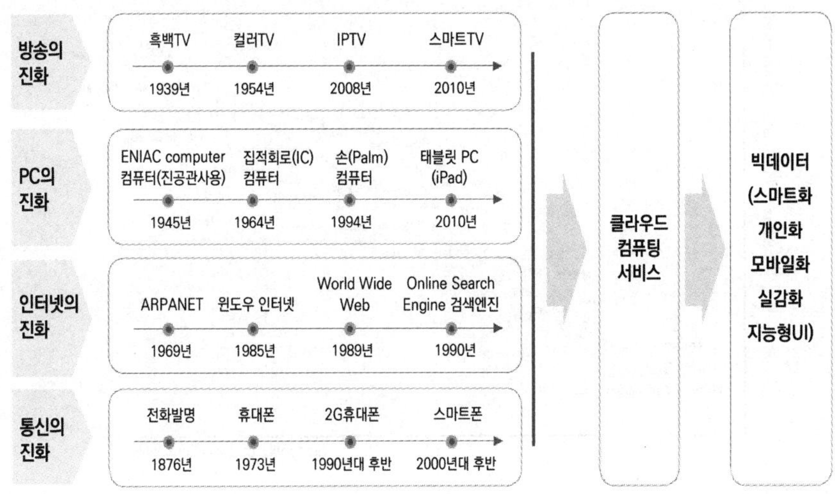

출처: 양창준(2012)

1990년대에 온라인 검색엔진이 개발되었다.

한편, 컴퓨터와 네트워크의 발전으로 컴퓨터 응용 소프트웨어들을 가정이나 사무실에 두지 않고, 안전하고 편리하게 저장된 상태에서 마치 전기와 수돗물처럼 이용자가 언제 어디서나, 쉽게 사용하게 할 수 있는 클라우드(cloud) 컴퓨팅 서비스가 최근에 급부상하게 된다. 이는 그 자체도 중요하지만, 최근의 ICT업계 최대 화두인 빅데이터와 IoT 등을 통해 더욱 편리함을 주는 도구가 되고 있음을 의미한다. 스마트폰 보급 확산으로 이용자들이 매일 보고, 듣고, 말하고, 느끼고, 사진 찍는 것들이 하나도 버려지지 않고 디지털로 고스란히 저장될 수 있다면, 이는 엄청난 저장 용량과 정보량(트래픽)을 필요로 하게 되며, 이러한 정보량을 효율적으로 관리하고 처리하기 위해 클라우드 컴퓨팅 기술과 함께 빅데이터 분석 기술도 아울러 진화하게 된다.

빅데이터 내지 빅데이터 분석의 진화를 웹의 진화 관점에서도 관찰해 볼 수 있다. 지난 1969년 미국 국방성의 알파넷에서 기원한 인터넷은 이미 웹1.0에서 웹2.0으로 진화해 왔다. 웹1.0은 인터넷에서 문자, 영상, 음성 등을 표현할 수 있는 신기술이었다면, 웹2.0은 마이스페이스, 페이스북과 같이 참여·공유、개방의 철학을 통해 2005년 웹2.0컨퍼런스에서 팀오릴리(O'reilly, 2007)는

그림 2 웹의 진화방향

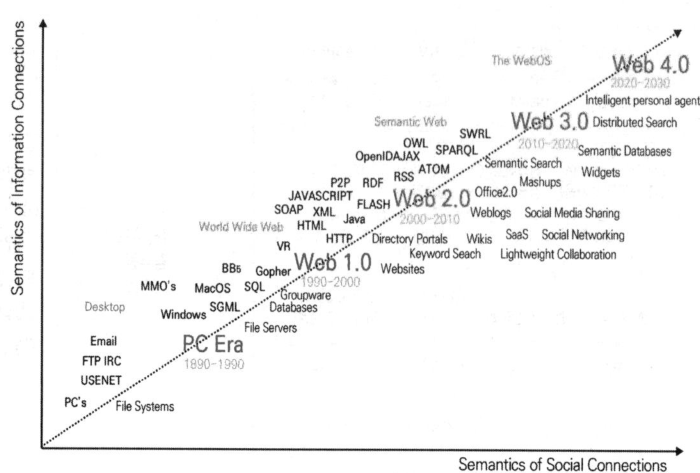

출처: Spivack(2006)

새로운 가치를 창조하는 웹 트렌드로, '플랫폼으로서의 웹(Web as a Platform)'을 제시하였다.

한편, 비슷한 시기에 노바 스피백(Nova Spivack)은 웹3.0을 거론했다. 그의 정의에 따르면, 웹3.0은 보다 실행적이며 전지 전능한 기능적 플랫폼에 기반해 서비스를 제공하고 보다 지능적으로 추론하고 지능적인 서비스를 제공하며, 3차원 웹을 구현하고 가상세계와 실제세계를 연결하는 웹을 지향한다. 예컨대, 만물지능화된 IT와 빌딩이 연결되면 빌딩의 에너지 관리, 폐기물 활용 등을 통한 대체에너지와 연계가 가능한 거대 단말로 바뀌게 되는 것이다. 여기서 만물지능화된 IT는 요즘 빅데이터와 함께 부상한 사물통신(IoT)을 의미한다고 본다. 스피백은 소셜접속 세맨틱스와 정보접속 세맨틱스를 양축으로 웹의 진화방향을 [그림 2]와 같이 제시하였다.

웹3.0과 웹2.0의 가장 큰 차이점을 살펴보면, 기존 웹1.0이나 웹2.0에서는 사람이 데이터를 쓰고 읽고 축적하는 모델이 중앙 집중형과 분산형으로 이뤄진 데 반하여, 웹3.0에서는 사람이 아닌 기계나 사물들에 의해 심어져 있는 센서들이 수집, 축적한 데이터를 바탕으로 더 많은 정보가 창출되고 세상의 모든 사물들이 인터넷에 연결되는 플랫폼을 기반으로 매우 다양한 서비스들이 실현되고 있다.

표 1 웹의 진화 패러다임

구분	1996년 2000년 Word Wide Web	2005년 2010년 Web 2.0	2015년 2020년 Real-Word Web (Web 3.0)
특징	액세스	참여	상황인식(Context)
	-일방적 정보 제공으로 이용자는 정보 소비자 -접속하여 정보 이용 (Accessible) -계정관리 -브랜드가 품질 결정 -폭넓은 유저 액세스 -태깅: HTML	-이용자는 정보 소비자·생산자·유통자 -이용자가 쉽게 정보 등록·수정 (Protrammable) -커뮤니티 관리 -동료(이용자)가 품질 결정 -사용하기 쉬운 유저 인터페이스 -사람이 알 수 있는 태깅 (Semantic Hypertext)	-이용자가 원하는 정보검색·제공 가능 -개인별 맞춤 정보 및 서비스 제공(proactive) -아이덴티티(identity)관리 -수요가 품질 결정 -인터페이스 자체가 환경 -컴퓨터가 인식할 수 있는 태깅(PDF/온톨로지)
기술 기반	-브라우저/웹 저자	-브로드밴드 Rich Link/Content Models	-시멘틱 기술/센서네트워크
약점	-인터페이스의 제약 -개발기술 필요	-물리적 세계 V. 사이버세계 -다수의 디지털 아이덴티티	-증가되는 리얼리티에 대한 의존성 확대

출처: 연규황(2007)

따라서 웹3.0 환경에서는 지금까지 불가능했던 수없이 많은 지능이 자기증식 과정을 거쳐 사람과 사람, 사람과 사물, 사물과 사물간에 실제세계와 가상세계를 언제나 실시간으로 연결시키는 만물이 통하는 서비스를 실현하는 다차원적 웹 플랫폼이 된다. 이러한 웹의 진화 환경을 보면 미래 인터넷이 어떠한 방향으로 진화해 나갈 것인지를 가늠할 수 있게 된다. 즉, 미래 웹은 실제세계의 물리공간과 상호 연동하면서 더욱더 지능화되고, 보다 각 개인이 처한 상황에 따라 스스로를 추론해 제공할 수 있는 상황인지적 환경으로 진화될 것이다. [표 1]에 제시된 대로, 웹3.0이 2015년부터 시작될 것이며 주요 특징으로 상황인식을 제시하였으며, 기반 기술로 시멘틱 기술과 센서네트워크를 열거하고 있다.

구글을 비롯한 검색엔진의 강화, 다양한 관심사를 공유하는 블로그의 급팽창, 페이스북·트위터 등과 같은 소셜네트워킹서비스(SNS)의 확산, 그리고 유튜브와 위키피디아의 성공이 개방과 공유, 참여라는 웹2.0의 기본 특성이 개인들의 일상속에서 역동적으로 구현되면서 실제로 세상을 빠르게 바꾸어 가고 있음을 잘 보여주는 단면들이다. 또한, 스마트폰의 등장과 앱스토어(AppStore)

표 2 웹3.0에 대한 관점 및 견해

구분	주요기능
시멘틱 웹	-머신이 정보를 읽을 수 있어 사람이 머신에게 10㎞ 반경 내에 있는 치과 의사를 찾아내 스케줄과 맞추도록 지시하는 것이 가능
3D 웹(Vrtual web)	-3D를 이용, 가상세계에서 거리를 걷거나, 외국여행 등이 가능 (예: Second Lte라는 가상현실) -가상 웹은 실시간 협업과 커뮤니케이션이 가능한 것이 핵심
미디어 중심의 웹	-키워드가 아닌 미디어(그림, 음악 등)로 검색이 가능 -좋아하는 그림을 검색하면, 비슷한 유형의 그림 검색이 가능
곳곳에 스며드는 웹	-유비쿼터스가 모든 곳에 컴퓨터가 있는 것처럼 PC, 핸드폰, 옷 등 가정과 사무실 어디에나 웹이 있는 것을 의미 -침실 창문에 초소형 컴퓨터 칩이 내장되어 온라인으로 날씨를 감지해 날씨에 따라 창문을 자동으로 개폐

출처: Metz(2007); Hayes(2006)

의 빠른 성장, 시맨틱 웹(Semantic Web)과 증강현실(Augmented Reality) 서비스 출현 등은 사람들의 일상과 비즈니스의 본질을 더욱 획기적으로 바꾸어 나갈 미래 웹의 진화 방향을 보여주는 좋은 단초가 되었으며, 웹3.0에 대한 다양한 관점과 견해가 등장하기 시작했다. 주로 시멘틱웹, 3D웹, 미디어 중심, 그리고 곳곳에 스며드는 웹으로 관찰되고 있는 웹3.0에 대한 관점과 견해를 정리하면 다음 [표 2]와 같다.

2007년 1월 일명 다보스포럼인 세계경제포럼(WEF)에서 <웹 2.0을 넘어>라는 주제로 데이터의 이용 편의성을 획기적으로 증진시킬 웹3.0시대에 대한 논의가 있었다. 이미 이때 웹3.0시대의 인터넷은 온라인에서 얻을 수 있는 엄청난 양의 정보를 개인들이 손쉽게 활용할 수 있도록 도와주는 가이드 역할을 할 것으로 전망된 바 있다. 이미 미국은 1999년부터 시맨틱 웹 개념을 도입해 현재 정부(CIA 등), 기업, 대학 등에서 웹3.0 연구를 활발하게 진행하기 시작했고, NASA는 과학 데이터의 상호관련성 파악을 위한 방법으로 시맨틱 기술을, 국방부는 데이터 조직화 부문에서 시맨틱 웹 표준 기술을 연구 중이며, 텍사스대학(Health Science Center)은 오라클과 시맨틱 웹 기술을 사용, 바이오테러 방지를 위한 공중보건 상태 감시시스템을 개발·활용하고 있다.

주요 기업들도 시맨틱 웹으로 이미 웹3.0 시대를 준비하고 있다. HP, 야후(Yahoo) 등이 선두로 시맨틱 웹 표준을 채택하였으며, 주로 인터넷 기업들이 웹3.0 관련 기술과 서비스를 개발하고 있다. 전 세계 정보를 집대성해 개인화된 정보서비스를 제공하고 이를 통해 궁극적으로는 이용자의 의사결정을 지원하는 것을 비전으로 하는 구글은 아이구글의 개인 맞춤검색서비스, 인터넷에서 실제 길거리를 생생하게 구현하는 3차원 지도서비스로 소개되자마자 개인정보 이슈로 폐쇄된 맵스트리트(Map street)서비스 등 다양한 지능형 서비스들의 개발이 이어지고 있다.

정리하면, ICT산업 서비스 주역이라 할 수 있는 방송과 통신, PC, 인터넷서비스의 진화, 그리고 인터넷서비스의 중심인 웹의 진화와 마찬가지로 개인화, 실감화, 지능형 UI가 가능해지면서 처음에 고려했던 빅데이터 분석도 점차 진화하게 된다. 빅데이터의 원년이라 불리는 2012년에는 빅데이터의 개념과 특성도 빅데이터 자체에 초점이 맞추어져 3V를 논의하기 시작했다. 이에 대해서는 2장에서 이미 다루었다. 빅데이터는 세상을 이해하는 원료이고, 그 엔진은 빅데이터 분석 기법이다.

위키피디아의 개념 정의를 보면, 빅데이터는 기존 데이터베이스 관리 도구로 데이터를 수집, 저장, 관리, 분석할 수 있는 역량을 넘어서는 대량의 정형 또는 비정형 데이터 집합 및 이러한 데이터로부터 가치를 추출하고 결과를 분석하는 기술을 모두 의미한다.

또한, 빅데이터 분석 기법은 상기 특징을 가진 빅데이터의 분석, 활용을 위한 빅데이터 처리 기법으로, 크게 분석 기술과 표현 기술로 나뉜다. 그리고, 분석 기술과 그 방법들은 기존 통계학과 전산학에서 사용되던 데이터 마이닝, 기계 학습, 자연 언어 처리, 패턴 인식 등이다. 특히 소셜미디어 등 비정형 데이터의 증가로 인해 빅데이터 분석 기법들 중에서 텍스트 마이닝, 오피니언 마이닝, 소셜네트워크 분석, 군집분석 등이 주목을 받고 있다.

여기서는 빅데이터 분석의 진화에 대해 좀 더 깊이 살펴보자. 단순히 분석이 수준별로 구분되어, 기본분석과 심층분석으로 나뉘는 경향이 있다. 가장 기초가 되는 리포팅과 관련한 기본분석은 한마디로 말해 수학이라기보다는 산수 같은 더하기 빼기 등의 집계 통계이며, 이를 그래프로 보여주는 영역이 된다. 한편, 이와 구분되는 심층분석 내지 고급분석은 빅데이터가 이슈가 되면서 그동안 쓰지 않았던 분석기법인 텍스트 마이닝 분석이 활용되면서 특히 영향력 분석 같은 소셜분석을 칭하기도 한다. 소셜네트워크 분석 등은 기존에 없었던 분석이기 때문에 심층분석으로 불리며, 네트워크 중심 인물과 확산,

그리고 도달 정보 등 소셜미디어상에서 흩어진 데이터들을 분석하는 기법들이다.

한편, 챈들러(Chandler, 2014)는 더욱 다양해지는 데이터에서 추가적인 인사이트(Insight) 기회가 제공하려면 더욱 강력한 분석 기능들이 결합되어야 한다고 강조한다. 챈들러는 네 가지 분석 기능의 유형을 나열했는데, 빅데이터 진화의 과정을 잘 설명해 주는 구분이다. 네 가지 분석 기능은 기존의 서술적(Descriptive) 분석 기능을 비롯하여 처방적(Diagnostic), 예측적(Predictive), 그리고 예방적(Prescriptive) 분석 기능이며, 예방적 기능은 의사결정을 지원하고, 더욱 진화하면 의사결정의 자동화(Decision automation)까지 가능하게 한다. 다음에서는 빅데이터 분석이 왜 진화할 수밖에 없는지 잠시 살펴보고, 빅데이터 내지 빅데이터 분석 1.0, 2.0, 3.0으로의 진화과정을 살펴보고자 한다.

빅데이터 분석의 진화 이유

빅데이터 분석이 화두가 되기 시작한 2012년, 많은 분석들이 주로 소셜 데이터 분석이었다. 소셜 데이터는 지금 이순간의 기록이며, 사람들은 자신의 상황과 현재 자신의 위치, 현재 자신의 감정을 끊임없이 트위터나 페이스북을 통해 쏟아냈다. 이에 진화하는 인터넷 서비스들의 키워드도 자연스레 실시간이 된다. 기존의 '카페'나 '미니홈피,' '블로그'들은 모두 과거사인 기록의 저장일 뿐이고 검색 서비스도 저장된 기록을 찾아 주는 게 핵심이라, 트위터나 페이스북에 있는 데이터는 실시간에 기반한 현재의 데이터로 매력적인 것이다.

그래서 소셜 데이터는 실시간성이 중요한 곳에 활용되기 시작한다. 예컨대, 인기 있는 지상파 드라마와 예능 중심으로 빅데이터 분석을 해보면 방송과 동시에 소셜 버즈가 발생되는 실시간성이 있어 시청률과 소셜미디어상의 버즈량 간 상관관계가 보인다. 세상은 점점 더 직접 소통하기를 원하고 실시간 방송뿐 아니라 인터넷 쇼핑몰에도 해외 직구가 유행하는 등 '실시간' 니즈와 분석 이유는 더욱 확산된다. 시간적 지연없는 즉각적 상호작용이고, 마케팅 활용에 적격이다.

시스코(Cisco, 2013)의 2013년에 세계 18개국 IT전문가 대상으로 조사한 결과에 따르면, 향후 5년간 기업의 최우선 투자 대상은 단연 빅데이터이다. 그런데, 조사 결과 대다수 기업들은 방대한 양의 데이터를 수집, 저장해 분석하고 있지만 빅데이터를 구현하는 데 있어 비즈니스나 IT 측면에서 여러 도전에 직면해 있는 것으로 확인됐다.

실제로 이 설문조사 참여자의 60%는 "빅데이터가 기업의 의사결정력 향상 및 경쟁력 제고에 크게 기여할 것"이라고 답한 반면 오직 28%만이 현재 빅데이터로부터 전략적 가치를 도출해 내고 있다고 밝혔다. 국가별로는 중국(90%), 멕시코(85%), 인도(82%), 브라질(79%), 아르헨티나(78%) 순으로 빅데이터 프로젝트 효과에 대한 확신을 나타냈다.

한편 한국의 경우, 응답자의 71%가 "빅데이터가 글로벌 경쟁력 제고에 도움이 될 것"이라고 답했다. 또한, IT 담당자의 2/3 이상이 2013년 및 향후 5년간 자사의 비즈니스 최우선 과제로 빅데이터를 꼽았다. 아르헨티나(89%), 중국(86%), 인도(83%), 멕시코 및 폴란드(양국 모두 78%) 순으로 빅데이터의 우선순위를 강조했으며, 한국의 경우엔 63%가 같은 답변을 했다. 한편 빅데이터를 현실화시키기 위해 무엇이 필요한지 묻는 질문에서는 응답자의 38%가 빅데이터 솔루션보다도 빅데이터를 백분 활용하기 위한 기업의 탄탄한 전략이 절실히 요구된다고 답했다.

이 조사 결과에서 빅데이터 분석의 진화가 예상되는 응답은 기업들이 '데이터 인 모션(Data in Motion)'을 수용하게 될 것이라는 예상이다. 이 보고서에 따르면, 최근 중요성이 인지되지만 제대로 활용하지 못하는 데이터 형태가 있는데, 바로 '데이터 인 모션'이다. 이는 각종 디바이스와 센서, 비디오 등에서 실시간으로 생성된 데이터들로 최고의 가치를 제공할 수도 있기 때문이다. 네트워크는 개인이나 디바이스의 위치, 신원 및 프레즌스(Presence) 같은 유용한 상황인식 정보(Contextual Information)를 '데이터 인 모션'에 제공해 주며, 다양한 애플리케이션은 이들 데이터를 이용해 실시간으로 즉시 필요한 조치를 내리거나 미래에 발생 가능한 상황을 예측해 의사결정을 할 수 있게 해 준다. 일례로 '데이터 인 모션'은 공장 자동화 과정에서도 M2M(Machine to machine) 커뮤니케이션을 가능케 해 생산 공정의 최적화를 돕기도 한다.

시스코(Cisco 2012)가 발표한 '2012~2017 시스코 비주얼 네트워킹 인덱스 글로벌 모바일 데이터 트래픽 전망(Cisco® Visual Networking Index Global Mobile Data Traffic Forecast for 2012-2017)'보고서에 따르면, 2017년까지 기계 대 기계간 연결 수는 17억 이상에 이를 것으로 예상되는데, 이런 환경에서 '데이터 인 모션'의 가치는 커질 수밖에는 없을 것으로 예상된다. 응답자의 73%가 디지털 센서, 스마트 미터기, 비디오 및 기존에 사용하던 일반적인 '스마트 기기'를 자사 빅데이터 계획에 포함시킬 것이라고 밝혔다.

한국은 85%에 달하는 응답자들이 이 같은 대답을 했다. 반면, 응답자의 33%만이 이러한 새로운 데이터 소스를 활용할 계획을 수립했다고 밝혀, 실제 도입은 아직 초기 단계에 머물러 있는 것으로 확인됐다. 중국(64%)과 아르헨티나(50%)의 IT 담당자들은 이미 자사는 이처럼 새로운 데이터 소스 활용 계획을 실행하고 있다고 밝혔다.

수집되는 데이터 소스는 각양각색이라는 항목도 중요하다. 응답자의 74%는 현재 데이터를 수집(한국은 74%), 55%는 과거 데이터를 수집한다(한국은 24%), 48%의 응답자는 모니터 및 센서에서 생성되는 데이터를 수집하고(한국 40%), 40%는 사용 후 폐기되는 실시간 데이터를 활용한다. 한국은 51%에 달했다. 실시간 데이터 사용 정도가 높은 국가는 인도(62%), 미국(60%) 및 아르헨티나(58%) 순으로 나타났다. 32%는 영상 등 비정형(unstructured) 데이터를 수집하며 중국(56%)의 경우 비정형 데이터 사용률이 전세계 평균을 크게 상회했다. 한국은 34% 수준으로 조사됐다.

한국 내에서는 그동안 빅데이터라고 여겨져서 소셜 버즈분석을 해보는 것이 유행이었다. 하지만, 기업과 관련된 버즈를 모아봐야 결국은 빅이 아닌 스몰데이터였다는 푸념 또한 만만치 않다. 즉, 이미 알고 있는 것을 숫자로 확인하는 효과밖에 없었다는 실망의 소리이다. 그럼, 어떻게 하면 빅데이터로 진정한 가치를 얻을 수 있는가에 대해 또 고민하다 보면, 빅데이터 분석 기능과 방법도 진화할 수밖에 없게 된다.

테라데이터랩의 사장인 스캇나우(Scott Gnau)에 의하면, 새로운 소스의 등장으로 넘쳐나는 데이터를 경험했고, 이러한 데이터 소스의 확장은 한두 해의 얘기가 아니라는 것이다. 이미 없어서는 안 될 아주 자연스러운 데이터 웨어하우징, BI 및 OLAP이 20년 전에는 없었지만, 이의 보편화에 공헌한 것은 이를 이용한 기업들의 사례들이다. 사례들은 가치를 보여주었고, ROI를 입증했을 뿐만 아니라 기업의 비즈니스 방법이 어떻게 발전할 수 있는지도 잘 보여 주었다.

그런데, 이제는 데이터를 생산하는 소스나 그 형식이 다시금 새롭고 다양해졌기 때문에, 이제 해야 할 일은 새로운 데이터 소스 활용을 통해 비즈니스 가치의 창출 방법을 입증할 수 있는 또 다른 사례들을 만들어 가는 것이다. 하지만, 이제는 데이터 양 자체에 주목하기보다는 새로운 정보를 최적화함으로써 비즈니스에 긍정적 영향을 끼칠 수 있는 분석 방법 모색이 더 중요해진다. 그 어느 때보다 이용할 수 있는 데이터 양과 다양성이 증가했다고 해서 기업들은 손 놓고 있지 않을 것이다. 이것이 진화가 필요한 이유이다.

빅데이터 분석 1.0에서 2.0으로 진화

딜로이트 애널리틱스 연구소의 고팔크리쉬넌 등(Gopalkrishnan et al., 2013)은 단순히 빅데이터를 수집하고 이해하는 빅데이터1.0에 머무르지 않고 기업의 의사결정 과정에 빅데이터 수집과 분석을 적극적으로 통합해내는 빅데이터 2.0으로 나아갈 때 기업이 희망하는 가치를 얻어낼 수 있다고 주장한다. 이들은 빅데이터2.0을 규정하는 요소를 크게 세 가지로 요약한다. 첫 번째 빅데이터 2.0을 구성하는 요소는 고객 행동에 거꾸로 영향을 미칠 수 있어야 한다는(Shaping customer behavior) 점이다. 빅데이터 1.0에서는 단순히 고객 소리를 분석해서 호불호를 판단하는 데 그쳤다고 하면, 2.0에서는 기업이 통제하는 전략 수단이 고객 행동에 미치는 영향을 분석해 거꾸로 고객 행동을 통제할 수 있어야 한다는 것이다.

빅데이터1.0의 가치는 원하는 대상을 전수 분석해서 분류하고 이해하는 기본 특징에서 온다. 통계 분석을 위한 샘플링 과정이 없으니, 오류도 최소화되고 주관적인 의견도 배제된다. 여기에 정보시스템의 힘을 빌어온다면 과거에 불가능했던 일대일 매칭 대응도 가능하다. 고팔크리쉬넌 등은 싱가폴 택시 회사인 컴포트델그로(ComportDelGro)를 빅데이터1.0의 가치를 실현한 기업으로 보고 있다.

과거 콜 센터 기반으로 일일이 고객 택시 호출에 대응하던 것을 차량 GPS와 고객 위치 데이터를 결합한 빅데이터 분석으로 실시간 자동 매칭에 성공했던 것이다. 이를 통해 이 회사는 연간 2000만 건 호출을 처리할 수 있는 기반을 갖추었다. 앞에서 언급한 챈들러(Chandler, 2014)의 네 가지 분석 기능들 중 처방적(Diagnostic) 분석이라 여겨진다.

그런데, 컴포트델그로는 그 후에 또 다른 문제에 직면한다. 빅데이터 기반 호출시스템을 위해 6천만 달러나 투자했고, 유지보수 비용도 만만치 않았지만 수요가 따라주지 않아 투자 효과가 신통치 않았던 것이다. 이러한 문제에 직면한 이 기업은 보유 데이터 기반을 이용해 새로운 시도를 하여 빅데이터2.0으로 진입하게 된다. 즉, 축적된 데이터를 통해 고객 호출이 지역과 시간별로 달라지는 패턴을 분석하고 이에 기반해 요금체계를 변동하는 최적화 모형을 적용하게 된다. 챈들러가 말한 네 가지 빅데이터 유형 중 예측적 기능인 것이다.

한편, 빅데이터2.0을 규정하는 두 번째 요소는 새로운 상품과 서비스를 창출해야 한다는(Creation of new product or service) 점이다. 기업이 데이터 분석을 통해 얻어낸 인사이트는 내부 효율성 제고 이상으로 추가적 기회를 만들어낼 수 있는 가능성을 가지고 있다는 것이다. 컴포트델그로는 시간별 호출이력과 운행이력을 결합하고 실시간 GPS 데이터를 통합함으로써 교통 혼잡 예측모형을 만들어냈다. 이 모형이 이 기업의 자사 차량에 제공되어 '싱가폴에서 가장 빠르게 목적지로 이동하는 택시'라는 평판을 만들었을 뿐 아니라, 다른 회사에도 제공되는 단일 상품 역할도 하기에 이른다.

마지막으로, 빅데이터2.0을 규정하는 세 번째 요소는 생태계적 시각으로 데이터 범위를 확장시켜야 한다는(Ecosystem view of data) 점이다. 빅데이터 분석 가치는 기업 외부에 널려있는 데이터를 공격적으로 결합해 인사이트를 넓혀가는 데 있으며, 데이터 보유 주체 간의 윈윈 모델로 데이터 범위 확장이 가능하다.

이상에서 말하는 빅데이터2.0 시대는 이미 도래하였다. 실제로 빅데이터를 활용하여 엄청난 수익을 내는 회사가 증가하는 추세를 보여주는 수치가 있다. 실제로 IBM은 빅데이터 관련 상품과 서비스로 2012년부터 매해 1조 이상의 매출을 올리고 있으며, HP도 빅데이터 관련 상품으로 7천억 이상의 매출을 기록하였다. 빅데이터 저장, 사용, 분석을 위한 인프라 구축으로 빅데이터 1.0이 마련되었고, 이제 빅데이터 2.0시대가 개화된 것이라고 벤처비트(Venture.com)의 메라(Mehra, 2013)는 주장하면서, 세 가지 주요 빅데이터 2.0 이슈들을 언급하였다.

빅데이터2.0 시대에 메라(Mehra, 2013)가 언급한 첫 번째는 '속도(Speed)'이다. 기하급수적으로 커지는 데이터를 빠르게 분석할 수 있는 기술은 무엇보다 중요하다. 최근에는 대부분 빅데이터 분석 서비스 제공 업체들이 인메모리 프로세스(In-memory Process)처럼 데이터를 신속히 처리하는 제품을 제공한다고 홍보하는 모습을 여기저기서 접하게 된다.

기술 사례로 하둡(Hadoop)은 실시간 데이터 처리가 가능한 하둡2.0/YARN을 발표했고, 아파치 스파크(Apache Spark)는 하둡보다 100배 이상 빠르게 데이터를 처리하는 기술로 주목받고 있다. 이들은 모두 속도의 중요성을 직감하고 테라바이트(TB) 데이터를 초 단위로 분석할 수 있는 제품을 만든다. 한편, 데이터 발생량이 많아지면서 여전히 비용 부담이 되고 있어서, 고객인 일반기업들은 데이터 전체를 저장하며 큰 비용을 부담하는 것보다 실시간 스트리밍 데이터를 분석해 필터링 된 데이터만을 저장하는 방식을 선호하는 추세이다.

빅데이터2.0 시대에 메라(Mehra, 2013)가 언급한 두 번째는 '데이터의 품질'이다. 1.0시대에 빅데이터를 논할 때는 아직 데이터 품질이 큰 이슈 사항이 아니었다. 그러나 데이터 발생량의 폭발적 증가로 데이터 품질이 중요한 이슈로 떠오르게 된다. 데이터가 처리, 분석되어 어떠한 결정에 도달하는 속도는 이미 인간의 두뇌로 따라갈 수 있는 범주를 넘어섰으며, 이는 데이터 처리/분석, 의사결정이 내려지는 모든 과정에서 인간이 개입할 수 있는 부분이 없다는 것을 의미하기도 한다.

이러한 환경에서 혹시 잘못된 데이터의 단일 스트림이 악영향을 끼쳐 잘못된 의사결정으로 몰고 가면 이에 따른 경제적 손실도 클 것이다. 특히 주식시장 동향을 분석하고 1천분의 1초 단위로 주식 거래를 하는 거래 세상에서 잘못된 정보의 입력은 커다란 금융 손실이 된다. 따라서 데이터의 품질은 데이터 서비스 수준 계약(Service Level Agreements: SLA)의 핵심이 되고, 고객인 일반 기업들은 저품질 데이터를 실시간으로 파악해 경보를 발생시켜 문제를 해결하는 것을 선호하게 된다. 레드만(Redman, 2013)은 품질 문제는 주로 '데이터에 대한 데이터(data about data)'인 메타데이터(Metadata)에서 발생할 경우가 많다고 지적하고 있다.

빅데이터2.0 시대에 메라(Mehra, 2013)가 언급한 마지막 세 번째는 '응용 프로그램'이다. 빅데이터를 분석해 비즈니스에 반영하고 싶은 기업 수요는 증가하였지만, 기술적 문제로 인해 아직 빅데이터를 활용하는 기업은 미미하다. 현재 빅데이터를 성공적으로 사용 중인 곳은 이하모니(Eharmony) 같은 온라인 데이팅 서비스 앱이나 기상정보 서비스 제공 앱 등이다. 분석 플랫폼 중심의 개방형 생태계가 형성되면서 많은 벤처들이 데이터 분석을 위한 특별한 인프라나 데이터과학자(Data Scientist) 채용없이도 몇 가지 앱으로 빅데이터 분석이 가능해 맞춤형 서비스를 제공하기 시작한다. 이를 활용하는 일반 기업들은 자사 고객의 연결된 정보를 여러 채널을 통해 통합적으로 분석하고 고객이 원하는 제품과 서비스를 제공해 더 많은 이익을 기대할 수 있다.

최근 블룸버그TV(Bloomberg TV, 2014. 1.17)에 따르면, 아시안그룹 CEO인 스티브 샤인(Steve Shine)은 "블룸버그 웨스트"라는 TV 프로그램 인터뷰에서 빅데이터 2.0 시대는 기업, IoT, 소셜미디어 그리고 서비스로서의 소프트웨어(SaaS; Software as a service) 등 4대 축을 중심으로 진행될 것으로 주장하면서, SaaS의 대표 기업으로 세일즈 포스 닷컴을 들고 있다.

여기서 눈 여겨 볼 축은 IoT와 SaaS이다. IBM은 2013년 연례보고서(IBM, 2013)에서 2015년까지 지구상에서 데이터를 생산하고 전달할 수 있는 유닛이 1조 개를 넘어설 것이라고 분석했는데, 유닛이 바로 씽(thing)이다. IoT와 빅데이터 간의 관계에 대해서는 13장에서 자세히 다룰 것이며, SaaS를 빅데이터 분석의 진화 관점에서 살펴보면 3.0으로의 진화 방향성의 실마리를 발견할 수 있다.

빅데이터 분석 3.0으로 진화

빅데이터분석 이론가인 데이븐포트(Davenport, 2013a)는 빅데이터 분석 진화과정을 1.0, 2.0 외에, 3.0으로 구분하여 설명하면서 구글(검색 알고리즘)과

그림 3 Davenport가 제시한 빅데이터 분석의 진화

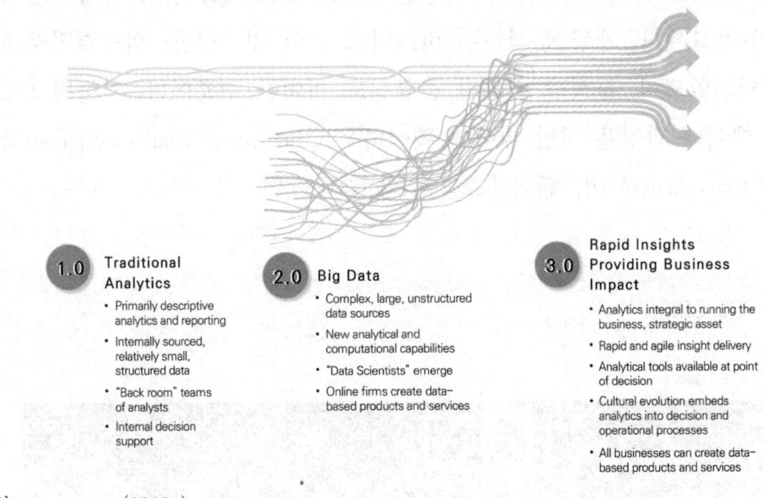

출처: Davenport(2013a)

그림 4 분석 1.0 데이터 환경

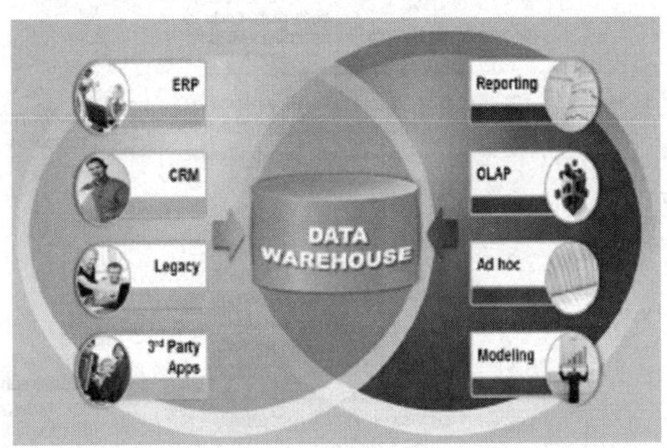

출처: Davenport(2013a)

야후, 이베이, 아마존 등은 이미 데이터 및 분석 기반으로 고객을 위한 신규 서비스를 창출하고 있다고 언급하였다.

데이븐포트에 의하면, 분석1.0은 내부 데이터나 구조화된 스몰 데이터가 활용되는 단계로 시기적으로는 1954년 UPS라는 기업의 데이터 분석을 시작으로 2009년까지이다. 데이터 소스는 작고 정형 데이터이며, 대부분 내부 데이터

이고, 분석 업무는 서술적 분석(Descriptive analytics) 내지 리포팅(Reporting)으로 구성된다. 또한, 분석모델 생성도 "일괄(batch)" 프로세스이며, 작업에는 종종 수개월이 소요된다. 계량 분석가는 비즈니스 인력 및 "밀실" 의사결정자 인력에서 제외되었으며, 분석의 전략적 중요성도 미미한 수준이다. 기술적으로 분석1.0의 데이터 환경은 기업 데이터 웨어하우스(Enterprise data warehouse)와 데이터마트(data mart)이며, 위의 [그림 5]와 같다.

그림 5 UPS ORION

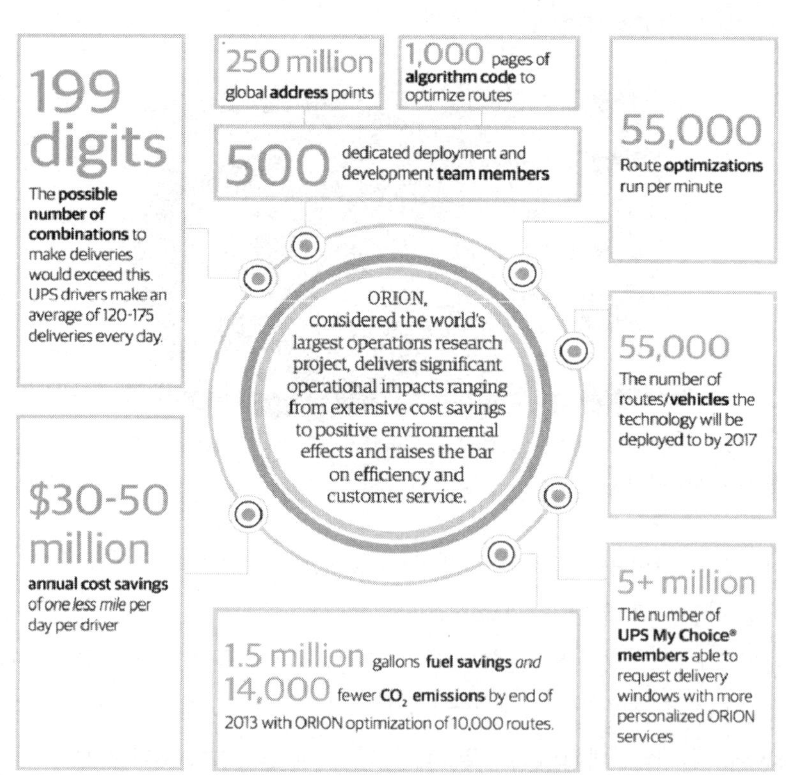

출처: Green car congress(2013)

데이븐포트가 예로 제시한 UPS는 빅데이터에 그다지 익숙하지 않은 기업으로, 1980년대 초에 화물 운송 추적시스템을 도입했고, 2013년 5월 현재, 이 회사가 하루에 추적하는 화물의 수는 1천 630만개(880만 고객)에 달하며, 고객의 일일 배송 추적 요청은 평균 3천 950만건에 이르며, UPS는 16페타바이트 이상의 데이터를 저장하고 관리한다.

이 기업은 연간 매출 약 540억 달러의 운송 및 물류 대기업으로서 주된 경영 목표는 "효율성"이다. 이를 위해 수천 대 트럭 센서 데이터 분석이 가능한, 각 운전자에게 가장 효율적인 화물 배달 경로를 제공하는 시스템인"오리온(On–Road Integrated Optimization and Navigation: ORION)"이 구축되어 있다. 이는 예컨대 트럭 부품이 언제 고장날지 예측하는 등의 예방 보수 계획과 각 운전자의 후진 및 U턴 횟수 관찰을 통해 관리자가 추가적인 교육 실시를 하는데 활용된다. 오리온(ORION) 알고리즘은 이미 오래전부터 랩(Lab)에서 개발되기 시작했다. 2003~2009년 기간 동안 다양한 UPS 사이트에서 테스트된 이후, 2010~2011년 기간 동안 8개 사이트에 오리온을 시험 운영 후 2012년에 6개 베타 사이트에 배치되기에 이른다. 필수적인 데이터를 수집하기 위해 UPS 운영 연구진들은 2008년 향상된 GPS 추적 설비와 자동차 센서를 설치하여 텔레매틱스 기술을 실험하기 시작했다. 이러한 기술의 통합이 UPS로 하여금 차량 이동경로와 퍼포먼스, 그리고 운전자의 안전과 관련한 데이터를 찾게 하는데 일조하게 된다.

데이븐포트와 뒤쉐(Davenport & Dyche, 2013)에 따르면, 최근 UPS가 수집하고 있는 빅데이터 대부분은 46,000대 이상의 화물 운송 차량에 장착된 텔레매틱스 센서에서 생성된 것들이며, 화물 트럭에 관한 데이터에는 운행 속도, 방향, 제동, 동력 전달 성능에 관한 정보가 포함되어 있다. 이 데이터들은 일상 성능을 모니터링할 뿐만 아니라 운전기사들의 운행 노선을 획기적으로 개선하는 데에도 사용된다. 오리온은 온라인 맵 데이터를 본격적으로 활용해 배송 기사의 집배 및 전달 시스템을 실시간 변경할 수 있게 해준다. 배송 기사 한 명이 매일 1 마일씩 운행 거리를 단축해도 회사는 3천만 달러를 절약한다. UPS는 또한 데이터와 분석 기술을 활용해 매일 2,000여 건에 달하는 항공기 운항의 효율성을 극대화하는 데도 노력하고 있다.

다음은 분석2.0이다. 이는 2005~2012년 기간으로, 구글과 야후, 이베이

그림 6 분석2.0의 데이터 환경

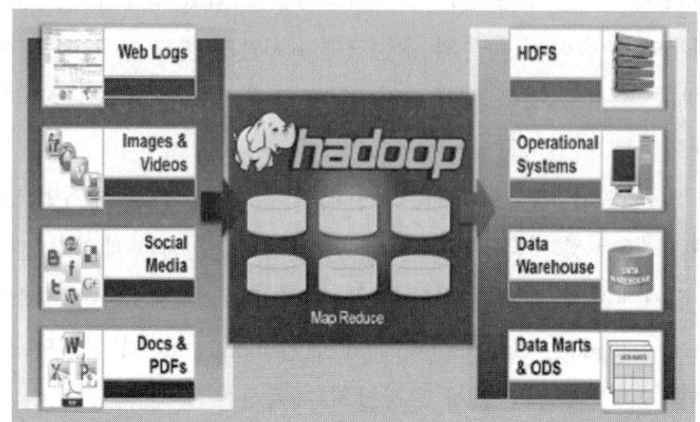

출처: Davenport(2013a)

그림 7 ORION 시스템을 이용하는 최적화된 루트 지도(Route map)

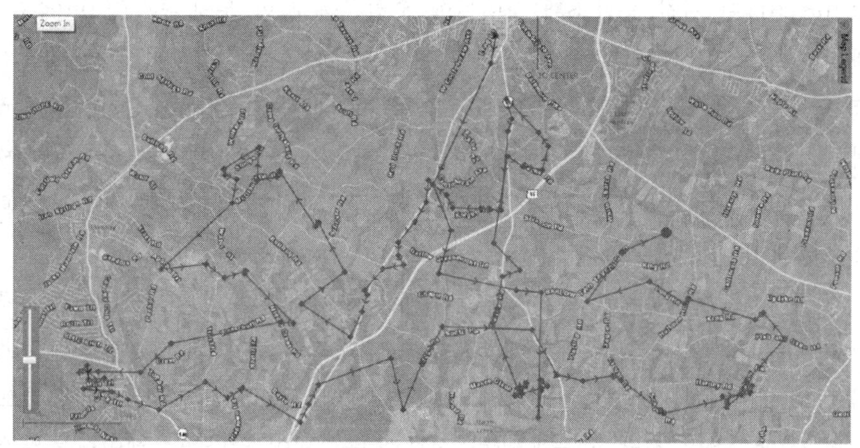

출처: Konrad(2013)

등 중심으로 하둡 기반의 빅데이터 플랫폼을 만든 시기이다. 데이터소스는 내부보다 외부 소스가 더 많아지고, 비정형적 특성을 갖는다. 데이터 저장은 하둡을 실행하는 대규모 병렬 서버에 저장해 전반적인 분석 속도가 빨라졌고, 시각적 분석도 중요해지며, 데이터 사이언티스트는 밀실 작업에 만족하지 않고, 점차 신제품 제공에도 참여하면서 비즈니스 운영에 일조하기 시작한다. 기

표 3 분석 1.0, 2.0, 3.0 요약

Era	1.0: Traditional Analytics	2.0: Big Data	3.0: Data Economy
Timeframe	Mid-1950s to 2000	Early 2000s to Today	Today and in the Future
Culture, Ethos	Very few firms "compete on analytics"..."we know what we know"	Agile, experimental, hacking ... new focus on data-based products and services for customers	Agile methods that speed "time to decision"...all decisions driven (or influenced) by data...the data economy
Type of analytics	• 5% predictive, prescriptive • 95% reporting, descriptive	• 5% predictive, prescriptive • 95% reporting, descriptive (visual)	• 90%+predictive, prescriptive • Reporting automated commodity
Cycle time	Months ("batch" activity)	An insight a week	Millions of insights per second
Data	internal, structured...very few external sources available or perceived as valuable "data"	Very large, unstructured, multi-source...much of what's interesting is external....explosion of sensor data "Big Data"	Seamless combination of internal and external...analytics embedded in operational and decision processes...tools available at the point of decision "Data Economy"
Technology	Rudimentary BI, reporting tools...dashboards...data stored in enterprise data warehouses or marts	New technologies: Hadoop, commodity servers, in-memory, machine learning, open source..."unlimited" compute power	New data architectures...beyond the warehouse New application architectures...specific apps, mobile
Organization & Talent	Analytical people segregated from business and IT..."Back Room" statisticians, quants without formal roles	Data Scientists are "on the bridge"...talent shortage noted...educational programs on the rise	Centralized teams, specialized functions among team members, dedicated funding... chief Analytics Officers... recognized tranining, education programs

출처: Davenport(2013a)

술적으로 분석2.0의 데이터 환경은 위의 [그림 6]과 같이 하둡 기반의 비정형 데이터 시대이다. 포브스 지(誌)의 콘라드(Konrad, 2013)에 의하면, 오랜 기간 구축 기간을 거쳐 2012년 ORION 베타 서비스를 시작한 UPS는 운송 거리 530만 마일 절감, 엔진 유휴 시간 1,000만 분 감소, 246만 리터 연료 절감, 탄소 배출량 6,500톤 이상 감소 등의 효용성 관련 효과를 얻게 되었다.

마지막으로, 데이븐포트가 말하는 분석3.0은 분석이 전략적 자산인 시대이다. 2013년부터 시작되었고, 빅데이터 분석과 전통적인 분석이 함께 활용되며, 온라인 업체뿐만 아니라 업종을 총 망라한 모든 유형의 기업들이 데이터 주도형 경제에 참여하기 시작한다. 즉, 분석의 잠재성을 활용하고자 하는 업종이나 기업이면 누구나(은행, 제조업체, 보건의료 기관, 소매업체 등) 빅데이터를 활용해 고객을 위한 데이터 기반 서비스를 개발하고 내부 의사결정을 지원할 수 있게 되는 시기가 된다. 데이븐포트가 제시한 분석 1.0, 2.0, 3.0을 시기, 문화, 분석 유형, 데이터, 기술, 그리고 조직 및 역량별로 요약하면 [표 3]과 같다.

분석3.0 시대, 즉 데이터 기반 경제 시대에는 일반 기업들이 빅데이터 분석을 기술적 장애요인없이 활용하는 것이 중요하다. 즉, 이들에게 다양한 비즈니스모델을 통해 빅데이터 인프라와 분석 및 소프트웨어가 서비스로 제공되어야 한다. 앞서 언급한 SaaS 시대가 되어야 한다는 말이다.

최근 2014 IEEE 빅데이터 컨퍼런스에서 발표된 쨍/쭈/류(Zheng, Zhu, and Lyu, 2013) 논문은 서비스에서 생성된 빅데이터를 서비스로 제공(Big data-as-a-service)하는 비즈니스모델로 서비스로서의 빅데이터 분석 소프트웨어(Big data analytics software-as-a-service), 서비스로서의 빅데이터 플랫폼(Big data platform-as-a-service), 그리고 서비스로서의 빅데이터 인프라스트럭처(Big data infrastructure-as-a-service)에 대해 프레임워과 함께 관련 기술 및 비즈니스 사례들을 제시하고 있다.

✩ 토의문제

1. 빅데이터 분석의 진화가 ICT서비스 및 웹의 진화 관점에서 어떻게 진행되는지 설명하시오.
2. 왜 빅데이터 분석이 계속해서 진화하게 되는지에 대한 이유를 논하시오.
3. 빅데이터 분석이 현재 1.0에서 2.0으로 진화하고 있다면 어떤 요소 및 요인들이 작용하는지 설명하시오.
4. 빅데이터 분석이 점차 3.0으로 진화하고 있는데, 이를 위한 조건들을 탐색하여 설명하시오.

사례연구 1

“빅데이터가 안내하는 공무원 영어 지름길”

맨투맨학원은 2012년에 설립된 교육업체이다. 고등학교 재학생을 대상으로 한 교육서비스를 제공하는 맨투맨학원은 치열한 경쟁에 직면하면서 지속적으로 생존에 대한 고민을 하고 있다. 교육 서비스 시장에서도 대규모 자본을 앞세운 대형 학원이 대부분의 시장을 장악하고 있는 상황 속에서 맨투맨학원은 새로운 기회로 공무원 수험시장의 진출을 생각하였다. 취업의 어려움으로 인해 공무원 수험생이 해마다 증가하고, 심지어 대학진학을 포기하고 공무원 시험 준비를 하는 수험생도 지속적으로 느는 등 시장이 확장되고 있었기 때문이다. 지속적으로 증가하고 있는 공무원 수험 시장을 새로운 돌파구로 생각한 맨투맨학원은 1년 전부터 공무원을 대상으로 한 신규 교육 서비스를 개발하여 제공하고 있다.

공무원 시험 교육시장은 공단기, KG패스원, 아모르이그잼 등 대형 학원들이 시장을 주도하고 있다. 이러한 시장 환경에서 맨투맨학원같은 소형학원이 생존하기 위해서는 차별화된 그 무언가가 절실하였다. 공무원 시험의 특성은 공부량이 대학수학능력평가 등 다른 시험에 비해서 많고, 2016년 서울시 공무원 경쟁률이 87.6대 1일 정도로 경쟁률이 치열하다. 따라서, 맨투맨학원에서는 학생들이 최대한 효과적으로 시험공부를 할 수 있도록, 다시 말하면 공부량을 줄여주는 것이 중요하다고 생각하였다. 맨투맨학원에서는 이를 위해 ‘차별화된 학습 콘텐츠’를 제공하는 것이 중요하다는 판단하에, 이를 위한 끊임없는 고민을 하고 있던 상황이었다.

맨투맨학원은 인사이터의 온라인 데이터 분석 솔루션인 ‘Social Insighter’와 자연어 처리 솔루션인 ‘E-Analyzer’를 활용하였다. Social Insighter는 사회관계망서비스(SNS)에서 ‘공무원시험’과 함께 언급된 연관어들을 분석하였다. Social Insighter가 2년간의 SNS 데이터를 분석한 결과, 공무원 시험을 보는 다양한 과목(5개 과목: 국어, 영어, 한국사, 선택과목 2개) 중, 영어에 대한 언급량이 다른 과목에 비하여 압도적으로 많았다. 영어는 과목 중에서도 언급량이 높았을 뿐 아니라, 2016년 결과를 보면 전체 연관어 중에서도 가장 높은 언급량을 보여준다.

맨투맨학원으로부터 심리분석을 요청받은 인사이터는 지난 1년가량의 데이터를 추출하여 공무원 시험과목과 관련하여 '어렵다', '부담이 된다'라는 심리연관어의 순위를 분석하였다. 그 결과 역시 '영어'과목의 순위가 가장 높았다. 이처럼 영어과목은 학생들이 문제를 풀기에도 가장 어려운 과목이며, 또한 부담을 주는 과목인 것으로 해석할 수 있는 결과였다.

소셜 데이터 분석을 처음 진행해 본 맨투맨학원은, 이 결과를 가지고 추가적인 빅데이터 분석을 진행하기에 앞서, 소셜 이외의 데이터를 통하여 확신을 가지고 싶어 하였다. 다른 출처의 데이터를 확인해 보니, 해커스 공무원 학원에서 집계된 설문결과도 소셜데이터의 분석결과를 뒷받침하는 결과였다. 해커스 공무원 학원에서 2015년 실시한 설문에서 응답자들은 '영어'과목이 가장 어렵다고 답변하였다. 또한, 과목에서 40점 미만을 받아 과락한 인원 중 72%는 영어과목에서 과락한 걸로 나타났다.

인사이터는 공무원 시험 적중률을 높이기 위한 영어단어장을 만들기 위하여 두 종류의 데이터를 수집·분석하였다. 첫 번째는 실제 영어에서도 많이 사용되는 영어단어들을 수집하였다. 이를 위해서 COCA(Corpus of Contemporary American English) Dictionary의 데이터베이스를 활용하였다. 220,225개의 영어원문들에서 언급되는 단어 533,788,932개를 추출하여 영어단어가 쓰인 횟수를 분석하였다. 두 번째로 분석한 데이터는 기존 공무원 시험 기출 단어들이다. 기출 문제들을 수집하고, 약 만개 이상의 기출 문장에서 단어들을 추출하여 단어의 언급 횟수를 분석하여 리스트화하였다. 이렇게 분석된 두 가지의 데이터를 활용하여 실제 영어에도 많이 사용되고, 시험에도 많이 출제되는 단어들 중 상위 5,000개를 추출하여 영어단어장을 만들었다. 이렇게 빅데이터로 분석 제작된 영어단어장과 2015학년도 9급 공무원 국가직 영어 단어 리스트와 비교하여 적중률을 계산해 보니 84%로 기존의 단어장들보다 월등히 높은 적중률을 보였다.

맨투맨학원에서는 빅데이터 분석을 통하여 제작한 영어 학습단어장을 인쇄하여 학생들에게 제공하였다. 학생들은 객관적인 데이터 분석에 기반하여 적중률이 높은 단어장을 제공받아 효과적으로 공부를 할 수 있다는 긍정적인 반응을 보였다. 더불어, '단순하게 단어뿐만 아니라, 난이도 정보 및 예문을 함께 제공하였으면 좋겠다'는 피드백을 받아 이를 반영하였다. 맨투맨학원에서는 학생들의 피드백을 반영하여, 활용도를 높이고 효과적인 공부를 지원할 수 있는 영단어 학습 앱을 제작하여 학생들에게 서비스를 시작하였다.

또한, 맨투맨학원에서는 영단어 학습앱뿐 아니라, 한걸음 더 나아가 빅데이터 분석을 통하여 도출한 단어와 기출 문장을 활용하여 학생들의 어휘력과 독해력을 테스트할 수 있는 시스템을 개발하였다. 학생들은 이를 통해 영어 단어 시험을 보고 문장 독해와 문단 독해 테스트를 진행하게 된다. 맨투맨학원에서는 기존 학생들의 시험결과에 따른 오답기준의 학습지도를 하였다면, 이제는 학습앱에서 수집되는 학습 데이터를 결합하고 분석하여 학생들의 학습수준을 객관적으로 비교분석한 학습 컨설팅을 시범적으로 제공하기 시작하였다. 학생들의 테스트 결과는 시스템으로 집계되어 전체 학생들의 결과와 비교분석되어 개인별 맞춤 분석결과를 도출한다. 학생들은 자신이 어떤 어휘들이 약한지를 알 수 있고, 이를 통하여 기초적인 학습이 필요한 학생부터 고득점 학습을 위한 학생까지, 어휘력의 상태에 따라서 개인화된 단어 학습목록을 제공받는다. 또한, 앱을 활용하여 계속적으로 자신의 어휘력을 측정하고 기록하여 학습할 수 있다. 또한, 학생이 어휘가 약한지 문장구조 독해가 약한지, 아니면 전체적으로 약한지를 한눈에 볼 수 있고, 어휘와 문장구조 학습과 관련하여 부족한 부분들을 컨설팅해 줄 수 있다. 더불어, 독해 시간과 문제풀이 시간을 분석하여 독해 및 문제풀이 속도가 정해진 시간 안에 충분하였는지 측정하고 이를 바탕으로 학생별로 맞춤화된 컨설팅을 제공하고 있다.

맨투맨학원의 이러한 노력은 상담등록률(상담인원수 대비 등록인원수) 증가라는 성과로 나타나고 있다. 기존에 상담을 진행한 학생의 50%정도가 학원에 등록하였는데, 지속적으로 증가하여 현재는 상담등록률이 74%로 늘어났다. 상담을 진행할 때 빅데이터 분석 결과를 적용한 적중률 높은 영어단어앱 제공 및 데이터에 기반한 개인별 학습 컨설팅에 대한 설명이 학생들의 등록률을 높인 것으로 맨투맨학원에서는 분석하고 있다. 빅데이터를 학습에 적용한 기간이 오래지 않아서, 아직까지는 실제적인 시험성적 향상으로 연결되었는지를 객관적으로 제시하기는 어려운 시점이다. 하지만, 맨투맨학원의 노력은 단순한 상담등록률의 증가를 넘어 학생들의 실제 시험성적에 긍정적인 영향을 미칠 것으로 기대하고 있다.

맨투맨학원에서는 학생들을 관리하는 비용이 감소한 것도 부가적이지만 큰 성과로 인식하고 있다. 기존에는 시험문제를 출제하고, 채점하고, 분석하는 데 많은 시간과 에너지(채점결과에 대한 이의 등)가 소모되었다. 하지만, 이제는 이를 시스템에서 자동적으로 관리하고 개별 학생에 적합한 분석결과를 산출해 주기 때문에 더 적은 자원으로 더 효과적인 학습 컨설팅을 제공할 수 있게 되었다. 결과적으로, 학생들의 만족도는 비례해서 증가하고 있다.

자료원: 2016 중소기업 빅데이터 활용지원사업 우수사례집

토의문제

01 공무원 시험 교육기관 중 빅데이터 분석을 통해 비즈니스 환경을 개선한 사례를 찾아 설명하시오.

02 맨투맨학원이 영어뿐만 아니라 다른 과목에서도 빅데이터 분석을 적극적으로 활용하기 위해 어떤 활동을 해야 하는지 토의하시오.

사례연구 2

“빅데이터, 온라인 교육시장의 마케팅 질문에 답하다.”

청년들의 취업난이 지속되면서, 이들을 타겟으로 한 전문자격증과 취업관련 교육시장은 점차 치열해지고 있다. 이렇게 업계 경쟁은 심화되고 소비자는 선택의 폭이 넓어짐에 따라, 시대에듀는 수험서/강의 품질뿐 아니라 마케팅에도 많은 투자를 하고 신경을 써야 하는 상황이 되었다. 하지만, 약 1,500여 종의 수험서를 바탕으로 관련 강의 서비스를 제공하는 시대에듀는 어떤 품목을 우선순위로 하여, 어떤 콘텐츠를 중심으로 관리해야 할지 막막하여 제대로 된 마케팅을 시행하고 있지 못하였다. 막대한 자원으로 마케팅에 집중 투자하는 경쟁사들이 신규 진입하는 치열한 시장 환경에서 시대에듀는 그 어느 때보다 마케팅의 중요성을 인지하고 있는 상황에서 보다 효과적인 마케팅전략을 수립하기 위해 고심하고 있었다.

시대에듀는 ‘시대에듀’로 검색하여 유입되는 사람들을 ‘시대에듀 검색유입군’으로 구분하고, 해당 고객군이 어느 정도 업계정보를 알고 있다고 판단하여 구매가능성이 가장 높은 고객으로 선정했다. 그리고 분석에서 이들의 특성을 말해주는 구체적인 수치(접속키워드, 평균 페이지 이동수, 머문 시간 등)를 알 수 있었기에, 향후, 방문자의 로그데이터를 모니터링하여 이러한 조건에 부합하는 고객들에게는 할인쿠폰을 보내는 등 적극적인 프로모션을 시행하기로 하였다. 또한 시대에듀를 잘 알지 못하나 과목을 검색함으로써 유입되는 초기집단을 ‘자격/취업 관심군’으로 구분하고 다른 경쟁사에 앞서 회원으로 많이 확보하는 것이 중요하다고 판단하였다. 이에 따라, 자격증별 공부 시작 시기에 맞춰 블로그 및 커뮤니티 등에서 자격증 관련 일반 정보를 제공하는 마케팅을 시행하기로 하였다.

시대에듀는 품목별로 주 유입링크 및 검색키워드에 차이가 존재함을 확인할 수 있었다. 또한 직접접속률이 상대적으로 높은 소방, 일반행정직, 임상심리사에 대한 추가적인 로그데이터 확인결과, 마케팅 페이지에 대한 반응률이 소방품목이 타 과목보다 두드러지게 높은 것을 확인할 수 있었다. 이에 따라, 시대에듀는 마케팅 콘텐츠 작성 및 카페 내 배너를 통한 노출의 경우, 소방분야를 우선적으로 고려하기로 하였고, 장기적으로는 품목별 담당자를 지정하고 유입정보(유입링크 및 검색키워드)를 활용하여 콘텐츠를 작성하는 마케팅 콘텐츠 관리계획을 수립하기로 하였다. 아울러 고객의 여러 행동패턴 중 최초구매와 관련하여 상품열람이력, 방문주기, 세션당 이동수, SMS 신청여부가 주요한 요인이라는 것을 알게 된 시대에듀는 이러한 요인에 부합하는 행동특성을 보이는 고객을 최초구매가능성이 높은 고객으로 모니터링하고 타깃 마케팅을 시행하기로 하였다.

전기자격증은 시대에듀가 2016년에 오픈한 자격증이기에, 본 자격증과 시대에듀를 함께 인지하는 수준은 아직은 많이 부족하다는 것을 SNS 데이터 분석결과로 확인할 수 있었다. 다만 전기자격증에 대한 고객들의 관심도가 전체자격증 중 2위인 것을 보아, 마케팅에 집중한다면 더욱 빨리 많은 고객을 유치할 수 있을 것이라고 판단하여 마케팅 콘텐츠 작성 작업에 착수하였다. 시대에듀와 경쟁사와의 인지수준 차이가 크다는 결과는 현재의 수준으로 마케팅을 진행한다면 시대에듀가 가지고 있는 점유율마저 위태로울 수 있다는 위기감을 안겨주어, 마케팅분야 강화의 필요성을 뒷받침 해주었다.

부족한 자원으로 마케팅 활동에 어려움을 겪고 있었던 시대에듀에게 빅데이터 분석은 단비와도 같은 도움을 주었다. 쌓여만 가고 있던 내부의 데이터와 많은 고객들의 소리를 들을 수 있는 SNS 데이터 분석은 어느 부분에 우선적으로 집중해서 마케팅하는 것이 효과가 높은지를 알려주었다. 시대에듀는 전기분야 마케팅 활동 집중, 로그데이터 기반 구매가능성이 높은 고객 대상 마케팅 강화, 잘못된 의견 관리 등 빅데이터 분석 결과를 빠르게 적용했고, 매출 증대의 성과를 단기간 내에 확인할 수 있었다. 소방품목은 전년 동월대비 매출이 10% 성장하였고, 전기부문의 경우 전년 동월대비 신규회원이 10% 증가하고 매출은 50% 이상 증가한 모습을 보였다. 또한 금번 분석을 통해 확인된 구매가능성이 높은 고객들에게 타깃 마케팅을 시행한 결과 구매전환율이 기존대비 30% 높아진 것도 확인할 수 있었다. 다만, 효율적 마케팅 체계로 인한 성과는 단기에 나타나는 것이 아닌 단계적으로 나타나는 것으로, 지속적인 추적을 통해 그 효과를 관리할 예정이다.

자료원: 2017 중소기업 빅데이터 활용지원사업 우수사례집

토의문제

01 온라인 교육 관련 기업 중 빅데이터 분석을 통해 비즈니스 환경을 개선한 사례를 찾아 설명하시오.

02 ㈜시대고시기획시대교육은 향후 다양한 서비스 분야로 빅데이터 분석을 확대하여 데이터 기반의 교육서비스 회사로의 도약을 준비하고 있다. 이를 위해 필요한 사항에 대해 토의하시오.

참고문헌

김경태 (2018), 안정국, 김동현, 빅데이터 활용서, 시대고시기획.

김진호·최용주 (2018), 빅데이터 리더십, 북카라반.

박형준 (2018), 빅데이터 빅마인드, 리드리드출판.

방병권 (2017), 빅데이터 경영4.0, 라온북.

송주영·송태민 (2018), 빅데이터를 활용한 범죄 예측, 황소걸음 아카데미.

오현희 (2017), 빅데이터와 인문학, 홍릉과학출판사.

윤종식 (2018), 빅데이터 활용사전 419, 데이터에듀.

이종석·황현석·황진석 (2018), 빅데이터 비즈니스 이해와 활용.

이현웅·김종업·최현재 (2018), 빅데이터의 이해와 활용, 생각나눔.

임종수·정영호·유승현 (2018), 미디어 빅데이터 분석, 21세기사.

주해종·김혜선·김형로 (2018), 빅데이터 기획 및 분석, 크라운출판사.

지원철 (2017), 빅데이터 시대의 데이터 마이닝, 민영사.

최공필·서정희 (2017), 빅데이터4.0, 개미.

한국소프트웨어기술협회 (2018), 빅데이터 개론, 광문각.

한현욱 (2018), 이것이 헬스케어 빅데이터이다, 클라우드나인.

한국정보화진흥원 (2013.11), 빅데이터의 진화: 스마트데이터, 원문 자료의 번역 보고서(원문 제목은 the smart data manifesto, 출처는 http://exelate.com/white－papers/the－smart－data－manifesto－goodbye－big－data－hello－smart－data)

한국정보화진흥원 (2016), 2016년 중소기업 빅데이터 활용지원 우수사례집

한국정보화진흥원 (2017), 2017년 중소기업 빅데이터 활용지원 우수사례집

Akhtar, S. M. F. (2018), Big Data Architect's Handbook: A Guide to Building Proficiency in Tools and Systems used by Leading Big Data Experts, Packt Publishing.

Arghandeh, R. and Zhou, Y. (2017), Big Data Application in Power Systems, Elsevier Science.

Bahga, A. and Madisetti, V. (2016), Big Data Science & Analytics: A Hands－On Approach, VPT.

Berman, J. J. (2018), Principles and Practices of Big Data: Preparing, Sharing, and Analyzing Complex Information, Academic Press.

Chen, H., Chiang, R. and Storey, V.C. (2012), "Business Intelligence and Analytics: From Big data to Big impact," MIS Quarterly, Vol. 36 No.4, pp.1165~1188.

Francesco, D. and Renaud, D. (2018), Big Data Economics, Towards Data Market Places, Nature of Data, Exchange mechanisms, Prices, Choices, Agents & Ecosystems, Independently Published.

Gilder, G.(2018), Life After Google: The Fall of Big Data and the Rise of the Blockchain Economy, A Division of Salem media Group.

Mayer−Schonberger, V. and Ramge, T. (2018), Reinventing Capitalism in the Age of Big Data, Basic Books.

Hoeren, T. and Kolany−Raiser, K. (2017), Big Data in Context: Legal, Social and Technological Insights, Springer.

Holmes, D. (2018), Big Data: A Very Short Introduction, Oxford University Press.

Information Resources Management Association (2018), Big Data: Cencepts, methodologies, Tools and Applications, IGI Global.

Jones, H. (2018), Data Analytics: An Essential Beginner's Guide to Data Mining, Data Collection, Big Data Analytics for Business and Business Intelligence Concepts, CreateSpace Independent Publishing Platform.

Marr, B. (2017), Data Strategy: How to Profit from a World of Big Data, Analytics and Internet of Things, Kogan Page.

Miller, J. (2017), Big Data Visualization, Packt Publishing.

Minelli, M., Chambers, M and Dhiraj, A. (2018), Big Data, Big Analytics: Emerging Business Intelligence and Analytic Trends for Today's Businesses, Gildan Media.

Paley, N. (2017), Leadership Strategies in the Age of Big Data, Algorithms, and Analytics, Productivity Press.

Tenner, E. (2018), The Efficiency Paradox: What Big Data Can't Do, Knopf.

빅데이터 분석과 기업경영

★ 학습목표

_기업의 빅데이터 기반 경영전략에 대해 이해한다.
_기업이 빅데이터 기반으로 어떤 성장을 모색할 수 있는지 학습한다.
_기업이 빅데이터 기반으로 어떤 개선을 모색할 수 있는지 탐색한다.
_기업이 빅데이터 기반으로 어떤 강화를 모색할 수 있는지 고찰한다.
_기업이 빅데이터 기반으로 어떤 고객만족을 모색할 수 있는지 살펴본다.
_기업이 빅데이터 기반으로 어떤 신사업을 전개할 수 있는지 학습한다.

빅데이터 경영전략

스마트폰의 대중화로 다양한 기기 기반의 데이터 이용이 급증하면서 기업이 가진 구매 이력 정보와 로그(Log) 분석 결과, GPS(Global Positioning System) 등의 센서 데이터와 SNS(Social Network Service) 등의 소셜 데이터 간 결합을 통해 기업은 소비자가 원하는 서비스를 적기에 적절한 장소에서 제안할 수 있는, 소위 말하는 빅데이터 예측분석 기술 기반이 갖추어지고 있다. 이러한 예측적 분석을 분석2.0 단계라고 설명하였다. 게다가, 소프트웨어(Software: 이후 SW)도 분산병렬처리 기술, 클라우드 컴퓨팅(Cloud Computing) 등을 활용하게 되어 효율적 시스템 구축이 가능해지면서 이전에는 버려졌던 빅데이터에 대해 관심이 쏠리고 있다. 이의 배경은 스마트폰, 소셜 미디어 등의 출현 때문이기도 하지만, 무엇보다도 앞의 장에서 언급한 심층분석 등 분석 기술의 진화가 함께 진행되었으며, 보다 진화된 서비스들을 제공해주는 빅데이터 기술 기업들이 대거 등장하고 있기 때문이다.

그림 1 서비스 생성 빅데이터 처리와 서비스로서의 빅데이터 비즈니스 비교

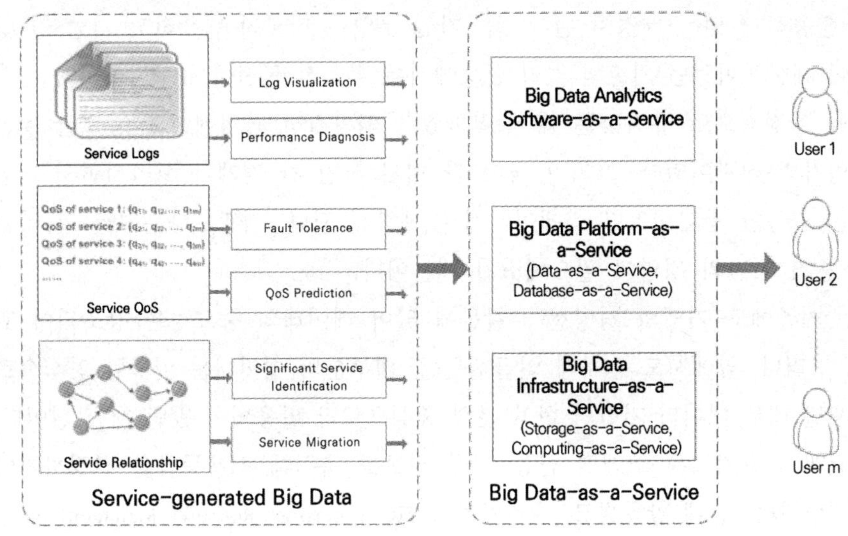

출처: Zheng/Zhu/Lyu(2013)

앞 장에서 2014 IEEE 빅데이터 컨퍼런스에서 발표된 쨍/쭈/류(Zheng, Zhu and Lyu, 2013)가 제시한 새로운 개념의 빅데이터 서비스(Big data–as–a–service)는 (1) 서비스로서의 빅데이터 분석 소프트웨어(Big data analytics software–as–a–service), (2) 서비스로서의 빅데이터 플랫폼(Big data platform–as–a–service), 그리고 (3) 서비스로서의 빅데이터 인프라스트럭처(Big data infrastructure–as–a–service)에 대해 소개하였다. 바로 이러한 서비스들이 기술기업들에 의해 제공되는 것들이다. 쨍/쭈/류가 [그림 1]과 같이 제시한 프레임워크를 보면 더 이해가 빠를 것이다.

이미 2012년 1월, 다보스에서 열린 세계경제포럼에서 제시된 네 개의 화두 중 하나가 빅데이터의 활용이었으며, 나머지 세 개의 화두는 서구식 자본주의의 위기, 고용창출을 통한 성장, 인프라 확대를 통한 고용창출 등이다. 빅데이터 활용 내지 분석은 컴퓨터 기반의 과학적 방법을 통해 빅데이터에 숨겨진 패턴을 발견하고 전체를 정확히 이해하게 함으로써 합리적 의사결정과 빠른 문제해결, 위험 조기 대응을 가능하게 하며, 결과적으로 빅데이터 수집과 활용을 통해 세상을 이해하고 의사결정을 최적화하는 데 기여한다.

이러한 배경에서 빅데이터는 기업에게 점차적으로 가치있는 자산으로 인정되기 시작하는데, 이미 국가간 경계가 무너진 글로벌 경제 환경도 빅데이터를 활용하게 되는 배경이 된다. 즉, 기업 운영이 비교적 단순하고 기업 간 경쟁이 제한적이었던 기존의 경영 환경에서는 획기적 혁신이 요구되기보다는 시장을 안정적으로 유지하는 데 주력하였고 의사결정 과정에서도 중요한 것은 경영자의 직관이었다. 그러나 국가 간 내지 산업 간 경계가 사라지면서 기업들은 그동안 간과되었던 빅데이터에 주목하게 된다. 직관보다는 빠르고 정확한 증거 기반의 경영이 필요해졌기 때문이다.

기존에도 기업의 경영전략 활동에 있어 데이터의 중요성은 강조되어 왔다. 그러나, 앞에서도 수차례 언급했듯이, 대부분의 데이터는 일정한 양식으로 정제된 내부 데이터 기반의 현상 분석 중심으로만 활용되어 왔던 게 사실이다. 예컨대 금융기업은 고객별 금융 거래 정보를 축적해 신용등급을 산정하거나 마케팅 활동 등에 활용했고, 제조기업도 ERP(Enterprise Resource Management, 전사적 자원 관리) 등 기업 내부에 구축된 시스템을 통해 수집된 내부 데이터를 분석하여 경영전략에 활용하였다.

기업들은 이미 축적해 온 내부 데이터에 외부 데이터를 추가하면 더 깊은 통찰과 높은 정밀도의 예측 결과를 얻을 수 있을 것이다. 이것이 빅데이터 기반의 경영이다. 포털 및 웹사이트 이용 통계, 전화 및 대면을 통한 육성 대화,

그림 2 기업의 데이터 활용 진화 방향

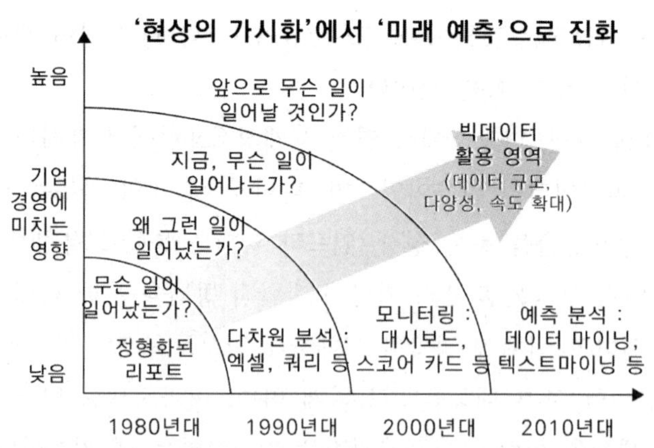

출처: 노무라연구소(2012); 케이비(KB)금융지주경영연구소(2013) 재구성

SNS 등에는 내부 데이터로는 파악하기 어려운 고객의 성향이 어떤 여과도 없이 반영되어 있으며, 특히 SNS는 고객의 자발적 참여 및 정보 생성이라는 특성으로 인해 데이터의 가치가 높다.

빅데이터를 활용한 비즈니스 창조의 3대 핵심 원동력으로 조망력과 인내력, 그리고 기술력 등을 제시한 노무라연구소(2012)는 위의 [그림 2]에서 보듯이, '현상의 가시화'에서 '미래 예측'방향으로 기업의 데이터 활용이 진화되고 있음을 언급했다. 또한, 노무라연구소는 기업이 활용 가능한 빅데이터를 유형화했다. 즉, 빅데이터의 원천은 입수 용이성(사내 vs. 사외)과 시장 가치(핵심적 vs. 비핵심적)에 따라 네 가지 유형으로 구분된다. 사내 핵심 데이터는 기업의 전략적 자산으로 그 활용 가치가 높으며, 기존에는 보호 대상으로서 외부로의 제공은 없었으나 최근에는 자사에 큰 이득이 있다면 타사와의 전략적 제휴로 데이터를 공유하고 교환하는 사례가 증가하고 있다. 한편, 사내 비핵심 데이터는 재무 데이터처럼 정기적으로 외부에 공개할 의무가 있는 경우도 있고, 개인정보 관련 정보처럼 외부 유출이 허용되지 않는 경우도 있으므로 외부에 완전히 공개하거나 또는 엄격히 보호해야 하는 데이터이다.

사외 비핵심 데이터는 일반인에게 공개된 데이터로 무료 혹은 비교적 낮은 비용으로 확보 가능하다. 기업이 적극적으로 확보하거나 활용할 수 있는 데이터이다. 한편, 사외 핵심 데이터는 공개되지 않으므로 입수가 어렵지만 시장가치는 매우 높으며, 사내 핵심 데이터와 같이 필요 시에는 타사와의 전략적 제휴를 통해 확보를 검토해야 하는 데이터이다. 이를 요약하면 다음 [그림 3]과 같다.

경영 환경의 변화 속도가 점차 빨라지고 복잡도가 높아질수록 현상 분석에서 벗어나 미래에 대한 예측력이 경쟁자들과 차별화된 요소가 된다. 하지만, 외부 데이터는 규모가 매우 방대하고 구조화 수준이 낮으므로 효율적 수집과 올바른 분석 및 활용을 위해 진보된 처리 기술과 통계 기법, 전문 인력 등 새로운 역량과 자원 확보를 필요로 한다. 이러한 기업의 니즈에 맞추어 앞에서 언급한, 일반 기업이 필요로 하는 사내, 외 데이터를 전문적으로 수집, 분석해 제공하는 데이터어그리게이터와 데이터를 한 곳에 모아 거래하는 데이터마켓플레이스가 비즈니스로 등장하고 있다. 그리고 이를 통틀어 '빅데이터애즈어서비스(Big Data–as–a–Service)'라고 부르기 시작했다.

그림 3 기업이 활용할 수 있는 데이터의 유형

[사내 핵심 데이터]	[사외 핵심 데이터]
• 자사가 보유한 독자적 데이터로 타사에게도 가치가 있으며 신규 고객 유치 등을 위해 시장에서 차별화가 가능한 데이터 • 예: 고객의 구매 이력 및 부가서비스 이용 내역, 신용카드 가맹점의 POS 정보	• 타사가 독자적으로 보유한 데이터로 자사에서도 이용가치가 높은 데이터 • 예: 타사 고객의 구매이력, 트위터의 파이어호스(Firehose) 등
[사내 비핵심 데이터]	[사외 비핵심 데이터]
• 자사가 보유한 독자적인 데이터지만 기업 차별화로 연결되지 않는 데이터. 외부 공개의 의무가 있거나 엄격히 보호해야 함 • 예: 재무 데이터, 직원의 개인정보 등	• 외부로부터 저렴한 비용으로 비교적 쉽게 입수가능한 데이터 • 예: 지도 데이터, 정부의 공개 데이터, 페이스북 프로필 등

출처: 노무라연구소(2012); 케이비(KB)금융지주경영연구소(2013) 재구성

이미 비자, 아멕스 같은 신용카드사는 고객 결제정보를 축적해 성향을 분석한 후에 제휴 업체에 위치 기반 프로모션을 제공하는 데이터 제공자 역할도 함께 수행하고 있으며, 온라인에 비해 상대적으로 데이터 수집이 용이하지 않은 오프라인 기업이 필요로 하는 데이터를 대신 수집해서 제공하는 전문 기업들도 등장하기 시작했다. 예컨대, 미국의 크림슨인포매틱스(Crimson Informatics)는 고유 단말기를 고객의 동의하에 자동차에 설치해 운행 관련 데이터를 수집·분석한 후 자동차 보험사에 제공하고 있다.

데이터 마켓플레이스는 인구 통계, 위치, 환경, 금융, 유통, 날씨, 스포츠 등의 데이터뿐 아니라 SNS 데이터 등을 한 곳에 모아 판매하는 서비스로서의 빅데이터 플랫폼이다. 이를 담당하는 기업은 크림슨인포매틱스처럼 직접 데이터를 수집하거나, 수요자와 판매자를 중개하는 역할을 수행하는 아마존(Amazon)이나 마이크로소프트(Microsoft; MS) 같은 경우로 대별된다. 아마존의 경우에는 MS와 달리 공공데이터세트를 제공한다.

아마존은 이미 서비스로서의 빅데이터 인프라스트럭처(IaaS) 제공 기업으로서 클라우드 서비스인 AWS(Amazon Web Services)를 제공중인데, 빅데이터 저장장치로 S3를 함께 제공하고 있다. 미국국립보건원(U.S. National Institutes of Health, NIH)은 '1천 개 게놈 프로젝트(1000 Genomes Project)'의 공공 데이터 세트를 일반에 개방하면서 AWS에 인간 유전자 데이터로 최대 컬렉션이 저장되기에 이른다. 이에 대해서는 7장에서 언급하였다. 한편, 아마존의 AWS 게놈 데이터세트는 아마존의 애플리케이션 호스팅인 EC2와 하둡 기반의 빅데이터

그림 4 아마존의 AWS 호스팅 시스템과 공공 데이터세트

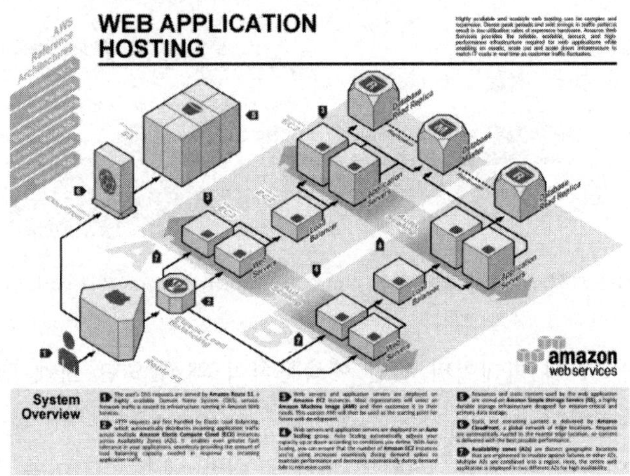

출처: 아마존 AWS 사이트(2014)(http://aws.amazon.com/architecture/)

분석 플랫폼인 엘라스틱맵리듀스(Elastic MapReduce)를 통해 함께 이용 가능하게 된다. 공공데이터세트에 접근하는 것은 무료이지만, 연구자들이나 기업들은 컴퓨팅 비용에 대해 아마존에 지불한다는 개념이다.

또한, 마이크로소프트(MS)의 데이터 소스인 윈도우애저마켓플레이스(Window Azure Marketplace)도 클라우드 컴퓨팅 서비스 기반을 가진 기술기업이 운영하는 데이터 제공 플랫폼 비즈니스의 대표적 사례이다. 사용자는 원하는 데이터를 직접 수집하지 않고 목적에 따라 원하는 데이터를 무료 혹은 정해진 비용을 지불하고 여기서 수집하며, 빅데이터 분석 플랫폼인, 하둡 기반의 '하둡온애저(Hadoop on Azure) 서비스도 함께 제공될 수 있게 된다.

이처럼 IaaS와 PaaS, 그리고 부분적으로 SaaS를 제공하면서 데이터 마켓을 제공하는 기업들 외에, SaaS만을 제공해주는 빅데이터 산업생태계 내 애플리케이션(Application) 기업들로 블룸리치(Bloomreach), 스플렁크(Splunk) 등이 대거 등장하고 있다.

일반 기업들은 이제 빅데이터를 기반으로 특정 경영전략 목표하에 의사결정을 내리고 비즈니스모델을 혁신할 수 있는 손쉬운 기술 환경을 맞이하였다. 그러나 일반 기업들에게는 빅데이터 분석이 왜 필요한지에 대한 원초적 질문이 아직 남아있다. 에릭 시겔(Eric Siegel, 2010)은 기업 경영 전반과 비즈니

그림 5 MS의 윈도우애저 및 윈도우애저마켓플레이스

출처: 마이크로소프트윈도우애저 홈페이지, http://www.microsoft.com/bizspark/azure/

스모델 혁신을 위해 빅데이터 기반 예측분석이 왜 필요한 지에 대해 그 이론적 틀을 제시하였다.

시겔에 의하면, 기업은 고객 및 조직에 대한 예측 스코어를 산출하는 예측분석 모델들을 활용할 필요가 있으며, 아래 [그림 6]에서 보듯이 경쟁(Compete), 성장(Grow), 강화(Enforce), 개선(Improve), 만족(Satisfy), 학습(Learn), 행동(Act) 등 일곱 가지 빅데이터 예측분석(Predictive analytics) 이유들이 있다. 이들은 이유이기도 하면서 동시에 경영전략 목표이기도 하며, 각 사업부서(Business Unit)별로 필요한 예측모델들(Predictive models)이 있고, 학습이라는 전략 목표하에 예측분석(Predictive Anaytics)으로 시스템화된다. 다시 말해, 그는 기업의 경쟁우위 유지에 필수적인 핵심 기업 실행(Core enterprise practice)을 예측분석으로 보았으며, 이것이 조직의 학습과정을 통해 여러 사업 부서에 특화된 데이터 기반 위험관리 시스템으로 정착된다면, 기업 경영에 있어 완전히 새로운 국면(New phase)을 맞이하게 될 것이라고 보고 있다(Siegel, 2010).

시겔에 의하면, 기업이 가진 데이터는 조직 경험의 집합체이자 고객과 나눈 상호작용(Interaction) 기록이기 때문에 값으로 따질 수 없는 중요한 전략적 자산이다. 예컨대, 고객의 반응 내지 무반응, 구매 의사결정, 고객 유치 및 이탈, 부정행위, 신용 부도, 제품 결함에 대한 불만 등은 기업에 학습 경험을 제공한다. 그리고 다양한 예측모델들은 데이터마이닝(Data mining) 기술을 통해 풍부한 경험의 핵심을 찾을 수 있게 해준다. 따라서 예측모델은 데이터에서 찾은 경험으로부터 나오는 학습 활동이다. 즉, 예측모델 자체가 학습의 결과물이 되는 것이다. 시겔이 제시한 일곱 가지 빅데이터 분석 이유이자 경영전략

그림 6 기업이 예측분석을 필요로 하는 일곱 가지 이유

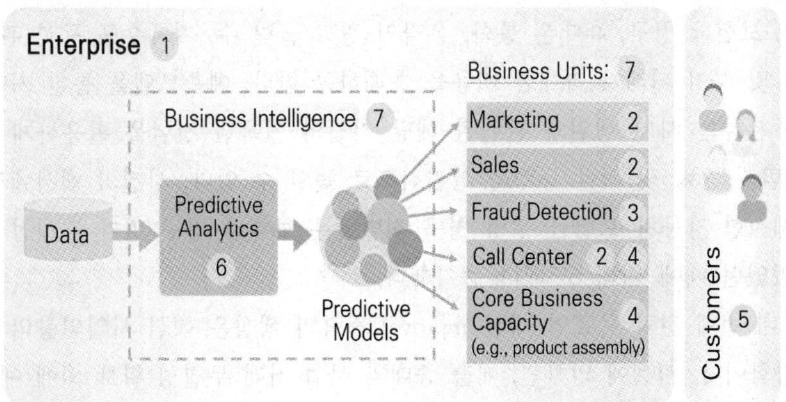

출처: Siegel(2010)

목표들에 대해 간략히 살펴보면 다음과 같다. 먼저, 첫 번째 전략 목표인 경쟁(Competition) 전략의 핵심은 가장 강력하고 독보적인 경쟁력의 원천을 확보하는 것이다. 기업이 제공하는 제품이나 서비스가 범용화되면 결국 경쟁우위는 업무 프로세스 개선 여부에 달려 있게 된다. 예측분석 모델들은 판매나 고객 유지에 활용할 비즈니스 인텔리전스(Business Intelligence: 이후 BI)의 원천을 제공하며, 고객 세분화(Customer microsegments) 형태로 좀 더 정교하게 고객의 구매 패턴을 다루게 해준다. 따라서, 경쟁 전략의 목표는 세부적인 예측모델들의 개발을 위한 상위의 전략 목표가 된다.

두 번째 전략 목표인 성장(Growth) 전략의 핵심은 경쟁 상황에서의 매출 증대와 고객 유지이다. 예측분석을 마케팅, 영업에 활용하는 것은 모든 업종에 적용된다. 고객별 구매, 반응, 이탈, 클릭 수 등 판매관련 행동에 대한 예상 점수가 책정될 수 있으며, 이는 마케팅, 영업, 고객 관리, 기업의 웹사이트 활동 등 운영 전반에 영향을 준다. 예컨대 다이렉트 마케팅(Direct marketing)에 대한 반응 예측모델은 비즈니스모델 혁신 가운데 가장 확실하게 입증된 부문이다. 왜냐하면 반응할 가능성이 낮은 고객을 제외시키면 비용이 대폭 줄고 수익이 늘어나기 때문이다. 예컨대, 전체 고객 중 반응할 가능성이 매우 높은 40%에 전체 반응 고객의 80%가 포함되어 있다면, 나머지 60% 중 상당 부분이 제외될 것이므로 마케팅 비용이 크게 절감되어 최종 수익이 대폭 증가하게 된다.

세 번째 전략 목표인 강화(Enforce) 전략의 핵심은 부정행위의 관리를 통한 비즈니스 무결성 유지이다. 여러 업종에 걸쳐, 송장, 신용카드 구매, 세금 환급, 보험금 청구, 휴대폰 통화, 온라인 광고 클릭 수, 가계수표 등과 관련된 부정 및 사기 거래가 막대한 비용을 초래하곤 한다. 예측모델을 통한 거래 평가와 분류는 사기 행위와 관련된 해당 기업의 기록된 경험을 활용하게 하여 사기탐지 능력 및 적발 능력을 획기적으로 높일 수 있다. 시겔의 백서에서 예로 제시한 자동차 보험금 부정 청구 적발률은 보험금 청구 평가나 채점 수단이 없었던 때에 비해 6.5배나 증가했다.

네 번째 전략 목표인 개선(Improve) 전략의 핵심은 핵심 사업역량의 경쟁력 강화이다. 시겔에 의하면, 매출 증대와 사업 거래 무결성 확보 외에 예측분석이 가장 활발하게 활용되는 영역은 제품 개선 및 생산성 효율 증대이다. 예측 결과는 핵심 사업역량의 혁신에 도움이 된다. 예컨대, 생산 중에 결함 품목이 조립 라인에서 감지될 수도 있고, 제품이 출고되면 고장 가능성이 높거나 수리가 필요한 부품을 파악해 급송 차량에 적재하게 할 수도 있다. 일례로 한 자동차 서비스 업체에서는 차량 수리 요청과 관련해 서비스 차량 파견 여부에 대한 판단력을 개선했다고 백서는 언급하고 있다. 또한, 보험상품의 가치와 경쟁력도 리스크 스코어 예상 평가에 달려있는 경우가 많다. 즉, 많은 보험금을 청구할 가능성이 있는 신청인을 정확히 파악할수록 보험료 책정 효과를 높이게 되어, 그만큼 손실률을 최소화한다는 것이다.

다섯 번째 전략 목표인 만족(Satisfaction) 전략의 핵심은 갈수록 높아지는 고객의 기대 충족이다. 예측분석은 기업에 다양한 혁신의 가능성을 부여할 뿐 아니라, 고객 역시 더 나은 제품을 더 낮은 가격으로, 더 편리하게, 더욱 안심하면서 구입할 수 있게 해준다. 특히 고객은 갈수록 심해지는 기업의 마케팅 활동에 대해 적절성 향상을 요구할 것이다. 정크메일이나 스팸메일에 대한 고객의 인내는 이미 한계상황에 도달했다. 제품 추천은 더욱 중요해질 것이며 기업들이 혁신하려면 예측분석은 기본 사양이 될 것이다.

여섯 번째 전략 목표인 학습(Learn) 전략의 핵심은 가장 앞선 심층분석 기술을 채택하는 것이다. 일반적인 BI 보고 방식은 과거를 돌아보는 기능을 통해 가치를 제공해왔다. 성과표, 상황판, 주요성과지표(Key Performance Indicator: KPI) 등이 대표적인 예이다. 한편, 예측분석 기술은 과거의 경험으로부터 반복적으로 학습해 가는 과정을 통해 예측력을 축적하므로 BI 분석기법과 차별화된다. 즉, 예측모델들은 고객 이탈 방지 등과 같은 당장의 현실적인 전략 목표에 최적화되어 있다. 데이터로부터 패턴이 발견되면, 이는 미래 사례에 적용되었을 때 유효하다는 차원에서 예측모델들의 최적화 과정 자체는 곧 학습과정이 된다.

마지막 전략 목표인 행동(Act) 전략의 핵심은 BI와 예측분석의 실천을 구현하는 것이다. BI 보고방식이 제공해주는 인사이트는 즉시 행동으로 옮기기에 역부족이다. 이와 대조적으로 예측분석은 최종 행동 명령을 도출하도록 설계된다. 예컨대, 개별 고객의 예측 점수에 따라 그 고객에게 수행할 행동이 결정되는 방식으로 마이크로마케팅(Micro marketing)이 가능한 것이다.

이러한 차원에서 예측분석은 가장 실천적인 형태의 BI가 된다. 이상의 예측모델에서 얻어지는 소(小) 결론은 빅데이터 활용을 통해 비즈니스모델 혁신이 가능한 주요 비즈니스 업무가 마케팅 및 영업, 부정 및 사기 방지, 핵심 사업역량의 개선, 그리고 고객 대응 등이라는 점이다. 시겔이 언급한 경쟁이라는 전략 목표는 경쟁사의 약점을 먼저 파악하는 등 비즈니스 단위별 전략 목표라기보다는 기업 경영 전반의 전략 목표가 되며, 학습이라는 전략 목표에 나타나는 예측분석은 사업부서별로 수행된 다양한 예측모델들의 풀(Pool)을 최적

표 1 기업이 빅데이터 분석을 하는 이유, 비즈니스 이슈, 분석 목표

분석이유(E.Siegel '10)		예시	Biz이슈(순위) (가트너, 2013)	분석 목표 (순위)(IBM, '12)
성장	매출 성장 (마케팅, 판매)	잠재고객 파악, 고객 이탈 평가	비용절감(5) 37%	고객중심적 성과(1) 49%
강화	부정행위 적발 (사기방지)	의심후보군 파악	보안기능 향상(9) 16% 리스크 관리 향상(6) 32%	위험 및 재무 관리(3) 15%
개선	생산, 검사, 정비 (역량 개선)	리스크 스코어 평가	프로세스 효율화(2) 49%	운영 최적화(2) 18% 직원 협력(5) 4%
만족	더 나은 제품, 가격 등 제공(적시적 대응)	마케팅 적절성 평가	고객경험 향상(1) 55% 타깃마케팅(4) 41%	고객 중심적 성과(1) 49%
학습	신규시장 개척 (신규 사업모델 개발)	데이터 비즈니스 등 신규 BM 창출	신규상품/비즈니스모델 창출(3) 42% 정보의 직접 수익화(7) 23% 규제에의 적응(8) 17%	신규 비즈니스 모델(4) 14%

출처: Siegel(2010); Gartner(2013), IBM(2012); 송민정(2014) 재구성

화해 나가는 학습과정으로 이해된다. 또한 행동이라는 전략 목표는 기업이 진정한 혁신을 위해 BI 보고방식을 개선하여 실행화시키는 실천단계를 의미한다고 하겠다. 따라서, 시겔의 7대 전략 목표 하에서는 신사업전략이 표현되고 있지는 않으나, 예측모델들이 모여 학습을 통해 새로운 제품과 서비스, 내지 비즈니스모델을 창출할 수 있게 된다.

이상에서 언급된, 시겔의 이론적 틀 제시와 함께 다양한 리서치기관에서도 기업이 빅데이터 분석을 채택하는 데 있어서 이슈와 목적이 무엇인지에 대한 설문조사들이 다각적으로 행해졌다. 예컨대, 가트너(Gartner, 2013)가 조사한 빅데이터 분석 채택 기업에게 묻는 비즈니스 이슈에 대한 질문에서 고객경험 향상(55%)이 최우선 이슈로 응답되었으며, 그 다음으로 프로세스 효율화(49%), 신규 상품 및 비즈니스모델 창출(42%), 타깃 마케팅(41%), 비용 절감(37%), 리스크 관리 향상(32%), 정보의 직접 수익화(23%), 규제 적응(17%), 보안기능 향상(16%) 순으로 나타났다.

이와 유사하게 IBM(2012)이 빅데이터 분석 목표를 묻는 설문 결과에서도 1순위가 고객중심적 성과(49%)로 나타났고, 그 다음으로 운영 최적화(18%), 위험 및 재무 관리(15%), 신규 비즈니스모델 창출(14%), 직원 협력(4%) 순으로 나타났다. 이를 시겔의 경영전략 목표와 비교하면 [표 1]과 같다.

기업은 경영전략에 빅데이터를 활용함으로써 의사결정의 적시성과 효과성을 높이고 나아가 선제적인 의사결정의 기반을 마련할 수 있으며, 내부 역량을 향상시키고, 업무 자동화 및 중복 제거, 프로세스의 안정화 등을 통한 생산성 증가를 기대할 수 있을 것으로 기대된다.

마지막으로, 이렇게 빅데이터 분석을 활용한 기업들이 경영상 얻는 이득이 무엇인지에 대한 의문이다. 커니(Kearney, 2013)는 기업의 빅데이터 활용의 효익을 전략적 가치와 운영 효율성 향상으로 구분하고 있다. 전략적 가치 창출은 의사결정의 적시성 향상(예로 의사결정 과정의 속도 향상과 데이터 분석의 빈도 및 정확도 향상), 의사결정 효과성 향상(예로 조직간 투입 자원 및 성과의 정량적 분배와 의사결정 결과에 대한 정량적 분석), 그리고 선제적 의사결정 기반 마련(예로 시장, 고객 동향 예측 및 이에 기반한 대응책 마련)으로 구분하고 있다.

또한, 운영 효율성 향상은 내부역량 개선(예: 문제 해결에 초점을 둔 데이터 분석 자원의 재배치), 업무 자동화 및 중복 제거(예: 데이터 취합 및 분석, 보고서 작

그림 7 기업의 빅데이터 활용의 효익

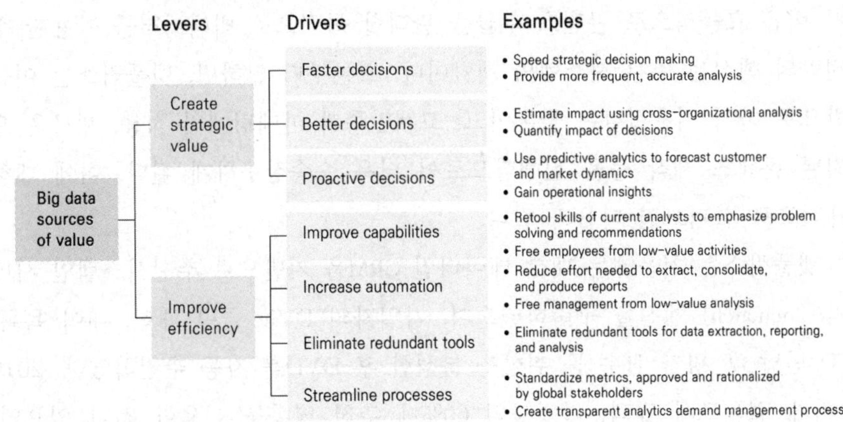

출처: Kearney (2013)

성시간 단축, 저 부가가치 업무에 대한 직원 부담 경감 등), 그리고 프로세스의 안정화(예: 다수 이해관계자에 표준화된 데이터분석 결과 제공, 데이터 분석 및 예측 결과의 투명성 향상 등)로 구분하였다. 다음에서는 시겔의 경영 상의 빅데이터 분석 목표들을 중심으로 성장, 개선, 강화, 고객만족 전략 사례들과 함께, 신사업전략 가능성에 대해서도 논의하고자 한다.

빅데이터 성장전략

시겔이 성장(Growth) 전략이라는 차원에서 관심 갖는 빅데이터 분석의 핵심 목표로 매출 증대 및 비용 절감을 들었으며, 주요 사업 업무로 영업 및 마케팅 등을 언급하였다. 매출 증대는 궁극적으로 비용 절감과 연계되며, 우선적으로는 시장의 확대나 매출 증대의 척도인 투자수익률(Return on Investment: 이후 ROI) 상승을 의미한다고 하겠다. 이의 대표적 기업 사례로 넷플릭스(Netflix)를 소개한다.

넷플릭스가 빅데이터 예측분석을 도입하게 된 일차적 배경은 비용절감이다. DVD를 주 서비스로 온라인 콘텐츠를 부수적으로 제공하는 넷플릭스에게 콘텐츠 이용요금 인상 요구는 경영 상의 숙제이며 불확실성이다. 이에, 넷플릭스가 비용 효율적으로 콘텐츠 수급을 관리할 목적으로 빅데이터를 활용한 성장전략의 핵심은 추천 시스템의 개발이다. 결론부터 말하면, 넷플릭스는 이를 기반으로 하여 비용절감은 물론이고, 고객만족과 마케팅에의 적용, 새로운 오리지널 콘텐츠 제작 등을 진행함으로써 더욱 승승장구하게 된다. 이에 대해 구체적으로 살펴보면 다음과 같다.

넷플릭스는 처음에는 내부 데이터인 CRM을 기반으로 추천시스템인 시네매치(Cinematch) 엔진을 구축하였으며, 가입자의 DVD 클릭 패턴, 대여 목록, DVD 반납 후 평가 점수 등 취향을 분석한 후 DVD를 자동 추천하였다. 2010년 자체 설문조사 결과, 가입자의 60%가 추천 영화를 이용한 적이 있으며, 90%가 만족하는 것으로 자체 진단하게 된다. 그 이후에는 SNS 데이터도 도입해 가입자에게 더욱 적합한 영화를 제시하는 등, 추천 기능을 혁신적으로 개선하기 시작한다. 가입자의 이용률 증대로 넷플릭스는 최신 영화에 집중되었던 DVD 수요를 롱테일 영화들로 확대해 콘텐츠 공급자들에게도 추가적인 수입을 제공하게 되어 우호 관계를 계속 유지하게 된다.

더 나아가, 넷플릭스는 자사가 개발한 추천엔진이지만, 정확도를 10% 증가시킬 수 있는 알고리즘을 개발해 주는 이들에게 상금으로 1백만 달러를 내거는 이벤트도 거행하였다. 100여 개 국가에서 수없이 많은 팀들이 2년 간 참여한 결과, 급기야 2009년에 벨코(BellKor)의 프래그매틱케이오스(Pragmatic Chaos)가 우승을 차지했다.

소비자들이 그동안 평점을 매긴 데이터를 바탕으로 어떤 영화를 좋아할지 예측하는 추천엔진은 기계학습(Machine learning)이다. 예를 들면, 100명의 소비자 각자가 1,000개의 영화 중 10개의 영화에 평점을 1에서 5까지 매겼다면 100 곱하기 1,000의 사이즈를 가지는 행렬의 1%만 평점으로 채워져 있고, 나머지 99%는 빈칸이다. 주어진 1% 데이터만 이용하여 99% 빈칸을 완성하는 기술은 '매트릭스 컴플리션(Matrix completion)'기술이라 부르는데, 다양한 방법들이 기계학습에서 개발되어 왔다. 이는 '협력적 필터링(collaborative filtering)' 기법을 통해 해결되기도 한다. 이는 비슷한 성향을 가지는 소비자들을 모아, 같은 성향의 소비자들의 평점을 바탕으로 추론하는 기술이다. 예컨대, A와 B

간 구매 행태에 상당 부분 공통분모가 있다면, A가 구매한 상품을 B도 구매할 개연성이 높다. 넷플릭스 외에도 아마존에서 책을 구매한 고객들에게 좋아할 만한 책들의 리스트를 추천하는 것도 아이템 기반의 협력적 필터링(Item to item collaboration filtering)의 한 예이다(Linden, Smith, and York, 2013).

한국콘텐츠진흥원(2014)의 보고서에 따르면, 넷플릭스 분석 데이터에는 2,500만 명 이용자들의 일시 정지, 되감기 등의 이용 행태를 포함해 하루 평균 3천만 건의 동영상 재생 기록, 최근 3개월의 기간에 해당하는 20억 시간 이상의 동영상 시청 시간 기록이 있으며, 하루 평균 4백만 건의 이용자 평가와 3백만 건의 검색 정보, 위치 정보, 단말 정보, 주중, 주말 시청 행태 등 데이터를 비롯해, SNS인 페이스북과 트위터로부터 수집한 소셜 데이터, 시청률 조사 업체인 닐슨(Nielsen), 기타 시장조사업체들이 제공하는 메타데이터까지도 수집되고 있다고 한다.

넷플릭스의 영상물 인벤토리(Inventory)는 매우 빈약하다. 현재 넷플릭스가 제공하는 VOD 숫자는 여타 다른 기업과는 천양지차이다. 영화의 경우 고작 10,428편에 불과하며, 여기에 방송 프로그램을 포함시킨다 하더라도 그 숫자가 3만 편을 넘어가기 힘들다는 것이다. 후발주자인 아마존 인스턴트 프라임(Amazon Instant Prime)이 총 85,635편(HD 3,833편)을 제공하고 있는 것에 비

그림 8 주요 엔터테인먼트 서비스의 1분당 비용 비교

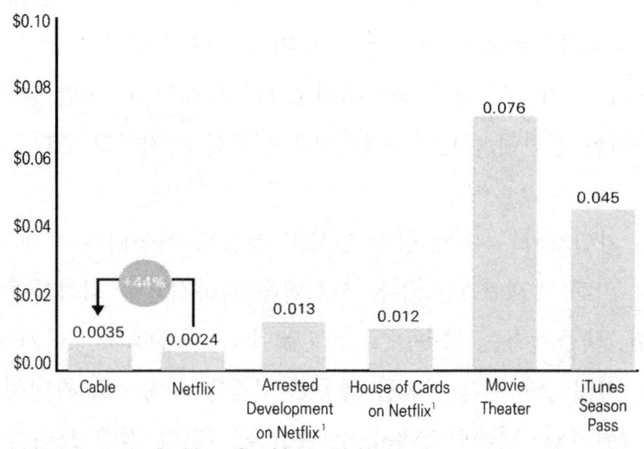

출처: Ivey Business Review(2013)

해서도 상당히 열위이다. 이런 상황에서도 넷플릭스가 꿋꿋하게 가입자를 늘려가면서 글로벌 진출 등 영향력을 확보할 수 있는 주요 배경 중의 하나가 바로 빅데이터 분석이다.

한편, [그림 8]에서 보듯이, 넷플릭스가 제공하는 서비스는 전통적인 케이블TV 서비스에 비해 상대적으로 매우 저렴한 월정료를 받고 있음에도 불구하고, 케이블TV에서 제공되는 엔터테인먼트 서비스 비용구조보다 저렴한 비용구조를 갖고 있지 못하다. 즉, 1분당 콘텐츠 비용을 상호 비교해보면, 전통적인 케이블TV는 0.0035달러인 데 비해, 넷플릭스가 지불하는 비용은 1분당 0.0024달러이다.

아이비비즈니스리뷰(Ivey Business Review, 2013)는 그 이유를 두 가지로 나누어 설명한다. 첫째로, 넷플릭스는 시간, 콘텐츠, 스크린 관점에서 볼 때 광고도 제공하고 있지 않고 실시간 TV 채널 제공 환경보다 더 융통적 환경임에도 불구하고, 제공하는 엔터테인먼트 서비스에 대해 가입자에게 고가의 요금을 요구할 수 없는 구조를 가지고 있다. 다시 말해 전통적인 유료TV 이용자들을 대상으로 하는 시장구조이기 때문에 유료TV 요금보다 저렴한 요금 설정이 매우 중요한 성공의 관건이 된다. 둘째로, 넷플릭스 가입자들의 이용 평균 시간은 매년 10%씩 상승하고 있는데, 매월 여전히 7.99달러 월정료를 받은 상황이 유지되고 있기 때문에 넷플릭스가 이러한 이용 시간 증가로부터 얻는 이득이 별로 없다는 점이다. 두 가지 이유 모두 저렴한 요금구조이다.

그럼에도 불구하고, 넷플릭스는 2013년 1분기에 약 13억 달러 매출을 올렸고, 그 이후 4분기 매출은 전년 동기 대비 24%나 성장한 11억 7,523만 달러를 기록했으며, 순이익도 전년 동기대비 6배나 늘어난 4,800만 달러를 기록했다. 또한, 이러한 선전이 콘텐츠 수급 비용 인상을 야기하고 있다는 점도 간과될 수 없다.

따라서, 가입자가 늘수록 함께 인상될 것으로 예상되는 콘텐츠 수급비용에 대처하기 위해 넷플릭스는 추천 시스템을 지속적으로 최적화해야 하는 상황이다. 또한, 넷플릭스는 치솟는 프로그램 수급 비용에 대처하기 위한 또 다른 대안으로 빅데이터 분석 결과를 활용해 맞춤형 제작으로 확대해 나가고 있다. 2013년 2월 1일, 넷플릭스에서 첫 방영을 시작한 정치 드라마인 “하우스 오브 카드(House of Cards)”가 빅데이터 기반의 첫 작품이다. 시기적으로 2012

년은 블루레이(Blu-Ray)나 DVD을 통해 영화를 본 미국인보다 인터넷을 통해 정식으로 제공된 영화를 본 미국인 수가 더 많은 것으로 기록된 첫 해이다. 이는 단순히 영화를 보는 형태가 바뀐 것 이상의 의미를 갖는데, 온라인으로 동영상 스트리밍 서비스를 제공하는 업체가 시청자의 시청 습관에 대하여 그 어느 때보다 많은 정보를 수집할 수 있음을 의미한다고 하겠다.

살롱 지(誌)(Salon, 2013)에 의하면, 넷플릭스는 이미 2012년에 빅데이터 역량을 반영해 프로그램을 제작하겠다는 의지를 공공연하게 이야기해왔으며, "하우스 오브 카드"가 이러한 빅데이터 기반 전략이 반영된 첫 번째 드라마이다. 즉, 넷플릭스 경영진은 자사 고객의 동영상 시청 선호도에 대하여 면밀하게 파악한 후에 1990년 BBC에서 제공된 미스터리 장르를 리메이크(Remake)하기로 결정했다. 넷플릭스가 수집한 고객 데이터를 통해 BBC에서 제작한 드라마를 좋아하는 경우에 특히 케빈 스페이시(Kevin Spacey)가 주연한 드라마나 데이비드 핀처(David Fincher) 감독이 제작한 드라마를 직접 찾아서 본다는 사실을 알게 되었고, BBC 드라마의 리메이크 제작 과정에서 이들을 참여시키는 것이 빅데이터 기반의 의사결정이었다. 넷플릭스는 곧 각각 13개의 에피소드로 이루어진 시즌 2개를 제작하는 일에 1억 달러를 투자하기로 최종 결정하였다.

이러한 빅데이터 기반의 경영전략은 제작 예정인 TV쇼나 드라마를 볼 잠재적 시청자가 얼마나 될지를 예측하는 일 이상의 이점을 갖는다. 즉, 넷플릭스는 자사의 동영상 추천엔진이 마케팅 비용 절감에도 큰 역할을 한다고 보고 있다. 앞에서도 언급했지만, 넷플릭스는 사용자의 75%가량이 추천 서비스를 적극 이용하고 있음을 경험하게 된다. 또한, 제작된 정치 드라마의 정식 서비스 개시 전 리뷰도 상당히 긍정적임이 확인되었고, 그 간에 수집한 데이터에서 시청자들이 에피소드를 하나씩 보기보다는 한꺼번에 전편을 몰아 보는 경향이 있음도 포착되어 한 번에 모든 에피소드를 공개하는 전략도 취해졌다.

넷플릭스는 지속적으로 데이터 범위를 확장하고 있다. 즉, 이미 모든 검색 결과와 시청한 동영상에 매긴 별점 등을 닐슨(Nielsen) 같은 제3자로부터 제공되는 별점과 함께 수집하고 있는 넷플릭스는 위치 정보, 기기 정보, SNS, 북마크 기록, 로그인을 통해 본인 인증을 한 기록 등에 대한 데이터도 수집하기에 이르렀다. 살롱 지(誌)(Salon, 2013)에 의하면, 이렇게 확장된 데이터 범위 안에서 넷플릭스는 예컨대 가입자가 월요일 오후보다 토요일에 스릴러물을 볼 가능성이 더 높다는 예측을 하는 것 외에도, 스마트폰이나 노트북보다 태블릿PC를 통해 영화를 보는 경우가 더 많다는 점이라든지 특정 지역에 사는 사람들이 일요일 오후에 태블릿PC로 영화를 감상하는 경우가 더 많다는 점 등도 파악하고 있고, 엔딩 크레딧이 올라가기 시작하면 동영상 재생을 종료하는 사람이 얼마나 되는지까지도 알 수 있게 되었다. 이러한 넷플릭스의 빅데이터 수집 및 활용의 열정이 지속된다면, 향후에는 음량, 색, 배경 화면 등 사용자가 무엇을 좋아하는지를 파악할 수 있는 등의 분석경영 증대할 것이다.

넷플릭스가 가장 최근에 빅데이터를 활용하는 부분은 장르 구분이다. 아틀란틱(The Atlantic) 지(誌)의 마드리갈 기자(Madrigal, 2014)에 따르면, 넷플릭스의 영화 장르 구분은 '시스템에 맞서 싸우는 가슴뭉클한 다큐멘터리' '실화에 기반한 충성심에 대한 시대물' '사탄에 관한 1980년대 외국 영화'식으로 매우 구체적이다. 마드리갈 기자가 트위터를 통해 장르 이름을 모으다가, 넷플릭스 ID 시스템을 알게 되어 스크립트를 써서 모든 URL 밑에 있는 장르 이름을 스크랩해, 무려 76,897개의 장르를 찾았다. 몇 주 동안 작업을 하여 그가 파악한 넷플릭스 장르 로직은 '어느 지역영화(Region) + 부사(Adjectives) + 명사 장르(Noun Genre) + ~에 기반한(Based On…) + 배경은 어디이며(Set In…) + 누가 만들었고(From the…) + ~에 관한 것이며(About…) + 타겟 연령대는 X에서 Y임(For Age X to Y)'식이다.

마드리갈 기자는 넷플릭스식 세부 장르를 개발한 상품혁신총괄(VP of Product Innovation) 토드 옐린(Todd Yellin)을 만나 개발 과정을 인터뷰했다. 인터뷰에 의하면, 넷플릭스는 메타데이터를 작성하기 위해 36페이지짜리 문서를 따라 꼼꼼하게 각 콘텐츠 정보를 채워 넣는다. 또한, "넷플릭스 양자이론(Netflix Quantum Theory)"이라 불리는 프로젝트는 영화를 구성하는 '양자'가 무엇인지 모두 기록한다. 예를 들면, 성적인 콘텐츠는 얼마나 나오는지, 얼마나 잔인한지, 로맨틱한 정도는 어떠한지, 주인공은 얼마나 도덕적인지, 해피엔딩인지 아닌지 등 모든 정보가 1~5점 점수로 입력된다. 플롯(Plot)에는 어떤 이야기가 나오는지도 정리되고, 주인공의 직업, 장소 정보도 입력된다. 그리고 기계는 이에 기반하여 '맞춤화 장르'를 만든다. 이런 정보는 어떤 장르의 TV쇼가 인기를 끌지도 알려주는데, 이것이 폭발적 인기를 끈 '하우스 오브 카드' 제작 배경이기도 하다.

여기서 중요한 것은 맞춤화된 장르를 만드는 과정에 컴퓨터 알고리즘과 인간의 지성이 같이 활용된다는 점이다. 컴퓨터는 같은 태그가 계속 반복되면 새로운 장르를 생성하는데, '해피엔딩 점수 5점짜리 모음'의 경우는 인간 지성이 개입해 '기분이 좋아지는 영화'라는 그럴듯한 이름이 같이 달아진다. 넷플릭스는 이미 소비자가 특정 영화에 별점 얼마를 줄지 예측하는 알고리즘에 많은 투자를 하고 있는데, 소비자에게 새로운 영화를 권하는 단계에서는 '당신이 3.5점을 줄 영화'라고 표현하기보다 아주 구체적인 장르를 제시하는 것이다. 새로 생성된 장르는 그 이름이 50자를 넘으면 안 되고, 넷플릭스가 해당 장르 영화를 충분히 보유하고 있어야 하며, 그 장르 이름이 문법적으로 문제가 없어야만 일반 고객에게 노출된다. 즉, 태깅(tagging)해 놓은 정보를 모두 노출하지 않고 이야기를 만들 수 있는 수준에서 스토리텔링을 한다는 점이 핵심이다. 너무 많은 장르가 소비자에게 노출되면 오히려 소비 행태를 저해할 수도 있으며, 대부분 장르는 데이터 소스(Data source)로만 존재하고, 넷플릭스는 이를 스토리텔링화하여 새로운 형태의 추천 장르로 재포장하는 것이다.

결론적으로, 넷플릭스의 추천시스템은 비용절감에서 시작되었지만, 분석 알고리즘은 고객 맞춤화 서비스 제공을 위해 계속 진화하고 있다. 일반적인 개인화 추천 시스템은 당신이 좋아하는 영화를 본 사람들이 어떤 영화를 좋아했는지 분석하는 식인 데 비해, 넷플릭스는 단순한 고객 행태 분석 대신에 콘텐츠를 분해하고 분석하는 것에 더 초점을 두고 있다. 또한, 재무적 시각에서 보면, 콘텐츠 성공의 실질적 지표인 가입자 수 증가가 넷플릭스 성장전략의 우선적 목적이 될 수 없다. 넷플릭스가 신규 오리지널 프로그램 시리즈 제작으로 새로운 이용자 증가를 유도하고 있다 해도 이러한 성장도 지속적이지 못하다. 아이비 비즈니스 리뷰(Ivey Business Review, 2013)에 따르면, 넷플릭스가 오리지널 콘텐츠 제작을 하는 주된 이유는 기존 고객 유지와 치솟는 콘텐츠 수급 비용에 대한 헷징(Hedging), 그리고 콘텐츠 차별화로 향후 요금을 조정할 수도 있을 잠재성이라고 한다. 따라서, 성장전략과 고객만족 전략 차원에서 넷플릭스는 지속적으로 빅데이터 기반의 분석을 진화시켜 나갈 것이다.

빅데이터 개선전략

개선전략의 핵심 업무는 핵심 사업역량의 강화이다. 여기서 예측분석은 제품의 생산 효율, 검사, 정비 개선에 기여한다. 결국 생산과 공급의 효율성을 높이는 것이 중요하다. 대표적인 글로벌 기업은 자라(Zara)이다. 이 기업은 1975년 스페인의 작은 상점에서 시작해, 2013년 현재 약 80여 개국 1,700여개 매장에서 135억 달러의 매출을 거두는 글로벌 패션 브랜드(세계 브랜드 가치 순위 52위)(Forbes, 2013)로 성공을 거두고 있는 빅데이터 기반으로 프로세스 개선 경영을 하는 대표적 기업이다. 자라는 전 세계 매장의 환경 정보와 품목별 특징, 전시 위치, 판매 실적 등을 실시간 집계하여 의류 품목별 최소 및 최대 판매량을 도출하고 매장 및 품목별 적정 재고 및 주문 가이드로 활용하고 있다. 즉, 소매단위별 철저한 수요변화 체크를 토대로 소량 주문과 적시 운송, 유연한 도급계약 등을 통해 무(無) 재고 시스템이 실현된 것인데, 디자인에서 판매에 이르는 수직적 통합으로 2주에 한번 신 제품이 출시하고, 1만여 종 의류가 저렴한 비용으로 출시 가능하다.

자라 개선전략의 핵심은 판매 데이터의 실시간 분석을 통한 정확한 수요 및 재고 관리이다. MIT와 공동 개발된 실시간의 적정 재고 산출 알고리즘은 [그림 9]에서 보듯이 진열 상품 수와 매출 간에 포화지점이 존재함에 착안하

그림 9 적정 재고 산출 알고리즘 개발

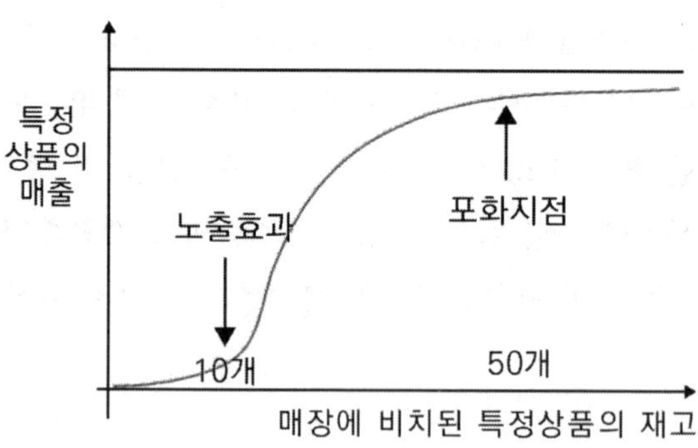

출처: 김철원 등(2011)

그림 10 빅데이터 분석 이전과 이후(수요예측 기반의 할당 최적화) 비교

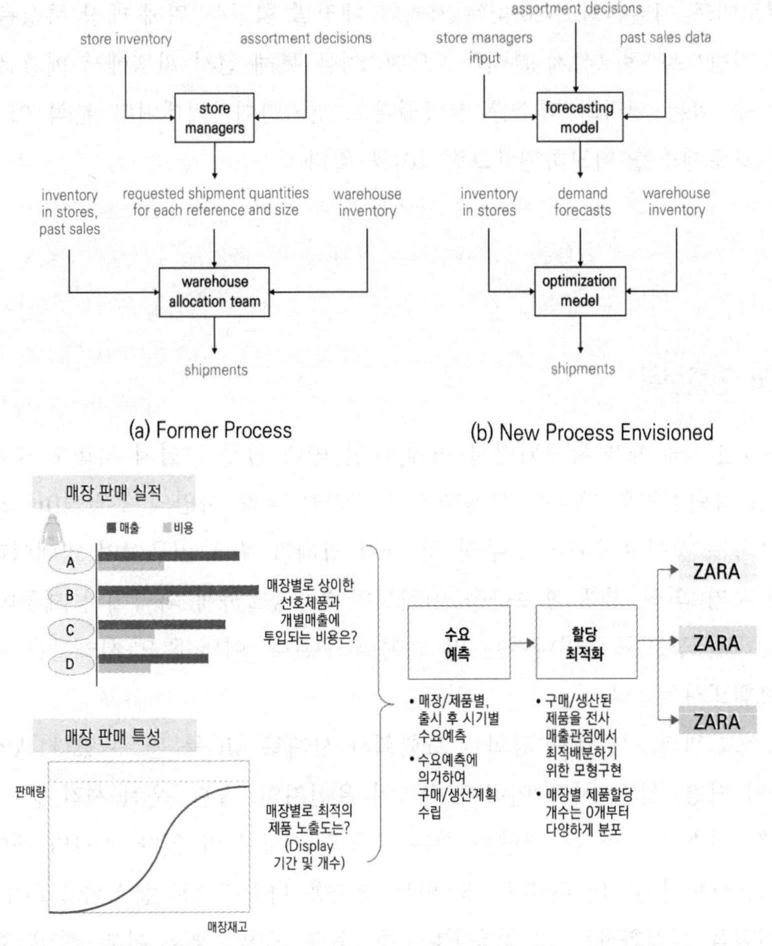

출처: 딜로이트 애널리틱스(2013)

여 개발되었다. 예컨대, 본사에서 A 의류제품 100개를 50개 매장에 공급할 계획이었는데, 매장별 최소 10개의 상품 노출효과가 발생하였다면 매출 포화시점은 50개이다. 이의 해결책은 A 의류제품 100개를 2개 매장에만 50개씩 공급하여 이 2개 매장의 매출 극대화를 통해 전체 매출 극대화를 가져오게 하는 것이다. 이러한 할당 최적화를 위해서 매장별 재고 투입량을 본사에서 실시간 조절하게 된다. 자라는 이러한 분석 알고리즘을 기반으로 판매량 예측 및 재

고 관리, 소비자 니즈에 맞춘 적기시장(Time-to-Market)을 실현하여 효과적인 경영 개선을 달성하게 된 것이다.

딜로이트 애널리틱스(2013)는 자라가 매장별 할당을 위해 매장 특성을 빅데이터 기반으로 정교하게 분석하였으며, 이를 통해 전사 관점에서 매출을 극대화할 수 있는 최적화 믹스를 찾아냈다고 평가한다. 빅데이터 분석 이전과 이후의 프로세스를 비교하면 [그림 10]과 같다.

빅데이터 강화전략

온라인 자동화가 확대되면서 이에 대한 반대 급부로 범죄 기회도 증가하고 있다. 강화전략의 핵심은 부정행위의 관리를 통해 사업의 무결성(Integrity)을 확보하는 것이다. 따라서, 부정 및 사기 방지가 주요 업무이며 빅데이터를 활용해 사기 의심 거래 후보군을 이전보다 더 정밀하게 파악해서 제공하고, 아울러 허위 정보를 줄여나가는 일 등이 요구된다. 이의 주요 사례들은 은행이나 보험회사들이다.

리스크 관리 시스템을 강화한 보험회사 사례로 AIG를 들 수 있다. AIG는 운전자의 연령, 성별, 사고 이력에 비하여 운전지역, 습관, 운전 시간 등이 자동차보험 리스크에 더 큰 영향을 주는 것으로 조사한 바 있다. AIG의 데이터 과학팀은 보험가입자와 관련된 내·외부 영향을 다각적으로 분석함으로써, 비용과 위험을 최적화하는 데 활용했다. 즉, 연령, 성별, 결혼 여부, 직업, 학력 등 기본적으로 수집되는 데이터와 함께, 외부 데이터인 기후 변화, 지도, SNS, 기계 데이터인 자동차 완충장치 유무 등 다양한 정보를 결합하였으며, 가입자 거주지 100Km 이내 의료기관 정보, 자동차 완충장치와 운전피로도의 상관관계 등은 중요한 정보로 가치를 지닌다. 또 다른 예로, 호주 컨설팅 그룹인 로젤라(Rosella)는 기존 가격책정모델에 사용되는 일변량, 일원분석을 대신해 과거 보험금 지급사례 분석을 통한 보험 가입자의 실시간 위험산출 모델링 기법을 제안했고, 보험사 및 재보험사를 위한 예측 분석회사인 다툼(Datum)은 빅데이터를 활용한 연구개발을 통해 약 40억 건 이상 기후변화 요소를 반영한 중장기 재난발생 예측모델을 개발한 바 있다.

이처럼 보험회사들은 우선적으로는 리스크에 대한 보험료 산정의 적정성을 파악한다거나 잠재 위험요인의 정확성을 향상하는 것 등에 관심을 보인다. 그 외에도 사기방지, 마케팅, 상품 개발에도 빅데이터가 활용되는데, 이들은 실시간 리스크 포트폴리오 재산출을 통한 주력 상품 선정 및 객관적 근거에 기인한 의사결정을 위해 분석 결과를 활용하고, 새로운 위험 보장을 위한 상품도 개발한다. 강화전략과 연계된 사기방지 사례로는 남아프리카 단기보험 전문 보험사 사탐(Santam)이 있다. 이 회사는 리스크 경중에 따라 클레임을 자동 분류하고, 빅데이터 분석을 통하여 보험사기를 적발한다. 빅데이터 활용으로 클레임 심사기간을 단축하여 저위험 청구 시 기존 3일 이상에서 즉시 지급하는 시스템으로 바꾸게 되었고, 관련 시스템 운영 4개월 만에 약 240만 달러에 이르는 사기성 청구를 적발했다.

국내에도 많은 보험사들이 사기 방지를 위한 분석 시스템 도입을 빅데이터 붐 이전부터 시작했는데, 최초 사례는 2006년 6월 23일, 기존의 삼성생명 보험사기방지 시스템(Insurance Fraud Detection System; IFDS)의 룰 기반 심사지원 시스템 및 사기징후 모니터링 시스템에 케이에스텍(KSTEC)의 아이로그 제이룰스(ILOG JRules) 도입에서 시작된다. IFDS는 보험사 보상 청구 프레임의 자동심사 및 사기검출을 위한 시스템으로, 보험금 청구 시 면책률 개선 및 보험사기 징후 검출 관리를 위해 심사 프로세스를 명확히 하는 것을 목적으로 한다. 삼성생명 측은 본 프로세스에서 정의된 절차 및 규정준수와 이 과정에서 발생되는 다양한 정보를 지식 데이터베이스화함으로써 심사의 효율성과 효용성을 극대화하고, 사전에 보험사기를 방지함으로써 면책율을 향상 시킬 것을 기대하여 아이로그 제이룰스를 도입하였다. SAS코리아가 통계 모델링을 통한 사기 검출 모형 컨설팅을 담당했고, KSTEC은 ILOG BRMS를 활용하여 이 통계 모델링 모형을 룰로 시스템화하여 차후 모델링을 통한 모형 변환에 빠른 시간 내에 대처할 수 있는 기반을 마련하였다.

그 다음 해인 2007년에 마찬가지 목적으로 아이로그 제이룰즈가 대한생명의 IFDS에도 도입된다. 예측분석을 통해 사기 의심 거래 후보군을 더 정밀하게 실시간으로 파악하는 이 시스템은 보험금 청구 고객에 대한 스코어링(Scoring) 수단을 토대로 보험금 지급 여부를 판단할 수 있도록 지원한다. 보험

사기 청구에 대한 데이터 분석 스코어링(Scoring)이 100여 개 팩터(Factor)로 분류되어 사기방지 프로세스가 구축되었고, 사기징후 감지 기준도 표준화되어 있다. 이 시스템은 보험사기로 적발된 사례들을 수집, 패턴화하여 보험사기 혐의자(사기 의심 거래 후보군)를 자동으로 추출하는 것이다. 사기유형, 계약 및 사고유형도 개인, 보험 모집인, 병원, 정비업소별로 구별되어 다양한 지표들이 개발되었고, 혐의자 선정을 통해 가해자, 피해자, 동승자가 자동 추출되며, 사고 관련성, 공모 여부를 판단할 수 있는 연계분석 시스템이기 때문에, 체계적이고 정밀한 실시간 분석이 가능하다. 대한생명은 이를 통해 적발률을 제고하고 보험사기 예방효과가 나타나, 보험가입자들의 보험 혜택에도 기여하게 된다.

보험회사 외에 통신기업도 리스크를 관리하는데 빅데이터를 활용할 수 있다. 데이터가 폭발하고 네트워크 환경이 점차 개방되면서 악성코드, 사이버범죄, 산업스파이 등 보안 위협이 일상화되고 있다. 이에 효과적으로 대처하고 기업이 좀더 안정되고 효율적으로 보안을 운영하고 강화하기 위해서는 '통합 보안관리'가 필요하다. 보안 솔루션은 외부 위협들을 데이터 기준으로 정의하고 위협 데이터가 접근하지 못하게 하는 역할을 하며, 네트워크 보안 영역의 침입방지시스템(Intrusion Prevention System: IPS)과 침입탐지시스템(Intrusion Detection System: IDS)도 데이터를 기반으로 한다. 그동안에는 기종이 다른 보안 솔루션들이 많은 로그 데이터를 쏟아내는 상황에서, 이들을 모아 서로 다른 형식의 로그 데이터에 대한 상관관계 분석을 하는 것이 어려웠지만, 하둡 기반 빅데이터 플랫폼에서는 '통합보안관리'가 가능하다. 왜냐하면, 하둡 기반 빅데이터 플랫폼은 정형, 비정형, 반(反) 정형 데이터를 통합 수집, 저장하고 수백 테라바이트(Terabyte) 이상의 로그 데이터를 빠르게 분석할 수 있기 때문이다.

대표적인 국내 사례로 KT는 네트워크 효율화 및 TCO 절감을 최우선 목표로 하둡 기반 통합 플랫폼을 구축한 바 있다. 2010년 넥스알(NexR)을 인수한 KT는 빅데이터 수집과 저장, 분석, 검색, 변환 등을 원 솔루션으로 수행하기 위해 넥스알 데이터 분석 플랫폼(NexR Data Analytic Platform; NDAP)이라는 빅데이터 분석 통합 플랫폼을 구축하였다. NDAP 구축으로 정형 데이터와 비정형 데이터 간 결합으로 이중의 데이터 인프라를 갖게 된 KT는 기간계 시스템의 정형 데이터는 기업 데이터웨어하우스(Enterprise Data Warehouse; EDW)에 저장, 분석하고, 저장 기술 및 성능 부족으로 분석하지 못했던 통화 기록이나 인터넷 생성 실시간 데이터에 대해서는 또 하나의 플랫폼으로 가져가게 된 것이다. KT는 이 플랫폼을 망 운영 개선과 통화품질 향상에 활용하였다.

KT가 기존 방식의 고성능 서버 및 스토리지, 관계형 데이터베이스 관리 시스템(Relational DataBase Management System; RDBMS) 기반 아키텍처와 NDAP 기반 아키텍처의 비용절감 효과를 상호 비교 계산해 예측한 결과, 향후 5년 후 TCO 기준으로 최소 약 567억 원의 비용절감 효과가 있을 것으로 추정된다. 그 외에도 선형적 배치 성능 개선은 1.5배로 향상되고, ETL(Extraction, Transformation, Load; ERP, CRM 등 데이터 추출 후 저장소 데이터로 변형 후 목표 저장소인 데이터웨어하우스에 보관) 병목현상은 6배 개선되고, BI 성능은 2.5배 개선되며, 실시간 검색 처리시간은 1초 미만으로 개선될 것으로 자체 추정하였다.

이 플랫폼은 다른 전략 목표 달성을 위해서도 활용 가능하다. 즉, KT는 이 플랫폼을 토대로 대내 외 보안 강화를 도모하는 '보안용 NDAP(NDAP for Security)'을 구축해, 기업 내 존재하는 보안솔루션의 로그 데이터를 NDAP에 통합하여 수집, 저장, 분석해 공격 위협에 대응하고 내부 정보 유출을 예방하는 데 활용하고 있다. 이를 통해 데이터 중심의 보안 정책 및 프로세스 수립이 가능해졌다. 이는 내부관제와 외부관제를 위한 통합로그분석 시스템으로 나뉘어진다. 내부관제 플랫폼은 시스템 로그, 기본 시스템 정보(인사정보, IP, 출력물 관리 등) 등 기업 내부 사용 데이터를 통합적으로 수집, 저장, 분석하기 때문에 정보 유출 이상 징후 예측 시스템과 컴플라이언스 원스톱 프로세스(Compliance One Stop process) 등을 실현시킨다. 또한, 외부관제 플랫폼은 네트워크 보안 솔루션(웹 방화벽, IPS 및 IDS, 안티 스팸메일, 바이러스 월, 좀비PC 탐지 등) 로그 데이터와 엔드 포인트 관리 및 보호 솔루션(자산 관리, 패치 관리, 안티바이러스) 로그 데이터를 수집, 분석해 새로운 유형의 보안 위협에 대처하게 한다.

빅데이터 고객만족전략

고객만족 전략의 핵심 목표는 고객 관점에서의 보다 나은 가격, 보다 나은 제품, 그리고 안전 구매 등이며, 업무는 고객 대응이다. 기업의 마케팅 업무 중에, 마치 웹사이트의 상품 추천 광고 메일처럼, 우연히 최종 소비자에게 명시적 셀링 포인트로 재차 활용되기도 한다. 다시 말해 처음에는 마케팅 대상 선정의 정확성 개선을 도모하지만, 부수적으로 고객 만족을 일어나게 하여 시너지가 발생한다. 이와 마찬가지로 품질 관리, 서비스 능률 향상 등 개선 효과도 궁극적으로 소비자의 요구 수준을 충족하게 되어 고객 만족을 불러오게 된다.

기업이 성장하면 비즈니스 생산성 측면에서 새로운 규모의 경제가 발생하게 되는데 효율 향상을 통한 요금 인하가 대표적 예이다. 고객 관점에서 보는 '보다 나은 가격'의 보험기업 대표 사례는 프로그레시브(Progressive)의 보험료 산정시스템이다. 미국에서는 자동차 보험료가 계속 인상되면서 주행거리에 연동한 자동차보험을 도입하게 되는데, 가장 먼저 도입한 기업들로 프로그레시브와 GMAC, 마일-미터(Mile-Meter)가 있으며, 프로그레시브는 2006년 '마이레이트(My Rate)'를 출시하였다. 이 기업은 이 시스템을 통해 '고비용 고위험군' 자동차 손실 부문에 초점을 둔다. 즉, 운전자가 안전 운전을 하면 보험료가 할인된다. 가입자는 이에 가입하고 자동차에 해당 장치인 트립센서(Tripsensor)를 부착하면 된다. 트렙센서는 자동차의 총 주행거리, 속도, 시간을 읽는 장치로, 차량진단단자에 장착되며, 운전자는 이 단자를 통해 내부 컴퓨터 장치에 기록된 주행거리 정보를 트립센서를 통해 읽은 운행거리 관련 정보로 직접 프로그레시브에 온라인 전송된다. 이렇게 수집된 정보와 고객이 프로그레시브에 제공한 정보를 활용해, 프로그레시브는 보험료를 산정하고, 고객은 보험 갱신 시 5~20%의 할인을 받을 수 있다.

고객 관점에서 보는 '보다 나은 제품'의 사례로는 유통사로 이베이(Ebay), 아마존, 월마트(Walmart) 등이 있다. 이베이는 약 9천만 명 이상의 활동적 이용자 지원 및 하루 평균 40TB 규모의 새로운 데이터베이스를 수집한다. 옥션 출품물의 이미지와 설명문의 비구조화된 데이터 분석을 통하여 서비스 이용행태를 예측하고 이를 바탕으로 이용자들에게 효율적인 서비스를 제공해 준다. 이베이는 명절이나 기념일처럼 선물 구입이 증가하는 시점에 맞춰 고객의 소셜미디어 활동 내역과 과거 구매이력을 분석하여 고객이 선물할 만한 지인의 프로파일을 추정하고 적합한 선물을 추천하고 있다. 또한, 아마존은 앞서 언급한 데로 빅데이터 인프라를 서비스로 제공해 주기도 하지만, 자사 사이트의 추천 상품 시스템으로 더 유명하다.

SNS 데이터 수집을 위해 월마트랩을 설립한 월마트는 SNS에서 수집한 빅데이터를 분석해 캘리포니아 마운틴뷰 지역에 자전거에 관심을 갖는 거주자가 많다는 사실을 파악하고 해당 점포의 상품 라인업을 조정하는 등의 고객 서비스를 제공 중이다. 월마트는 소비자가 희망할 것으로 추정되는 것을 검색하는 소셜게놈(Social genom) 프로젝트를 통해 패스트데이터(Fast data) 개념을 도입, 이의 활용으로 소비자 수 15% 증가, 온라인 리뷰 20% 증가를 경험하였다. 월마트가 이처럼 자체 솔루션을 개발한 이유는 기존 검색업체들이 데이터 제휴를 거부했기 때문이다. 이를 통해 월마트는 오프라인 매장과 온라인간 연결고리를 마련하게 되었고, 불필요한 물품을 각 매장에 보낼 필요가 없어져 유통 구조도 개선할 수 있었으며 각 매장 공간 효율성도 상승하는 경험을 하게 된다. 월마트는 검색 통계를 활용해 특정 제품에 관심이 많은 지역 점포의 상품의 구성을 조정하는데 이용한다. 월마트랩의 소셜게놈 활용 사례는 아래 [그림 11]과 같다.

'보다 나은 제품'의 렌터카 사례로는 전 세계 8,300개 지점을 운영 중인 허츠(Hertz)가 있다. 이 기업은 매일 수 천여 개에 달하는 고객 의견을 웹 설문, 이메일, 문자 메시지를 통해 수집하며, "허츠 차량 청결(Hertz Vehicle Cleanliness)" "허츠 직원교육(Staff Courtesy)" "허츠 고장(Mechanical Issues)" 등

그림 11 월마트랩의 소셜게놈을 트위터에 응용한 사례

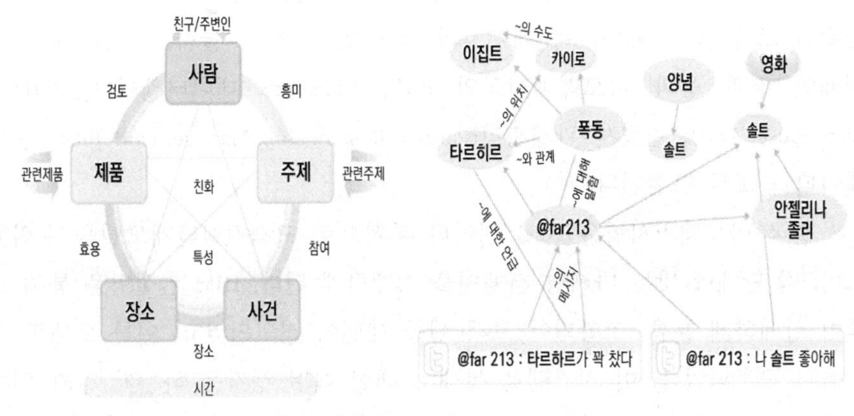

출처: www.walmartlabs.com/social-genome

인터넷상의 비정형 데이터들을 수집해 인텔리전스 분석 시스템에 투입한다. 허츠는 비정형 데이터를 정형 데이터로 변형시켜 전사적 전략 수립과 지점별 전략 수립을 위한 자료, 운영비용 감소를 위한 목적으로 함께 활용하며, 고객 불만을 분석해 고객 만족도를 높이고 있다. 텍스트 마이닝 분석 방법 도입 전에는 고객 설문지의 주관적 답변 분석이 각 지점 매니저 역할이었으나, 비효율적 시간 소비, 인력 낭비와 더불어 매니저 각자의 기준에 의해 고객들의 답변이 해석되고 분류되는 일관성 부재가 문제였는데, 주관적 답변에 대한 시스템 분석을 통해 일관성과 정확성, 처리 속도가 개선되었다는 평가를 받고 있다. 렌터카 기업들의 최대 고민은 고객의 대기 시간인데, 빅데이터 분석을 통해 필라델피아 지점에서 하루 중 특정 시간대에 렌트차량 대기 시간과 반환시간이 지연되고 있음이 포착되자, 즉시 해당 시간대에 숙련된 직원으로 교체되고 지점 매니저가 참관하여 운영하는 형태로 바꾸는 조치가 취해지는 등 고객에게 보다 나은 서비스가 제공된다.

위에서 글로벌 사례를 살펴보았는데, 국내에서 '보다 나은 제품' 및 '안전구매' 실현 사례로 화장품 기업인 아모레퍼시픽이 있다. 이 기업은 구매 정보부터 콜센터 불만 접수까지 모든 기업 데이터를 지난 10여 년 동안 수집해왔고, 여기에 SNS 데이터를 통합해, 최소 최근 1년 내 거래 고객을 '활성고객'으로 정의해 이들의 흔적들에 집중한다. 이렇게 쌓은 데이터량은 2011년 동안에 B2C 데이터가 15.2테라바이트(Terabyte: TB)로, B2B 데이터는 13.2TB로 늘어났다. B2C 데이터는 2007년부터 연평균 71%, B2B는 31% 각각 증가했다. 여기에는 매장 내 서비스접점(POS)의 판매 기록, 환불 및 교환 내역, 콜센터에 접수된 고객 불만, 페이스북 페이지의 의견 및 '좋아요' 클릭, 트위터의 멘션, 캠페인 결과 등과 아모레퍼시픽의 ERP, 비즈니스 데이터웨어하우스(Data Warehouse: DW), 협력사 관계관리(Partner Relationship Management: PRM) 등의 데이터가 모두 포함된다.

결국 아모레퍼시픽은 B2C 데이터 분석으로 고객진화단계모델을 수립했으며, 각 단계에 맞는 마케팅 캠페인을 전개하게 된다. IBM 컨설팅을 통해 고객이 상세하게 분류, 조합되어 고객 행동 패턴이 정의되었고, 이를 토대로 시스템이 구축되었다. 이 시스템을 통해 고객이 어떤 생각을 하는지 알기 위해 구매 이전 고려 단계, 관심 단계별로 각각 행동과 생각이 다르다는 것이 파악되고, 신규로 구매할 때부터 떠날 때까지 신규, 유보, 시도, 정착(단골), 휴면, 이탈의 과정별로 고객 행동이 변화하는 것도 알게 되었다. 고객의 정착 단계를 유지, 증가, 쇠퇴 3개로 재분류해 전체 고객진화단계를 8개로 나눈 아모레퍼시픽은 고객이 구매 단계에서 어떤 패턴을 가지는지를 분석해 50여 개 행동 지표를 이끌어냈고 1,500개 변수를 만들어 분석했다.

그 결과, 아모레퍼시픽은 유의미한 패턴을 발견한다. 가령, 마일리지의 90%를 소진한 고객은 휴면으로 갈 확률이 일반 고객보다 3.5배 높아 이들의 이탈을 방지하기 위한 노력이 필요함이 인지되었고, 이러한 성향을 가진 고객들에게 맞춤 서비스가 제안된다. 2010년 이러한 맞춤 서비스를 40여 개 이벤트로 분류하고 해당 고객에게 적절한 서비스를 제공하기 시작한 아모레퍼시픽의 현재 고객은 십대부터 중년층까지 다양하며, 같은 사람이더라도 기호 상품이 변화한다. 특히 여성의 경우 사춘기, 대학, 취직, 결혼, 출산 등을 거치며 피부가 바뀌기 때문에 20대 때는 '라네즈'를, 30대에서는 '헤라'를, 40대에 들어서는 '설화수'로 바꾸는 경우도 있다.

한편, 고객 한 사람의 정보가 방대해지면서 아모레퍼시픽은 대용량 데이터 처리 시스템을 필요로 하게 되면서, IBM의 DW 어플라이언스인 네티자(Netezza)를 도입하게 된다. 네티자는 심층분석에 걸리는 시간을 과거 몇 시간에서 수 분으로, 수 분에서 수 초로 개선시켜 원하는 결과를 빨리 얻게 해주며 데이터 쿼리 속도는 50~500배 범위이다. 이처럼 빠른 쿼리 속도는 실시간으로 분석할 수 있는 기반이 된다. 또한, 네티자는 데이터를 70% 압축해 저장하게 하는데, 이 기술이 처리 속도를 높여준다.

빅데이터 신사업전략

시겔이 제시한 기업의 경영전략 목표 중심으로 관련 기업 사례들을 살펴보면, 빅데이터 분석, 도구 및 기술 시장이 매우 역동적이며 급속히 발전하고 있고, 특히 비용 절감이나 효율성 향상을 위해 예측분석이 활용되는 경우에는 직접적인 생산성 향상으로 이어짐을 알 수 있다. 경쟁이 확대되면서 기업들의 혁신에 대한 절박감은 그 어느 때보다도 커지고 있으며, 지난 수년 간 선두에 선 기업들이 이미 혁신을 촉진하기 위해 사업전략 목표에 예측모델들을 잘 활용하고 있음을 보게 된다.

한편, 아모레퍼시픽처럼 처음부터 고객 중심 관점에서 빅데이터에 접근한 기업도 있지만, 많은 기업들이 예측분석 기술을 비즈니스 프로세스 효율성 증가에만 활용하는 경향이 더 강하다. 따라서, 프로세스 혁신이나 고객서비스 업그레이드 외에 신시장 기회를 포착해 새로운 비즈니스모델 개발을 위해서도 예측분석이 활용될 수 있다는 점에 주목할 필요가 있다. 시겔의 예측분석 모델에 신규 비즈니스 발굴이라는 전략 목표는 언급되지 않았지만, 학습과정을 통해 전략적 통찰력이 생기면 새로운 비즈니스 아이디어가 도출될 수 있을 것이다. 시겔도 그의 백서 결론 부분에서 예측분석이 기업이 성장하고 진화하기 위한 풍부한 기회를 제공한다고 언급하였다.

최근 기업들이 빅데이터를 신시장 기회 포착에 활용하는 데까지 관심을 가지고 있는지에 대해 '그렇지 않다'라는 답을 주는 설문조사 결과가 있다. 주니퍼 네트웍스의 EIU(Economist Intelligence Unit)가 미국, 독일, 일본, 영국의 IT 및 사업 담당 임원 474명을 대상으로 하여 IT의 역할이 어떻게 변하고 있는지에 대해 설문을 실시한 바 있다. 이 설문조사에서 IT의 가장 중요한 업무를 묻는 질문에 대한 대답을 보면, '비즈니스 프로세스의 효율성 증가(52%)', '하드웨어와 소프트웨어의 문제 해결(32%)', '잠재적인 IT 관련 위험 최소화를 위한 보안 개선(25%)'의 세 가지가 상위 순위에 나타났으며, '신시장 기회 포착(9%)'은 주 관심에서 아직은 벗어나 있다.

그런데 조금만 더 생각해보면, 기업은 파트너십이나 독자 시스템 구축을 통해 빅데이터를 신사업화할 수 있다. 개발 속도를 높이려면 외부 기업과의 제휴가 더 나을 것이다. 처음에는 서비스 개발 통제권 문제로 완전한 수준의 파트너십이나 제휴가 쉽지 않겠지만, 파트너십을 체결할 경우 리스크를 나눌 수 있고 시장에 빠르게 진출할 수 있다. 물론 자체적으로 구축할 수만 있다면, 규모의 경제나 전략 통제권, 매우 높은 수준의 매출 잠재력 등의 이점을 누릴 수도 있다.

최근 빅데이터를 사업화하는 기업들이 증가하기 시작했는데, 대부분 자체 데이터가 풍부한 금융과 통신 업종이다. 데이터가 많은 기업은 분석 용도로

그림 12 빅데이터의 수익 패턴 일곱 가지 모델

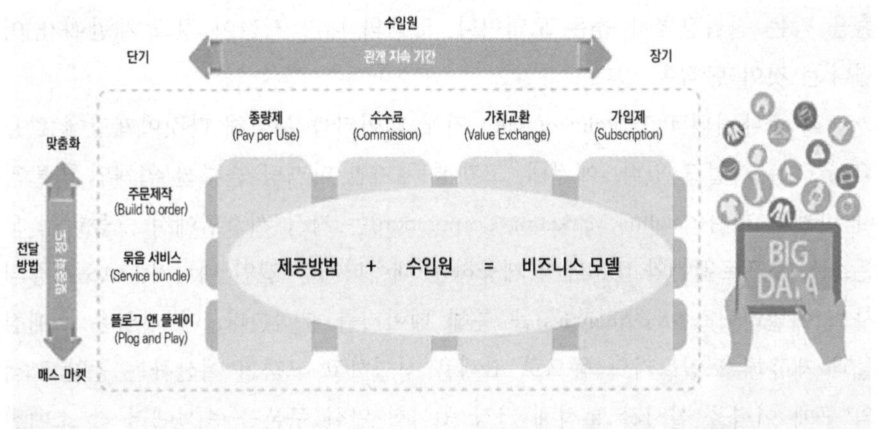

출처: 매일경제Luxmen(2014)

활용할 수 있는 고급 데이터가 부족한 기업에게 자사가 가진 있는 데이터를 팔 수도 있다. 통신기업의 빅데이터 기반 혁신 전략에서 데이터를 판매하는 비즈니스모델들이 등장하고 있으며, 대표 사례로 버라이존(Verizon)과 텔레포니카(Telefonica)를 예로 들 수 있다. 또한, 최근에 매일경제의 프리미엄 월간 경제지인 매일경제 럭스맨(Luxmen)은 빅데이터를 수익화할 수 있는 수익모델 패턴 일곱 가지를 [그림 12]와 같이 도식화했다. 본 교재에서는 통신기업 사례들과 매일경제 럭스맨이 제시한 기업 사례들을 이 수익모델 패턴에 적용하여 빅데이터 기반 신사업전략에 대해 설명하고자 한다.

[그림 12]에서 보듯이, 빅데이터 비즈니스의 수익모델 패턴은 일곱 가지이다. 먼저 수직축으로 데이터와 서비스 제공에 따른 사업모델 세 가지로 주문제작, 묶음 서비스, 플러그앤 플레이가 있다. 수평축으로는 고객과의 관계 지속 기간에 따른 사업모델의 네 가지 방법인 종량제, 수수료, 가치 교환, 그리고 가입제가 있다. 또한, 각 모델들을 혼합한 모델들도 생각해 볼 수 있다. 각각에 대해 설명하고 사례들을 살펴보기로 한다.

먼저 데이터와 서비스 제공 방법 관련 세 가지 사업모델들을 보자. 첫째로 주문제작(Build to order) 모델은 고객의 특수한 요구 사항에 맞춰 데이터를 제공하는 것으로서 고객 만족도와 정보 가치가 높은 것이 특징이다. 예컨대, 복수의 GPS(Global positioning system) 기기에서 취합한 위치 데이터를 통해 고객이 원하는 교통 패턴을 분석하는 것 등이 이에 해당된다. 이 사업모델은 데이터 분류 시 전문화된 시스템을 필요로 하기 때문에 새로 진입하는 기업 진출을 막는 진입장벽이 높은 모델이나, 고객의 대기 시간이 길고 재판매가 어렵다는 것이 단점이 있다.

각 소매점의 POS(Point of sale) 거래 데이터를 분석해 타깃마케팅에 활용되게 하는 기업도 있다. 예컨대, 고객행동 기반 마케팅 솔루션 업체인 카탈리나 마케팅 회사(Catalina Marketing Corporation)는 자사 시스템에서 구동하는 오픈소스 소프트웨어와 IBM에서 제공하는 데이터저장 앱인 네티자, SAS 제공의 사스 애널리틱스(SAS Analytics)를 통해 데이터를 분석한다. 이 기업은 소매점들과 제휴해 포인트카드 등으로 고객을 식별하고 고객이 계산하는 동안 고객의 구매 이력을 실시간 분석해 가장 좋아할 만한 쿠폰을 즉석에서 각 소매점 고객에게 발행해주는 서비스를 제공한다.

둘째로 묶음 서비스(Service bundle) 모델은 여러 가지 정보를 하나로 결합해 판매하는 모델이다. 예컨대 에너지기업의 경우 모니터링과 가스 및 전기 공급 데이터를 결합해 고객의 에너지 절감을 도울 수 있다. 묶음 서비스는 수익 창출과 함께 시장에서 경쟁사를 몰아낼 수 있는 차별화 포인트가 될 수 있으며, 기존 제품의 크로스 셀링(Cross-selling)이나 업셀링(Up-selling)도 가능하게 한다. 그러나 한번 결합된 데이터를 다시 분리하는 것이 어려울 수 있고, 고객이 각각의 가치를 평가하는 것이 어렵다는 게 단점이다.

셋째로 플러그 앤 플레이(Plug and Play)는 동일한 데이터를 다수 고객에게 판매하는 모델이다. 은행에서 고객 지출 패턴에 대한 익명화된 통합 데이터를 보고서로 정리해 판매하는 것이 이에 해당된다. 서비스 제공이 쉽고 할인 전략을 구사할 수 있으며 규모의 경제로 마진을 높일 수 있다는 장점이 있다. 그러나 고객 맞춤화 요소가 없어 주문제작 모델과 비교해 정보의 가치가 낮다고 평가할 수 있고 고객이 경쟁사로 전환할 위험이 높다는 점을 염두에 두어야 한다. 이의 사례는 주로 데이터를 가진 금융업계, 통신업계, 유통업계에서 발견된다. 예를 들면, 대형 유통업체 테스코(Tesco)는 고객마케팅 전문기업 던험비(Dunnhumby)와 빅데이터 사업을 구축하고 수백만 건 고객 데이터를 분석해 고객 쇼핑 행태와 관련한 인사이트를 도출했으며, 이를 소비재 생산 대기업 유니레버(Unilever), 세계 최대 식품업체 네슬레(Nestle), 미국 1위 케첩

회사 하인즈(Heinz) 등 대형 제조업체에게도 판매한다. 익명화된 데이터 분석으로 고객의 지출 습관을 주소 단위까지 파악할 수 있어 어느 동네에 거주하는 주민이 와인, 초콜릿, 유기농 식품 등을 가장 많이 소비하는지도 알 수 있는데, 2012년 던험비가 테스코에 안겨준 수익은 5,300만파운드(약 926억 원)에 이른다.

수입원에 따른 사업모델, 즉 수익모델 네 가지는 첫째로 종량제(Pay per Use)가 있다. 이는 다양한 선택의 폭을 제공하고 실제 사용한 만큼만 지불하는 수익모델이다. 가입제 모델 대비 마진은 높지만 매출원이 안정적이지 않고 고객 유치 비용이 높다. 둘째로 수수료(Commission)모델을 보면, 이로 형성된 제휴 고객들의 매출 공유 계약 연장 경우가 많기 때문에 종량제보다 오래 유지되지만 변동 폭이 높아 서비스에 영향을 줄 수 있다. 빅데이터 판매 기업은 제휴 고객이 지불하는 수수료를 늘리기 위해 지속적으로 부가가치를 창출해야 한다. 상점, 식당과 수수료 지불 계약을 체결하고 매출 기준으로 할인을 제공하는 경우가 수수료 모델에 해당된다. 셋째로 가치 교환(Value Exchange)은 기업과 고객 간에 위치한 파트너 기업이 리베이트나 할인 등을 제공하는 모델이다. 중개 기관을 두고 가맹점 할인을 제공하고 거래가 완료되면 고객에게 현금을 재 입금하는 은행이 대표적 예이다. 기업이 제휴사에 지급하는 수수료와 기업이 제휴 고객에게 제공하는 현금 혜택 형태로 가치가 창출된다. 관심있는 제휴 고객만 공략함으로써 기업은 마케팅 투자 수익률을 높일 수 있지만 고객가치를 가져가는 중개 기관의 존재는 장기적으로 불리할 수 있다. 마지막으로 가입제(Subscription)는 정기 요금을 내면 정해진 기간 동안 해당 서비스에 무제한 접근하는 모델이다. 예로 헬스케어 기업의 경우 전자 의료 기록을 분석해 환자 결과에 대한 익명화된 정보 서비스를 제공할 수 있다. 가입제 모델은 예측 가능한 매출원을 담보할 수 있고 추가 제품이나 서비스에 대한 업셀링과 크로스셀링 기회도 많다.

이상의 세 가지 전달방법과 네 가지 수입원이 조합되어 다양한 사업모델들이 출현될 수 있다. 예를 들면, 플러그 앤 플레이와 가입제가 조합된 사업모델 경우로는 미국 최대 자동차 업체인 제너럴모터스(GM)의 온스타(OnStar) 내비게이션 시스템이 수집한 데이터 기반으로 운행거리만큼 보험료를 내는 자동차보험 상품을 제공하는 경우이다. 앞에서 언급한 보험사, 프로그레시브는 직접 장치를 장착하는데, 이를 활용하면 보험사는 비용을 절감할 수 있다. 한편, GM은 속도나 운전 습관 등 다른 데이터는 수집하지 않으며, 운행거리가 연 1만 5,000마일 이하 고객에게 보험료를 최대 54% 할인해 주며, 운행거리를 초과해도 벌점은 없는 서비스모델을 유지하고 있다.

묶음 서비스와 수수료가 조합된 사업모델은 몇몇 은행들이 유통업체에 기존 POS 상품과 묶은 서비스를 제공하는 경우이다. 이는 테라바이트에 달하는 신용카드 거래를 분석해 영세 유통업체 등에 지출 패턴, 개인 소비 행태에 대한 세부 인사이트 등을 제공한다. 사례로 스페인은행인 BBVA는 마드리드에서 시 정부와 함께 매장별 정보를 통해 관광객과 현지 주민이 지출하는 시점과 장소에 대한 실시간 인사이트를 도출하였고, 국내에서는 현대카드가 자사의 신용카드 거래를 분석해 커피 소비 트렌드를 도출한 결과를 가지고 편의점에 제공해 점심시간 동안 커피 판매 이벤트를 벌인 사례가 있다.

마지막으로 주문제작과 가입제·종량제가 조합된 경우로는 대형 통신업체들이 고객 위치 및 행태와 관련해 자사가 가진 데이터를 기반으로 서비스를 제공하는 경우이다. 미국 최대 이동통신기업인 버라이존은 2012년부터 10월부터 8,600만 명 이상의 무선 고객 중 익명화된 데이터에 접근할 수 있는 서비스인 '프리시젼 마켓 인사이트(Precision Market Insights)'를 개발했다. 이 분석 엔진은 고객의 쇼핑 습관, 관심사, 여행 등과 관련한 인사이트를 도출한다. 이는 광고 서비스 업체가 자사 광고판을 지나친 사람이 추후에 해당 매장을 방문하는지 여부를 파악하는 데 활용할 수 있다. 그에 덧붙여, '프리시젼 마켓 인사이트'는 버라이존 모바일폰 가입자 인구통계 데이터나 위치정보, 앱 이용 행태 등의 정보 등을 타 기업들에게 제공하는 사업모델이다. 이들 정보는 타 업계가 고객 집단을 이해하고 접점을 모색하며 타깃 마케팅하는 데 유용한데, 특히 시장조사업체, 리서치기관 설문조사 결과에 비해 훨씬 광범위하고 정확한 소비자 통찰력을 제시한다.

서비스 개시 후부터 버라이존은 다양한 성공사례들을 '프리시젼 마켓 인사이트' 사이트에 올리고 있다. 스포츠 경우를 예로 보면, 미국 미식축구(NFL)인 슈퍼볼(Super Bowl) 2013년 경기 관련 데이터 분석 결과에 따르면, 멀티모더 레이븐즈(Baltimore Ravens)와 샌프란시스코 포티나이너스(San Francisco 49ers)가 맞붙은 NFL 결승전에서 실제로 경기장까지 가서 자기 팀을 응원한 관중 비율은 벌티모어 출신이 16%로 샌프란시스코 출신 6%보다 훨씬 능가하였다. 이 결과는 향후 미식축구 팬 대상 타겟 마케팅을 벌일 때 지역별 소비자 행태 차이가 주요 고려사항이 될 것이다. 버라이존은 구체적으로 미디어 사업자, 광고주, 경기장 및 공연장, 스폰서, 매장 사업자 등을 주요 고객으로 설정하고 이들이 이용자 데이터를 통해 취할 수 있는 이점과 활용 방안에 대해 웹페이지에 자세히 설명하고 있다.

미국의 스프린트(Sprint)도 버라이존과 같은 시기인 2012년 10월 가입자 데이터를 근간으로 모바일 타깃 광고 및 데이터 분석 서비스 '핀사이트 미디어플러스(Pinsight Media+)'를 개시했으며, 글로벌 시장의 진출을 위해 2013년 텔레포니카와 제휴하였다. 스프린트는 웹사이트 방문 기록, 모바일 앱 이용 행태, 기지국을 통해 수집한 모바일폰 위치정보 등을 기반으로, 가입자 관심사나 위치 기반 모바일 광고만을 선택적으로 제공하는 타깃 광고 서비스를 제공한다. 또한, 스프린트는 버라이존과 유사한 데이터 분석 서비스 '텔레포니카 다이나믹 인사사트(Telefonica Dynamic Insights)'를 제공하고 있는 텔레포티카와의 제휴로 자사 데이터 기반 타깃 광고 사업 범위를 텔레포니카가 진출한 시장까지 넓힐 수 있게 되었다. 이 둘의 총 가입자 수는 3억 7천만여 명이다.

AT&T은 버라이존이나 스프린트보다 늦었지만, 2013년 6월 사생활 보호 정책을 변경하면서 와이파이(WiFi)망에 기반한 위치 데이터와 모바일 인터넷 이용 행태 데이터를 수익화할 수 있는 틀을 마련하여 7월에 이용자 데이터를 주로 고객사 대상으로 분석 리포트를 제공하거나, 타깃 광고 서비스 등을 제공하는 등의 비즈니스 출시 계획을 발표하였고, 이용자 데이터 활용 계획에 대한 가입자 반발을 최소화하고자 홍보에 주력하고 있다. AT&T는 2013년 7월, 해당 데이터가 모두 익명화되어 수집되며 다수 데이터를 묶어서 판매하므로 개인정보가 별도로 유출될 일은 없으며, 가입자 이동통신 사용내역을 분석한 사용자 패턴 정보를 광고주, 마케터 등에 판매하기로 결정했다. 이를 위해 변경된 가입자 프라이버시(Privacy) 정책에 따라, 새로운 약관은 고객의 유무선 통신 서비스 사용정보를 익명으로 가공해 마케팅회사, 광고주, 기타 조직에 판매할 수 있다는 계획을 반영했다.

텔레포니카도 2012년 11월 빅데이터 플랫폼인 '텔레포니카 다이나믹 인사이트'를 구축하여 글로벌 진출을 시도 중이며, 첫 사례로 '오투 영국'이 '스마트 스텝(Smart Step)'서비스를 시작하였는데, 이의 목적은 이용자 데이터를 수집, 분석하여 광고주들을 포함한 제 3시장에 판매하는 것이다. '오투 영국'은 익명화된 데이터 형태로 활용하기 때문에 개인정보 유출, 이용 및 개별 추적이 불가능하게 하였고, 소비자의 기대되는 행동이 아닌 실제 행동정보를 제공한다. 그 외에 텔레포니카 자회사인 '오투 영국'과 보다폰, EE(Everything, Everywhere, Ltd.) 간 합작사인 위브(Weve)가 2013년 2월 설립되어 통합된 핵심 데이터(미디어, 인센티브, 로열티, 거래 등) 분석을 기반으로 모든 요소가 결합된 모바일 경험을 개인이나 기업에게 제공하게 된다.

국내에서는 2011년에 SK텔레콤이 소셜 네트워크 분석 기반 '스마트 인사이트(Smart Insight)'와 GIS(Global Information System) 기반 기업 활동 지원 플랫폼인 '지오비전(Giovision)'을 출시했는데, 이 두 사업은 모두 내·외부 데이터를 기반으로 한 플랫폼 성격을 띤 데이터 판매 비즈니스이다.

앞에서 언급한 성장과 개선과 강화, 그리고 고객만족을 위해 활용되기 시작한 빅데이터를 자산으로 새로운 사업으로 확장되는 모습을 보여준다. 빅데이터 자체가 사업이 되었다면, 이의 수익 극대화를 위해 현재 이용 가능한 데

그림 13 SK텔레콤 '스마트인사이트' 활용분야

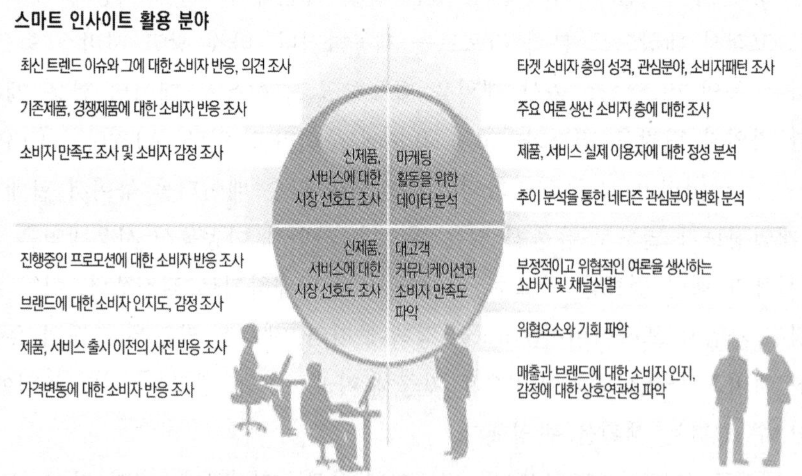

출처: 한국경제(2011)

이터와 앞으로 확보 가능한 데이터를 인지하는 능력이 매우 중요하다. 또한, 해당 데이터의 잠재적 사용처와 고객 니즈를 연결해 어떻게 가치를 창출할 수 있는지, 파트너십을 체결할 기업을 어디서 찾을지 등도 매우 중요하게 된다. 파트너 기업 선정은 사업 목표나 목표 달성을 위해 해결해야 하는 문제, 장단기 전략 실행에 도움을 줄 수 있는 관계 등에 따라 달라진다. 기업 문화에서부터 제품 포트폴리오에 이르기까지 모든 요소가 우리 기업에 어떻게 적합한지와 파트너 기업과 협업하고 경쟁하게 될 부문은 어디인지 등을 검토하는 과정이 필요하게 된다. 또한, 빅데이터의 활용에서 중요한 이슈는 데이터의 프라이버시와 고객정보 활용과 관련한 신뢰 구축이다. 개개인의 데이터 사용과 관련해 투명성을 확보할 수 있는 방법은 무엇인지, 데이터 저장 및 활용과 관련한 프라이버시 수준을 결정하는 과정에 고객의 적극적인 참여를 장려할 수 있는 방법은 무엇인지 고민하는 것이 필요하다.

✩ 토의문제

1. 기업의 빅데이터 기반 경영전략은 어떤 배경에서 관찰될 수 있는지 토의하시오.
2. 시겔 교수가 제안한 경영전략 프레임워크의 장점과 단점에 대해 논하시오.
3. 기업이 빅데이터 기반에서 어떤 성장 가능성을 모색할 수 있는지 설명하시오.
4. 기업이 빅데이터 기반에서 어떤 개선 가능성을 모색할 수 있는지 살펴보시오.
5. 기업이 빅데이터 기반에서 어떤 강화 가능성을 모색할 수 있는지 탐색하시오.
6. 기업이 빅데이터 기반에서 어떤 고객만족 가능성을 모색할 수 있는지 설명하시오.
7. 기업이 빅데이터를 기반으로 어떠한 새로운 사업모델과 수익모델을 전개해 나갈 수 있는지에 대해 논하시오.

사례연구 1

"빅데이터: 금융이 주도해 나간다"

현재 빅데이터는 금융 분야를 구성하는 3개 업종인 은행, 보험, 증권에서 가장 눈부신 성장을 이어가고 있다. 회계 부정 적발과 투자 리스크 관리에서부터 고객 정보 구축에 이르기까지 빅데이터를 활용해 다양한 솔루션이 개발 적용되고 있다. 웹 및 모바일 혁명으로 인한 환경 변화는 금융기업들로 하여금 비대면 채널의 전략적인 혁신을 끊임없이 요구하고 있다. 특히 금융사들은 최근 고객과의 소통의 창구로 이용되고 있는 '소셜 네트워크 서비스(SNS)' 분석에도 관심을 기울이고 있다. 온라인상의 소비자 트렌드를 분석하고, 소비자 인사이트를 추출해 전략에 활용하고자 하기 때문이다. 예를 들면, 상품을 기획하기 위해 목표 소비자의 라이프스타일을 분석하거나, 마케팅 캠페인을 진행하면서 온라인 상의 소비자 반응을 리서치하기도 한다. 빅데이터 분석은 기존의 표본조사, 설문조사 등이 갖고 있는 소비자 조사의 한계를 보완할 수 있고, 소수의 얼리 어댑터들이 가지고 있는 대중성 결여를 극복하는 도구로 각광받고 있다.

따라서 금융사들의 빅데이터 분석 역량 확보 노력은 꾸준히 지속되고 있는 상황이다. 예를 들어 최근 신한카드는 KAIST와 손잡고 빅데이터 한국형 모델을 공동개발하기로 했다. 신한카드는 KAIST와 협력해 금융서비스 관련 빅데이터 연구를 진행한다는 계획으로 향후 공동연구 개발을 통해 확보한 빅데이터 모델을 기업경영의 핵심 경쟁력으로 활용하기 위한 컨설팅 사업분야에도 본격적으로 진출한다는 전략을 세웠다.

증권업계에선 코스콤의 행보가 주목된다. 코스콤은 자본시장을 위한 빅데이터 센터 구축을 오는 3분기까지 완료하고 연내 증권사 등을 대상으로 한 서비스를 출시한다는 계획이다. 현재 코스콤은 빅데이터 사업을 두 가지 방향으로 진행한다는 복안이다. 플랫폼 구축 사업과 콘텐츠 제공 사업이 그것이다. 플랫폼 구축의 경우 데이터와 장비에 대한 투자여력, 분석인력이 있는 증권사에게는 코스콤의 경험과 플랫폼을 제공할 계획이다. 콘텐츠 사업의 경우 주가

예측 등의 콘텐츠와 지표 개발에 부담을 느끼는 증권사에 이를 제공할 방침이다. 주가예측 시스템은 검색기술 기반 빅데이터 업체 와이즈넛의 감성분석 엔진을 적용했다. 주가지수와 통계청 데이터, 소셜미디어, 증권관련 웹사이트, 일반 뉴스, 블로그 등의 데이터를 통합해 분석한다.

이 밖에 금융권에선 내부적으로 비즈니스 애널리틱스 역량 강화에 나서고 있다. 비즈니스 애널리틱스는 데이터를 기업의 핵심 역량으로 키우는 작업으로서, IT 시스템과 수학적 알고리즘, 비즈니스 프로세스를 빅데이터와 결합해 의사결정 과정 및 전체적인 기업 운영에 혁신을 이루는 것을 목표로 한다.

다만 업계에선 내부 직원의 비즈니스 애널리틱스 역량 강화와 외부 아웃소싱을 통한 분석 방법 강화를 두고 고민을 거듭하고 있다. 내부 직원의 역량 강화를 위해선 별도의 교육이 필요한데다 시간이 많이 소요된다는 단점이 있다. 하지만 일단 역량을 키워 놓으면 이러한 분석 역량이 기업에 내재화될 수 있다는 장점이 있다.

분석 아웃소싱의 경우 준비되어 있는 전문가들을 바로 업무에 활용함으로써 빠른 의사결정과 판단을 내릴 수 있다는 장점이 있다. 반면 내부 중요정보가 아웃소싱 업체에게 노출될 수 있다는 점과 산업에 대한 이해가 필요한 분석에 있어서 약점을 보일 수 있다는 점이 문제다.

빅데이터의 접목을 두고 금융권에서 우려하는 것은 빅데이터 분석의 기반이 개인의 쇼핑 취향 등 개인정보에 기반한다는 점에서 고객들의 개인정보를 적극적으로 이용해야 한다는 점이다. 하지만 개인정보 보호 관점에선 이러한 금융사의 활동은 고객에게 저항감을 불러일으킬 수 있다. 특히 최근 금융당국이 금융지주 계열사간 고객정보 이용을 제한하고 고객동의 절차를 강화하고 나서는 등 고객정보 보호에 적극적으로 나서면서 빅데이터의 적극적인 활용에도 제약이 걸렸다.

이는 금융사가 고객의 정보를 얻기 위해 별도의 비용을 투자해 정보를 수집해야 한다는 의미로 고객을 분석해 얻을 수 있는 이익과 분석에 투자하는 비용 사이에 간극을 어떻게 줄여나가느냐 하는 고민을 금융권에 던져주고 있다.

자료원: 디지털데일리 2014.5.21

토의문제

01 금융업계에서는 고객분석을 위해 빅데이터분석을 도입하고 있는데, 분석을 내부화하는 것과 아웃소싱하는 것의 장단점을 설명하시오.

02 금융업계가 빅데이터 활용에 대해 우려하는 이슈로 무엇이 있는지 검토하시오.

사례연구 2

“빅데이터, 까다로운 엄마들의 생각을 들려주다.”

플레이타임은 1994년 설립 이래 20년간 다양한 놀이 콘텐츠를 개발해 온 어린이 놀이 체험 그룹으로 어린이 연령별 발달 특징에 맞추어 특화된 13개 브랜드를 보유하고 있다. 각각의 브랜드는 키즈카페, 미술체험하기, 실내운동 등 다양한 놀이 프로그램 및 시설을 제공하여 아이들이 안전하고 즐겁게 체험할 수 있는 공간을 제공한다. 현재는 국내시장에서의 사업성공을 기반으로, 인도네시아, 베트남, 중국 등 해외 시장으로 사업을 확장하고 있다.

플레이타임은 키즈카페 시장에 코코몽 키즈랜드, 뽀로로파크와 같은 캐릭터 테마파크가 증가하는 등 시장 경쟁이 치열해지는 상황에서 시장 선도기업의 자리를 지키기 위해 다양한 노력을 기울이고 있다. 플레이타임은 그동안 오래되지 않은 키즈카페 문화 속에서 양적인 공급을 늘리는 중심의 전략을 취해왔다면, 이제는 과감한 콘텐츠 도입과 아이템 개발로 치열한 경쟁 속에서 키즈문화 으뜸기업으로의 위치를 확고히 해야 하는 상황이다.

플레이타임은 (주)골든플래닛의 온라인 데이터 분석 ‘Smart Cruncher’ 솔루션을 활용하여 1년간의 SNS(Social Network Service) 데이터를 분석하고, 매장 개설 후보지역을 파악을 위해서는 통계청 데이터를 활용하였다.

플레이타임은 키즈카페에 대하여 고객이 가지는 긍정적인 인식과 부정적인 인식을 분석하여 긍정적인 내용은 강화하고, 부정적인 내용은 개선하고자 하였다. Smart Cruncher가 분석한 긍부정 분석결과를 살펴보니, 시설과 관련해서 의미있는 내용이 도출된 것을 확인할 수 있었다. 키즈카페의 시설은 크게 ‘기차존, 볼풀존, 모래놀이존’처럼 넓은 공간과 많은 시설투자가 필요한 영역과 ‘블록, 레고, 요리놀이, 편백나무놀이’처럼 시설투자가 상대적으로 적고 좁은 공간에서도 설치가 가능한 영역으로 구분된다.

Smart Cruncher의 분석을 보면 ‘기차, 모래놀이’ 등 장소 및 시설의 제약으로 평소에 집에서 접하기 어려운 놀이 시설에 고객의 관심이 크다는 것을 알 수 있었다. 특히, 기차놀이의 유무에 고객의 관심이 크다는 결과는 플레이타임 매니저들의 눈길을 끌기에 충분하였다.

베이비엔젤스의 놀이시설은 수영을 즐기는 '아쿠아테라피존', 공놀이나 미끄럼 등을 할 수 있는 '릴렉스존', 마사지, 스트레칭 등을 즐기는 '오감발달실/마사지룸'으로 구분된다. 베이비엔젤스는 '수영/스파'라는 놀이의 특성상 여름은 성수기이며 겨울은 비수기이다. 베이베엔젤스는 이러한 계절성의 영향을 줄이고자 계절에 상관없이 이용할 수 있는 '릴렉스존'과 '오감발달실/마사지룸'을 운영하고 있다. 하지만, Smart Cruncher가 다양한 Zone에 대하여 분석한 결과를 보면, '아쿠아테라피존'에 비하여 '릴렉스존'은 19.9%, '오감발달실/마사지룸'은 0.9%로 상당히 저조한 것을 알 수 있다.

빅데이터 분석결과를 통하여 키즈카페의 근본 경쟁력이 좋은 놀이시설에 있다는 시사점을 얻은 플레이타임은 '플레이타임 시설 경쟁력 강화'라는 이니셔티브를 구상하여 진행하고 있다. 중기적으로 진행되는 본 이니셔티브의 일부 내용들은 다음과 같다.

▲매장별 시설 노후화 점검, ▲주요 놀이시설 설치 여부 점검(기차, 모래놀이, 레고 등), ▲각 놀이시설 설치 여부와 방문객수의 영향도 분석, ▲개별 놀이시설 만족도와 필요성에 대한 방문고객 설문조사 실시

플레이타임은 또한 빅데이터 분석에서 중요하게 나타난 '기차'와 관련해서는, 기차가 없는 매장 중 다른 놀이시설(모래놀이, 레고 등)이 부족한 매장 중 한 곳을 선정하여 우선적으로 기차를 배치하는 리뉴얼 작업을 추진 중에 있다.

베이비엔젤스가 계절성을 극복하기 위하여 마련하고 있는 놀이존들에 대한 반응이 크지 않다는 분석결과를 확인하고, 이 놀이존들에 대하여 적극적인 홍보를 추진하고 있다. 인스타그램 등을 통하여 '아쿠아테라피존' 외 '릴렉스존'과 '오감발달실/마사지룸'을 홍보하고 가격할인 이벤트를 진행하고 있다. 또한, '오감발달실/마사지룸'에서 영아들이 전문적인 케어를 받고, 부모님들의 만족도를 증대하기 위하여 프로그램에 대한 직원 교육을 강화하고, 그 효과를 매장 내 게재하여 고객의 신뢰감을 높일 수 있도록 하였다.

플레이타임의 경우 하드웨어(놀이시설)가 사업의 많은 부분을 차지하고 있기 때문에, 빅데이터 활용지원 사업의 모든 결과를 단기간에 적용하기는 어려움이 있었다. 그래서, 빅데이터 분석결과의 시사점을 장기과제와 단기과제로 나누어 실행 중에 있다. '플레이타임 시설 경쟁력 강화 이니셔티브', '매장 리

뉴얼' 등은 장기과제로 추진 중에 있고, '수영 외 다양한 놀이시설에 대한 홍보', '리뉴얼 불편사항 개선'은 단기과제로 실행 중에 있다. 베이비엔젤스를 대상으로 진행한 단기과제는 비수기임에도 불구하고 지속적인 이용객 증가라는 결실로 돌아오고 있다. 베이비엔젤스의 이용객은 9월 이후 전월 대비 43%, 18% 증가하고 있는 것으로 나타났다.

자료원: 2016 중소기업 빅데이터 활용지원사업 우수사례집

토의문제

01 어린이 체험형 놀이시설 기업 중 빅데이터 분석을 통해 비즈니스 환경을 개선한 사례를 찾아 설명하시오.

02 플레이타임이 보유한 브랜드 전체에 대해 빅데이터 분석을 확대할 경우 어떤 점을 가장 우선적으로 고려해야 하는지 토의하시오.

사례연구 3

"빅데이터, 온라인 마케팅의 해법을 찾다."

어린이 놀이교구/완구 업체인 지피트리는 '반짝커'라는 대표 제품을 필두로 '키난빌' 브랜드를 통해 창의 및 인성교육, 그리고 놀이문화를 형성해 나가고 있다. '글라스커'는 2015년 8월 반짝커를 처음 시장에 선보인 후 업그레이드된 버전으로 출시되는 첫 신제품이다. 반짝커의 아성을 이어가야 한다는 미션을 가지고 있었기 때문에 이를 성공시키기 위한 마케팅 전략이 절실히 필요한 상황이었다. 신제품 '글라스커'는 반짝커와의 차별화 포인트를 강조하여 기존 고객들의 재구매를 유도하면서도 반짝커만의 USP(Unique Selling Point)를 포함하여 신규 고객을 확대해야 하는 미션을 가지고 있었다. 자칫하면 소비자들이 신제품과 기존 반짝커 제품이 동일하다고 느껴 신제품을 구매하지 않을 가능성이 있기 때문이다. 뿐만 아니라 제품 사용자는 어린이지만 실제 비용을 지불하는 층은 3040 여성으로, 고객 군이 이원화되어 있어 두 집단을 모두 타겟하여 마케팅을 진행해야 했다. 또한, 기존 3040 여성 이외의 타깃층에서 신규 고객을 증가시키고자 하였다.

이러한 목표를 달성하기 위해 지피트리는 우선, 키난빌 브랜드의 마니아층 중심으로 정기 구독자 수를 증가시켜 재구매율을 높이는 전략을 잡았다. 반짝커는 지피트리 매출의 견인 역할을 충분히 해주고 있으나 정기 구독 프로그램을 도입하는 방향에 부합하도록 현재의 마케팅 전략을 진단할 필요가 있었다. 또한, 신제품과 반짝커의 차별화된 점을 찾기 위해서 기존 반짝커 제품 관련 데이터 분석 및 육아와 관련된 일상 분석을 통해 컨셉을 도출하기로 하였다.

어떤 키워드로 신제품을 소구해야 할지 고민되는 상황에서 지피트리는 빅데이터 분석 결과를 반영하여, 계절성 없이 꾸준히 검색량이 증가하는 추세에 있는 '색칠공부' 키워드에 집중하기로 하였다. 마케팅 콘텐츠 생성 시 '색칠공부' 키워드를 강조하여 콘텐츠를 제작하기로 하였다.

또한 빅데이터 분석 결과를 통해 향후 글라스커의 마케팅 커뮤니케이션 메시지를 전달할 때 고객군인 엄마와 아빠에게 차별화된 메시지를 전달하기로 하였다. 기존 엄마중심의 메시지를 전달하였다면 이제는 대상을 확대하여 엄마와 아빠에게 개별적인 메시지를 전달하기로 한 것이다. 향후에는 엄마, 아빠 외에도 잠재구매고객층을 확대하여 할머니, 할아버지, 이모, 삼촌 등 가족 전체군을 타겟한 메시지도 활용하기로 하였다.

아울러 콘텐츠를 통한 채널 간 연결이 제한적이라는 분석결과를 바탕으로 지피트리는 SNS채널과 홈페이지의 연결을 강화하고 홈페이지가 SNS채널에서 구심적 역할을 하여 홈페이지에서 구매로 연결시켜 구매전환율을 높이기 위한 계획을 세웠다. 이에 따라 페이스북 및 그 외 SNS채널에서 콘텐츠 마케팅 진행 시 해당 채널에서 구매로 연결할 수 있도록 홈페이지 및 구매페이지로 연계시켜주기 시작했다. 링크가 걸리지 않을 경우 해당 포스트의 댓글에도 링크를 걸어 연결시키고 있다.

'글라스커' 신제품이 출시되는 일정은 연기되었지만 빅데이터 분석 결과를 타 제품에 적용한 결과 홈페이지 유입율이 비약적으로 증가하는 것을 확인할 수 있었다. 빅데이터 분석 결과를 적용하기 이전 대비 이후에 월평균 홈페이지 방문자 수는 69%가 증가하였고 페이스북을 통한 유입량은 SNS 채널 마케팅 전략을 펼치기 시작한 시점을 기준으로 급격하게 증가하였다.

홈페이지 유입량 및 네이버 검색량의 증가는 곧바로 지피트리의 매출로 연결되었다. 빅데이터 분석을 사업에 적용하기 시작한 시점을 기준으로 약 4개월 간 50%의 매출증가를 경험하였다. 실제 빅데이터의 분석 결과를 활용하여 마케팅 메시지부터 채널전략까지 변화를 준 결과가 가시적인 성과로 이어진 것이다.

자료원: 2017 중소기업 빅데이터 활용지원사업 우수사례집

토의문제

01 놀이교구 관련 기업 중 빅데이터 분석을 통해 비즈니스 환경을 개선한 사례를 찾아 설명하시오.

02 지피트리는 향후 출시되는 제품에 대해서도 지속적으로 빅데이터 분석 결과를 적극적으로 반영할 계획이다. 이를 위해 필요한 사항에 대해 논의하시오.

참고문헌

김경태 (2018), 안정국, 김동현, 빅데이터 활용서, 시대고시기획.

김진호·최용주 (2018), 빅데이터 리더십, 북카라반.

박형준 (2018), 빅데이터 빅마인드, 리드리드출판.

방병권 (2017), 빅데이터 경영4.0, 라온북.

송주영·송태민 (2018), 빅데이터를 활용한 범죄 예측, 황소걸음 아카데미.

오현희 (2017), 빅데이터와 인문학, 홍릉과학출판사.

윤종식 (2018), 빅데이터 활용사전 419, 데이터에듀.

이종석·황현석·황진석 (2018), 빅데이터 비즈니스 이해와 활용.

이현웅·김종업·최현재 (2018), 빅데이터의 이해와 활용, 생각나눔.

임종수·정영호·유승현 (2018), 미디어 빅데이터 분석, 21세기사.

주해종·김혜선·김형로 (2018), 빅데이터 기획 및 분석, 크라운출판사.

지원철 (2017), 빅데이터 시대의 데이터 마이닝, 민영사.

최공필·서정희 (2017), 빅데이터4.0, 개미.

한국소프트웨어기술협회 (2018), 빅데이터 개론, 광문각.

한현욱 (2018), 이것이 헬스케어 빅데이터이다, 클라우드나인.

한국정보화진흥원 (2013.11), 빅데이터의 진화: 스마트데이터, 원문 자료의 번역 보고서(원문 제목은 the smart data manifesto, 출처는 http://exelate.com/white-papers/the-smart-data-manifesto-goodbye-big-data-hello-smart-data)

한국정보화진흥원 (2016), 2016년 중소기업 빅데이터 활용지원 우수사례집

한국정보화진흥원 (2017), 2017년 중소기업 빅데이터 활용지원 우수사례집

Akhtar, S. M. F. (2018), Big Data Architect's Handbook: A Guide to Building Proficiency in Tools and Systems used by Leading Big Data Experts, Packt Publishing.

Arghandeh, R. and Zhou, Y. (2017), Big Data Application in Power Systems, Elsevier Science.

Bahga, A. and Madisetti, V. (2016), Big Data Science & Analytics: A Hands-On Approach, VPT.

Berman, J. J. (2018), Principles and Practices of Big Data: Preparing, Sharing, and Analyzing Complex Information, Academic Press.

Chen, H., Chiang, R. and Storey, V.C. (2012), "Business Intelligence and Analytics: From Big data to Big impact," MIS Quarterly, Vol. 36 No.4, pp.1165~1188.

Francesco, D. and Renaud, D. (2018), Big Data Economics, Towards Data Market Places, Nature of Data, Exchange mechanisms, Prices, Choices, Agents & Ecosystems, Independently Published.

Gilder, G.(2018), Life After Google: The Fall of Big Data and the Rise of the Blockchain Economy, A Division of Salem media Group.

Mayer-Schonberger, V. and Ramge, T. (2018), Reinventing Capitalism in the Age of Big Data, Basic Books.

Hoeren, T. and Kolany-Raiser, K. (2017), Big Data in Context: Legal, Social and Technological Insights, Springer.

Holmes, D. (2018), Big Data: A Very Short Introduction, Oxford University Press.

Information Resources Management Association (2018), Big Data: Cencepts, methodologies, Tools and Applications, IGI Global.

Jones, H. (2018), Data Analytics: An Essential Beginner's Guide to Data Mining, Data Collection, Big Data Analytics for Business and Business Intelligence Concepts, CreateSpace Independent Publishing Platform.

Marr, B. (2017), Data Strategy: How to Profit from a World of Big Data, Analytics and Internet of Things, Kogan Page.

Miller, J. (2017), Big Data Visualization, Packt Publishing.

Minelli, M., Chambers, M and Dhiraj, A. (2018), Big Data, Big Analytics: Emerging Business Intelligence and Analytic Trends for Today's Businesses, Gildan Media.

Paley, N. (2017), Leadership Strategies in the Age of Big Data, Algorithms, and Analytics, Productivity Press.

Tenner, E. (2018), The Efficiency Paradox: What Big Data Can't Do, Knopf.

빅데이터와 IoT 데이터 분석

★ 학습목표

_빅데이터 활용을 위한 물리적 기반이 되는 컴퓨팅 기술의 발전에 대해 학습한다.
_클라우드 플랫폼상에서의 빅데이터 저장, 처리 및 분석력에 대해 고찰한다.
_인지컴퓨팅의 개념에 대해 살펴보고, 이를 뒷받침하는 인공지능 기술 및 빅데이터와의 연계성에 대해 이해한다.
_사물인터넷(IoT)의 개념을 정의하고, 기존의 모바일, 소셜 환경 외에 클라우드와 빅데이터 기반에서 IoT가 어떤 시너지를 발휘할 수 있는지 탐구한다.
_IoT 생태계 발전과 관련 비즈니스모델의 차별화를 위해 IoT 데이터 분석이 얼마나 중요한지에 대해 학습한다.
_IoT 데이터 분석과 관련 앱 개발 현황과 전망에 대해 살펴본다.

빅데이터와 클라우드 컴퓨팅

기술 환경 측면에서 보는 빅데이터의 등장 배경으로 클라우드 컴퓨팅(Cloud computing) 기술의 발전에 대하여 언급하였다. 그리고 이미 다양한 업계에 종사하는 과학자, 개발자 및 많은 기술자들이 아마존웹서비스(Amazon Web Services: AWS) 같은 클라우드 컴퓨팅을 제공받아 빅데이터의 3대 특성이기도 한 규모, 다양성, 속도 증가라는 이슈를 해결하고 있음도 언급되었다. 예로 들은 AWS는 클라우드 컴퓨팅 리소스(Resource)의 엔드-투-엔드(End-to-end) 포트폴리오를 제공함으로써 빅데이터를 관리하려는 기업들의 비용 절감은 물론이고, 경쟁우위 확보와 혁신 가속화 등의 장점을 가져오게 한다. 11장에서는 AWS를 활용한 대표적 기업으로 넷플릭스가 소개되었다.

클라우드 컴퓨팅(Cloud Computing)의 클라우드(Cloud)는 컴퓨터 네트워크·

상 숨겨진 복잡한 인프라구조, 즉 인터넷을 말한다. 그래서 위키피디아 한글판에서 클라우드 컴퓨팅을 인터넷 기반(Cloud) 컴퓨팅(Computing) 기술로 정의하고 있다. 즉, 클라우드 컴퓨팅은 인터넷상의 유틸리티 데이터 서버에 프로그램을 두고 그때마다 컴퓨터나 휴대폰 등에 불러와서 사용하는 웹에 기반한 소프트웨어 서비스인 것이다. 그렇다면, 컴퓨팅 서비스가 어떻게 클라우드 컴퓨팅 서비스로 진화해 왔으며, 컴퓨팅 환경은 어떻게 구분되는지 살펴보자. 컴퓨팅 서비스는 80년대 클라이언트-서버(Client-Server) 시대를 거쳐 90년대 인터넷/웹 서비스의 활성화와 더불어 클라우드 컴퓨팅으로 급격히 진화하게 된다. [그림 1]에서는 대략 10년을 주기로 하여 전산전문가 중심의 컴퓨팅 환경, 운영자 중심의 컴퓨팅 환경, 그리고 클라우드 컴퓨팅이 주도하는 사용자 중심의 컴퓨팅 환경으로 발전하고 있음을 알 수 있다.

한편, [표 1]은 현재의 컴퓨팅 환경을 개인용과 서버-클라이언트 환경 그리고 클라우드 컴퓨팅 환경으로 구분하고 있는데, 데이터 소유와 관리 차원에서 보면 클라우드 컴퓨팅 환경은 소유와 관리가 완전히 분류된 것을 알 수 있다.

그림 1 컴퓨팅 서비스의 클라우드 컴퓨팅 서비스로의 진화

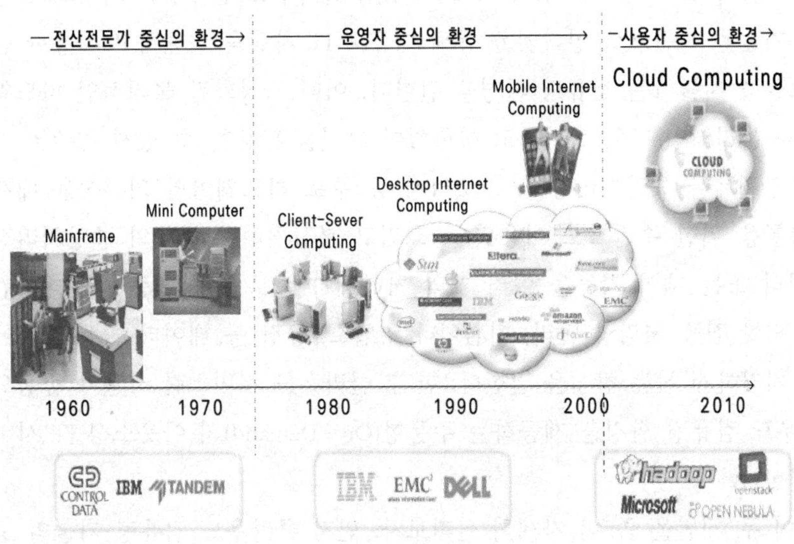

출처: 김미점(2011)

표 1 컴퓨팅 환경의 구분

컴퓨팅 환경	개인용 컴퓨팅 환경	서버-클라이언트 환경	클라우드 컴퓨팅 환경
데이터 위치 및 컴퓨팅 주체	개인용 PC, 노트북	서버/클라이언트	클라우드 서버(온라인)
자원 구매/폐기	이용자	이용자	서비스 제공자
사용자 컴퓨터 설치 S/W	OS, 응용 S/W	OS, 응용S/W, 클라이언트	클라이언트(웹브라우저)
데이터의 소유 및 관리	소유와 관리가 동일	소유와 관리가 일부 분리	소유와 관리 분리 -소유: 이용자 -관리: 서비스 제공자
제공 서비스	오프라인 컴퓨팅 서비스 *문서작성, 통계계산, 그래픽 작업 등	기본 인터넷 서비스 -웹, FTP, 이메일 등 응용인터넷 서비스 -웹하드, SBC, ASP 등 IT융합서비스 -VoIP, IPTV 등	기상 서버/ 데스크탑 서비스 스토리지 제공 서비스 S/W 임대서비스 등

출처: 강원영(2013)

클라우드 활성화에 따른 시장 및 서비스 전망과 함께 다양한 용어가 등장하고 클라우드 컴퓨팅과 클라우드 서비스 개념도 혼재되어 사용하고 있다. 한국 표준화기구인 한국정보통신기술협회(TTA)(2011)에서는 이 두 개념을 구분하여 다음과 같이 정의한다. TTA에 의하면, 클라우드 컴퓨팅은 가상화와 분산처리 기술을 기반으로 인터넷을 통해 대규모 IT 자원을 임대하고 사용한 만큼의 요금을 지불하는 컴퓨팅 환경을 말한다. 이때 가상화란 물리적인 하드웨어 자원을 논리적인 단위로 나누고 통합하여 자원을 활용할 수 있게 해주는 기술로 운영체계나 중앙처리장치, 스토리지 등 주로 하드웨어의 의존성을 배제하고 통합을 위한 수단으로 이용된다. 그리고 분산처리란 하나의 중앙처리장치가 처리 또는 제어 기능을 여러 개의 처리장치에 분산시켜, 중앙의 대형컴퓨터에 의한 집중 처리와 달리, 지점이나 영업소, 공장 등 데이터 발생 장소에서 직접 처리하게 하는 방식을 말한다. 한편, 클라우드 서비스란 사용자 중심으로 클라우드 컴퓨팅 환경을 제공하는 주문형(On-Demand)의 아웃소싱 IT 서비스를 말한다.

이 두 개념을 좀 더 자세히 살펴보자. 먼저 클라우드 컴퓨팅 기술의 구성도는 [그림 2]와 같다. 클라우드 서비스/응용은 클라우드 컴퓨팅의 다양한 서비스가 애플리케이션 또는 소프트웨어 형태로 제공되게 하기 위한 기술을 말

그림 2 클라우드 컴퓨팅 구성도

출처: 한국정보통신기술협회(2011)

하며, 클라우드 클라이언트는 클라우드 경량 단말플랫폼 기술, 클라우드-모바일 동기화(Sync) 기술, 클라우드 푸시(push) 에이전트 등 클라우드 컴퓨팅 서비스 활용을 위한 클라이언트 기술이다. 또한, 클라우드 플랫폼은 사용자가 쉽게 서비스를 만들 수 있도록 필요한 기본 기능을 제공하는 플랫폼을 서비스 형태로 제공하는 클라우드 컴퓨팅 기술을 말한다.

이러한 클라우드 컴퓨팅 기술 기반의 클라우드 서비스는 사용자가 필요한 소프트웨어를 자신의 컴퓨터에 설치하지 않고도 인터넷 접속을 통해 언제든지 사용할 수 있고, 동시에 각종 IT기기로 데이터를 손쉽게 공유할 수 있는 사용 환경을 말한다. 즉, 무형의 형태로 존재하는 하드웨어, 소프트웨어 등의 컴퓨팅 자원을 자신이 필요한 만큼 빌려 쓰고, 이에 대한 사용 요금을 지급하는 서비스로서 서로 다른 물리적 위치에 존재하는 컴퓨팅 자원을 가상화 기술로 통합해 제공하는 기술 서비스이다.

이상에서는 컴퓨팅과 클라우드 컴퓨팅, 그리고 클라우드 서비스에 대해 살펴보았다. 그렇다면, 클라우드 컴퓨팅이 빅데이터 관리와 연결되는 키워드는 무엇인가? 바로, 가상화(Virtualization)이다. 가상화의 장점은 하나의 서버에 여러 개의 가상화 서버를 올려서 더 높은 효율성과 안정성을 보장한다는 점이고, 컴퓨팅 컴포넌트들을 설정 변화, 혹은 새로운 패치, 업그레이드 등 사용자나 애플리케이션 측면의 변화에 관계없이 역동적으로 결합하고 최상의 전달을 보장할 수 있도록 조합할 수 있다는 점 등이다.

일반적으로 가상화는 플랫폼 가상화와 리소스 가상화로 나누어진다. 플랫폼 가상화는 하드웨어와 소프트웨어를 결합하는 가상의 머신(Machine)을 만들어 내는 것이며, 리소스 가상화는 리소스의 집합, 측정, 연결의 구성요소를 더 큰 리소스나 리소스 더미로 결합하는 것으로 가상메모리, 가상 사설 네트워크(VPN) 등이 있다.

가상화의 적용 분야를 보면, 가장 일반적인 것이 서버 가상화이다. 이는 하나의 시스템상에 각기 다른 운영체제의 다양한 서버 애플리케이션을 사용할 수 있도록 하는 기술이다. 스토리지 가상화도 서버 가상화와 함께 인프라 차원의 가상화를 의미한다. 또한, 애플리케이션 가상화는 중앙 서버가 모든 윈도우 애플리케이션을 중앙의 데이터 센터에 따로 저장해 두고, 이를 이용자의 요청이 있을 때 스트리밍 형태로 전달하는 것이다. 이러한 적용 서비스 영역들을 유형화하면 [표 2]처럼 인프라애즈어서비스(Infrastructure as a Service: IaaS),

표 2 클라우드 컴퓨팅 서비스 유형과 운용 형태

구분		주요개념
서비스 유형	IaaS(Infrastructure as a Service)	이용자에게 서버, 스토리지 등의 하드웨어 자원만을 임대·제공하는 서비스
	PaaS(Platform as a Service)	이용자에게 소프트웨어 개발에 필요한 플랫폼을 임대·제공하는 서비스
	SaaS(Software as a Service)	이용자가 원하는 소프트웨어를 임대·제공하는 서비스
서비스 운용 형태	퍼블릭 클라우드	불특정 다수를 대상으로 하는 서비스로 여러 서비스 사용자가 이용하는 형태
	프라이빗 클라우드	기업 및 기관 내부에서 클라우드 서비스 환경을 구성하여 내부자에게 제한적으로 서비스를 제공하는 형태
	하이브리드 클라우드	퍼블릭 클라우드와 프라이빗 클라우드가 결합한 형태 공유를 원하지 않는 일부 데이터 및 서비스에 대해 프라이빗 정책을 설정하여 서비스를 제공

출처: 강원영(2013)

플랫폼애즈어서비스(Platform as a Service: PaaS), 그리고 소프트웨어애즈어서비스(Software as a Service: SaaS)로 나눌 수 있다.

한편, 서비스 운용 형태로는 불특정 다수를 대상으로 여러 서비스 사용자가 이용 가능한 퍼블릭 클라우드(Public cloud)와 기업 내부에 자체 서비스 환경을 구성하여 내부자에게만 서비스를 제공하는 프라이빗 클라우드(Private cloud)로 대별되며, 이 둘을 결합한 형태를 하이브리드 클라우드(Hybrid cloud)라 부른다. 그 외에 일반 소비자들이 알고 있는 웹하드 개념의 개인 클라우드가 있다. 이는 인터넷상의 유틸리티 데이터 서버를 두고 필요할 때마다 PC, 스마트폰 등을 사용하는 웹 기반 소프트웨어 서비스인데, 통상 퍼스널 클라우드(Personal cloud) 서비스라 불리고 있다.

이상에서 언급한 클라우드 컴퓨팅 기술을 기반으로 빅데이터 저장, 처리 및 분석 서비스를 제공해주는 인터넷 기업은 아마존과 MS와 구글이다.

클라우드는 가상서버로서 사용량에 따라 대여 가능하고, 자기 자신을 일반 서버로 표현하는 컴퓨터 자원이다. 통상, 서비스로 제공되는 인프라를 IaaS라 부르고 있으며, 빅데이터 클라우드의 예로 아마존의 S3 같은 빅데이터 저장장치가 제공된다. 사용자는 이 서비스의 시간을 구입하고 하둡(Hadoop)이나 NoSQL 데이터베이스와 같은 소프트웨어를 설치하고 설정한다. 사용자가 IaaS를 쓰려면 클라우드 서비스 공급자 중 하나를 선택해서 사용할 수 있지만, 배포, 관리, 유지 보수는 직접해야 한다. 즉, IaaS를 사용한다는 것은 빅데이터의 여러 기능 중에서 연산과 저장 자원의 생성을 다루지만 더 높은 단계를 해결해 주지는 않는다.

그렇기 때문에, 많은 클라우드 서비스 공급자들이 IaaS를 넘어 빅데이터가 작동하는 애플리케이션 레이어까지도 제공해 주려고 한다. 먼저, 관리 솔루션이나 서비스로서의 플랫폼인 PaaS라 지칭되는 서비스는 데이터베이스나 맵리듀스(MapReduce) 같은 것들을 설정하거나 확장할 필요가 없게 해 주고, 작업 부담과 유지 보수를 줄여준다.

덤빌(2012)에 의하면, 아마존의 클라우드 서비스인 AWS와 MS의 클라우드 서비스인 윈도우즈애저(Windows Azure) 모두 IaaS와 PaaS 간 경계를 허물고 있어서 원하는 대로 조합이 가능하다. 이와는 대조적으로, 구글은 서버 개념을 뛰어넘어, 애플리케이션 개념에 초점을 맞추고 있다.

먼저, 아마존은 빅데이터 처리 운영에 있어 선두적이다. 이미 하둡(Hadoop)을 위해 애플리케이션호스팅인 EC2를 사용하는 것이 널리 퍼져 있어서 빅데이터 적용에도 널리 퍼지게 되었다. 이에 기반해, 아마존은 2009년에 확장 가능한 하둡 서비스 호스팅을 제공하는 엘라스틱맵리듀스(Elastic Map Reduce; EMR)를 출시하였다. 이렇게 확장된 아마존 플랫폼에서 애플리케이션은 IaaS와 PaaS 중 좋은 것만 고를 수 있게 되었다. 아마존은 직접 관리하고, 확장 가능한 NoSQL 데이터베이스인 DynamoDB를 제공하는데, EMR과 상호 운용도 제공한다.

구글은 아마존과 달리 가상화를 제공하는 것이 아니라, 정의된 API와 서비스를 사용하는 애플리케이션 콘테이너를 제공한다. 따라서, 개발자들은 기계의 구조에 대해 신경 쓸 필요가 없다. 애플리케이션은 클라우드 환경에서 동작하고, 정의된 자원 한계 안에서 필요한 만큼 사용한다. 구글 플랫폼을 쓰기 위해서는 제공된 API 안에서 뭔가를 해야 하지만, 잘 맞게 만든다면, 구글이 서비스에 적용하는 안정성, 튜닝과 성능 개선을 얻을 수 있다. 앱엔진(AppEngine)은 구글의 클라우드 애플리케이션 호스팅 서비스이며, 데이터를 병렬 처리하는 맵리듀스(MapReduce) 기능을 제공한다. 구글의 빅데이터 플랫폼의 핵심은 빅쿼리(BigQuery)와 프리딕션(Prediction) API이다. 각각 분석과 기계 학습 기능을 제공한다. 이 서비스들은 둘 다 구글의 웹 기반 컴퓨팅 비전에 일관성있게 REST API를 통해 독점적으로 사용 가능하다.

구글의 빅쿼리는 1TB가 넘는 데이터셋에 대한 대화식 분석에 적합한 분석 데이터베이스로, 익숙한 SQL 인터페이스를 제공하지만 통상 속도가 더 빠르다. 사용자가 데이터를 빅쿼리에 넣으려면 직접 업로드 하거나 구글이 제공하는 구글 클라우드 스토리지 시스템에서 가져와야 한다는 단점이 있다. 즉, 아마존 S3는 디스크 자체를 보내 데이터를 가져올 수 있다, 이에 반해, 구글의 경우에는 데이터를 빅쿼리로 실시간 보내는 것이 불가능해 데이터를 최신으로 유지하려면 정기적 데이터 입력이 필요하다. 구글의 프리딕션API는 분류, 감성분석이나 추천 발생 같은 것들을 해결해주기 위해 제공된다. 이를 사용하는 애플리케이션은 구글 시스템 안에서 운영되는 모델을 생성하고 훈련시켜 작동하며, 한 번 훈련되면, 이 모델은 스팸 탐지 같은 예측을 하기 위해 사용될 수 있다.

덤빌(2012)이 설명하는 MS의 클라우딩 서비스를 보면, 애저(Azure)는 AWS와 많은 면에서 닮아 있고, SQL 서버와 같은 소프트웨어를 통해 IaaS 서비스를 섞은 것도 제공한다. 하둡은 MS의 빅데이터 접근에서 가장 중심이고, 자체 데이터베이스와 경영정보 도구의 생태계로 둘러싸여 있다. 애저는 언어 선택에 있어 MS 것 이외에도 Java, PHP, Node.js를 지원한다. 최근인 2014년 6월 17일, MS는 기계학습을 지원하는 애저 머신 러닝(Azure Machine Learning)을 발표했으며, 모든 이들에게 개방하기 위해 고안되었다.

빅데이터와 인지컴퓨팅

가트너(Gartner)가 2013년 11월 10일 <스마트 디바이스의 미래(Future of Smart Devices)>에 관한 심포지엄에서 포춘 500대 기업들 중 절반 이상이 인지컴퓨팅을 도입할 것이라고 발표했다. 가트너는 인지컴퓨팅(Cognizant computing; Cognitive computing) 진화단계를 설명하면서 2013년 7월 현재 동기화(Sync Me) 및 데이터화(See Me) 단계에서 다음 단계로 진화하고 있다고 진단했다. 가트너가 언급한 4단계에 대해서는 6장을 참조하기 바란다. 데이터화(See me) 단계에서 맞춤화(Know me) 단계와 비서화(Be me) 단계로 진화하면 인지컴퓨팅이 완성되는 것이다.

인지컴퓨팅은 인공지능(Artificial Intelligence: AI)이나 기계학습(Machine learning: AL)을 통해 상황을 감지하고 앞 일을 예측하고 생각하는 능력을 가지도록 설계되어, 인간 두뇌가 처리하지 못하는 빅데이터를 분석해 통찰력을 이끌어냄으로써 이해력을 높여주는 컴퓨팅을 말한다. 인지컴퓨팅은 컴퓨터와 사람이 함께 경험을 통해 학습하고 자연어로 정보를 교환하고 판단을 공유할 수 있게 한다. 인지컴퓨팅은 컴퓨터가 스스로 배우게 하여 사람처럼 학습을 통해 똑똑해진다. 따라서, 인지컴퓨터(Cognitive Computer)는 분야별로(예를 들면 의료, 금융, 무역) 깊이 있는 전문성을 갖추고 데이터의 영상처리 기술 등 첨단기술들을 활용해 사람을 대신해 빅데이터를 감지하고 복잡한 문제들을 해결할 수 있도록 도와주는 역할을 할 수 있다. 지금까지의 컴퓨터에서는 데이터를 빠른 속도로 처리하는 능력 중심이었으나, 인지컴퓨터에서는 생각하는 능력 중심으로 기술 발전이 진행되고 있다. 즉, 앞으로는 신경세포와 유사하게 이미지 분석이나 데이터의 이미지화를 통해 의미를 일깨우는 방식으로 인간 두뇌를 흉내내게 된다. 이미지 인식기술이나 음성 인식기술은 구조화되지 않은 자연정보들을 인간 두뇌와 교환할 수 있어 사람과 기계가 서로 되먹임 방식으로 학습시킬 수 있게 될 것이다.

인지컴퓨팅이 대용량 데이터를 처리할 수 있는 능력이나 알고리즘을 갖는다 해도 컴퓨터가 세상에서 제공되는 데이터를 곧바로 인식하지 못한다면 데이터의 변환과정이 별도로 필요하다. 컴퓨터가 사람처럼 이미지를 본 대로 바로 인식하고, 소리를 들은 대로 바로 이해하는 능력을 갖춰야 하기 때문에, 인지컴퓨팅 기술은 점진적이 아니라 전면적으로 기존 방식을 대체하는 파괴적 혁신 과정을 따를 것이다. 이러한 인지컴퓨팅의 원조로 IBM이 개발한 왓슨(Watson)을 들 수 있다.

위키피디어 한글판에 의하면, 왓슨은 자연어 형식으로 된 질문들에 답할 수 있는 인공지능 컴퓨터 시스템이며, 데이비드 페루치가 주도한 IBM의 DeepQA 프로젝트를 통해 개발되었고, IBM 최초 회장인 토머스 J. 왓슨에서 그 이름을 땄다. 2011년 기능 시험을 위해 왓슨은 TV 퀴즈쇼 '제퍼디(Jeopardy)!'에 참가해, 2월 14일부터 16일까지 세 개 방송에서 금액 기준 사상 최대 우승자인 브레드 러터, 가장 긴 챔피언십(74번 연속 승리) 기록 보유자인 켄 제닝스와 대결했다. 첫 상금에서 왓슨은 백만 달러를 받았고 두 개 자선단체에 기부됐다. 왓슨은 4테라바이트 디스크 공간의 2억 페이지의 구조화 및 비(非) 구조화된 콘텐츠에 접근하였고, 위키백과 전문(全文)도 포함되지만 경기 동안 인터넷 접속은 안 되었다. 각 단서마다 가장 가능성 있는 세 개 응답이 TV에 표시되었고, 왓슨은 게임 신호 장치에서 자신과 경쟁하는 사람들을 지속적으로 앞질렀다.

왓슨은 한마디로 빅데이터를 자동 분석하는 기계, 즉, 인지컴퓨터이다. 기존 컴퓨터와 다른 인간의 뇌를 닮은 인지컴퓨터의 기반 기술은 무엇인가? 그동안 컴퓨터 과학 분야에서 지속적으로 연구하는 분야가 인공지능, 즉 AI이다. 인지컴퓨팅과 인지컴퓨터를 이해하기 위해서는 AI에 대한 이해가 필요하다. 데이터의 무한 폭증 현상이 가속화되면서 데이터 양보다는 데이터에 대한 이

표 3 AI 관련 기술 분야 및 주요 내용

관련 기술	주요내용
패턴인식 (Pattern recognition)	• 기계에 의하여 도형·문자·음성 등을 식별시키는 것 • 현재로서는 제한된 분야에서 실용화되고 있고, 본격적인 패턴 인식은 아직 연구단계
자연어처리 (Natural language processing)	• 인간이 보통 쓰는 언어를 컴퓨터에 인식시켜서 처리하는 일 • 정보검색·질의응답 시스템·자동번역 및 통역 등이 포함
자동제어 (Automatic Control)	• 제어 대상에 미리 설정한 목표값과 검출된 되먹임(feedback) 신호를 비교하여 그 오차를 자동적으로 조정하는 제어
로봇틱스(Robotics) 인지로봇공학 (Automatic Control)	• 로봇에 관한 과학이자 기술학으로 로봇의 설계, 제조, 응용분야를 다룸 • 인지로봇공학은 제한된 계산자원을 사용해 복잡한 환경의 복잡한 목표를 달성하도록 하는 인식능력을 로봇에게 부여하는 기술
컴퓨터비전 (Computer vision)	• 컴퓨터 비전은 로봇의 눈을 만드는 연구분야로 컴퓨터가 실세계 정보를 취득하는 모든 과정을 다룸
가상현실 (Virtual Reality)	• 어떤 특정한 환경이나 상황을 컴퓨터로 만들어서, 그것을 사용하는 사람이 마치 실제 주변 상황·환경과 상호작용을 하고 있는 것처럼 만들어 주는 인간-컴퓨터 사이의 인터페이스
양자컴퓨터 (Quantum computer)	• 양자역학의 원리에 따라 작동되는 미래형 첨단 컴퓨터 • 양자역학의 특징을 살려 병렬처리가 가능해지면 기존의 방식으로 해결할 수 없었던 다양한 문제를 해결 가능
자동추론 (Automated Reasoning)	• 계산기과학의 한 분야로 추론의 다양한 측면을 이해함으로써 컴퓨터에 의한 완전한 자동추론을 가능하게 하는 소프트웨어 개발을 목표로 함 • 인공지능연구의 일부로 이론계산기과학 및 철학과도 깊은 관계가 있음
사이버네틱스 (Cybernetics)	• 생물 및 기계를 포함하는 계(系)에서 제어와 통신 문제를 종합적으로 연구하는 학문
데이터마이닝 (Data maing)	• 많은 데이터 가운데 숨겨져 있는 유용한 상관관계를 발견하여, 미래에 실행가능한 정보를 추출해 내고 의사결정에 이용하는 과정
지능엔진 (Intelligent Agent)	• 인공지능적 기능을 가진 소프트웨어 엔진 • 사용자를 보조하고 반복된 컴퓨터 관련 업무를 인간을 대신하여 실시하는 엔진
시멘틱웹 (semantic web)	• 컴퓨터가 정보자원의 뜻을 이해하고, 논리적 추론까지 할 수 있는 차세대 지능형 웹

출처: 한국정보화진흥원(2010)

해가 더욱 중요해진다. 더구나 '상황(Context)'에 따라 정확하게 정보와 서비스가 제공되려면 지능형 검색이나 소셜 서치, 상황인지 컴퓨팅 등에 기반해야 하며, 패턴 인식, 지능형 검색 등 데이터의 상황을 이해하고 맞춤형 서비스를 제공하게 하는 AI 기술이 중요하게 된다.

인간을 닮은 기술, AI는 사전적 의미로는 인간이나 지성을 갖춘 존재 또는 시스템에 의해 만들어진 인공적 지능이며, 1956년 영국 다트머스회의에서 존 매커시(John McCarthy)에 의해 처음 사용되었고, 이제는 기호 처리를 이용한 지능의 기술을 중심으로 정보처리 및 연구방법으로 사용되며, 일반적으로 컴퓨터에 인간과 같은 지능을 실현하기 위한 시도 및 일련의 기술을 의미한다. 현재 AI의 관심분야는 매우 광범위하며, [표 4]에서 보듯이 거의 전(全) 기술 분야에서 인공지능적 처리가 요구되고 있는 상황이다.

한국에서도 한국전자통신연구원(ETRI)이 2013년부터 '엑소브레인(Exobrain)' 프로젝트를 통해 퀴즈에 답할 수 있는 인공지능을 연구중이다. 인공지능이 감정까지 갖추게 만들려면 '인공두뇌'부터 개발되어야 한다. 슈퍼컴퓨터 속에 가상의 신경세포(뉴런)를 만든 뒤 뉴런 수를 인간의 두뇌 구조에 맞춰 늘려가다 보면 결국 진짜 뇌처럼 사고할 수 있는 인공두뇌가 만들어진다. 스위스 로잔 공대는 인공두뇌를 개발하기 위해 10년째 '블루브레인 프로젝트'를 진행 중이며 유럽연합(EU)은 2013년 '인간두뇌 프로젝트'를 시작했다. 이 순간에도 컴퓨터에 인공지능 프로그래밍을 이용해 인간을 흉내내게 하겠다는 시도가 진행 중이지만, 완전히 인간 뇌의 연결성을 흉내낸 슈퍼컴퓨터 프로젝트나, 이를 고도로 집적해서 뇌의 구조와 유사한 브레인 컴퓨터칩을 만드는 연구, 뇌와 실리콘칩의 직접 연결을 통해 한계점을 극복하려는 연구까지 컴퓨터칩 기술과 인간 뇌과학의 접점은 고도화되고 있다.

인지컴퓨팅 및 인공지능 컴퓨터인 왓슨은 게임쇼 참가 후에 병원, 은행, 대학 등에서 활용되기 시작하더니, 2013년 5월 상용 서비스에 본격 활용된다. IBM은 미국 테네시주 내슈빌에서 열린 'IBM 스마터 커머스 서밋(IBM Smarter Commerce Summit) 2013'행사에서 방대한 양의 빅데이터를 짧은 시간에 분석하여 고객 서비스, 마케팅, 영업 등 주요 부서의 고객 참여방법을 획기적으로 혁신시킬 수 있는 신기술 '왓슨 인게이지먼트 어드바이저(Watson Engagement Advisor; WEA)'를 발표하였다. 인지컴퓨팅 기술을 바탕으로 왓슨은 직접 해당 기업의 데이터를 빠르게 학습, 적응, 이해하고, 시간이 흐를수록 업무 지식과 가치를 확장시켜, 기업들이 고객들과 보다 신속하고 정확한 근거에 기반하여 소통할 수 있도록 도와준다.

WEA는 클라우드 서비스와 온라인 채팅 세션을 통해 고객을 직접 대면하는 직원들이 보다 신속하고 정확한 정보를 고객에게 제공할 수 있도록 도와

주거나 관련 정보를 직접 고객 모바일 기기에 제공한다. '왓슨에게 물어봐(Ask Watson)' 기능은 한 번 클릭으로 고객의 질문을 분석하고, 고객의 구매 결정에 도움을 주는 조언을 제공하며, 고객의 문제를 신속하게 해결해 준다. 또한, WEA는 언제 어디서든 지속적으로 개별 고객들에게 실시간 맞춤형 소통을 제공할 수 있도록 지원한다. 고객 본인보다 먼저 고객의 선호도를 파악하거나, 고객이 원하는 것을 미리 정확히 파악해 제공하고 학습함으로써 기업들이 고객과의 소통에서 우위에 설 수 있게 해준다.

왓슨은 2013년 11월 21일, 왓슨에 기반을 둔 API를 일반 개발자 대상으로 클라우드 서비스를 통해 제공한다고 발표하였다. 이의 목적은 전세계 소프트웨어 앱 개발 업계로 하여금 왓슨의 인지컴퓨팅 기술을 활용한 차세대 애플리케이션을 개발할 수 있는 토양을 제공하는 것이다. 공개된 왓슨을 통해 새로운 개발 환경을 제공받는 기업들은 향후 IBM과의 비즈니스 파트너 관계를 구축, 인지 애플리케이션(Cognitive Application) 개발에 박차를 가할 것이다. 그 외에도 'IBM 왓슨 디벨로퍼 클라우드(IBM Watson Developers Cloud)'서비스는 클라우드 기반 마켓플레이스 형태로 앱을 쉽게 개발할 수 있는 개발자 툴킷(Toolkit), 교육자료, API 등을 제공한다. 이를 이용하는 기업들은 기업 내부 데이터 기반으로 개발하거나, 'IBM 왓슨 컨텐츠 스토어(IBM Watson Content Store)'에서 제공하는 축적된 지식을 활용해 인지컴퓨팅 기술 위에서 구동되는 앱을 개발할 수 있게 된다.

빅데이터와 사물인터넷(IoT)

본 절에서는 빅데이터와 사물인터넷(Internet of thing: IoT) 간의 관계를 학습한 자, 먼저, IoT 개념부터 살펴본다. 위키피디아 한글판에 의하면, IoT란 데이터 취득이 가능하게 사물에 센서나 인터넷을 연결한 기술로, 빅데이터를 중심으로 주목받기 시작하였다. 특히, 2014년 초에 열린 CES2014에서 사물인터넷이 화두가 되었고, 가트너가 선정한 10대 전략 기술(2012~2014)을 통해 지속적으로 회자되고 있다. 10대 전략 기술에 대해서는 2장에서 이미 언급하였다. IoT는 새로운 개념은 아니며, 1999년 MIT에서 RFID(Radio−Frequency Identification) 전문가인 케빈 애쉬톤(Kevin Ashiton)이 "RFID 및 기타 센서를 일상생활 속 사물에 탑재함으로써 사물인터넷이 구축될 것"이라고 언급하면서부터 주목을 받게 된다.

시장조사 기관들에서 2014년을 사물인터넷이 개화하는 원년으로 인식되는 주요 근거로 네 가지 기술을 언급하고 있다. 첫째는 센싱 기술이다. 단순히 온도, 습도, 열, 가스, 조도, 위치, 모션 등 독립적 정보를 생산해 내는 센서가 아니라, 프로세서가 내장되어 스스로 판단하고 정보를 처리할 수 있는, 즉 인지컴퓨팅이 가능한 스마트 센서들이 등장하고 있다. 둘째는 유무선 통신 및 네트워크 인프라 기술이다. 통신모듈이 다양한 기기에 탑재되고 있고, 네트워크 기술 표준이 정착 단계에 있으며, 대역폭의 확대, 대용량 데이터 통신비용 하락 등으로 가격, 연결속도, 호환성, 연결복잡성 등의 문제가 해결되고 있다. 셋째는 IoT 서비스 인터페이스 기술이다. 웨어러블 등 다양한 기기가 등장하면서 사물간 정보를 최적으로 저장, 처리 및 검색하도록 하고, 서비스 목적별로 직관적이고 편리하게 사용하도록 하기 위한 서비스 인터페이스 기술이 발전하고 있다. 마지막으로는 배터리 기술이다. 사물이 센싱, 통신 및 연산을 하기 위해 필수적인 배터리의 효율성, 작업시간, 크기, 형태, 원가 등이 크게 개선되었다.

한국에서는 관계부처 합동으로 2014년 4월 <사물인터넷기본계획>이 발표되었다. 이에 따르면, 글로벌 선도 기업들은 자사의 핵심역량을 바탕으로 IoT 생태계를 주도하기 위해 지배적 플랫폼 및 표준 선점을 위해 경쟁중이며, 스마트폰, 모바일 앱을 활용하여 누구나 쉽게 서비스를 개발하여 제공하고, 사물에 접속 및 이용할 수 있는 개방형 생태계로 변화하고 있다. 또한, IoT 시장은 공공, 산업 및 주변의 생활제품 등 다양한 소규모 적용 분야가 있어 창의적인 아이디어를 가진 중소 벤처기업이 주도할 수 있는 시장으로 이해되고 있다. 이 기본계획에서 주목될 부분은 이러한 글로벌 움직임에서 나타나는 개방형 생태계가 한국에도 절실하다는 점이다. 폐쇄형과 개방형을 비교하면 [표 4]와 같다.

IoT는 다양한 사물들이 인터넷에 연결된 것이다. 시스코(Cisco, 2013)에 따르면, 인터넷에 연결된 사물(기계, 통신장비, 단말 등)은 2013년 약 100억 개에서

표 4 IoT 생태계의 현재 폐쇄형 혁신과 개방형 혁신 방향성 비교

구분	As-Is	To-Be
추진 방식	Closed Innovation	Open Innovation
개념도	a 서비스 / b 서비스 … z 서비스 A 플랫폼 / B 플랫폼 … Z 플랫폼 센서 센서 / 센서 센서 / 센서 센서	a 서비스 / b 서비스 … z 서비스 공통플랫폼 (개방형 테스트베드) 센서 센서 / 센서 센서 / 센서 센서
추진 단계	•정부: 정부주도 시범서비스 선정 (요구사항, 기능, 방식 등 결정) →예산확보 및 사업발주 ⇓ •민간: 개별 사업수주 (SI사업자–중소하청업체) →정부 시범사업 요구사항에 맞춰서 개발·구축 •정부: 각 기관별 개별적 구축 이용	•정부: 서비스 개발·제공할 수 있는 개방형 플랫폼 환경 제공 (글로벌·대기업, 통신사 등 협력) ⇓ •민간: 아이디어를 서비스로 개발 및 제공(중소벤처의 서비스 개발 지원) ⇓ •정부: 민간 서비스 구매·이용
특징	•개별 시스템 간 호환성 미흡 및 중복개발 •개발·구축 및 운영비용 부담 •환경변화 시 대응 곤란	•호환성 제고 및 데이터 연계·활용 •규모·범위의 경제 실현으로 비용부담 최소화 •환경변화 시 유연성 확보

출처: 관계부처 합동(2014)

2020년에 약 500억 개로 증가하여, 모든 개체(사람, 프로세스, 데이터, 사물 등)가 인터넷에 연결될 것(Internet of Everything: IoE)이며, 사물인터넷 인프라의 급격한 확대를 전망했다. 또한, 시스코는 초연결사회가 되면서 사람과 사물과 데이터를 중심으로 새로운 소통환경이 만들어지고 있으며, 사람 대 사람, 사람 대 사물, 그리고 사물 대 사물 간 소통으로 구분하였다.

이러한 초연결사회에 대비한 IoT 생태계가 발전하려면, 클라우드 컴퓨팅의 고도화와 빅데이터 분석능력 강화가 함께 요구된다. 이는 기존 사물통신(Machine to machine; M2M)의 기기(Device) 중심적 하드웨어적 접근에서 벗어나야 함을 의미하며, IoT에 하드웨어도 중요하지만, 솔루션 중심 서비스 지향적인 접근이 중요함을 의미한다. 무엇보다도 연결 대상이 인간에서 사물, 공간, 자연, 데이터에 이르기까지 광범위하게 확장되기 때문에, 정보 수집도 직접 입력에서 센싱(sensing)의 개념으로 변화하게 되고, 초고속 이동통신, 고감도 센서, 빅데이

그림 3 초연결사회의 새로운 소통 환경

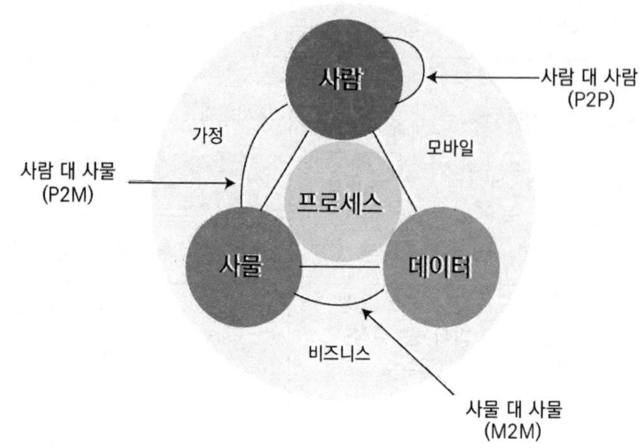

출처: CISCO(2012); 주대영/김종기(2014) 재인용.

터 처리 등 핵심 기술발전과 저가격화로 IoT 시대가 개화될 수 있다.

그렇다면, 클라우드 기반과 빅데이터가 고려된 IoT 생태계는 어떤 모습이어야 할까? 또한, 어떠한 비즈니스 모델들이 등장할까? [그림 4]는 IoT 기업들이 2014년 상반기 현재에 활동하는 생태계를 보여주는 것이다. 생태계의 수평축으로는 플랫폼 기업들이 걸쳐 있으며, 그 밑에 영역별로 수직적 앱들이 발달하고 있는 모습이다. 수직적 앱들의 대표 영역을 보면 헬쓰, 피트니스 등의 사용자의 생활 패턴을 트래킹하는 '자기 측정(Quantified self)', 라이프스타일, 홈 자동화와 에너지 효율화 등의 커넥티드 홈, 그리고 각 산업에 적용되는 산업인터넷 등이 있다. 이러한 IoT 생태계에는 클라우드 컴퓨팅 서비스와 빅데이터 외에도 소셜미디어 기반과 모바일 기반도 함께 연계되고 있다. 어떻게 연계되고 있는지 각각 살펴보면 다음과 같다.

먼저, 클라우드 기반과 IoT 연계를 보자. 클라우드 기반은 IoT 생태계 참여자가 민첩하면서 확장 가능하고 효율적인 방식으로 서비스를 제공하고 소비할 수 있도록 해준다. 즉, 데이터가 다양한 기기에서 전송되어 저장되고 클라우드에서 처리, 분석된다. 또한, 클라우드는 많은 IoT 기기 데이터의 수집, 취합, 저장 및 공유가 IoT 생태계 내 많은 참여자들에게 가능하도록 확장형 플랫폼도 제공할 수 있다. 이 환경에서 IoT 내 협업이 가능해진다. 예컨대, 병원

그림 4 IoT 생태계

출처: FirstMark Capital(2013); Techcrunch(2013)재인용

에서 환자의 필요나 간병인 일정, 대기 시간, 침대 및 입원실 현황, 자산 위치, 물품 소비량 등에 대한 데이터가 최적화되어 환자 처리 인원 및 관리 수준의 향상이 가능할 뿐만 아니라, 해당 네트워크, 보험업체, 공급업체, 제조업체, 다른 병원 등에서도 데이터 공유가 가능하게 된다.

소셜미디어 기반과 IoT를 연계해보면, [그림 4]의 수직축으로 형성된 '자기 측정(quantified self)'영역만 보아도 예컨대 달리기, 자전거 타기 등을 하는 많은 사람들이 세부 경로와 시간을 데이터로 내보내기도 하면서 동시에 SNS를 통해 공유할 수 있다. 또한, '커넥티드 홈(Connected Home)'영역에서도 인터넷에 연결되고 원격으로 조정할 수 있는 잠금 장치가 가족 구성원이나 허용된 손님에게만 집의 접근 권한을 공유할 수 있는 기능을 제공하게 한다. 이는 소셜미디어에서 기존의 정보와 사진뿐만 아니라 사물과도 상호작용하는 능력을 갖게 함을 의미한다. 소셜미디어 부문에서 가능한 프로세스가 기업 기능에 통합되면 IoT 기기를 원격으로 감시하고 제어할 수 있는 능력이 실제 비즈니스 활동을 지원할 수도 있다. 예컨대, 병원 간병인들이 소셜 네트워크를 통해 자발적으로 의약품, 식사, 물품, 재료 등을 실시간으로 필요에 따라 제공하는 것을 결정할 수도 있다.

모바일 환경과 IoT를 연계해보면, IoT 앱들은 스마트폰을 모든 것의 원격 제어장치로 만들 수 있다. 즉, 스마트폰이 IoT 앱 접근을 가능하게 해서 정보 접근과 공유, 특정 IoT 기기의 명령과 제어, 의사결정을 돕는 지능적 분석 등을 가능하게 할 수 있다. 이미 웨어러블 기기가 확산되면서 IoT와의 연계가 시작되었다. 예컨대, 증강현실 앱과 연계된 스마트 글래스(Smart Glass) 등의 웨어러블 기기는 사용자가 IoT 기기 위치를 시각적으로 확인하고 그 상태를 확인하면서 집 또는 공장의 시찰, 보수, 수리 등의 비즈니스 환경에서 매우 편리한 플랫폼으로 자리잡게 될 것이다. 스마트폰은 원격 제어 기기가 되고, 웨어러블 기기는 손을 사용하지 않는 편리함과 효율성으로 즉각적인 정보와 협업을 제공할 것이다. 이것만 보아도 IoT 환경에서는 더 이상 기존의 폐쇄적인 M2M 산업의 가치사슬이 그려지지 않는다.

가장 중요한 것은 빅데이터와 IoT 간의 연계이다. IoT는 기업이 실시간으로 수집하고 관리하며 분석해야 하는 빅데이터의 3대 특성이기도 한 데이터의 양, 다양성, 속도를 증가시킨다. 따라서, 정보 분석을 활용하게 되면, 비즈니스 성과가 최적화되고, 디지털 고객 경험이 향상되며, 경쟁력 강화 등의 이점이 도출될 수 있을 것이다. 전통적 관계형 데이터베이스와 데이터 관리 기법은 여전히 구조화된 거래 데이터를 위해 필요하지만, 구조화되지 않은 데이터를 처리하기 위해 빅데이터 툴이나 기법이 필요해질 것이다. 또한, IoT로부터 유입되는 데이터의 분석을 통해 온라인 상호작용 및 선호도뿐만 아니라 IoT 기기 사용 패턴에 기초해 고객에게 초개인화된 경험을 제공할 수 있는 능력도 구비하게 될 것이다.

IoT 데이터 분석의 중요성

앞에서 언급했듯이, 소셜미디어 환경, 모바일 환경, 클라우드 기반 환경, 빅데이터 분석 환경 등 이미 구축된 환경과 IoT를 연계해서 비즈니스모델을 고민하게 되면, 다양한 융합과 상호 보완을 통해 높은 수준의 비즈니스 내지 고객 가치를 발견하게 되고 더욱더 차별화를 꾀하게 될 수 있다. 기업들이 IoT 환경을 자사의 비즈니스전략에 반영하기 위해서는 위의 네 가지 환경을 함께 활용할 수 있는 전략과 이를 뒷받침하는 IT 기반이 요구된다. 여기서는 빅데이터와의 연계성에 초점을 두고 더욱 중요해지는 IoT 데이터 분석에 대해 살펴보자.

일반적으로 생각되는 IoT 스택은 RFID나 바코드, 센서, 내장(임베디드: Embedded) 소프트웨어, 무선 인터넷 연결 등의 추적 기술로 구성된다. 다양한 물리적 대상에 부착된 '자동 무선 노드(Transponder node)'는 온라인상의 신원 증명서 역할을 한다. 운송 수단, 건축 설비, 가스 및 전기 계량기, 전자기기, 자판기 등 어떤 유형의 제품이나 장비든 웹에 연결할 수 있게 되면서 비즈니스는 네트워크를 통해 생활 속 수많은 데이터를 수집해 다양한 비즈니스에 활용할 수 있게 되었다.

다양한 산업용 기기로부터 획득한 기기 데이터의 활용 가치에 대한 기대가 높아지면서, 빅데이터 분석을 위한 데이터 수집, 축적, 분석, 제어 등을 지원하는 백엔드의 빅데이터 분석 플랫폼이 중요하다. [그림 5]에서 보듯이, 우선적으로 관심 갖는 분야는 자동차/전자/철강 분야, 물류/유통 분야, 상거래 분야, 농수축산 분야, 소방방재/산업안전/환경 분야, 그리고 의료/복지/안전 분야 등이다. 다양한 산업 분야에서 기업들이 IoT 솔루션에 기대하는 핵심 중 하나는 데이터 주도의 의사결정이 가능해지는 것이다. 즉, IoT의 본질은 실제 세상에서 발생하는 정밀한 데이터 스트림을 창조하는 것이다. 빅데이터 플랫폼은 클라우드 기반이 될 것이며, 사용자가 스크린으로 보는 서비스는 IoT 데이터 분석을 토대로 한 애플리케이션이 된다.

IoT 솔루션을 제공하는 기업에게 IoT 데이터 스트림 분석이 얼마나 중요한지를 보여준 기업 간 M&A 사례가 있다. 미국 기반이면서 글로벌 3위 원격 솔루션 제공 기업인 로그미인(LogMeIn)은 클라우드와 IoT, 그리고 크라우드소싱으로 센서 데이터를 수집한 코즘(COSM)을 인수해 빅데이터와 연계한 '자이블리(Xively)'라는 플랫폼을 완성하였다. 자이블리를 이용하면 다양한 오픈소스 하드웨어 단말을 클라우드 기반에서 원격으로 제어할 수 있을 뿐 아니라, 플랫폼이 서로 다른 단말끼리도 상호 통신이 가능하기 때문에 IoT 개방 환경을 구현할 수 있게 한다.

그림 5 산업별 M2M 내지 IoT 적용 분야

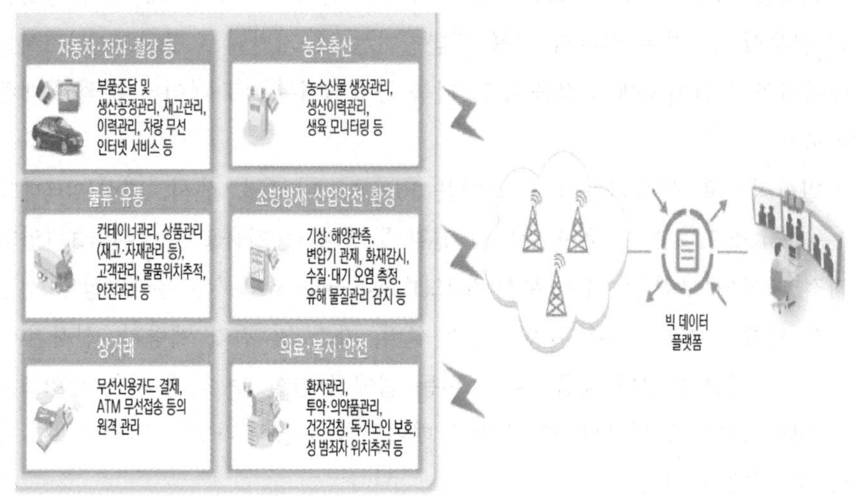

출처: 아이티월드/ktNexR(2013)

좀 더 자세히 살펴보면, IoT 데이터 클라우드 서비스인 코즘(COSM)은 패츄브(Pachube)라는 이름으로 2008년 영국에서 출시되었는데, 2011년 7월에 원격 접속 사업자인 로그미인이 1,500만 달러에 인수하였다. 그 이후, 2013년 5월 '자이블리 클라우드 서비스(Xively cloud service)'로 상용 서비스가 시작되었다. 자이블리는 사물을 웹에 연결시킬 수 있는 RESTful 인터페이스를 제공하며, 오픈소스 마이크로 컨트롤러인 아두이노(Arduino) 플랫폼을 해당 인터페이스를 통해 웹에 연동시키는 기술을 선보였다. 즉, 이는 오픈소스(Open source) 하드웨어와 소프트웨어를 제공해 플랫폼에 디바이스 접속을 용이하게 한 것으로서, 다양한 오픈 하드웨어 센서에서 수집된 데이터를 웹으로 연동하여 앱 개발을 지원해 주는 일종의 IoT 클라우드 기반의 PaaS인 셈이다. 예로 영국의 IoT 교육 정보시스템 구축 프로젝트인 디스턴스(DISTANCE)가 2013년 8월부터 자이블리 클라우드 서비스를 이용하고 있다.

자이블리는 2013년 9월 12일에 IoT 기술 및 서비스 제공 사업자들의 글로벌 커뮤니티인 '자이블리 파트너 네트워크(Xively Partner Network: XPN)'를 발족했다. 자이블리에 따르면, XPN은 멤버들의 IoT 시장 입지 강화를 목표로 발족되었으며, 기술 제휴 파트너, 솔루션 제공 파트너, 산업 제휴 파트너들로 구성될 계획이고, 멤버들은 XPN을 통해 IoT 전문가, 파트너, 고객들과 지속적으로 교류할 수 있는 채널을 확보할 수 있으며, 자이블리의 IoT용 클라우드 플랫폼을 활용해 자사 고객들에게 끊김 없이 ETE(End-To-End) 솔루션을 제공할 것이다.

또한, 2013년 9월 18일, 자이블리는 사업자들이 IoT 서비스를 원활하게 개시할 수 있도록 지원하는 퍼블릭 클라우드 플랫폼 컨설팅 서비스인 '자이블리 컨설팅 서비스(Xively Consulting Service; XCS)'도 개시했다. XCS는 클라우드 서비스를 통해 기업 고유의 기술과 비즈니스를 탐색하여 IoT 관련 제품 및 서비스 상용화에 어려움을 겪고 있는 사업자들을 지원하는 전문 서비스이다. 2013년 9월 현재, 6만 명의 개발자와 3십만 개 디바이스가 접속되어 있으며, 그 이듬해, 모바일 월드 콩그레스(Mobile World Congress; MWC) 2014에서'최고

그림 6 자이블리 플랫폼 아키텍처

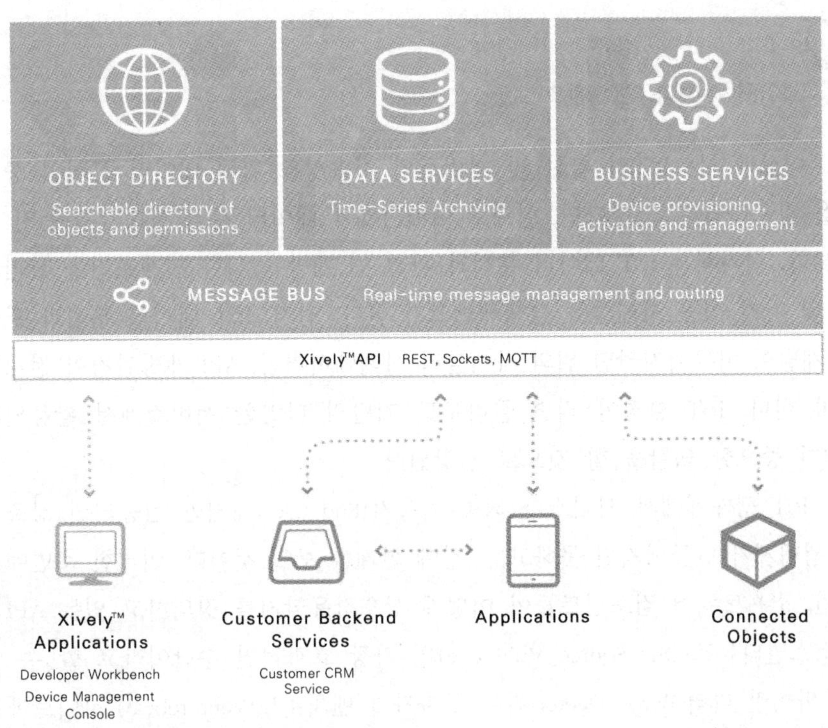

출처: https://xively.com; 한국산업기술평가관리원(2013)

의 클라우드 기반 모바일 기술(Best Cloud-Based Technology for Mobile)'로 선정되었다.

[그림 6]은 자이블리의 플랫폼 아키텍처이다. 클라우드 기반의 플랫폼은 객체와 접근 승인 여부를 검색할 수 있는 디렉토리 서비스와 시계열 파일 보관소(아카이빙)인 데이터 서비스, 그리고 접근 기기들의 권한을 설정하고 관리하는 비즈니스 서비스로 구분되며, 그 하단에는 실시간 메시지 관리 및 라우팅인 메시지 버스가 있다. 자이블리 API를 활용해서 자이블리 애플리케이션으로 연계되는 것을 알 수 있다. 한마디로, 자이블리는 다수의 센서를 원격에서 쉽게 제어하고 모니터링 할 수 있는 클라우드 기반의 IoT 관리 플랫폼이며, 코즘 인수를 통해 IoT 데이터를 확보하게 된 것이다. 이는 IoT가 확산되려면 사물 자체의 통신 기능도 중요하지만, 서비스의 지속성을 위해 빅데이터 수집과 관리가 필요함을 시사한다.

IoT 데이터 분석과 앱 개발

이상에서는 IoT의 확산 및 서비스의 지속성을 위해 데이터 분석이 중요함을 강조하였다. 그렇다면, 실제로 어떠한 IoT 데이터 분석 사례가 있는지 살펴본다. 여기서는 IoT 데이터 분석과 관련 앱 개발을 위한 전제조건을 살펴보고 몇 가지 성공 사례들을 탐색해보고자 한다. 먼저, IoT 데이터 분석과 관련 앱 개발이 이루어지려면 위의 자이블리 사례에서처럼, API 개방환경이 전제되어야 한다. IoT 환경이 되면 클라우드 기반의 다양한 서비스에서 활용되는 API가 중요한 역할을 할 것으로 전망된다.

IoT 생태계에서 서비스가 최종 이용자(End User)에게만 집중되면 창조적인 생태계가 만들어지지 못하고, 성장에 한계를 보일 것이다. 이러한 측면에서 보면, 소프트웨어 컴포넌트들이 어떻게 상호작용할지를 정의하고 있는 API는 원소스멀티유즈(One Source Multi Use)의 가장 효과적인 수단이라고 할 수 있다. 바이런 디터(Byron Deeter)라는 투자자가 벤처비트(Venturebeat) 사이트에서 언급하고 있는 API 시장은 B2D(Business to Developer) 시장으로, 서비스의 성공에 얼마나 중요한지를 말하고 있다. 그에 의하면, 불과 십여 년이 지나지 않아, API는 개발자들이 새로운 소프트웨어 애플리케이션, 파트너십, 새로운 비즈니스 등을 만들도록 도와주는 '디지털 접착제(Digital glue)'가 되었다. 특히, B2D 시장은 클라우드 기반에서 가장 빠르게 성장하는 시장 중 하나이며, API는 두 개의 소프트웨어가 서로 대화하고 데이터를 주고받는 규격이다. 구글이나 페이스북, 아마존 같은 Web2.0 기업들이 가장 먼저 API를 인식했다. 이들은 서비스가 고객에게 팔리더라도 개발자들이 남의 영역을 침범하지 않고 한 팀처럼 일해야 했기 때문이었다. 이러한 API가 이제는 파트너가 그들의 가치를 제공할 수 있도록 도와주고, 생태계의 전반적인 성장을 도와주는 매우 중요한 채널이 되어 버렸다. API 경제(API-economy)가 시작된 것이다.

앞서 언급했듯이, 아마존은 AWS 안에서 수백억 달러의 수익사업을 만들어냈고, EC2처럼 강력한 API 기반 요소들을 서비스하고 있다. 만약 구글맵이 웹으로만 접근이 가능했다면 매우 작은 규모의 사업에 불과했을 것이다. 트위터도 데이터 API와 플랫폼을 파트너들과 공유하고, 전체 비즈니스 기능들과 분석 모듈들을 완전히 개방해 버렸다. 프라이빗 클라우드 서비스를 제공하는 세일즈 포스닷컴(Salesforce.com)조차도 수십만 개발자들이 참여하게 하여, 수천만 앱들이 그 플랫폼 위에 동작하게 하고 있다.

포레스터 리서치에서는 다양한 사례들을 API 유형에 따라 구분하였다. 데이터(Data) API를 개방한 위키피디아와 트위터, 거래(Transaction) API를 개방한 페이팔, 이트레이드, UI(User Interface) API를 개방한 아마존, 애플리케이션 컴포넌트(Application component) API를 개방한 세일즈포스닷컴, 그리고 유틸리티(Utility) API를 개방한 페이스북, 어도비 등으로 구분할 수 있다. 이미 많은 기업들이 B2D 시장에 'API 우선(API-first) 전략'으로 성공한 것처럼 IoT 생태계에서도 데이터 분석 기반과 앱 개발을 연계하는 방법이 모색되어야 한다. [그림 7]은 기업 생태계 간에 다양한 소프트웨어 시스템을 연결하는 접착제 역할을 하는 API 경제를 도식화한 것이다. API는 기술적 구성요소인 동시에 비즈니스가 행해지는 인터페이스들을 연결하는 접착제이다.

이러한 API 경제 시스템이 IoT 생태계에서도 실현되기 시작했으며, 특히 데이터 API 개방이 빅데이터와 관련되는데, 몇 가지 예를 들어 보자. 먼저, 웨어러블 디바이스 중에서 활동 트래커(activity tracker)들이 앞다투어 API를 개방

그림 7 소프트웨어 시스템을 연결하는 접착제, API

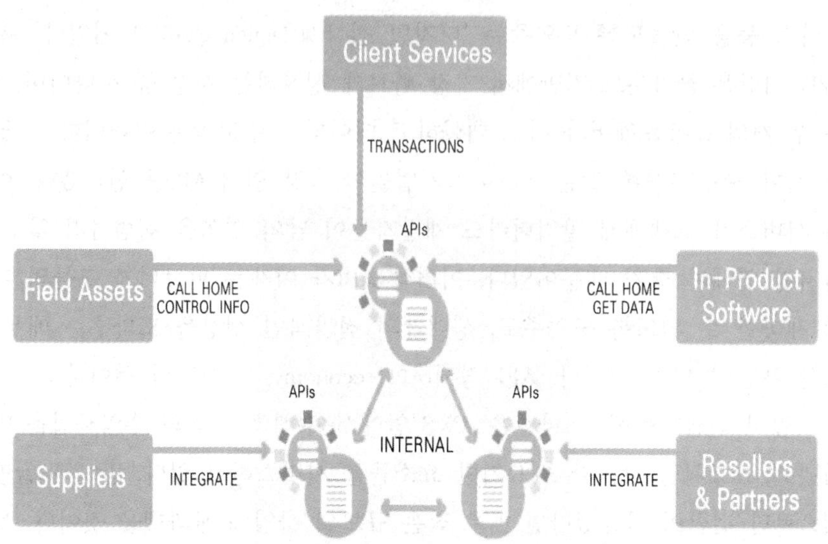

출처: Willmott et al.(2013)

했다.

다양한 활동 추적 앱과 디바이스에서 수집된 데이터는 그동안 모두 각각의 앱에만 저장됐다. 예를 들어 핏빗(Fitbit)은 핏빗에, 런키퍼(RunKeeper)의 달리기 데이터는 런키퍼에, 위딩스 블러드 프레셔 모니터(Withings Blood Pressure Monitor)의 혈압 데이터는 위딩스 앱에만 있었던 것이다. 그러다가 일부 개발자들이 다른 개발자들이 이 데이터를 사용할 수 있도록 API를 제공하기 시작한다. 예를 들어서, 핏빗 데이터는 팩트(Pact) 앱에서도 나타난다. 2023년에 핏빗(Fitbit)과 나이키 퓨얼밴드(Nike Fuelband)가 API를 먼저 공개했다. 나이키가 2013년 생태계 확산 프로그램인 나이키 플러스 퓨얼랩(Nike+Fuel Lab)을 발표하고, 퓨얼밴드 API와 SDK를 제공하기 시작하였다.

한편, 2014년 6월 개발자컨퍼런스에서 애플이 발표한 헬스킷 툴은 이런 앱들 간의 공유를 한 단계 더 발전시켰다. 모든 건강 및 운동 앱에서 수집된 데이터를 하나의 데이터베이스에 넣는 것이다. 애플이 직접 개발한 헬스(Health) 앱은 사용자들에게 자신의 건강 상태 전반에 대해서 큰 그림을 제공하도록 만들어졌다. 운동량, 수면 상태, 식습관, 심지어 혈압이나 혈당도 알 수 있다. 애플은 헬스를 맞춤 설정이 가능하도록 만들었다. 사용자가 여러 앱을 통해서 신경을 쓰고 있는 요소들을 한 번에 모니터링할 수 있으며, 나이키(Nike)가 이러한 헬스를 지원하는 첫 번째 서드파티 앱이며, 그 외에도 핏빗, 아이헬스(iHealth), 와후 피트니스(Wahoo Fitness) 등이 있다. 여러 앱에서 데이터를 가져와 하나의 대시보드에서 보여주기 때문에, 사용자들은 헬스 앱을 통해서 자신의 건강에 대해 한 눈에 파악할 수 있게 된다.

이처럼 IoT 데이터를 기반으로 하는 건강 관련 앱 개발이 활성화되기 위해서는 각 개발자가 가진 데이터를 서로 이용하게 하는 링크드데이터(Linked data)의 활용이 더욱 중요해질 전망이며, 이와 동시에 의료 및 건강 관련 공공데이터 제공 환경도 함께 마련되어야 할 것이다. 예를 들어 건강보험공단이 보유한 건강검진, 문진, 진료 및 투약 데이터 등이 함께 분석된다면 관련 앱 시장이 더욱 활발해질 것이다. 아직은 빅데이터 활용이 웹서비스 분야에서 생성, 수집되는 데이터 활용 수준에 머물러 있으나, IoT 생태계가 발전하게 되면 점차적으로 IoT 네트워크에서 생성, 수집되는 데이터가 실시간으로 활용되는 방향으로 진전될 것이다.

✩ 토의문제

1. 빅데이터 활용을 위한 물리적 기반이 되는 컴퓨팅 기술의 발전에 대해 설명하시오.
2. 인지컴퓨팅의 개념 및 이를 뒷받침하는 인공지능 기술과 빅데이터와의 연계성에 대해 고찰하시오.
3. 사물인터넷(IoT)의 개념을 설명하고, 기존의 모바일, 소셜 환경 외에 클라우드와 빅데이터 기반에서 IoT가 어떤 시너지를 발휘할 수 있는지 논하시오.
4. IoT 생태계의 발전과 관련 비즈니스모델의 차별화를 위해 필요한 IoT 데이터 분석의 중요성에 대해 탐색하시오.
5. IoT 데이터 분석 기반의 관련 앱 개발이 활성화되려면 어떤 전제조건이 필요한지 논하고, 현황은 어떠한지 사례를 들어 설명하시오.

사례연구 1

“빅데이터, 아트상품과 대중을 잇다.”

블루엠갤러리는 김인숙 작가의 자연을 모티브로 한 작품 ‘블루 마운틴’을 테마로 하여, 쓰임과 예술성이 조화를 이루는 완성도 높은 아트상품을 제작 판매하는 브랜드이다. 아트상품이란 예술작품을 생활용품·패션상품과 결합함으로써, 일상생활 속에서 예술의 가치를 느낄 수 있도록 한 상품을 의미한다. 현재 블루엠갤러리의 아트상품은 스카프, 넥타이, 지갑, 우산, 에코백, 머그잔 등으로 예술의 전당, 인사동 하나아트 갤러리 등 미술관·갤러리 중심으로 공급되고 있다. 점차적으로는 소비자들이 쉽게 접근할 수 있도록 판매처를 확대해 나갈 계획이다. 또한 많은 사람들이 예술을 생활 속에서 느낄 수 있도록, 작품대여, 저소득층·다문화 가정을 대상으로 미술교육 활동도 강화할 예정이다.

블루엠갤러리 아트상품은 선물용으로 적합하다는 특성 때문에 미술관/갤러리 등 특정 판매처 외에 ‘기업선물용’으로 많이 판매하고 있다. 기업과의 단체상품 거래는 거래액이 크다는 장점이 있지만, 기업 내 잦은 담당자의 변경으로 거래단절이 자주 발생한다는 단점이 있다. 거래단절은 안정적인 현금흐름을 방해하여 예측된 현금흐름을 토대로 사업을 운영하는 데 어려움을 준다. 또한 2016년 9월 말부터 시행된 부정청탁 및 금품 등 수수의 금지에 관한 법률(김영란법)’은 기업대상의 거래액을 축소시킬 요인으로 작용할 것으로 보인다. 따라서, 안정적인 판매처를 확보하는 것은 블루엠갤러리가 지속적으로 성장하기 위한 당면과제이다. 이를 위해서는 역시 꾸준한 구매력을 가지고 있는 대중고객을 확보하는 것이 필요한 상황이다. 기존 미술관/박물관 방문객 대상으로 노출하던 수동적인 판매에서 벗어나, 일반 대중의 구매를 유도하는 판매전략에 대한 블루엠갤러리의 고민이 시작되었다. 한국정보화진흥원의 빅데이터 활용지원 사업을 만나게 된 것은 바로 이러한 시점이었다.

한국정보화진흥원의 중소기업 빅데이터 활용지원 사업에 참여하게 된 블루엠갤러리는 그동안 고민해오던 ‘아트상품 대중시장 확대’에 대한 답을 빅데이터에서 찾아보기로 하였다. 그동안은 미술관/갤러리 작품 관람객 및 기업

대상 판매에 집중하여, 일반대중의 니즈를 파악하기 어려웠다. 블루엠갤러리는 일반대중을 대상으로 한 홍보/마케팅을 추진하는 데 필요한 전략을 빅데이터 분석을 통하여 찾기로 하였다. 블루엠갤러리는 (주)골든플래닛의 소셜미디어 분석 서비스 'Smart Cruncher' 솔루션을 활용하여 SNS(Social Network Service)상에서 나타나는 대중고객의 필요를 분석하기로 하였다.

Smart Cruncher 분석결과, 가장 인기 있는 품목은 에코백이었고, 그 뒤로 머그컵, 지갑, 스카프, 우산, 넥타이 순으로 나타났다. 블루엠갤러리는 에코백과 머그컵의 가격대가 낮아, 대중이 쉽게 접근할 수 있는 상품정도로만 생각하고, 이를 판매에 적극적으로 연결시키지는 않고 있었다. 블루엠갤러리는 대중들이 언제 아트상품을 주로 찾는지를 파악하고, 아트상품의 수요를 유발하는 이벤트를 분석하면, 이 정보를 아트상품 판매에 활용할 수 있을 것이라고 판단하였다. 이를 위하여, Smart Cruncher는 아트상품 중에서도 가장 대중적인 상품으로 분석된 '에코백', '머그컵'에 대한 시계열 분석을 진행하였다. 주로 5월이나 연말에 언급량이 많을 것이라는 예상과는 달리 4월과 10월인 봄과 가을철에 언급량이 높았다. 그 원인을 분석하여 보니, 4월과 10월에 밤도깨비야시장, 서울일러스트레이션페어, 부평로터리마켓 등 다양한 행사들이 개최되고 이러한 행사와 함께 '에코백/머그컵'이 활발히 언급된다는 것을 알 수 있었다. 또, 주로 축제나 전시회 등에서 직접 제작에 참여했던 후기 글들이 많았다.

에코백/머그컵 외에도 지갑, 스카프, 넥타이 등 다양한 아트상품을 판매하고 있는 블루엠갤러리는 품목별로 차별화된 홍보를 진행하기 위해서, 아트상품 품목별 구매목적을 분석하였다. 그동안 블루엠갤러리는 미술관/갤러리를 통해 판매를 해왔지만, 고객들의 구매목적에 대한 분석은 없었기 때문에, 상품을 어떠한 목적으로 구입하는지에 대해서는 파악하지 못하고 있었다. Smart Cruncher가 품목별 구매목적을 분석한 결과, 지갑, 스카프, 우산, 넥타이는 주로 선물목적으로 아트상품을 구매하는 것으로 나타났다. 아트상품의 주요한 구매목적이 '선물'이라는 것을 확인한 블루엠갤러리는 추가적으로 선물시장의 기회를 파악하여, 아트상품으로 개발하는 것이 시장을 넓히고 성공가능성을 높이는 길이라고 판단했다. 이를 위해 블루엠갤러리는 (주)골든플래닛에 의뢰하여 '선물'과 함께 언급된 품목을 조사하였다. 조사결과 블루엠갤러리는 선물과 관련한 품목 중에서 아트상품과 접목 가능한 품목을 선별하였다. 가방, 모자, 핸드폰케이스, 한복, 접시를 신상품 개발 후보품목으로 선별한 블루엠갤러리는 자사 이미지와의 적합성, 상품제작의 용이성 등을 기준으로 '모자'를 신상품으로 우선 제작하기로 하였다.

블루엠갤러리는 빅데이터 분석을 통하여 얻게 된 인사이트를 발빠르게 실행에 옮겼다. 기존 박물관/미술관에서 판매하던 에코백/머그컵 등 아트상품을 플리마켓과 바자회 등 외부행사에서 적극 홍보하기 시작하였다. 잠실 롯데백화점에서 진행한 나눔 바자회를 시작으로 사회적 기업 바자회, 청년창업 우수상품 초대전, 한성백제문화제 문화체험 행사에 적극적으로 참여하여 고객을 직접 만나 블루엠갤러리 브랜드를 홍보하고 상품을 판매하였다. 또, 에코백의 경우 고객들이 직접 제작에 참여하는 것에 높은 관심을 가지는 것을 반영하여, 체험 이벤트를 지속적으로 추진하여 다양한 연령대 고객으로부터 호응을 얻고 있다. 학생들은 최근 가벼운 에코백을 많이 찾는데 미술작품이 그려진 나만의 에코백을 만들 수 있다는 점에서 매력을 느끼고 있다. 또한, 블루엠갤러리 작가들의 그림이 들어간 아트 에코백에서, 일반제품에서 느낄 수 없는 독특한 아름다움을 느낀다는 긍정적인 반응을 보이고 있다.

블루엠갤러리는 '스카프, 넥타이, 지갑'을 아트상품으로 구입하는 경우에는 선물목적으로 구매한다는 빅데이터 분석결과를 바탕으로, '고급스럽고 가치있는 선물'을 핵심 마케팅 메시지로 정하였다. 그리고 블로그, 인스타그램 등 다양한 채널을 통해 활발한 홍보를 펼치고 있다. 아울러 빅데이터 분석을 통해 신상품 개발 후보품목을 선별하고, '모자'를 신상품으로 우선 제작하기로 한 블루엠갤러리는 이를 실제 상품으로 구체화하는 작업에 착수하였다. 블루엠갤러리는 모자제작 전문업체와 논의한 끝에 신상품의 컨셉을 구체화하여 골프모자에 '블루마운틴'을 결합하기로 하였다. 이후, 블루엠갤러리는 디자인 시안작업에 착수하였고, 2017년 봄 시즌 상품출시를 목표로 진행 중에 있다. 또한, 빅데이터 분석을 통하여 대중성이 높은 아트상품이 에코백으로 나타난 만큼, 다양한 용도로 사용할 수 있는 에코백 제작을 위해 현재 시장조사를 완료하고 디자인 개발을 진행 중이다. 블루엠갤러리의 에코백은 캔버스천, 광목천 등 여러 원단을 활용하여 가격대를 다양화할 예정이며, 다양한 사이즈로 제작하여 선보일 예정이다.

블루엠갤러리가 본 사업을 통해 얻은 가장 큰 수확은 고객에게 다가서는 방법을 배운 것이라고 말한다. 그동안은 미술관 및 박물관을 통한 대행판매로 고객을 직접 만난다는 생각을 크게 하지 못한 상황이었다. 빅데이터 분석결과는 '고객들은 플리마켓, 페스티발 등의 오픈공간에서 아트상품을 접한다.'는 생각지 못한 시사점을 안겨주었고, 블루엠갤러리를 움직이게 만들었다. 10월, 11월 약 5번의 외부행사에 참여했던 블루엠갤러리는 성공적인 판매실적을 거두었다. 전월대비 10월 매출은 11%, 11월 매출은 14%나 증가하였으며, 이는 작년 동월 대비 10월은 7%, 11월은 8%나 증가한 모습이다. 또한 고객과의 접점에서 고객 연령대별로 어떤 상품을 좋아하는지 파악하고, 어떠한 이유로 구입을 망설였는지 느낄 수 있었으며, 이는 앞으로의 사업 방향 설정에도 큰 도움으로 작용할 것으로 보인다.

자료원: 2016 중소기업 빅데이터 활용지원사업 우수사례집

토의문제

01 아트상품 기업 중 빅데이터 분석을 통해 비즈니스 환경을 개선한 사례를 찾아 설명하시오.

02 블루엠갤러리가 지속적으로 다양한 경영기법과 분석에 관심을 가지고 경영에 활용하는 방안을 마련하기 위해 필요한 활동들에 대해 토의하시오.

사례연구 2

"빅데이터, 고객과의 거리를 좁히다."

로코코소파는 2002년에 창립된 업력 15년 소파 제작 및 유통 전문 업체이다. 소파는 전통적으로 오프라인 매장에서 제품을 직접 확인하고 구매하는 가구시장 중 하나이다. 그래서 과거 대부분의 소파판매 업체들은 온라인 쇼핑 중심의 마케팅을 경시했다. 그런데 5년여 전 소파시장에 진입한 'J사'가 온라인 쇼핑몰 및 마케팅을 통해 급격하게 성장하면서 시장 구조가 변했다. 특히 온라인 채널을 경시했던 업체들은 대부분 도태되거나 부도가 난 상황이다. 이러한 상황 아래 로코코소파는 온오프라인을 병행하여 2010년부터 2015년까지 매출이 안정적으로 증가했으나, 최근 1년여 동안 매출 정체를 경험하고 있으며 그 주된 원인은 온라인 매출의 급격한 하락에 있었다.

소파 시장의 트렌드를 주도하는 'J'사를 따라잡기 위해 로코코소파는 자사 역량을 온라인 매출 증대에 집중하고 오프라인 지점은 축소하는 것을 전사전략으로 수립했다. 그런데 이러한 전략 수립이 타당한지에 대한 시장 및 자사에 대한 객관적인 분석이 미흡한 상황이었다. 이에 빅데이터 분석을 통하여 현재 고민 중인 소파시장과 경쟁사 및 자사에 대한 이해를 넓힐 수 있을 것으로 확신했다.

인구 및 사회경제적 구조 변화에 의해 소파 용도 및 인원에 대한 수요가 변하고 있다고 머릿속으로만 생각하고 있었던 로코코소파는, 'K－ICT 빅데이터센터'에서 제공 중인 데이터셋 중에서 '포탈 검색이력 데이터'를 제공받아 2016년 기준 국내 웹사이트 내 '소파' 연관 검색어의 빈도 및 패턴을 분석하였고, 이번 분석 결과를 통해 3인용 소파 중심의 제품 제조 및 마케팅이 필요하다는 것을 알게 되었다. 또한 소파배드에 대한 사람들의 관심이 큰 시장수요를 반영하여, 신제품 출시 시 침대형 소파를 우선적으로 고려해보게 되었다.

온라인 검색어를 통해 소파에 대한 시장 트렌드를 확인한 로코코소파는 이번에는 구체적으로 자사 브랜드 및 제품에 대한 대중 인지도를 분석하기로 했다. 특히 주요 경쟁회사인 'J'사와 'H'사를 함께 분석하여 소파시장에서 로코코소파의 위치를 파악하기로 했다. 2016년 기준 국내 웹사이트에서 '로코코소파' 및 'J소파'와 함께 검색된 단어들의 빈도를 조사한 결과, 양자의 양상이 다르게 나타났다. 로코코 소파는 소파의 재질 혹은 형태를 의미하는 '라탄', '스툴', '윙체어' 등이 연관 키워드로 나타난 반면, J사는 '×인용 소파', '추천', '가죽' 등 보다 상위의 포괄적인 개념들이 키워드로 나타났다. 이는 소파에 대한 구체적인 지식이 없는 사람이 온라인을 통해 소파를 검색할 경우, 로코코소파보다는 J사의 제품을 먼저 접하게 될 경우가 많음을 의미한다. 로코코소파는 이러한 신규고객의 낮은 접근성 문제를 해소해야겠다고 판단했다. 특히 원목소파가 자사의 정체성이라는 측면에서 '원목소파', '추천' 등 보다 평이한 연관어들을 통해 고객들이 유입될 수 있도록 온라인 마케팅 전략을 수립하기로 결정했다.

로코코소파는 제품 후기 결과에 대해 크게 놀랐다. 데이터 분석결과를 보기 전까지 자신들의 온라인 쇼핑의 가장 큰 약점이 배송에서 발생하는 배송지연 및 기사의 불친절이라고 생각했는데, 실제 소비자들의 불만요소는 그런 내용이 아니었기 때문이다. 그리고 가격이 비싸다는 인식을 개선하고 가죽냄새가 나지 않는다는 장점을 부각시킬 수 있는 마케팅 전략이 시급함을 깨닫게 되었다.

로코코소파는 추가 분석과정에서 최대 경쟁사인 J사의 온라인 검색량이 매출액 최고점인 3분기에 급격히 늘어나는 것을 알게 되었다. 이러한 정보를 통합하여 해석한 결과, 소파의 매출이 가장 많이 발생하는 시점이 3분기이며, 시장 선도업체의 온라인 마케팅이 집중되는 시기도 3분기로, 3분기에 소파에 대한 대중들의 관심 및 매출이 가장 높다고 추정하였다. 따라서 로코코소파 역시 3분기에 집중적으로 온라인마케팅에 집중하여 자사 제품의 인지도 및 접근경로를 확대하기로 결정했다.

로코코소파는 전사전략이 적절한지 진단하기 위해 온라인 및 오프라인에 따른 매출추이를 비교했다. 분석결과 온라인 매출이 지속적으로 감소하는 반면, 오프라인 매출은 지속적으로 상승하고 있음을 확인할 수 있었다. 특히 15년 및 16년의 동탄점 신규 오픈 및 시흥점 리모델링 후 재오픈이 매출을 급격히 상승시킨 것을 확인할 수 있었다.

이에 오프라인 매장이 매출을 발생시키는 주변지역의 범위를 분석하기로 했다. 그 결과 이동거리 20km 이내에 전체 배송지의 80%가 분포하는 것을 확인할 수 있었다. 로코코소파는, 비용 등 제약조건 아래 반경 20km 이내에 최대한 많은 잠재고객을 포함시킬 수 있는 지역에 오프라인 매장을 오픈하는 것이 중요하다는 것을 알게 되었다.

로코코소파의 강점인 무냄새와 천연면피를 강조하는 홍보활동 강화, 온라인 커뮤니티 및 홈페이지 상에서 제기되는 소비자들의 불만에 적극적으로 대응하는 모니터링 확대, 20~30평형 타깃 마케팅 등 로코코소파가 적용할 수 있는 마케팅 전략은 다양했다. 짧은 시간이었지만 방향성이 뚜렷한 마케팅 활동을 통해 로코코소파는 대표적인 SNS인 페이스북 및 인스타그램에서 대중들의 호응 증가를 경험할 수 있었다.

데이터 분석 내용 기반의 마케팅이 본격적으로 적용된 10월 기준으로 페이스북 좋아요 누적인원의 전월 대비 증가율이 9%로, 9월에 비해 3%p 상승하였다. 또한 인스타그램에서는 10월에 전월대비 12% 팔로워 수가 증가하여 동절기에 주기적으로 하락하는 온라인 버즈량을 완화시킬 수 있었다. 이러한 마케팅 실행 결과 주요 오프라인 매장의 전월 대비 상승률도 9월에 -26%였으나, 10월에 17%로 크게 상승했다. 계절적 요인에 의한 매출이 상승한 요인도 존재하나, 로코코소파에서 기존에 예상했던 10월 매출에 비해 높았다는 점에서 마케팅 효과를 확인할 수 있었다.

자료원: 2017 중소기업 빅데이터 활용지원사업 우수사례집

토의문제

01 가구 관련 기업 중 빅데이터 분석을 통해 비즈니스 환경을 개선한 사례를 찾아 설명하시오.

02 로코코소파가 향후 빅데이터 분석결과를 활용하여 전사전략을 수립하고자 할 때 필요한 사항에 대해 논의하시오.

참고문헌

강원영 (2013), 최근 클라우드 컴퓨팅 서비스 동향, Net Term, 한국인터넷진흥원.

관계부처 합동 (2014), 사물인터넷 기본계획, 미래창조과학부, 안전행정부 등.

김동범 (2013), 개인건강기록 관리 플랫폼에의 링크드데이터의 활용, 라이프시맨틱스 발표문, 제5차 시맨틱웹컨퍼런스.

김문태 (2014), 차세대 디지털 혁명, 사물인터넷(IoT)의 가능성, 하나금융경제연구소.

김경태 (2018), 안정국, 김동현, 빅데이터 활용서, 시대고시기획.

김진호 · 최용주 (2018), 빅데이터 리더쉽, 북카라반.

박형준 (2018), 빅데이터 빅마인드, 리드리드출판.

방병권 (2017), 빅데이터 경영4.0, 라온북.

송주영 · 송태민 (2018), 빅데이터를 활용한 범죄 예측, 황소걸음 아카데미.

오현희 (2017), 빅데이터와 인문학, 홍릉과학출판사.

윤종식 (2018), 빅데이터 활용사전 419, 데이터에듀.

이종석 · 황현석 · 황진석 (2018), 빅데이터 비즈니스 이해와 활용.

이현웅 · 김종업 · 최현재 (2018), 빅데이터의 이해와 활용, 생각나눔.

임종수 · 정영호 · 유승현 (2018), 미디어 빅데이터 분석, 21세기사.

주해종 · 김혜선 · 김형로 (2018), 빅데이터 기획 및 분석, 크라운출판사.

지원철 (2017), 빅데이터 시대의 데이터 마이닝, 민영사.

최공필 · 서정희 (2017), 빅데이터4.0, 개미.

한국소프트웨어기술협회 (2018), 빅데이터 개론, 광문각.

한현욱 (2018), 이것이 헬스케어 빅데이터이다, 클라우드나인.

한국정보화진흥원(2013.11), 빅데이터의 진화: 스마트데이터, 원문 자료의 번역 보고서(원문 제목은 the smart data manifesto, 출처는 http://exelate.com/white-papers/the-smart-data-manifesto-goodbye-big-data-hello-smart-data)

한국정보화진흥원 (2016), 2016년 중소기업 빅데이터 활용지원 우수사례집

한국정보화진흥원 (2017), 2017년 중소기업 빅데이터 활용지원 우수사례집

Akhtar, S. M. F. (2018), Big Data Architect's Handbook: A Guide to Building Proficiency in Tools and Systems used by Leading Big Data Experts, Packt Publishing.

Arghandeh, R. and Zhou, Y. (2017), Big Data Application in Power Systems,

Elsevier Science.

Bahga, A. and Madisetti, V. (2016), Big Data Science & Analytics: A Hands－On Approach, VPT.

Berman, J. J. (2018), Principles and Practices of Big Data: Preparing, Sharing, and Analyzing Complex Information, Academic Press.

Chen, H., Chiang, R. and Storey, V.C. (2012), "Business Intelligence and Analytics: From Big data to Big impact," MIS Quarterly, Vol. 36 No.4, pp.1165~1188.

Francesco, D. and Renaud, D. (2018), Big Data Economics, Towards Data Market Places, Nature of Data, Exchange mechanisms, Prices, Choices, Agents & Ecosystems, Independently Published.

Gilder, G.(2018), Life After Google: The Fall of Big Data and the Rise of the Blockchain Economy, A Division of Salem media Group.

Mayer－Schonberger, V. and Ramge, T. (2018), Reinventing Capitalism in the Age of Big Data, Basic Books.

Hoeren, T. and Kolany－Raiser, K. (2017), Big Data in Context: Legal, Social and Technological Insights, Springer.

Holmes, D. (2018), Big Data: A Very Short Introduction, Oxford University Press.

Information Resources Management Association (2018), Big Data: Cencepts, methodologies, Tools and Applications, IGI Global.

Jones, H. (2018), Data Analytics: An Essential Beginner's Guide to Data Mining, Data Collection, Big Data Analytics for Business and Business Intelligence Concepts, CreateSpace Independent Publishing Platform.

Marr, B. (2017), Data Strategy: How to Profit from a World of Big Data, Analytics and Internet of Things, Kogan Page.

Miller, J. (2017), Big Data Visualization, Packt Publishing.

Minelli, M., Chambers, M and Dhiraj, A. (2018), Big Data, Big Analytics: Emerging Business Intelligence and Analytic Trends for Today's Businesses, Gildan Media.

Paley, N. (2017), Leadership Strategies in the Age of Big Data, Algorithms, and Analytics, Productivity Press.

Tenner, E. (2018), The Efficiency Paradox: What Big Data Can't Do, Knopf.

PART 04

빅데이터 관리

빅데이터 인력양성

★ 학습목표

_데이터사이언티스트 개념에 대해 학습한다.
_데이터사이언티스트 역량에 대해 이해한다.
_데이터사이언티스트 이슈에 대해 살펴본다.
_빅데이터 인력양성 커리큘럼의 한국 현황에 대해 학습한다.
_미래 인력양성 정책에 대해 이해한다.

데이터사이언티스트 개요

빅데이터 시장의 지속적 성장과 함께 빅데이터 속에서 새로운 가치를 창출하기 위한 빅데이터 전문인력 양성이 주요 국가 경쟁력 중 하나로 부각되고 있다. 데이터과학자 내지 데이터사이언티스트(Data scientist)란 데이터를 수집, 정리, 조사, 분석, 가시화할 수 있는 전문가를 말한다. 그 동안 많은 언론과 전문가들이 데이터 과학자의 수요가 급증할 것이라 보도하고 있다. 특히 맥킨지 보고서에서는 2018년까지 미국에서만 14만~19만 명의 데이터분석 전문가가 추가로 필요할 것이고, 150만명의 데이터분석 기반의 관리자가 필요할 것이라고 분석하였다.

사설 기관으로는 빅데이터 사이언스 과정 개설에 선두적 입지를 확보한 IT기업으로 EMC가 있다. EMC는 '비즈니스 혁신을 위한 데이터 과학과 빅데이터 분석(Data Science and Big Data Analytics for Business Transformation)'과정을 제공 중이며, 경영진을 위한 90분 과정과 비즈니스 부문 리더를 위한 하루 과정이 있다. 자세한 내용은 [표 1]과 같다.

표 1 EMC의 데이터사이언스 과정

<table>
<tr><th>주관</th><th>EMC</th></tr>
<tr><td>과정명</td><td>• Data Science and Big Data Analytics</td></tr>
<tr><td>대상</td><td>• 실전 데이터 과학자 관점의 데이터 과학을 이해하고자 하는 관련 전문가
• 기초 통계학(EMC과정 추천: 통계101level)지식, 자바 또는 R 등의 컴퓨터 언어를 다룰 수 있고 SQL 사용 경력자
• 비즈니스 인텔리전스, 분석가, 빅데이터 전문가
• 빅데이터 분석을 접목시키고자 하는 현재 비즈니스 또는 데이터 분석가 등</td></tr>
<tr><td>인원수(명)</td><td>-</td></tr>
<tr><td>총시간</td><td>• 40시간</td></tr>
<tr><td>일정(기간)</td><td>• 5일</td></tr>
<tr><td>개설횟수</td><td>-</td></tr>
<tr><td>장소</td><td>-</td></tr>
<tr><td>비용</td><td>• 550만원</td></tr>
<tr><td>특이사항</td><td>• 5일간 체계적인 과정을 진행하고자 뚜렷한 과정 개요를 제공하며
• 실습을 반드시 진행함
• 자격제도 연계 과정으로 교육과정 수료 후 EMCDSA 자격 응시 시 가점을 제공
• 동일한 교육내용을 인터넷 강의로도 제공</td></tr>
<tr><td>과정개요 및 목적</td><td>• 빅데이터와 타 분석 프로젝트의 효율적인 즉각적인 참여를 가능하게 하는 실질적인 기초과정의 교육
• 맵리듀스와 하둡을 포함한 빅데이터 분석 기술과 틀에 대한 기본적인 과정 제공
<table>
<tr><th>과정</th><th>내용</th></tr>
<tr><td>빅데이터 분석 개론</td><td>빅데이터의 전반적인 이해, 데이터 과학, 분야별 산업의 빅데이터 등</td></tr>
<tr><td>데이터 분석의 라이프사이클</td><td>데이터 준비, 모델링, 의사소통, 운영 등</td></tr>
<tr><td>R활용의 빅데이터 분석 복습</td><td>R소개, 데이터 분석 및 탐구, 모델 빌딩과 평가의 통계</td></tr>
<tr><td>고급 분석-이론 및 방법</td><td>K Mearns 클러스터링, 선형회기, 로지스틱회기, 시계열분석, 텍스트 분석, 의사결정트리 등</td></tr>
<tr><td>고급 분석-기술과 툴</td><td>하둡 에코시스템, 하둡과 맵리듀스 등</td></tr>
<tr><td>종합</td><td>데이터 시각화 기술 빅데이터 분석, 분석과 구조화 프로젝트</td></tr>
</table>
</td></tr>
<tr><td>시사점</td><td>• 빅데이터 분석의 기술과 틀에 대한 전반적이고 기초적인 교육을 제공하여 기존 데이터 및 비즈니스 분석가가 빅데이터 산업에 뛰어들 수 있도록 함</td></tr>
<tr><td>참고</td><td>https://education.emc.com/guest/campalgn/data_science.aspx</td></tr>
</table>

출처: https://education.emc.com; 한국정보화진흥원(2014)

그림 1 2018년까지의 심층분석 인재에 대한 수요와 공급(단위: 1천 명)

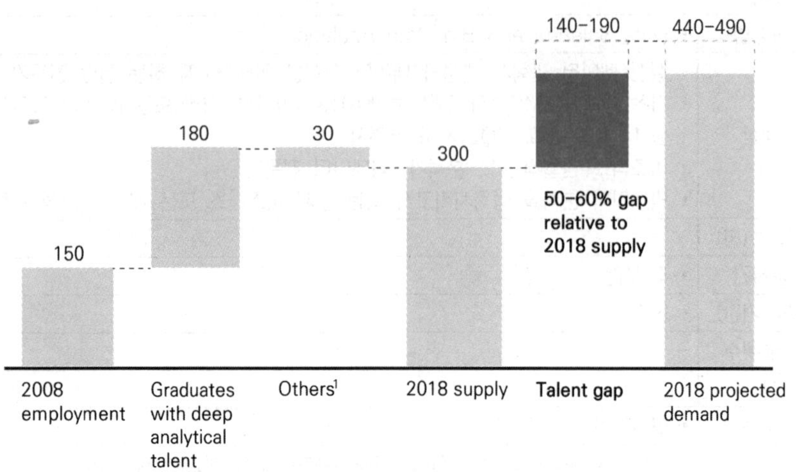

1 Other supply drivers include attrition (-), immigration(+), and reemploying previously unemployed deep analytical talent (+).

출처: McKinsey Global Institute (2011)

그림 2 향후 5년 후 데이터사이언티스트 수요에 대한 설문 결과

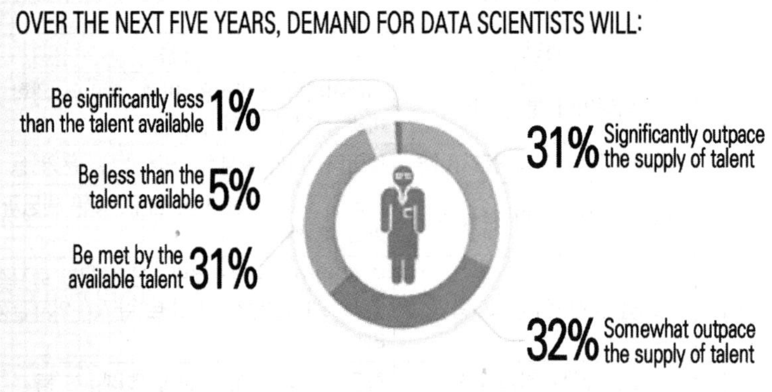

OVER THE NEXT FIVE YEARS, DEMAND FOR DATA SCIENTISTS WILL:

Be significantly less than the talent available 1%

Be less than the talent available 5%

Be met by the available talent 31%

31% Significantly outpace the supply of talent

32% Somewhat outpace the supply of talent

출처: EMC(2011)

EMC(2011)가 2011년에 약 500명의 전세계 데이터사이언스 커뮤니티 회원 대상으로 설문 조사한 결과에 따르면, [그림 2]에서 보듯이, 응답자의 3분의 2가 자사에 데이터사이언티스트의 필요성이 증가하고 있으며 향후 5년 동안 데이터사이언티스트 수요가 공급을 뛰어넘을 것으로 전망했다.

그림 3 신규 데이터사이언스 인재원에 대한 의견 조사 결과

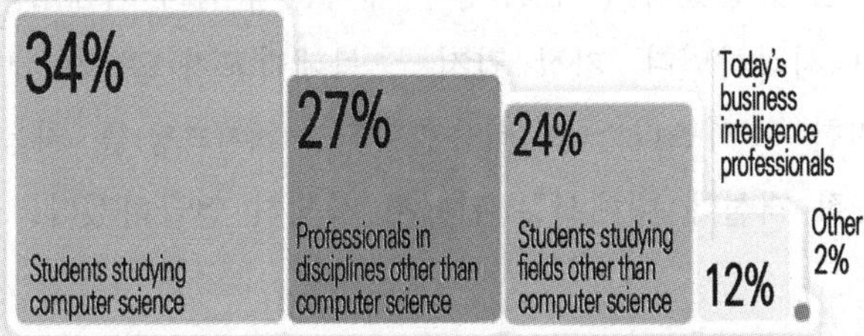

출처: EMC(2011)

또한, [그림 3]을 보면, 응답자의 12%만 현재의 BI(Business Intelligence) 전문가를 신규 데이터사이언스 인재원으로 보고 있는 것으로 조사된 바 있다.

이 외에의 IT 기업으로, IBM은 좀 더 장기적 안목에서 'IBM 빅데이터 대학(IBM Big Data University)'를 개설했다. 인터넷 기업으로는 구글이 '구글분석 아카데미(Google Analytics Academy)'를 운영 중이다.

한편, 한국 내에서도 다양한 사설 및 공공기관들이 앞다투어 빅데이터 과정들을 신설했는데, 대부분은 기술을 가르치는 과정에 초점이 맞추어져 있다. 글로벌 IT 업체들이 한국 내에서 데이터사이언티스트들을 육성하는 움직임도 보이기 시작했다. 위에서 언급한 EMC는 이미 전세계 45개국의 3백여 개 교육기관을 대상으로 EMC 산학협력 프로그램인 'EMC대학제휴(EMC Academic Alliance; EAA)'를 실시 중이며, 이러한 취지하에 한국에서도 2011년 말부터 숭실대학교, 카이스트, 충남대학교, 금오공과대학교 등과 EMC가 산학협력 양해각서(MOU)를 체결하여 협력을 강화하고 있다.

그 외에도, 딜로이트와 카이스트가 함께 '비즈니스애널리틱스 아카데미'를 개설했고, 대학들도 이에 가세하기 시작했다. 하지만, 데이터사이언티스트는 IT지식과 통계분석 외에 다양한 경영 능력과 인문사회적 소양을 두루 갖춘 전문가로 인식되기 때문에 이러한 단기과정으로는 배출이 사실상 쉽지 않다.

또한, 2012년 말에는 한국 내 합동부처가 빅데이터마스터플랜(교육과학기술부, 행정안전부, 지식경제부, 방송통신위원회, 국가과학기술위원회, 2012)을 내놓았다. 이에 의하면, 2012년 당시 기준으로 한국에는 빅데이터 분석 전문가, 데이터 관리자, 기술지원 인력 등 전문인력이 턱없이 부족한 상황으로 조사되었다.

2012년 3월을 기준으로 볼 때, 한국의 빅데이터 저장 및 처리 전문 인력은 100여 명 내외로 조사되었고, 2017년에는 1.4만 명 정도가 필요할 것으로 예상되었다. 이러한 전망을 반영하듯, 일부 대학들에 점차 빅데이터 관련 교육과정이 신설되기 시작하였다. 가장 먼저, 충북대학교가 2012년 빅데이터 분야 인력양성을 위한 <비즈니스데이터융합학과>(석사과정)를 처음 신설하였다. 이후의 교육과정 개설에 대해서는 뒤에서 자세히 언급하겠다.

데이터사이언티스트 역량

데이터사이언티스트는 슈퍼맨 같은 전인적 역량을 요구하는 것처럼 보인다. 즉, 데이터사이언티스트는 수학과 통계지식을 갖추고 있어 데이터를 분석하고 해석하는 능력을 가져야 하며, IT 기술도 가지고 있어 대규모 데이터를 수집하고 통합하며 관리할 수 있어야 하고, 그 외에도 분석 결과에 담긴 의미를 적절한 방식으로 미적 감각까지도 더해 가시화하여 의사결정자들에게 적시에 제공할 수 있는 능력을 함께 겸비해야 한다고 여겨지는 전문가이다.

아래 [그림 4]는 데이터사이언티스트가 지녀야 할 역량을 벤 다이어그램으로 묘사하고 있다(Conway, 2010). 해킹 스킬(Hacking skill)은 IT 기술을 의미하며 특히 대규모 데이터베이스 구축과 관리 기술, 하둡 및 클라우드 시스템 기술, 가시화 기술 등이 여기에 해당한다. 수학과 통계 지식(Math & statistics knowledge)은 데이터 분석에서 필요한 통계모델링 기술과 분석 결과의 적절한 해석 등에 관한 백그라운드 지식을 의미한다. 또한, 현업 전문가 역량(Substantive expertise)은 빅데이터가 발생하는 실제 비즈니스상(예를 들어 생산, 마케팅, 의료, 생명공학 등)의 업무지식을 의미한다. 이 세 가지를 골고루 갖춘 사람이라야 데이터사이언티스트가 되는 것이다. 콘웨이(Conway, 2010)에 의하면, IT 기술과 업무 지식만 갖춘 전문가는 데이터사이언티스트가 아닐 뿐만 아니라, 위험한 인물이 될 수 있다고 경고한다. 왜냐하면 섣불리 수학 및 통계 지식이 결여된 분석결과를 중요한 의사결정에 사용하게 되면 더 위험에 빠지게 될 수도 있기 때문이다. 또한, 데이터사이언티스트는 호기심, 창의성, 객관

그림 4 데이터사이언티스트 역량 벤다이어그램

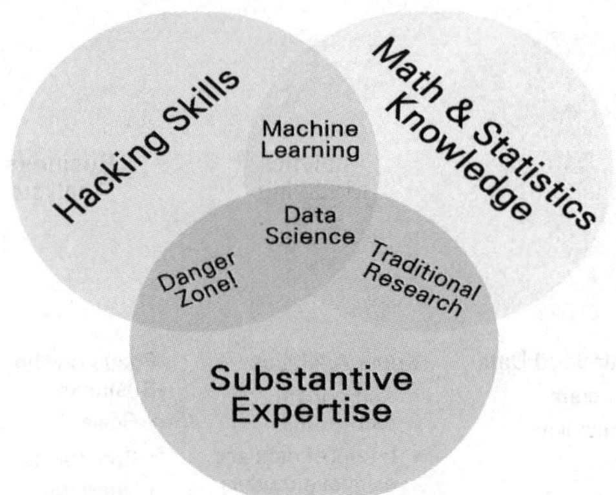

출처: Conway(2010); 조완섭(2013) 재인용

성, 논리적 및 구조적 사고, 인내심, 상식, 그리고 세부 사항에 대한 이해력 등의 자질을 갖추어야 한다고 콘웨이는 주장한다.

데이터사이언티스트는 [그림 4]에서 보는 바와 같이, 거의 전인적 역량을 필요로 하는 것처럼 보인다. 2012년 하버드 비즈니스 스쿨(Harvard Business School)에서 발표한 '데이터사이언티스트: 21세기 가장 멋진 직업(Data Scientist: The Sexiest Job of the 21st Century)'이라는 글을 보면, 데이터사이언티스트는 복잡하고 수많은 데이터를 구조화해서 분석이 가능하게 만들며, 필요한 데이터를 찾고 서로 연결하기도 하면서 데이터에서 인사이트를 찾아내며, 이렇게 새롭게 찾아낸 인사이트를 비즈니스에 적용해 회사가 나아갈 방향까지도 제시하는 사람들이다. 또한, 이들은 의사결정권자의 이해를 돕기 위해서 시각화 기술도 활용할 줄 알아야 한다.

위에서 언급한 3대 기본 역량을 필요로 하는 데이터사이언티스트의 진짜 역할은 어떠할까? 가트너(Gartner)의 한 연구원인 래니(Laney, 2012)는 데이터사이언티스트의 역할을 세 가지로 구분하고 있으며, 그에 따른 기능들을 잘 설명해준다. 첫째는 데이터를 관리(Data management)하는 역할이며, 이를 위한 기능은 데이터를 통합하고 조작하는 등의 데이터를 이해하는 기능이다. 둘째는 분석 모델링(Analytics modeling)역할로, 이를 위한 기능은 분석 기술과 데이터를 해석하고 모델을 만들어내는 기능, 그리고 비즈니스 요구에 부합하려는 노

그림 5 데이터사이언티스트의 역할 및 필요 역량

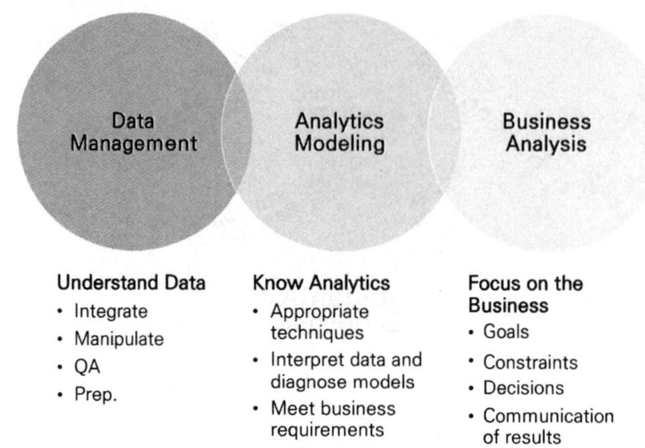

출처: Laney(2012)

력 등이다. 마지막으로 비즈니스를 분석(Business analysis)하는 역할로서, 이를 위해서는 비즈니스에 초점을 두고 목표를 설정하고 의사결정하며, 결과를 소통시키는 등의 기능이 필요하다. 세 가지 역할을 감당하기 위에서는 이 외에도 커뮤니케이션(Communication)하고, 협력(Collaboration)하며, 리더십(Leadership)을 발휘하고, 창의력(Creativity)을 가지며, 훈련(Discipline)하고 열정(Passion)을 가지는 등의 기능들이 아울러 필요하다.

이상에서는 다소 추상적이고 이론적인 차원의 역량과 역할, 기능에 대해 살펴보았다. 실제로, 한 사람이 이 모든 역량을 갖추려면 평생을 교육받아야 하는 상황이 발생할 것이다. 따라서 짧은 기간 내에 데이터사이언티스트를 양성한다는 건 현실적으로 쉽지 않다. 최소한의 프로그래밍, 수학, 통계학, 비즈니스에 대해 가르쳐야 하기 때문이다. 수학과 통계학만 제대로 공부하는 데도 5년은 넘게 걸린다. 게다가 프로그래밍 기술과 비즈니스 교육, 거기에 스토리텔링(Storytelling), 시각화, 분석 기술까지 배워야 한다면 쓸 만한 데이터사이언티스트 양성에 정말로 오랜 시간이 필요할 것이다.

무엇보다도 데이터 분석 역량과 비즈니스 역량을 함께 겸비한다는 것은 쉽지 않은 일이다. 데이터 분석 역량의 경우에는 기업 내, 외부의 다양한 유형의 데이터를 분석하여 숨겨진 패턴을 찾아내어 인사이트를 도출해 내기 위해서는 기본적으로 요구되는 컴퓨터 기술과 데이터 저장 기술들이 요구된다. 또한, 다각적 측면에서 데이터를 분석하기 위해서는 소프트웨어공학과 수학, 경제학, 사회학 등의 다양한 학문을 겸비해야 한다. 한편, 비즈니스 역량의 경우를 보면, 해당 산업과 기업에 속해져 있는 비즈니스 구조와 조직에 대해 잘 알아야 하고 비즈니스 요구사항을 제때 파악해 비즈니스모델로 발전시킬 수 있어야 하기 때문에 한 기업 내에서 경륜을 갖춘 사람이라야 한다. 데이터사이언티스트의 핵심 업무는 가설을 세우는 것인데, 특정 산업 분야에 대한 충분한 경험없이는 가설을 세울 수 없을 것이다.

이러한 다소 상반된 역량을 한 사람이 갖춘다는 것은 쉬운 일이 아니다. 따라서, 기업들은 여러 분야에 걸쳐 전인적인 사람을 찾기보다는 각 분야에서 전문가를 모아 데이터사이언티스트 조직을 구성하는 방안을 택하게 된다. 다시 말해 데이터웨어하우스(Data Warehouse) 전문가는 데이터 플랫폼을 구축하고, 비즈니스인텔리전스(Business intelligence) 전문가는 대시보드를 만들고, 다양한 전공의 데이터 분석가들은 의사결정에 필요한 데이터를 뽑아 분석하여 가치를 찾아내는 등 각각의 역할을 분담하고 협력하는 것이다. 다시 말해, 데이터사이언스와 관련한 여러 능력을 갖춘 구성원들이 하나의 팀을 꾸려 효율성을 증대시킬 수 있을 것이다. 게다가, 지금까지도 그러했던 것처럼, 빅데이터 분석 역량에 대한 요구도 향후 십여 년이 지난 후에는 어떻게 변할지 아무도 장담하지 못한다. 기술 발달로 인해 어쩌면 데이터사이언티스트 없이도 누구나 손쉽게 분석할 수 있는 상황이 전개될 수도 있다.

그렇다면, 현재 시점에서 업계가 보는 데이터사이언티스트는 누구인지 살펴보자. 먼저, 아이티월드(2012)가 아마존의 데이터사이언티스트와 인터뷰한 내용을 소개한다. 아마존의 존 라우저는 자신의 경력을 통해 데이터사이언티스트 요건을 설명하였다. 인터뷰 당시, 그는 18년 전 우주공학과 컴퓨터공학 학위를 받았고, 10년 정도 소프트웨어 엔지니어로 근무했으며, 2003년 아마존에 입사해 데이터사이언티스트 길을 걷게 됐다고 한다. 그는 데이터사이언티스트의 여섯 가지 역량을 제시했다. 첫째와 둘째는 수학과 공학이며, 셋째는 글쓰기로 커뮤니케이션으로 다른 사람에게 요점을 잘 전달하는 능력이다. 넷째는 비평적 시각으로 가설을 검증하거나 가설에 어긋나는 데이터를 분석하는 데 필요하다. 다섯째인 호기심은 생산성을 높여주며, 마지막이 '행복'이다. 그에 의하면, “데이터사이언티스트가 행복을 느낀다는 것은 자신이 하는 일이 기업에 중요한 영향을 미치며 더 나아가 기업과 사회를 좀 더 나은 세상으로 만드는 게 기여하는 것”을 말한다.

아이티월드(2012)의 조사에 의하면, 구인 공고를 통해 데이터사이언티스트를 채용하고 있는 대표적 IT 기업은 페이스북, 구글, 스텀블어펀, 그루폰, ADP, 페이팔 등이 있고, 이들의 구인 광고도 각양각색이다. 페이스북은 ‘SW 엔지니어+정량조사 전문가’를 찾는다. 즉, 데이터사이언티스트는 소프트웨어 엔지니어와 정량 조사에 익숙한 전문가로, 온라인 소셜 네트워크의 연구에 강한 관심과 자사가 최고의 제품을 만들도록 도와줄 질문을 확인하고 답을 줄 수 있는 열정을 가진 자이다. 자격 조건은 관련 분야의 이공계 석사 또는 박사 학위 소지자거나 관련 업무 경력 4년 이상인 사람, 정성적인 접근을 사용한 분석 문제를 해결하는 데 경험이 풍부한 사람, 다양한 정보에서 데이터를 가져와 대용량의 복잡한 고차원 분석에 익숙한 사람, 데이터와 관련한 고난이도의 질문에 답을 찾고 경험적 연구에 대해 열정적으로 도전할 사람, R, 맷랩(Matlab), SAS 등의 분석 툴 전문가이다.

구글(Google)에 위하면, 데이터사이언티스트는 의사 결정 지원 엔지니어링 애널리스트로서, 구글의 광고를 측정하고 개선하는 것을 도우며, 포괄적 문제에 대해 엔지니어들과 애널리스트로 이뤄진, 다양한 배경을 가진 팀과 협력하는 사람이며, 사후 분석 및 통계 방법을 활용해 광고 품질과 매출을 어떻게 최적화하고 사용자 행동 모델링을 어떻게 설계할지 등의 이슈를 보면서 광고 품질을 측정해야 하는 과제를 해결하는 자이다. 이의 자격 조건은 관련 분야의 이공계 석사 또는 박사 학위 소지자, 관련 업무 경력 4년 이상인 사람이며, 특히 데이터 관련 분야의 실제 경력자, 데이터와 행동 패턴에서 결론을 끌어낼 수 있는 사람, 다른 사람에게 기술을 가르치고 새로운 기술을 습득하는 것을 즐기는 사람, 검증된 리더십 및 자기 주도적인 사람이다.

스텀블어펀(StumbleUpon)은 ‘대량의 데이터 처리 전문가’를 찾는다. 즉, 데이터사이언티스트는 우연한 발견, 점수 매기기, 평가 기록 150억 건 이상의 데이터뿐 아니라 5천만 개 이상의 웹사이트, 1,500만 사용자에 대한 마크업 및 선호도 데이터에 접근할 수 있는 자로, 여기에서 흥미로운 패턴을 발견하고 데이터 변경 내용을 추적하기 위해 데이터마이닝 알고리즘을 쓰거나 데이터마이닝 툴을 사용하며, 연구팀에서 조사 결과를 발표할 수 있는 자이다. 이의 자격 조건은 분석이나 기술 분야에서 박사 또는 석사 학위 소지자(예: 응용 수학, 통계, 물리학, 컴퓨터 과학, 운영 연구 또는 관련 분야)로, 대용량 데이터 세트를 다루어 본 경력자, 데이터마이닝 툴 사용 경험이 있는 사람, 수학 및 통계학 지식이 풍부한 사람, 자바/PHP 또는 다른 언어로 프로그래밍 기술을 보유한 자이다.

그루폰(Groupon)은 아예 '비즈니스 가치 창출가'를 찾는다. 즉, 데이터사이언티스트는 대규모 데이터 분석 및 모델링에 대한 열정이 있으며, 인터넷 업계에서 가장 흥미롭고 도전적인 과제에 대한 아이디어를 실용적인 솔루션으로 바꿀 수 있는 기회를 갖고 싶어 하며, 높은 야망을 가지고 재미있는데도 빠르게 성장하는 팀의 일원이 되고 싶어하는 자이다. 이의 자격 조건은 데이터마이닝, 기계 학습, 통계 분석, 응용 수학 박사 학위 또는 이와 동급의 자격 소지자, 대규모 데이터 분석에서 3년 이상 실무 경험이 있는 사람, SAS, R 등 분석 툴을 완벽하게 다룰 수 있는 사람이다.

페이팔(Paypal)은 '빅데이터 관리 전문가'를 찾는다. 페이팔은 자사의 빅데이터 플랫폼 팀과 함께할 사람을 찾는다. 이 팀은 주로 리스크 관리를 담당하는데, 여기에 지원하면 기계학습 엔지니어와 과학자의 핵심 부서 일원이 되며, 빅데이터를 관리하고 마이닝 솔루션을 구축할 수 있다. 페이팔은 사기 탐지 비즈니스 문제를 해결하는 데 고도의 분석 기법을 적용하기 위해 통계 전문가와 분석 전문가들과 매우 긴밀하게 협력하고 있다. 따라서, 데이터사이언티스트의 자격 조건은 데이터 마이닝에 사용되는 다양한 기술을 이해하는 숙련된 엔지니어 및 과학자로서, 하둡, 맵리듀스, PIG 경력을 가진 자, 자바나 스크립트 언어(펄/파이썬/셸 스크립트 등) 같은 프로그래밍 언어를 자유자재로 다룰 수 있는 경력자, 석사 학위 또는 동급의 자격을 소지한 자이다.

마지막으로 피트비트(Fitbit)는 '해커+과학자 형태의 연구원'을 찾는다. 피트비트는 프로토타입을 만들고 선구적 제품을 제공하는, 세계적 수준의 해커-과학자 형태의 연구팀을 만들고 있기 때문에, 데이터사이언티스트는 정형/비정형 데이터를 이해하는 방향으로 기계학습과 통계를 적용하는 경험을 하게 된다. 연구 범위는 제품 개발과 의사 결정을 이끌어낼 프로토타입과 메트릭스 개발, 데이터 분석, 데이터 시각화 등이다. 이의 자격 조건은 경력 3~5년 이상인 사람 또는 통계, 응용 수학이나 컴퓨터 과학 석/박사, 기계 학습 및 데이터 마이닝(분류, 클러스터링, 시차 분석, 추천 시스템) 전문가, 통계 또는 정량 분석 툴(r, 맷랩) 전문가, 자바, 스트라이프, 스프링, MySQL, Solr, 분산 eh캐시(ehcache) 분야의 경력자이다.

이상에서는 현실적으로 주요 기업들이 어떤 사이언티스트 역량을 요구하는지 간략히 살펴보았다. 그리고 다양한 역할들이 요구되고 있음이 확인되었다. 따라서, 전인적 사이언티스트보다는 역할별로 세분화해서 빅데이터 인력 양성을 하는 것이 좀 더 현실적이고 바람직할 것이다. 예컨대, 빅데이터 개발을 수행할 수 있는 데이터 개발자 인력을 양성하게 되면, 데이터웨어하우스(DW)나 비즈니스 인텔리전스(BI) 개발자들이 자연스럽게 이 영역으로 이동할 수 있게 된다. 또한, 별개의 새로운 기술 분야별 개발자를 양성할 수도 있다. 예컨대, 하둡(Hadoop), NoSQL, R, CEP(Complex Event Processing) 등 각 개발 언어나 플랫폼에 따라 개발자들을 늘려 나가는 것이다.

이렇게 데이터 개발자들이 확보되면 한 단계 더 나아가 빅데이터 분석 전문가 양성이 아울러 필요하게 된다. 데이터개발자가 데이터를 가지고 프로그램을 직접 만드는 인력이라면, 분석 전문가는 여러 가지 데이터들을 활용해서 각종 비즈니스 질문에 해답을 제시할 수 있는 이들이다.

데이터 개발자는 사용하는 툴이나 언어, 플랫폼에 따라 다양한 분야로 나눌 수 있지만, 데이터 분석 전문가는 다음 네 가지 분야별로 구분해서 양성하면 좋다. 첫째는 비즈니스 분석 전문가이다. 빅데이터 분석을 하기 위해서는 비즈니스에 대한 이해가 반드시 전제되어야 한다. 비즈니스를 이해하는 인력은 별도로 양성하기보다 기존의 인력을 충분히 활용할 수 있다. 신사업 계획을 세우고 목표 도달 여부를 평가하기 위해 엑셀 같은 툴을 활용하는 인력들이 회사 내부에는 이미 존재한다. 그동안 의사결정권자의 비즈니스 질문에 대해 적절한 답을 제공하던 인력도 있다. 이런 역할을 수행하던 영업, 마케팅, 회계 담당 인력들이 바로 비즈니스 분석 전문가 후보가 될 수 있다. 실제 비즈니스 분석 전문가는 외부에서 찾기보다 내부에 있는 호기심 많은 인재를 찾아 양성하는 것이 바람직하다.

둘째는 데이터 분석 전문가이다. 데이터 분석 전문가는 비즈니스와 IT의 중간 영역이다. 데이터개발자에게 프로그래밍에 대한 방향을 제시하고, 비즈니스 분석 전문가와 함께 분석으로 도출된 인사이트에 대해 협의한다. 데이터 분석 전문가의 주요 업무는 데이터에 접근해서 이를 문서화하고 정리하는 것이며, 이를 통해 현업 담당자들이 필요한 정보를 빨리 찾고 활용할 수 있도록 한다. 데이터 분석 전문가는 데이터 포맷, 저장, 삭제, 보안 등을 담당하며, 최근 이슈가 되는 개인정보보호 관련 정책도 데이터 분석 전문가를 통해서 구성할 수 있다.

셋째는 통계 전문가이다. 통계 전문가는 수학과 통계학을 이해하고 데이터 마이닝 활용 방법을 알고 있는 인력이다. 프로그래밍 정도는 아니지만 SQL이나 R을 사용해 데이터를 다룰 수 있어야 한다. 통계 전문가에게 가장 중요한 작업은 데이터 모델링이다. 이를 통해 비즈니스 인사이트가 도출되고, 데이터 간 상관관계 분석을 위한 알고리즘이 제시된다. 빅데이터 분석에서 언급하는 수많은 데이터에서 놓칠 수 있는 정보를 찾아 주는 것이 바로 통계 전문가이며, 이들에겐 데이터 분석 전문가가 모아둔 데이터에 대한 모델링을 할 수 있는 수학적, 통계학적 능력이 필요하다.

마지막은 데이터사이언티스트이다. 데이터사이언티스트는 마치 오케스트라 지휘자처럼 앞서 설명한 데이터 개발자, 비즈니스 분석 전문가, 통계 전문가 역할을 모두 할 수 있는 자이다. 하지만, 빅데이터 분석 프로젝트 팀을 이런 데이터사이언티스트들로만 구성할 필요는 없으며, 한 명의 데이터사이언티스트 지휘하에 개발자, 비즈니스 분석 전문가, 데이터 분석 전문가, 통계 전문가가 한 팀을 이루면 된다. 만약, 데이터사이언티스트가 없다면 다른 개발자나 분석 전문가들 중 가장 창의력이 뛰어난 인재를 중심으로 팀을 구성하면 된다. 하지만, 분명한 것은 빅데이터 분석의 중요성이 높아질수록 데이터사이언티스트를 얼마나 보유하고 있는지가 향후 빅데이터 분석의 경쟁력이 될 것이다.

이처럼 빅데이터 분석 인력을 세분화해 양성하고 프로젝트 팀을 구성하다 보면 빅데이터 분석을 좀 더 빨리 수행할 수 있을 것이며, 각 담당자들이 상호 보완적으로 협력해나간다면, 점차적으로 데이터사이언티스트로 성장해 나갈 것이다.

데이터사이언티스트 이슈

한국에서 데이터사이언티스트 인력양성에 있어서 제기되는 이슈를 살펴보면 다음과 같다. 먼저, 첫 번째 이슈는 기존의 학과 및 단과대학 칸막이가 융합 분야 교육에 걸림돌이 되고 있다는 것이다. 빅데이터는 수리 통계, IT, 비즈니스 등 다양한 학문이 융합된 분야로, 기존의 단일 학과에서 교육하기가 어려운 분야이다. 그런데, 한국 대학 내 학과 및 단과대학의 높은 칸막이가 융합 분야를 교육하는 데 걸림돌이 되고 있다. 예를 들어 경영대학, 자연대학, 공학 소속의 일부 교수들이 빅데이터 대학원 협동과정을 만들어 단과대학을 넘어서는 융합학과를 만드는 순간 모든 단과대학에서 귀찮아하는 "낙동강 오리알"이 될 수 있다. 이러한 문제를 해결하기 위해 선두적 지휘봉을 든 대학이 서울대학교이다. 즉, 서울대학교는 컨트롤타워 역할을 하는 '데이터과학과 지식창출 연구센터'를 2011년 12월에 개소하여, 데이터과학 관련 다양한 학문 분야의 교수진들이 협력하여 공학, 의학 등 타 분야에의 접목과 응용방안을 연구하게 하고 있고, 데이터의 분석(통계학), 통계를 용이하게 하는 시각화(컴퓨터공학), 이를 처리하고 가공하는 데이터마이닝(산업공학) 등 다분야간 융합을

표 2 서울대의 '데이터과학과 지식창출 연구센터' 연구 목표

데이터 과학의 다학제적 학문체계 정립	-다양한 데이터 분석 및 지식창출을 위한 이론·기술·응용의 전 단계를 통합하는 데이터 과학의 신학문영역 체계 정립 -데이터 수집, 변환, 추출, 저장, 시각화, 처리, 계산 기술의 집대성
데이터 과학의 융합적 연구모형 개발	-데이터 과학의 분야별 전문 지식의 연계를 바탕으로 '투입·가공·창출' 단계의 유기적 모형 개발 -연관분야와의 상호작용과 공동연구를 위한 비약적 발전 성취
세계를 선도하는 데이터 과학연구 및 브레인 풀 구축	-연계지식창출과 지식파급을 위한 학문분야간, 산업분야간의 국제적 전문가 교류 활성화 -분야간 연계를 통한 국제적 연구 인력풀 구축 및 연구분야 선도
데이터 활용의 선도적 응용 연구	-다양한 산업영역의 방대한 데이터를 실제 활용하여 데이터 과학에 대한 소프트웨어와 기법들을 연구 -연구자, 산업관계자들에 있어서 선도적 테스트베드 역할

출처: 한국정보화진흥원(2013)

위해 노력하고 있다. 데이터 과학의 이론과 모델에 대한 연구를 주로 추진하고 있으며, 특히 의학 분야에서의 데이터 관련 연구를 추진 중이다.

두 번째 이슈는 기존 관련 학과의 관심이 결여되어 있다는 점이다. 기존의 빅데이터 관련 학과들로는 경영학, 통계학, 수학 및 IT, 공학, 자연과학 등이 있다. 이들 기존 과들이 시대적 흐름에 부응하고 좀 더 관심을 기울인다면, 빅데이터 관련 교과목을 개설해 학생들이 수강하도록 지도함으로써 적은 비용으로도 많은 데이터사이언티스트들을 빨리 양성할 수 있게 되고, 각 학과의 취업률도 높아질 것이다.

이러한 관점에서 선두적인 역할을 한 대학은 국민대학교이다. 국내 대학 최초로 2013학년도부터 국민대학교는 빅데이터 분석을 기반으로 하는 '경영분석·통계(Business Analytics & Statistics)' 전공을 경영대학 경영학부에 신설했다. 신설된 경영분석·통계 전공은 분석경영학(Business Analytics) 관련 전공으로, 기존 경영학과 통계학에 새롭게 주목받는 빅데이터 분석학을 융합한 것이다. 이 전공은 비즈니스 마인드와 분석적 마인드를 바탕으로 현대 정보사회에서 생산·가공·유통되고 있는 방대한 양의 정보를 보다 효과적으로 분석하고 평가하여 미래를 예측할 수 있는 분석경영학자, 데이터과학자 등의 전문인력 양성을 목표로 한다.

세 번째 이슈는 재직자 교육 프로그램 활성화도 아울러 중요하다는 점이다. 재직자를 대상으로 한 데이터사이언티스트 양성 프로그램을 적극 개발하여 직원들이 데이터 사이언티스트 역량을 갖도록 하는 것이 필요하다. 이미 현업 지식을 가진 직원들이기 때문에 각자가 부족하다고 판단되는 IT 및 수리 통계 분야의 부수적 보충을 통해 얼마든지 훌륭한 데이터사이언티스트로 성장할 수 있기 때문이다.

이러한 인식 제고를 위해 미래창조과학부는 2013년 6월에 국내 재직자 대상의 인력양성 프로그램인 '빅데이터 아카데미'를 출범시켜, '빅데이터 처리 기술 전문가'와 '빅데이터 분석 전문가' 과정을 운영하며, 2014년 4월 현재 금융·의료·제조·유통·게임 등 다양한 산업 분야에 종사중인 202명의 빅데이터 전문가를 배출하였다. '빅데이터 처리 기술 전문가' 과정에서는 빅데이터 핵심 기술인 하둡과 NoSQL의 논리·물리구조의 이해를 기반으로, 플랫폼 관리 및 활용, 맵리듀스(MapReduce) 프로그래밍, NoSQL 등 고급 기술을 실습하

표 3 '빅데이터 아카데미' 우수 프로젝트 사례

내일을 향해 쏴라 (영화 흥행예측 분석)	· 영화 감상평 수집 및 분석을 통한 개봉 예정작의 흥행 예측 · 한글의 특수성을 반영한 영화용 감성용어사전 개발·반영
데이터가 우리에게 말을 걸어오다 (상장폐지기업 예측 분석)	· 상장사의 재무정보 분석을 통한 상장폐지사 및 주가예측 · 추가 모델링을 통해 정확성 제고 등 활용범위 확대
국내 최초로 쇼핑몰 실시간 분석에 도전하다 (쇼핑몰 상품 트렌드 분석 플랫폼)	· Flume(데이터 수집기술)과 MapReduce(데이터 추출기술)를 활용한 시계열 트렌드 데이터 분석 · 동시다발적 실시간 분석 및 시각화한 시스템 구현
데이터 분석의 공든 탑을 쌓다 (키워드 기반 트렌드 분석 플랫폼)	· 트위터에서 수집한 비정형 데이터 분석을 통한 키워드 도출 · 데이터에 시간개념을 추가해 시간 흐름에 따른 트렌드 변화 파악 예측

출처: 미래창조과학부(2014)

게 된다. 또한, '빅데이터 분석 전문가' 과정에서는 빅데이터 핵심 분석 기법인 정형·비정형 데이터 마이닝, 통계·시각화에 대한 이해를 기반으로 과학적 의사결정을 지원하는 교육이 진행된다. 이 과정은 총 8주이며, 이론 강의 2주 외에 영화흥행 예측 분석, 상장폐지기업 예측 분석, 쇼핑몰 상품 트렌드 분석 플랫폼 등 36건의 파일럿 프로젝트 실습2도 병행되었다. 주목할 사례로는 '상장폐지기업 예측 분석'을 통해 실제로 정확한 예측을 수행하여 재무정보 서비스 업체로부터 추가 개발 의뢰를 받기도 하였다.

네 번째 이슈는 지속 가능한 빅데이터 실현을 위해 빅데이터 거버넌스 정착이 필요하다는 점이다. 많은 공공기관과 민간기업에서 정부3.0을 계기로 데이터 개방과 빅데이터 분석을 통한 활용에 관심을 갖고 있다. 각 정부조직에서는 관련기업들과 함께 이미 성공사례를 발표하고 있으며, 많은 빅데이터 프로젝트가 진행중에 있다. 그런데, 이벤트성에 가까운 프로젝트 성공은 기술과 돈만 갖추어지면 성공할 수는 있겠으나, 빅데이터 활용 성과가 지속적으로 최적화된다는 보장은 없다. 따라서, 지속적 최적화를 위해서 빅데이터 거버넌스(Big data governance)가 먼저 각 조직에서 정착되어야 할 필요성이 제기된다. 다시 말해, 다양한 빅데이터의 통합과 관리, 빅데이터 품질, 빅데이터 프라이버시, 비즈니스 프로세스와의 최적 통합, 메타 데이터 관리 등 데이터와 관련된 전반적인 문제를 담당할 수 있는 조직과 인력 및 제도가 함께 정비되어야만 일회성 이벤트가 아닌, 지속 가능한 빅데이터 활용의 실현이 가능한 것이다.

이를 위해 국가 차원에서의 제도적 기반 조성이 우선적으로 필요할 것이다. 앞에서 언급했듯이, 공개 데이터 포털과 같은 데이터 공개 및 공유 체계의 구축은 빅데이터의 수집과 활용을 효과적으로 지원하는 국가 차원의 방안이다. 빅데이터 분석의 전처리 과정을 줄이고 데이터의 품질을 보장하는 수단으로 공개 데이터의 표준 포맷화도 필요하다. 공개 데이터 포맷과 품질 조건을 만족하는 데이터는 공유 라이센스를 부여하여 데이터 자원에 대한 신뢰성을 보장하게 된다. 또한, 데이터 생성 환경과 이용 환경이 달라지는 빅데이터 환경은 데이터 수집 및 활용 시 소유권에 대한 해석이 필요하게 된다. 대기에서 수집 가능한 센서, 주파수 등 데이터는 생성 주체가 인지하지 못하는 상황에서 수집·활용이 가능하기 때문이다. 그리고 기업 차원에서도 기업의 업무 특성과 기존의 정보 환경을 고려해 빅데이터를 확보하고 관리하기 위한 구체적인 전략을 수립해야 한다.

마지막 이슈는 기업이나 기관에서의 최고 수장, CEO의 의지가 중요하다. 빅데이터 시대에 가장 중요한 것 중의 하나는 기업 차원에서 보면 CEO가 데이터 기반의 의사결정을 중요시하고, 조직 내 데이터 기반 문화를 확산시키려는 인식과 의지가 있는지 여부이다. "성과가 높은 조직은 그렇지 않는 회사에 비하여 5배 이상의 데이터 분석능력을 가지고 있다"라는 CEO 설문 조사결과는 빅데이터 분석의 중요성을 일깨워 준다.

빅데이터 인력양성 커리큘럼

앞에서 단기적 아카데미 개설로는 한계가 있으며 정규의 대학 과정이 필요하다고 언급한 바 있다. 먼저 미국의 상황을 살펴보자. [표 4]는 미국의 10개 대학에서 빅데이터 분야로 개설한 학위과정의 교육과정을 나타낸 것이다. 각 대학의 홈페이지를 조사하여 정리한 내용으로, IT 및 데이터 관리 분야, 경영, 비즈니스 관련 분야, 통계 및 수학 관련 분야로 구분해 분류했다. 일부 중복된 과목들도 모두 나열되었다. 조사 대상 대학에서 학위과정이 아닌 재직자 교육이나 자격증 과정은 제외되었다.

표 4 미국 대학 빅데이터 학과의 교과과정

1. IT & 데이터 관리 분야	
Advanced Data Mining and Web Analytics(1) Analytics for Big Data(4) Analytics for Social Networks(10) Business Intelligence Capston(1) Computation for Analytics(10) Computer information Systems(5) Data acquisition(10) Data Analytics Programming(1) Data and information Visualization(10) Data Driven Decision Making(2) Data Management and Information Processing(4) Data Visualization(2, 4, 9) Data Warehousing and Business Intelligence(8) Database Management(7) Dealing with Big Data(2) Distributed Computing(10) Distributed Databases(10) Geospatial Analytics(3)	Information Management(5) Integrating IT Architecture(8) Introduction to Data Management(1) Introduction to Data warehousing and workflow Management(4) Introduction to programming in SAS(10) Knowledge Discovery in Databases(8) Machine Learning(10) Programming Macros/sql(3) SAS Programming(7) Social and Digital Media Analytics(2) Social Media Analytics(1) Social Network Analytics(8) Strategic Data Management(8) System Simulation(5) Technologies(6) Text Mining(3, 10) Web Analytics(3, 8, 10)
2. 경영, 비즈니스 관련 분야	
Introduction to business Data Analytics(1) Advanced Decision Models(2) Advanced Modeling(3) Analysis of Markets(1) Analytical Consulting Project Leadership(4) Analytics for Competitive Advantage(4) Business Communications for Analytics(10) Business Strategies for Big Data(10) Computational Finance(1) Customer Analytics(3) Decision Analysis(4, 5) Decision Models(2) Decision-making(6) Digital Analytics and Strategy: An Introduction(2) Electronic Commerce(7) Ethical, Legal, & Social Responsibilities of Business(6)	Managing for Quality(2) Market Modeling(2) Marketing Analytics(10) Marketing Management(5) Marketing Metrics(1) Marketing Online(8) Operations Analytics(2) Operations Management(5) Opt, Analysis(9) Optimization and Decision Analysis(1) Optimization and Heuristics(4) Optimization and Simulation(3) Optimization(9) Organization Behavior(5) Pricing and Revenue Optimization(1) Probabilistic Model for Finance(2) Process Analytics and Optimization(8) Revenue Management & Pricing(2) Risk Analytics(3) Seminar in Advanced Business

Financial Analytics(3)	Problems(7)
Financial Decision Making(8)	Strategic Leadership & Management(6)
Financial Enterprise Risk Engineering(8)	Strategic Marketing(6)
Financial Management(1, 6)	Strategy, Change and Analytics(2)
Information Technology in Supply chain Management(5)	Supply Chain Analytics(1)
Introduction to Data-Driven Business Strategies(10)	Supply Chain Management(7)
Investment and Capital Markets(8)	Turning Data into Revenue(5)
Management Science(5)	
Managerial Economic Analysis(6)	
Managerial Effectiveness(6)	
3. 통계 및 수학 관련 분야	
Advanced Statistical Analysis for Research(7)	Prediction(2)
Advanced Topics in statistics(7)	Predictive Analytics(4)
Applied Forecasting(5)	Predictive Modeling(1)
Applied Statistical Modeling(5)	Probability Modeling(9)
Data Mining for Business Analytics(2)	Review of Linear Algebra(10)
Data Mining(3, 4, 9)	Review of Probability and Statistics(10)
Design of experiment(3)	Simulation Analysis(9)
Experimental Design(8)	Simulation Modeling(9)
Exploratory & Outliers(3)	Statistical Data Mining(7)

출처: 미국 각 대학 홈페이지; 조완섭(2013) 재인용

조사 대상 대학은 텍사스 주립대학 맥콤스 경영대학원(McCombs School of Business), 뉴욕 대학(New York University)의 스턴 경영대학원(Stern School of Business), 노스 캐롤라이나 주립대학(North Carolina State University), 노스웨스턴 대학(Northwestern University), 미시간 주립대학(University of Michigan)의 디어본 경영 대학(Dearbon College of Business), 아이오와 두부쿠의 로라스 칼리지(Loras College), 루이지애나 주립 대학(Louisiana State University), 스티븐스 공과대학(Stevens Institute of Technology), 신시내티 대학(University of Cincinnati), 그리고 샌프란시스코 대학(University of San Francisco) 등이다.

한편, 노스 캐롤라이나 주립대학 내의 심층분석 관련 연구소에서 라파(Rappa 2012)는 노스 캐롤라이나 주립대학교(North Carolina State University) 분석(Analytics) 학과(석사과정) 개설 이후부터인 2008년부터 2011년까지의 졸업생 대상으로 벤치마킹을 수행해 타 대학의 유사 전공과 비교하는 방식으로 졸업생 급여나 취업률을 비교 분석하였다. 비교 분석 대상으로 카네기 멜론 대학

표 5 노스 캐롤라이나 주립대학의 석사과정 내용

<table>
<tr><td>주관</td><td colspan="2">• North Carolina State University</td></tr>
<tr><td>과정명</td><td colspan="2">• Master of Science in Analytics</td></tr>
<tr><td>대상</td><td colspan="2">• 학사 학위자(통계학, 수학 관련 미전공 시 관련과목 이수要)</td></tr>
<tr><td>인원수(명)</td><td colspan="2">• 85명</td></tr>
<tr><td>총학점</td><td colspan="2">• 30학점</td></tr>
<tr><td>일정(기간)</td><td colspan="2">• 10개월/3학기(summer/fall/spring)</td></tr>
<tr><td rowspan="2">비용</td><td colspan="2">• NC Resident일 경우 $22,900(1학기당)</td></tr>
<tr><td colspan="2">• Non Resident일 경우 $38,600(1학기당)</td></tr>
<tr><td>특이사항</td><td colspan="2">• 실습중시
• team project 수행 시, 서포터즈 기관의 실data set을 활용한 project 수행
• 2007년 개설</td></tr>
<tr><td rowspan="8">과정 개요 및 목적</td><td colspan="2">[교육목표]
-고급 분석의 분석 기술 등의 완벽한 이해와 적용 및 실습을 경험하도록 하며 산업경력으로 바로 이어질 수 있는 교육을 진행
[강의방법]
-데이터 마이닝, 텍스트 마이닝, 예측, 최적화, 데이터베이스, 데이터 시각화, 데이터 프라이버시와 보완, 경제분석, 고객분석과 커뮤니케이션 팀프로젝트 진행
-계략적으로 분석툴과 기술, 분석 foundations, 분석방법과 적용, 분석실습으로 나눌 수 있으며 여름, 가을, 봄 학기 각각 6, 12, 12학점 이수를 기본으로 함</td></tr>
<tr><td>교과정명</td><td>세부내용</td></tr>
<tr><td>분석 도구 및 기법</td><td>데이터 쿼리 및 보고, 데이터 엑세스 및 관리, 데이터 정리, 통계 프로그래밍, 데이터 마이닝 개요, 지리공간 데이터 분석, 관계형 데이터베이스 및 데이터 웨어하우스, 데이터베이스의 통계분석, 선형 대수학 개요, 데이터 시각화, 프리젠테이션 스킬, 팀워크 기술, 문제해결 능력</td></tr>
<tr><td>분석기초</td><td>탐색적 데이터 분석, 선형회귀, 다중선형회귀, 회귀진단, 로지스틱회귀, ANOVA, 테이블 분석, 통계평가 시험, 서면 및 컴퓨터 응용</td></tr>
<tr><td>분석방법 및 응용 I</td><td>시계열 및 예측, 선형 대수학, 데이터 마이닝, 생존분석 로스트틱 회귀모델, 선형 프로그래밍/시뮬레이션, 비선형 프로그래밍/최적화, 고급모델링, 데이터베이스 및 프로그래밍, 마케팅 과학: 고객 분석</td></tr>
<tr><td>분석실습 I</td><td>데이터 개인정보보호 및 보안, 법적 문제, 데이터 시각화, 지리 공간 데이터, 프로젝트 관리, 팀워크와 분쟁해결, 컨설팅 기술, 문제해결, 커뮤니케이션 기술, 기술작문</td></tr>
<tr><td>분석방법 및 응용 II</td><td>고급 모델링, 빅 데이터, 텍스트 마이닝, 고급 모델링, 리스크 및 재무분석, 마케팅 과학: 웹 분석, 마케팅 과학: 고객 분석, 고급 답사 및 특이점 분석, 특별주제</td></tr>
<tr><td>505 분석실습 II</td><td>데이터 보안, 프로젝트 관리, 데이터 시각화, 팀워크기술, 데이터의 시각적 커뮤니케이션, 프리젠테이션 스킬, 기술 작문</td></tr>
<tr><td>시사점</td><td colspan="2">•서포터즈 기관의 실 데이터 셋을 활용한 팀 프로젝트를 진행하며 실 업무 수행능력 증가를 예측할 수 있음
•2007년 첫 개설한 학과로, 타 기관에 상대적으로 깊이있는 학과로 보임
•빅데이터 전문가의 역량을 전체적으로 많이 포함하고 있지만 소프트 스킬이나 데이터시장 또는 산업의 개요에 대한 교육이 상대적으로 부족함</td></tr>
<tr><td>참고</td><td colspan="2">http://www.ncsu.edu/</td></tr>
</table>

출처: 노스 캐롤라이나 주립대학 홈페이지; 한국정보화진흥원(2014) 요약

교, 코넬 대학교, MIT 대학교에서의 유사 전공이다. 먼저 [표 5]는 노스캐롤라이나 주립대학의 석사과정 내용이다. 한국정보화진흥원(2014)이 요약한 카네기멜론 대학과 코넬 대학의 과정은 [표 6]과 [표 7]과 같다.

표 6 카네기 멜론 대학의 빅데이터 과정

주관	•Carnegie Mellon University
과정명	•Master of Information Systems Management(MISM) degree with a Business Intelligence and Data Analytics(BIDA) concentration
대상	•대학수준의 성적증명서의 공식사본 •GMAT 또는 GRE, TOEFL, IELTS 등 국제 신청자에 대한 결과가 우수한 자
인원수(명)	•25명
총학점	-
일정 (기간)	•1년(경력 3년 이상 필요), 16개월(별도의 입학 요구사항), 21개월(에들레이드에서 1년, 사우스 오스트레일리아, 피츠버그에서 2년 선택할 수 있음)
비용	•학기별로 상이하지만 평균 $32,000
특이사항	•뮌헨, 비엔나 만하임, 바덴 뷔르템 베그크에 해외 MISM프로그램 제공 •1년 트랙, 16갸월 트랙, 글로벌 MISM 21개월 트랙, 비즈니스 인텔리전스 및 데이터 분석에 집중과 MISM학위(BIDA) 제공
과정재요 및 목적	교육목표 -필수과목은 IT가 자바 객체 지향 프로그래밍 과정과 비즈니스 전문지식과 기술관리를 통합하는 핵심역량을 구축하도록 설계 커리큘럼

과목명	세부내용
분산 시스템	원리/이론 및 분산 컴퓨팅 및 시스템 설계의 기초가 되는 기술을 이해하는 것이 점점 더 중요. 이러한 배포를 지원하는 기술은 아키텍처, 닷넷 아키텍처와 웹 서비스 이용.
데이터베이스 관리	효과적으로 시스템이 제공할 수 있는 정보를 사용하는 방법을 아는 데이터를 직접 또는 기술 전문가를 통해, 새로운 시스템 및 관련 응용 프로그램을 설계 능력을 엑세스하는 방법을 알고, 관계형 데이터베이스 관리 시스템(RDBMS)은 요즘 자주 사용되는 데이터베이스 시스템의 한 종류이며, 이 과정의 주요 초점임.
자바 객체 지향 프로그래밍	I/O 클래스의 다소 복잡한 집합. 추가 항목은 예외 JDBC와 스윙, 데이터베이스 연결과 GUI를 구축 처리, 멀티스레딩 등 학습
데이터 마이닝	이 과정은 업계 표준 데이터 마이닝 방법론의 이해와 그것으로 문제를 공식화하고 해결하는 능력을 가진 학생을 제공. 강의는 실제 데이터를 기반으로 현실적인 문제를 해결하기 위해 고급 데이터 마이닝 소프트웨어 기능 체험
분석 및 비즈니스 인텔리전스	분석을 기반으로 마케팅 데이터, 이러한 데이터(복잡한 통계 소프트웨어의 사용)분석을 위한 방법론 및 도달 결론을 수집하기 위해 설문조사 및 기타 차량의 개발에 초점.
데이터 웨어하우징	이 과정은 데이터 웨어하우징 프로젝트에 참여하는 주요 활동을 소개. 이 클래스는 기본 데이터 웨어하우스의 원칙과 개념에 대한 깊이 있는 리뷰. 기본 원칙이 확립되고 나면, 클래스의 나머지 부분은 그룹 데이터 웨어하우스 프로젝트를 중심으로 구축

	디지털 변환	이 과정은 정보기술 변화의 상호작용과 프로세스 조직 내에서 조직 전체, 산업 내에서, 사회에 걸쳐 배포방법을 연구. 케이스분석으로 학생들이 기술 및 경영 두 문제에 참여.
	조직 설계 및 구현	이 조직 관리의 개념과 방법에 초점을 맞추고 입문 코스. 전체 과정의 목적은 식별 적용하고, 공공 및 민간 조직의 경영문제를 구조화하고 해결하기 위한 기술을 평가. 과정에서 사용되는 주요 교육도구 분석 및 사례연구 학급 토론.
	데이터분석 캡스톤 프로젝트	학생들에게 직업에 관련된 학습상황에서의 경험을 교실 수업을 통합하여 자기실현과 방향을 개선할 수 있는 기회를 줌. 학생의 직업 목표를 식별하고 이러한 목표는 인턴 경험을 통해 향상될 수 있는 방법을 설명하는 연구계획 개발 필요.
	고급 비즈니스 분석	이 과정에서, 우리는 강력하지만 간단한 확률/유용한 예측을 생성하기 위해 이러한 데이터에 맞게 적용할 수 있는 통계모델을 학습.
	비즈니스 프로세스 모델링	광범위한 수준의 토론, 사례연구 및 최근의 실제 배포에 관련된 판독, BI (높은 수학 수준에서 도입)의 맥락에서 특히 유용 선택된 분석 및 데이터 표현 기술의 도입을 결합 BI분석의 정기적인 모임은 분석 및 비즈니스 인텔리전스의 맛과 성공적인 실무자 사이에 선택 몇 가지 게스트 스피커 회담으로 구성
	대규모 데이터 분석	대규모 데이터 분석에 대한 방법, 세 가지 주요 문제 패러다임(예측 모델링에 초점 및 탐지). 학생들은 정책 문제를 번역하는 방법 학습, 이러한 패러다임으로 선택하고 적절한 인공신청 지능과 기계학습도구를 올바르게 해석 평가, 정책분석 및 의사결정에 대한 결과를 적용
	텍스트 분석	이 과정은 조직의 일반적이고 새로운 방법의 이해와 학생을 제공, 요약, 비정형 가볍게 구조화된 텍스트의 큰 컬렉션('텍스트 분석')을 분석. 초점을 알고리즘과 기법, 그러나 과정은 오픈 소스 소프트웨어 툴과 상용 소프트웨어 제품군에 대한 내용 제공
참고	http://heinz.cmu.edu/school-of-information-systems-and-management/information-systems-management-mism/business-intelligence-date-analytics.index.aspx	

www.heinz.cmu.edu; 한국정보화진흥원(2014) 요약

표 7 코넬 대학의 빅데이터 과정

주관	•Cornell University
과정명	•Masters of Engineeing in Operations Research and Information Engineeing-Data Analytics Concentration
대상	•GPA나 공인 교육 기관에서 학사 학위
인원수(명)	-
총학점	•30학점
일정(기간)	•2년
비용	•$45,130/1년
특이사항	•DA의 학생들은 적어도 하나의 ORIE or STSCI의 통계 데이터분석 필요한 데이터베이스/스프레드 시트 기술 과정과 마케팅 및 전략과정에 대한 학점 이수가 필요합니다. •모든 ORIE 과정을 통해 2.50의 최소 GPA 유지

<table>
<tr>
<td>과정개요 및 목적</td>
<td>[교육목표]
-Data Analytics Concentration(DA)는 이론과 개발, 가격, 승진 및 아이디어, 상품 및 서비스의 배포와 관련된 사실 기반의 데이터 중심의 의사결정을 만드는 데 필요한 도구에 초점
[커리큘럼]
<table>
<tr><th>과목명</th><th>세부내용</th></tr>
<tr><td>통계 데이터 마이닝 및 기계 학습</td><td rowspan="25">Master of Engineering(M.Eng) Program 안에 데이터 분석의 학위를 제공하고 있으며 현재 한국 학생 1명만 전공으로 하고 있음. 교과목의 상세내용은 제공하지 않음</td></tr>
<tr><td>응용시계열 분석</td></tr>
<tr><td>금융 공학 통계</td></tr>
<tr><td>선형 통계 모형</td></tr>
<tr><td>실험 설계</td></tr>
<tr><td>데이터 중심의 마케팅</td></tr>
<tr><td>마케팅 조사</td></tr>
<tr><td>행렬 선형 모델</td></tr>
<tr><td>다변량 분석</td></tr>
<tr><td>통계적 분석방법</td></tr>
<tr><td>데이터베이스/스프레드시트 기술</td></tr>
<tr><td>데이터 기반 웹 응용 프로그램</td></tr>
<tr><td>정보검색</td></tr>
<tr><td>웹 정보 시스템</td></tr>
<tr><td>기계학습(Machine Learning)</td></tr>
<tr><td>데이터베이스 시스템 소개</td></tr>
<tr><td>데이터 기반 분석</td></tr>
<tr><td>스프레드시트 기반의 모델링 및 데이터 분석</td></tr>
<tr><td>데이터베이스 및 통계 컴퓨팅</td></tr>
<tr><td>마케팅 및 가격 전략</td></tr>
<tr><td>일상 데이터를 분석을 위한 전산기법</td></tr>
<tr><td>수율 관리</td></tr>
<tr><td>마케팅 전략</td></tr>
<tr><td>전략 및 가격의 전술</td></tr>
<tr><td>수익관리</td></tr>
</table>
</td>
</tr>
<tr><td>참고</td><td>http://orie.cornell.edu/orie/academics/mastr.concentrations_minors.cfm</td></tr>
<tr><td colspan="2">출처: www.orie.cornell.edu ; 한국정보화진흥원(2014) 요약</td></tr>
</table>

[표 8]은 노스캐롤라이나 주립대학의 석사과정과 유사 전공을 가진 카네기 멜론 대학, 코넬 재학, MIT 대학들과의 비교 결과를 보여주고 있다. 이 벤치마킹 결과에 따르면, 노스캐롤라이나 주립대학이 비교 대상인 대학들에 비

표 8 유사학과의 벤치마킹 사례

대학 \ 항목	취업률(%)			Avg. Base Salary(달러)	
	2008	2009	2010	2009	2010
Master of Science in Analytics at North Caollna State Univ.	100.0	100.0	97.0	73,000	83,500
Master of Info. Sys. Mgt. at Carnegie Mellon	88.0	77.0	78.0	NA	89,400
Master of OR and Info. Eng. at Cornell	88.0	73.0	85.0	79,200	NA
Master of Finance at MIT	NA	NA	89.5	NA	79,600

출처: Rappa(2012); 조완섭(2013) 재인용

표 9 충북대학교 비즈니스데이터 융합학과 교과과정(일반대학원 석사과정)

	과목명	분야	개요
1	대용량 데이터베이스	IT	빅데이터를 다루기 위한 데이터베이스 기술
2	기업 프로세스 통합적 분석	비즈니스	기업의 경영개선을 위한 기업프로세스 통합적 분석 기법 습득
3	빅데이터 EDA	통계	통계분석 모델링과 분석기법 습득
4	빅데이터 가시화	IT	빅데이터 분석결과의 visualization
5	분산병렬처리	IT	병렬처리 알고리즘 학습
6	빅데이터 세미나	융합	빅데이터 산업 전반에 걸친 기술. 비즈니스 세미나
7	비즈니스 데이터 분석	비즈니스	데이터 분석결과를 비즈니스에 접목하는 방안 학습
8	정보검색과 활용	IT	인터넷 정보 검색과 SNS 등 소셜 미디어 처리
9	IT 산업과 빅데이터 컴퓨팅	IT	IT기술의 발전과 빅데이터 산업의 중요성 학습
10	기업정보시스템 1,2	비즈니스	기업 정보시스템(ERP, CRM, BI 등)의 구축과 활용의 실무과정
11	비즈니스 인텔리전스	비즈니스	데이터 웨어하우스와 OLAP분석기법 학습
12	R-데이터 마이닝	통계	통계학 지식을 기반으로 한 데이터 마이닝 실무
13	비즈니스 프로그래밍	IT	기업 정보화 시스템 구축에 필요한 프로그래밍 기술을 학습함(DB Programming, ABAP 등)
14	클라우드 시스템	IT	클라우드 시스템 구축 기술을 학습하고, 실제 구축을 통한 실무능력을 배양함
15	빅데이터 거버넌스	융합	빅데이터 품질, 프라이버시, 메타 데이터 등 빅데이터 실무관리 능력을 배양함
16	인턴십 1,2		기업체 방문 실무 프로젝트 수행(논문과 연계)
17	연구과제		논문연구

출처: 충북대 비즈니스데이터융합학과 홈페이지; 조완섭(2013) 재인용

하여 우수하지 않음에도 불구하고 빅데이터 전공 졸업생의 평균 급여는 타 대학 유사학과 졸업생과 유사한 수준을 유지하고 있다. 특히, 취업률 측면에서 볼 때 노스캐롤라이나 주립대학은 100%로 타 대학에 비하여 매우 우수한 것으로 나타났다.

글로벌 IT기업들의 도움으로 한국 내에서 빅데이터 관련 아카데미들이 생기는 가운데, 국내 대학으로는 충북대학교가 대학원 내에 정규 교육과정인 '비즈니스데이터융합학과'를 2012년에 개설해 전사적자원관리(ERP), 데이터마이닝, 인공지능, 통계분석, 정보검색, 자연어처리, SNS분석, 이미지그래픽스 전공 교수들이 힘을 합해 융합형 전문가 양성을 목표로 교육하기 시작하였다.

2011년 말 서울대학교도 '데이터과학과 지식창출 연구센터'를 설립해 통계학과, 산업공학과, 컴퓨터과학과, 의학과 등 다양한 학문 분야의 교수진들이 협력해 공학, 의학 등 타 분야에의 접목과 응용 방안을 모색하고 있음을 앞에서 살펴보았다. 한국 대학의 빅데이터 인력양성 커리큘럼의 최근 동향을 보면, 통상 IT 기술과 수학 및 통계지식 그리고 현업 지식을 갖추기 위한 교과목들

표 10 국내·외 주요 교육기관 커리큘럼 구성 현황

역량 구분	역량 강화를 위한 표준 커리큘럼	교육 기관별 표준 커리큘럼 커버리지 비율				
		해외 A 대학	해외 B 사설교육	국내 A대학	국내 B 사설교육	국내 C 사설교육
기반 역량 (Foundation)	산업별 빅데이터 활용사례, 빅데이터와 Creative Thinking, 빅데이터 보안분석, 데이터 과학자의 역할 등	40%	0%	25%	20%	20%
기술역량 (Platform Technique)	하둡 Core 및 Eco System의 이해, HDFS와 MapReduce의 활용, NoSQL(Monggo DB, Cassandra 등)	100%	16.7%	50%	83.5%	16.7%
분석역량 (Analysis Technique)	분석모형의 이해, R분석 및 Visualization, 상용 Tool 활용법, 데이터 마이팅 프로세스, 텍스트 마이닝, Social Network Analysis 등	100%	100%	12%	20%	100%
사업역량 (Business Analytics)	산업별(제조, 유통, 통신, 금융, 공공, 소매 등) 핵심업무의 이해, 산업/업무별(Risk, Social, CRM 등) Analytics 방법 및 적용 등	62.5 %	37.5%	13%	12.5%	12.5%

출처: 한국정보화진흥원(2014)

로 구성되고 기존의 IT 분야 세부 기술 관련 전체 과목보다는 데이터 관련 과목들인 데이터베이스, 데이터 마이닝, 데이터베이스 프로그래밍 등에 초점을 두고 있다. 수학 및 통계 분야나 현업 지식 부분에서도 전체 분야를 모두 다루기보다는 데이터 분석과 관련된 일부 과목들이 필요하다.

한국정보화진흥원(2014)에 따르면, 2014년 현재 국내 6개 대학원에서 배출되는 인력은 170명 정도이며, 교육과정이 빅데이터 플랫폼과 분석 기술 습득에 집중되어 있어, 데이터사이언티스트 양성을 위한 전문 교육과정 제시가 필요하다. 동 기관에서 실시한 기존 데이터사이언티스트 역량 및 요구 기술에 대한 분석 결과, 데이터사이언티스트가 갖추어야 될 역량은 크게 기반 역량, 기술 역량, 분석 역량, 사업 역량 등 총 네 가지 역량 영역으로 분류 가능하다.

이 네 가지 역량 영역을 중심으로 한국정보화진흥원(2014) 조사한 바에 의하면, 해외 대학(원) 과정의 경우, 네 개 역량 영역을 모두 아우르는 커리큘럼으로 구성된 반면, 한국의 경우, 기술, 분석 등 특정 역량 영역을 중심으로 커리큘럼이 구성되어 있다. 비교한 내용은 [표 10]과 같다. 이 분석을 통해 한국정보화진흥원은 데이터사이언티스트 양성을 위한 교육과정 개설 시 필요할 빅데이터 커리큘럼 참조 모델을 개발해 [표 11]과 같이 제시하고 있다.

표 11 빅데이터역량모델: 빅데이터 역량 영역별 설명

역량영역	핵심역량			핵심역량 설명
기반 역량 (Foundation)	빅데이터 비즈니스 이해	F7	초급	빅데이터와 비즈니스의 상관관계를 이해하는 역량
	빅데이터 트렌드	F6	초급	빅데이터 최신 동향 및 향후 발전 방향을 이해하는 역량
	창의적 문제해결	F5	중급	창의적으로 빅데이터 활용 방안을 도출할 수 있는 역량
	빅데이터 윤리의식	F4	중급	빅데이터 보안 및 개인정보 보호를 실현할 수 있는 역량
	논리적 자기표현	F3	고급	빅데이터 활용 결과를 논리적으로 표현할 수 있는 역량
	설득과 협상	F2	고급	빅데이터 사업 기회를 공유하고 실현시킬 수 있는 역량
	통찰과 소통	F1	전문	사물이나 현상을 통찰하여 빅데이터 활용 방안을 제시할 수 있는 역량
기술역량 (Platform Technique)	기초 IT 이론	T8	초급	IT에 대한 기본적인 이론과 지식을 이해하는 역량
	빅데이터 프로그래밍	T7	초급	빅데이터에 사용되는 프로그램 언어를 활용할 수

				있는 역량
	빅데이터 플랫폼 이론	T6	중급	빅데이터 플랫폼의 개념과 주요 기능을 이해하는 역량
	빅데이터 수집	T5	중급	빅데이터 수집 유형, 방법 및 핵심 기술을 이해, 사용할 수 있는 역량
	빅데이터 저장 및 관리	T4	중급	빅데이터 저장 유형, 방법 및 핵심 기술을 이해, 사용할 수 있는 역량
	빅데이터 처리 및 분석	T3	고급	빅데이터 분석을 위한 처리 유형, 방법 및 핵심 기술을 이해, 사용할 수 있는 역량
	빅데이터 플랫폼 구축 및 활용	T2	고급	빅데이터 플랫폼 응용 시스템을 사용, 신규 개발 할 수 있는 역량
	빅데이터 아키텍처	T1	전문	빅데이터 IT환경을 설계하고, 운영을 총괄할 수 있는 역량
분석역량 (Analysis Technique)	기초 통계 이론	A8	초급	기본적인 확률, 통계이론, 분석기법 등을 이해하는 역량
	수리적 (정량적 사고방식)	A7	초급	숫자(정량적) 중심으로 문제를 해석하고 결과를 도출할 수 있는 역량
	통계 패키지 활용	A6	중급	사용 목적에 따라 다양한 통계 패키지를 사용 및 응용할 수 있는 역량
	분석적 마인드	A5	중급	다양한 대상의 수학 통계치에서 새로운 Insight를 도출할 수 있는 역량
	Business Intelligence	A4	중급	경영의사결정을 지원하는 분석 결과물을 기획, 산출할 수 있는 역량
	데이터 마이닝	A3	고급	데이터 마이닝의 이론적 지식을 배경으로 데이터 처리분석할 수 있는 역량
	비정형 데이터 마이닝	A2	고급	비정형 데이터의 개념 이해 및 비정형 성격별 데이터 처리/분석할 수 있는 역량
	빅데이터 예측 분석	A1	전문	빅데이터 분석을 통해 미래를 예측할 수 있는 역량
사업역량 (business Analytics)	기초 경영/경제 관련 지식	B11	초급	기본적인 경영경제 이론적 지식을 이해할 수 있는 역량
	업종 특화 지식	B10	초급	산업제조/유통/통신 등의 핵심 업무 및 산업 빅데이터 전략을 이해할 수 있는 역량
	업무 프로세스 지식	B9	중급	업무 프로세스(영업/마케팅/생산 등) 및 빅데이터 적용 전략을 이해수립할 수 있는 역량
	빅데이터 최적화 모델링	B8	중급	산업업부별 빅데이터 사업전략을 수립할 수 있는 역량
	전략적 사고방식	B7	중급	기업비전전략과 빅데이터 사업전략의 상관관계를 이해향상시킬 수 있는 역량
	Business Analytics	B6	고급	빅데이터 사업전략에 따라 분석 방향성 및 적용 방안을 수립할 수 있는 역량
	분석 모형 및 성과 평가	B5	고급	분석전략 및 기획 결과를 기반으로 분석을 수행하고, 그 결과를 평가할 수 있는 역량

	프로젝트 매니지먼트	B4	고급	목표성과를 창출할 수 있도록 빅데이터 프로젝트를 관리할 수 있는 역량
	빅데이터 정책	B3	전문	국내외 ICT 및 빅데이터 정책을 이해하고 이를 빅데이터 사업에 적용할 수 있는 역량
	의사결정 및 성과관리	B2	전문	빅데이터 사업 중 발생하는 다양한 의사결정사항을 효과적으로 수행할 수 있는 역량
	빅데이터 리더십	B1	전문	빅데이터 사업의 이해관계자 관리 및 총괄 책임자로서 사업을 추진할 수 있는 역량

출처: 한국정보화진흥원(2014)

미래 인력양성 정책

이상에서는 데이터사이언티스트의 개념과 역할, 역량, 기능, 그리고 국내외 대학의 커리큘럼과 향후 커리큘럼 방향에 대해 언급하였다. 데이터사이언티스트는 빅데이터경제 시대를 이끌어갈 가장 중요한 자원 중의 하나임에 틀림없다. 미국만 보아도 굴지의 대학들 중심으로 데이터사이언티스트 양성과정이 개설되었음을 보면 알 수 있다. 미국의 대학들과 유사하게 국내 대학들도 데이터사이언티스트 양성에 대한 인식을 이미 가지고 있으며, 일부 대학에서는 매우 적극적인 것처럼 보인다. 앞에서 언급한 대로 충북대학교에서 미래창조과학부와 정보통신산업진흥원의 지원으로 빅데이터 분야 석사과정을 국내 최초로 2012년 개설해, 풀타임 석사과정이 운영되고 있다. 그 뒤를 이어 이미 언급한 국민대학교, 숙명여자대학교 등에서는 기존의 경영학과 중심으로 빅데이터 관련 학과를 개설하였고, 강원대학교에서는 공과대학에서 빅데이터 과정을 신설하기도 하였다.

여기서는 빅데이터 전문가 양성을 포함한 미래 인력양성 정책 방향에 대해 언급하고자 한다. 정보통신정책연구원은 ICT 인적자원 개발은 경제 성장과 사회적 통합을 이끄는 주요한 결정요인이라는 판단하에 'ICT인력양성'(2014) 보고서에서 1997년 이후 추진된 한국의 ICT 인적자원 개발 정책을 검토하였다.

이 보고서(2014)에 따르면, ICT 인적자원개발 정책은 1997년부터 본격 시작되었고, 저변확대기(1997~2000), 양적확대기(2001~2003), 수평적연계 강화기

(2004~2007), 질적고도화기(2008~현재) 단계를 거쳤다. 저변확대기 중에는 SW 중심 벤처붐이 일면서 SW에 대한 관심 및 SW 인력 수요가 높아졌고, 초고속 인터넷이 보급되면서 국민들이 정보화에 대한 관심을 갖기 시작했다. 1997년 말 경제위기를 맞아 실업자 대상 IT 분야 재교육에 대한 사회적 요구가 높아지고, IT 인력 수요증가와 IT 재교육 요구로 진행된 인력양성 사업이 시행되었다. 이 시기에 추진된 주요 인력양성 사업은 정보통신대학원(ICU) 설립, 정보통신 우수시범학교 지원, 대학의 SW학과 설치 지원, SW 특성화 고등학교 및 실업계 고등학교 지원, 국산 주전산기 보급, 대학의 IT 창업 지원, 실업자 및 비 IT 인력에 대한 재교육 지원 등이다.

양적확대기 시기에는 삼성전자 중심으로 한 대기업들이 세계시장의 품목별 점유율을 높이면서 IT 국제경쟁력이 본격적으로 강화되기 시작한다. 정부는 이를 뒷받침하기 위해 IT학과 정원 확대정책을 시행한다. 이 시기 대표 정책은 정원확대 지원사업인데, 대학 등 정규교육기관이 IT 학과의 정원을 확대하면 IT 실험·실습장비 구입비를 지원해 교육환경을 개선하고 교육내용의 질적 수준을 제고해 IT 전문인력 공급기반이 확충되었다.

2004년부터인 수평적연계강화기 시기에는 IT 인력 공급이 수요를 초과할 것이라는 연구결과가 등장한다. 게다가 대학은 이론중심 기초과정에 치우치고 있으나, 기업들은 급속한 기술변화에 대응하여 실무능력이 높은 취업대상자를 요구하고 있었다. 이런 시대적 상황을 반영해 2004년부터는 질적 불일치 문제 해결을 위해 수요지향적 IT 핵심인력 양성, 국제경쟁력을 갖춘 고급전문인력 양성, IT 특성화 교육 및 제도적 기반 조성의 3개 정책영역으로 사업을 구분하여 지원하였다. 또한 기초기술 인력양성, 고급전문인력양성, 산업인력교육, 잠재인력양성으로 구분되었던 사업을 대학 IT 교육여건 개선, IT 저변인력 확대, 고급연구인력양성, 글로벌 IT 인력 양성, IT 특성화 기술교육, IT 주요벤처기업 인력지원의 6개 분야를 지원하였다. 이러한 사업의 변경과 함께 정부의 IT 인력양성 정책의 패러다임이 공급중심에서 수요중심으로, 양 중심에서 질 중심으로, 국내 중심에서 글로벌 중심, 수도권 중심에서 지역균형발전 중심으로 전환되었다.

한국은 IT 분야 공학교육의 국제 표준을 주도하고, IT 인력의 국가 간 교류의 활성화 필요성을 제기하면서 2008년 12월 서울어코드를 주도, 공식 발효

하였다. 이를 통해 4년제 컴퓨터·정보기술 관련 전공 졸업자들이 참가 회원국 내에서 동등성을 인정받아 자유롭게 취업하고 활동할 수 있게 되었다. 이의 실질적 효과는 컴퓨터 · 정보기술 관련 인력의 국제적 이동을 장기적으로 촉진시키고, 대학 IT 학과 교육과정에 산업계 요구를 반영하여 산업계 요구수준에 부합하는 IT 인력 양성이 활성화되는 효과를 가져왔다. 또한 일부 기업은 서울어 코드 참여 대학으로부터 배출된 인력을 우선적으로 채용하고 있어 교육의 질적 수준과 졸업생의 취업기회를 모두 올리는 선순환을 구축하였다.

2008년부터 지금까지의 질적 고도화기 시기에는 이명박 정부 출범과 함께 정보통신부가 해체되고 ICT산업 육성을 새로 떠맡은 지식경제부가 '뉴IT전략'을 2008년 7월 발표, 2012년까지 국내시장 1조 원의 IT 융합산업 10개를 창출하고, 매출 500억 원 ICT 기업 1천 개와 글로벌 SW기업 10개를 육성하는 것을 목표로 제시하였다. 뉴 IT 전략의 추진과 함께 ICT 인력양성 정책은 융합인력, 소프트웨어 인력양성에 중심을 두는 모양으로 변하게 된다.

이후 2010년 ICT 인력양성 중기개편방안과 2011년 대학 IT 전공 교육 개선방안이 발표되었다. 2010년 중기개편방안에서는 ICT 융합 등 환경 변화에 선제적으로 대응하고, ICT 산업의 미래 발전을 위해 ICT 인력양성의 방향 전환을 꾀하였고 기존의 학사, HW 위주 인력양성을 석 · 박사 중심 SW, ICT 융합분야 고급인력 양성으로 전환하고, 기업 참여를 통한 실무 병행 교육을 실시함을 특징으로 하고 있다. 그 이후 지속적으로 SW분야의 정책적 집중이 이루어지고 있으며, 고급인력 부분에서는 ICT/SW 창의연구과정, IT 융합 고급인력과정, IT 명품인재 양성 등을 신규 운영하며 신산학협력모델로서 대학과 기업을 잇는 산학협력을 통한 실무 프로젝트 수행으로 현장 적응력을 높이는데 주력하였다.

2013년 박근혜 정부의 출범을 계기로 IT를 진흥하는 부처로 출범한 미래창조과학부는 과학기술정책과 IT정책을 총괄하는 대형부처로 탄생하였다. IT 정책은 방송통신위원회가 수행해 온 방송통신 융합 및 진흥, 전파관리와 지식경제부가 수행해 온 IT 연구개발 및 산업진흥과 SW산업융합, 행정안전부가 수행해 왔던 국가정보화기획, 정보보안, 정보문화 관련정책과 문화체육관광부의 소관이었던 디지털 콘텐츠 정책을 모두 포함한다. 정보통신부(의) 해체로 분산된 IT 정책추진체계가 구축된 지 5년 만에 다시 규제, 진흥과 정보화가

한 부처에 의해 추진되는 중앙집권적 정책추진체계로 회귀한 것이다. 과학기술정책과 IT정책이 함께 추진되는 상황 속에서 빅데이터 인력양성과 관련된 기존과 차별화된 미래정책 방향은 과학기술과 IT를 접목하는 것이다.

앞에서는 새로운 직업군으로서의 데이터사이언티스트의 역할에 대해서 언급하였다. 즉, 비즈니스, 분석, 컴퓨터 기술 등이 조합된 이 새로운 직업이 만들어져야 에너지, 전자 상거래, 건강 관리 및 의료 서비스, 재무 서비스 등 다양한 분야로 진출이 가능하다. 그런데, 과학기술 기반의 데이터를 다룰 빅데이터 전문인력에 대해서 체계적으로 언급된 것은 아직 없다.

앞에서 살펴보았듯이, 미국은 2012년 3월 대통령 직속기관인 과학기술정책실(Office of Science and Technology Policy) 주도로 "빅데이터 R&D 이니셔티브(Big Data Research and Development Initiative)"를 발표한 바 있으며, '빅데이터 시니어 스티어링그룹(Big Data Senior Steering Group; BDSSG)이 운영 중인데, 빅데이터를 통한 과학 발견 및 혁신 프로세스 가속화, 새로운 경제적 성장 촉진, 새로운 연구 영역 선도를 비전으로 한다. 특히 빅데이터를 통한 새로운 과학 촉진, 빅데이터를 다루는 국가적 요청과 기관의 미션 개발, 연방 데이터 관리 지원, 데이터과학 향상을 위한 인력 및 인프라 개발 등이 주요 활동 목적이다. 미국 경우처럼, 국내에서도 활발해진 데이터사이언티스트 인력 양성 움직임과 과학기술 발전과 연계된 정책들이 많이 나와주어야 할 것이다.

한 예로, 전체 학문 분야의 빅데이터 연구현황을 보면, 2006년 10건 수준

표 12 빅데이터 관련 논문 게재 현황

연도구분	논문수	국가구분	논문수(중복)	학문구분	논문수(중복)	비중(%)
2013	410	미국	446	컴퓨터 과학	775	42.9
2012	577	중국	149	공학	245	13.6
2011	84	독일	76	수학	160	8.8
2010	27	일본	63	사회과학	86	4.8
2009	29	영국	61	의학	67	3.7
2008	19	한국	45	바이오	54	3.0
2007	7	이탈리아	31	물리, 천문	45	2.5
2006	10	캐나다	30	지구과학, 행성학	25	1.4

주: 키워드는 "big data", 검색범위는 제목, 요약, 키워드, 검색기간은 전체, 검색건수는 총 1,207건.
출처: SCOPUS DB(2013). 강희종(2013) 재인용

이던 논문 수가 2012년 577건으로 무려 57배나 증가하는 등 최근 빅데이터 연구가 급속하게 증가하고 있다. 그런데, 학문분야별로 보면, 컴퓨터 과학이 전체 논문의 42.9%를 차지하였다. 국가별로는 미국이 446건으로 3분의 1 이상을 차지하고 있으며, 중국이 그 다음을 잇고 있다. 한편, 한국의 빅데이터 연구는 미국의 10분의 1 수준으로 매우 미흡한 수준이다([표 12] 참조).

✩ 토의문제

1. 데이터사이언티스트(Data Scientist)의 개념과 향후 사회적 수요에 대하여 설명하시오.
2. 데이터사이언티스트가 지녀야 할 역량이 무엇인지에 대하여 토의하시오.
3. 데이터사이언티스트를 체계적으로 육성하기 위한 인력양성 측면에서의 주요한 이슈들에 대하여 논하시오.
4. 대학 내에 빅데이터 인력양성을 위한 커리큘럼을 개설한다고 가정할 때 어떤 과정들이 포함되어야 할지에 대하여 토론하시오.
5. 빅데이터 전문가 양성을 위한 미래 인력양성 정책에 대하여 설명하시오

사례연구 1

"빅데이터, 디자인에 착화감을 더하다."

MANSOLE은 공장과 소비자를 연결해주는 B2C서비스로, 국내 제화업체 '무크(mook)'의 사내 벤처에서 스타트업으로 분리된 유아더디자이너가 개시한 남성전문 수제구두 제조 서비스이다. 2015년 12월에 서비스를 개시한 MANSOLE은 솔맨(코디네이터)이 고객에게 직접 방문하여 발 치수를 측정하고, 구두 장인이 수제화를 제작해 배송하는 원스톱 서비스를 제공한다. 이를 통해 유통구조의 거품을 제거하고, 소비자 사이즈 불만을 해소하여 구두 장인 및 고객 모두 만족할 수 있는 생태계를 구축하는 것이 MANSOLE의 비전이다.

최근 전반적인 침체기에 있는 제화 시장에서, 뷰티에 대한 관심이 높은 남성들이 증가하면서 남성 수제화는 홀로 높은 성장세를 보이고 있다. 이에 따라 금강제화와 같은 국내 메이저 제화 업체에서부터 O2O 중심의 벤처기업까지 수많은 남성 수제구두 업체가 등장하고 있는 상황이다. 이러한 상황에서 MANSOLE은 제화 유통구조에서 기인한 구두사이즈 및 디자인 불만을 해소하고, 맞춤 수제화 서비스는 비쌀 것이라는 고정관념을 유통구조 간소화를 통해 해소하여 소비자를 감동시키는 것을 목표로 하고 있다. 이를 위해서 아직까지는 신생기업인 MANSOLE이 성공하기 위해서는 서비스 이용 고객층의 특성을 파악하여 고객을 유인할 수 있는 디자인의 구두를 제작하고, 고객이 만족할 수 있는 사이즈를 추천하는 것이 중요한 상황이었다. 사이즈와 관련해서는 현재 솔맨(코디네이터)의 경험과 직감에 의존하는 방식에서 기인한 사이즈 오류를 개선하기 위해서 데이터에 기반하여 의사결정을 내릴 수 있는 시스템을 제공할 필요가 있었다.

MANSOLE은 내부 데이터는 (주)웨슬리퀘스트에서 오픈소스 기반의 빅데이터 분석 솔루션인 'R' 프로그램을 활용하고, SNS데이터는 (주)리비의 미디어렌즈 솔루션을 활용하여 분석하였다.

현재 MANSOLE은 내부에 고객의 데이터를 축적하여 관리하고 있었으나 별다른 분석을 진행하지 않고 있었다. 이번 빅데이터 활용지원 사업을 통하여 축적된 데이터를 고객별로 통합하고 분석하여 마케팅에 대한 인사이트를 얻고자 하였다. (주)웨슬리퀘스트는 그동안 MANSOLE 내에 축적되어 있던 데이터에 대하여 인구학적 기술 통계를 진행하였다. 맨솔 고객의 평균 연령은 38.4세로 20대 후반에서 40대 초반 고객이 전체 인원의 64%로 다수를 차지하고 있었다. 또한 서울 및 경기지역에서 전체 구매의 90%가 발생했으며, 강남생활권으로 규정할 수 있는 강남 및 성남이 압도적인 다수를 차지하고 있는 것으로 나타났다. 그동안 MANSOLE은 20대 후반에서 30대 초반의 고객을 자사의 주요고객으로 설정하여 제품개발 및 마케팅을 진행해 왔다. 사회에 첫 발을 디디고 멋에 관심이 많은 신입사원과 입사 3~4년차인 30대 전 후반의 젊은 남성들이 남성 수제구두에 관심이 많을 것이라고 생각하였기 때문이다. 하지만 (주)웨슬리퀘스트가 진행한 데이터 분석결과, MANSOLE은 또다는 중요한 고객층을 놓치고 있다는 인사이트를 얻을 수 있었다. 생각했던 것보다 많은 양의 구두가 30대 중후반~40대 초반의 고객층으로부터 구매되고 있었던 것이다. 30대 중후반~40대 초반의 고객 또한 20대 중후반~30대 초반만큼 멋과 자신을 꾸미는 데 돈을 투자하고 있으며, 경제력을 바탕으로 고객당 구매량 및 재구매율 또한 높아 또 다른 주요고객층으로 설정해야 한다는 것을 인식할 수 있었다.

MANSOLE은 대중의 니즈를 충족할 신제품 출시가 시급한 상황이었다. 주문자와 생산자를 연결해 주는 '카카오 메이커스'라는 서비스를 다음카카오에서 개시하였는데, MANSOLE은 '카카오 메이커스'에 자사의 신제품을 출시할 계획을 가지고 있었기 때문이다. 판매 채널 다변화와 다음카카오의 신규 서비스 활용에 따른 홍보 효과가 클 것으로 판단하였다. (주)리비는 이에 대한 답을 찾기 위하여 남성구두 중 대중의 관심이 가장 많은 제품군을 계절별로 나누어 분석을 진행하였다. 로퍼는 계절과 상관없이 언급량이 다른 제품에 비해 가장 높게 나타났다. 한편 가을과 겨울철에는 남성부츠에 대한 관심이 급격하게 증가하고, 봄 여름철에는 옥스포드의 언급량이 늘어나, 시즌에 따른 제품 선호 차이가 발생하고 있는 것을 확인할 수 있었다.

MANSOLE은 지금까지 오프라인에서는 백화점이나 전경련 등 팝업스토어에서, 온라인에서는 페이스북을 통하여 홍보를 진행하여 왔다. 브랜드 제고 및 성장을 위해 홍보채널 다변화를 계획하고 있던 MANSOLE은 남성구두 홍보를 위한 효과적인 매체를 선정하고자 하였다. (주)리비는 이를 위하여 소셜데이터를 분석하여 남성구두와 함께 언급되는 매체유형을 추출하여 분류하였다. 분석결과 다른 매체보다 영화와 드라마에서 남성구두의 게시글이 압도적으로 높게 나타났다. 이를 바탕으로 세부내용을 분석한 결과 영화나 드라마를 보고 직접 구매했다는 언급뿐만이 아니라 카페나 블로그를 통해 등장인물이 신었던 구두 디자인에 대한 문의도 상당수 있는 것으로 나타났다.

수제구두라고 하더라도 내 발에 완벽히 들어맞는 구두가 제작되는 것은 아니다. 디자인에 따라 전체적 형태가 종속되어 유동적인 사이즈 변화가 제한되는 부분이 있고 개별고객의 사이즈별로 신발을 제작하면 비용과 시간이 너무 많이 들기 때문이다. 따라서, MANSOLE은 5mm단위로 신발틀을 가지고 있고, 고객의 발길이를 기본으로 발볼이나 발등 치수에 따라 가장 적절한 사이즈의 신발을 제작하여 제공한다. 하지만 사람별로 발볼과 발등이 발길이와 비례를 하지 않고 다양한 조합이 나오기 때문에 신발틀 기반의 수제구두는 사이즈에 대한 불만이 제기될 가능성이 존재한다. (주)웨슬리퀘스트는 이를 해결하기 위해서 현재 MANSOLE 고객의 발치수 분포와 실제 제작한 신발사이즈 데이터를 분석하여 보았다. 데이터 분석결과, 발치수와 신발사이즈 간에는 상관관계가 나타났다. 그러나 대부분의 남성발 사이즈인 255~270 사이에서 신발사이즈 중복이 상당히 발생하고 있었다. 가령, 발볼이 255mm 고객들의 치수를 잰 솔맨(코디네이터)이 최종적으로 제시한 신발의 사이즈는 245mm에서 270mm로 그 폭이 다양하였다. 또한 정상적인 범위를 초과하여 치수 측정의 오류로 의심되는 케이스도 다수 존재하였다. 이러한 결과를 고려해 볼 때, 고객별로 발등, 발볼, 발길이 분포 양상이 상이하여 솔맨(코디네이터)이 일관된 원칙을 갖고 사이즈를 추천하는 데 한계가 있음을 확인할 수 있었다. (주)웨슬리퀘스트는 이를 보안하기 위하여 고객들의 발등, 발볼, 발길이 치수 정보와 실제 구매한 신발사이즈 정보를 바탕으로 최근접 이웃(K nearest neighbors) 알고리즘을 활용하여 데이터 기반의 신발 사이즈 추천 모델을 개발하여 제안하였다. 신규고객의 발등, 발볼, 발길이 정보를 입력하면, 이를 조합하여 해당고객과 가장 유사한 발사이즈를 가진 기존고객이 구매했던 신발 사이즈를 추천한다.

빅데이터 분석을 통해 또 다른 핵심고객은 '30대 중후반', 선호되는 제품은 '로퍼 혹은 남성부츠'라는 것을 확인한 MANSOLE은, 마케팅팀과 디자인 부서의 회의를 통해 신제품의 컨셉을 잡아나갔다. 우선 30대 후반의 직장인이 데일리 슈즈로 신을 수 있도록 색상과 세부 디자인을 가볍지 않은 인상을 주도록 하였다. 또한 유형으로는 계절과 상관없이 가장 많은 언급량을 보인 로퍼를 선정했다. 이후 몇 차례 추가회의를 거쳐 완성한 로퍼 신제품을 모바일 주문생산 플랫폼인 '카카오 메이커스'에 출시할 수 있었다.

SNS 데이터 분석에서 드라마 및 영화와 같은 극작품에 출연한 연기자를 통해 남성구두가 많이 언급된다는 것을 알게 된 MANSOLE은 30대 이상 연령대가 선호하는 오페라에 처음으로 협찬을 실시했다. 영화와 드라마의 홍보효과가 가장 뛰어나지만 홍보채널 확대를 새롭게 시도하는 MANSOLE은 조심스럽게 단계적인 접근을 취하기로 하였다. MANSOLE의 홍보팀은 우선 세계적으로 유명한 <라 트라비아타> 세종문화예술회관 공연 출연 성악가들의 구두를 협찬하기로 결정하였고, 이와 관련한 인터뷰를 페이스북 및 블로그를 통하여 홍보하여 그 효과를 극대화하였다.

또한 MANSOLE은 (주)웨슬리퀘스트에서 제공한 구두사이즈 추천 알고리즘의 실제 적용가능성에 대해 영업직 사원들을 중심으로 수차례 회의를 진행했다. 우선 10월 이후 구두 구매를 의뢰한 고객들의 발 치수 정보를 프로그램에 입력하여 출력되는 추천 결과에 대해 분석했다. 그 결과 기존 고객들의 발 치수가 몰려있는 255~265mm는 추천 정확도가 우수하여 활용 가능성이 높았다. 해당 치수에 데이터가 많이 축적되어 있었기 때문이다. 하지만 다른 사이즈의 경우에는 데이터의 양이 충분치 않아 추천 시스템을 실제 적용하기에는 다소 한계가 있는 것을 발견했다. 하지만 이러한 문제는 향후 고객 사이즈가 축적될수록 개선될 영역으로, 사람들간 관점차이로부터 기인한 추천 사이즈의 차이를 해소하기 위해서는 데이터에 기반한 추천 시스템이 필요하다고 판단했다. MANSOLE은 1차적으로 추천 정확도가 우수한 255~265mm의 사이즈부터 추천시스템을 활용하고 데이터를 지속적으로 축적하여 추천시스템의 범위를 확대해 가기로 하였다.

빅데이터 분석결과를 반영하여 카카오 메이커스에 신제품을 출시하던 10월 26일, MANSOLE의 경영진은 기대반 걱정반이었다. 기대는 빅데이터 분석을 통하여 기획한 제품이 정말 성공할지에 대한 것이었다. 걱정은 일주일 단위로만 제품 주문을 받는 카카오 메이커스 운영방식을 고려해 볼 때, 신제품이 계획했던 수량만큼 판매될지에 대한 것이었다. 그러나 MANSOLE은 출시 일주일 이내에 계획한 물량이 모두 발주되어 매진되는 성과를 거둘 수 있었다. 성공적인 신제품 출시에 힘을 얻은 MANSOLE은 현재 2차 판매를 준비 중이다. 빅데이터 분석 결과 적용의 즉각적인 효과를 경험하는 순간이었다. MANSOLE은 이번 중소기업 빅데이터 활용지원 사업을 통하여 도출한 핵심 고객군, 선호하는 제품, 적합한 홍보매체 정보를 활용하여 신제품을 출시하고 홍보채널을 확장하는 등 그 분석결과를 빠르게 사업에 적용하였다. 그 결과 10월에는 전월 대비 매출액이 45% 가량 증가하는 등 지속적인 재무적 수치의 증가를 경험하고 있다.

자료원: 2016 중소기업 빅데이터 활용지원사업 우수사례집

토의문제

01 구두제조 기업 중 빅데이터 분석을 통해 비즈니스 환경을 개선한 사례를 찾아 설명하시오.

02 MANSOLE의 사업모델이 다양한 신기술을 융합한 비즈니스 모델로 성장하기 위해 필요한 활동들에 대해 토의하시오.

사례연구 2

"빅데이터가 추출해낸 차별화된 건강식품"

다음푸드앤케어는 자연으로부터 얻은 천연원료를 통해 질병을 치유하고 건강을 유지할 수 있다는 믿음으로 건강기능식품을 판매해오고 있다. 다음푸드앤케어는 시장에 존재하는 상품들과 차별화된 건강기능식품을 출시하고자 계획 중에 있었다. 하지만 시장에서 좋은 반응을 얻으면서도 차별화된 제품을 찾는 것은 쉽지 않은 일이었다. 성공적인 제품을 기획하기 위해서는 건강기능식품에 대한 최근 주요 관심사가 무엇인지, 어떤 재료에 관심이 많은지, 어떤 형태의 제품을 선호하는지 등 제품기획을 위해 다양한 정보를 수집하고 분석하는 것이 필요하였다. 하지만, 연구개발 인력이 대부분인 다음푸드앤케어에는 기획과 마케팅 자원이 부족할 수밖에 없었다. 이렇듯 적은 자원으로 성공적인 제품 출시를 위한 고민으로 바쁜 나날을 보내고 있던 다음푸드앤케어는 이런 고민을 해결하기 위한 논의를 시작하게 되었다.

다음푸드앤케어는 소비자들이 건강기능식품 구매 시 제품에 대한 신뢰를 중요하게 생각하고, 이러한 신뢰는 원재료와 재료의 함유량으로부터 나온다는 것을 알게 되었다. 이는 포화된 건강기능식품 시장에서, 판매기업의 효능에 대한 과대 홍보 및 마케팅에 대해 소비자들의 신뢰도가 낮아지고 의심이 높아진 현상을 반영하고 있다는 것을 의미했다. 또한 최근 소비자들에게서 나타나는 스마트한 소비 트렌드를 반영한 것이라고 생각해볼 수 있었다. 이에 따라, 소비자들의 신뢰를 받을 수 있는 원재료를 선택하고, 그 함유량을 높여서 출시하는 것이 중요하다는 판단을 하였다.

'삼채'가 최근 소비자들이 많은 관심을 보이고 있는 재료라는 것을 언론을 통해 파악하고 있던 다음푸드앤케어는 '삼채'에 관심을 가지고 있었다. '삼채'에 대한 소비자들의 이런 관심이 SNS상에서 소비자의 목소리 분석결과에서도 확인되었기에 이에 대한 심층적인 분석을 진행한 후 삼채 건강식품의 개발여부를 판단해보기로 하였다. 차별화된 신제품을 개발하고자 원재료 선택 단계부터 고심하고 있었던 다음푸드앤케어는 최근 관심도가 급격히 상승한 삼채에 대한 인식이 매우 긍정적임을 확인할 수 있었다. “온 가족이 기분 좋게 즐길 수 있는 재료, 쓴맛보다는 단맛과 감칠맛이 나는 재료, 다이어트 및 당뇨, 항산화, 스트레스 등 다양한 건강이슈를 예방할 수 있는 재료”로 인식되고 있는 삼채의 가능성을 확인하고, 내부논의 끝에 삼채를 활용한 건강식품을 개발하기로 하였다.

건강기능식품 시장이 빠르게 성장하고 있는 상황에서 다움푸드앤케어의 신제품 기획은 중요한 변곡점이 되기에 충분했다. 하지만 중소기업으로서 자체적으로 시장과 고객을 분석해 인사이트를 찾기엔 시간과 자원이 넉넉하지 않았다. 이러한 상황에서 진행된 빅데이터 분석과 결과는 다움푸드앤케어 신제품 기획에 방향성을 제시하기에 충분했다. 다움푸드앤케어는 이러한 결과를 신속히 반영하여 2017년 11월 시제품을 출시했고 12월 중순 정식제품을 출시했다. 이런 노력과 더불어 신제품에 대한 기대가 내부적으로도 큰 것을 확인할 수 있었는데 신제품 계획서에 명시된 매출 목표와 판매 계획을 보면 2018년 매출목표는 5,000만 원이며 점차적으로 증가해 2020년에는 1억 원을 목표로 하고 있다.

자료원: 2017 중소기업 빅데이터 활용지원사업 우수사례집

토의문제

01 건강기능식품 관련 기업 중 빅데이터 분석을 통해 비즈니스 환경을 개선한 사례를 찾아 설명하시오.

02 다음푸드앤케어가 향후 빅데이터 분석결과를 활용할 수 있는 분야에 대해 토의하시오.

사례연구 3

데이터 사이언티스트 전성시대-미 최고 직업 3년째 1위

데이터 사이언티스트는 데이터 수집·분석은 기본이고 회사에 필요한 전략적인 인사이트를 제공한다. 미국 최대 데이터 업체 액시엄 출신인 김옥기 엔코아 상무는 "기존 데이터 플랫폼을 관리하던 데이터 엔지니어, 통계 분석가, 마케팅 전문가 등의 영역으로 나뉘었던 업무를 융합한 것이 데이터 사이언티스트"라며 "기업의 비용을 줄이고 수익을 올릴 수 있는 비즈니스 모델을 만든다"고 설명했다. 2000년대 들어 정보기술(IT)이 발전하면서 데이터가 기업의 이익으로 연결되면서 데이터 과학에 대한 관심이 싹텄다. 데이터를 활용한 사업 전략으로 성공한 대표적인 기업이 넷플릭스와 아마존이다. 데이터 분석 업체인 리비전컨설팅의 전용준 대표는 "넷플릭스와 아마존이 고객의 구매 패턴을 분석한 뒤 맞춤형 추천 서비스로 성공하자 글로벌 기업들이 데이터 사이언티스트에 주목하기 시작했다"고 말했다.

2000년 초반부터 판매 데이터를 분석한 아마존은 '고객이 원하는 책'을 추천하기 시작했고, 지금까지 매출의 30% 이상은 이 추천 상품에서 나온다. 1997년 DVD 우편 배송으로 사업을 시작한 넷플릭스는 데이터 활용으로 세계 최대 온라인 스트리밍 기업으로 성장했다. 특히 고객 데이터를 기반으로 취향에 맞는 영화를 추천하는 '시네매치' 알고리즘을 도입하면서 충성 고객이 눈에 띄게 증가했다.

전문가들은 기업에서 데이터 사이언티스트의 역할이 점차 커질 것으로 봤다. 전 대표는 "시장조사업체 IDC에 따르면 2011년 1.8제타바이트(ZB, 1ZB는 기가 바이트의 1조배)던 전세계 디지털 정보량은 2020년엔 50배 이상 증가할 것으로 예상한다"며 "방대한 양의 정보가 쏟아지고 있어 기업에 맞게 패턴을 분석하고 이를 응용해 전략을 짤 수 있는 데이터 사이언티스트가 필요할 수밖에 없다"고 말했다. 김옥기 상무는 "요즘처럼 세계적인 저성장 시대엔 유통 과정을 바꾸고 가격 경쟁을 하는 것보다 데이터를 활용해 새로운 전략을 짜는 게 승산이 클 수 있다"고 평가했다.

데이터 사이언티스트들은 IT업체뿐 아니라 제조·의료 등 다양한 산업에서 활약하고 있다. 대표적인 예가 미국 다우케미칼이다. 7년 주기로 호황과 불황이 반복되는 화학산업 특성상 인력관리에 어려움을 겪다가 데이터에서 방법을 찾았다. 임직원 4만 명의 데이터를 분석해 승진은 물론 퇴직 시점까지 예측해 미래 사업부별 인력분포를 추산했다. 이를 바탕으로 인력 감축, 경기 등 다양한 외부 환경 변화에 따라 인력운영 방안을 짤 수 있게 됐다. GE헬스케어는 병원 데이터를 분석·예측해 환자처방, 앰블런스 이송, 응급실 배정 등의 시간을 효율적으로 관리하는 시스템을 개발했다. 미국 존스홉킨스병원이 2016년 이 시스템을 적용해 수술실 이송이나 응급실 병상 배정 시간이 줄면서 기존보다 환자 수용력이 60% 이상 개선됐다.

최근 삼성·SK 등 국내 대기업들도 세계적인 데이터 사이언티스트에 러브콜이 이어지고 있다. SK그룹 핵심 계열사인 SK텔레콤은 올 초 애플의 '시리' 개발자인 김윤 박사를 영입한 데 이어 4월엔 미국 최대 모바일 광고 플랫폼인 탭조이에서 데이터 사이언스 사업을 총괄해온 진요한 씨를 스카우트했다. 정도희 SK텔레콤 애널리틱스 그룹장은 "빠르게 변화하는 기술 환경에 따라 기존 사업 방식을 디지털로 전환하는데 데이터가 핵심으로 떠오르고 있다"며 "그만큼 데이터 전문가들의 역할이 중요해진 셈"이라고 말했다. 예를 들어 콜센터에도 데이터 과학이 결합돼 서비스가 바뀌고 있다. 기존 고객 데이터를 분석해 요금제 문의가 많은 요일 등을 예측하기 시작했다. 고객이 전화를 하기도 전에 이미 음성 메뉴얼로 고객 맞춤형 응대 서비스를 갖추는 방식이다. 여기에 머신러닝이 결합되면 고객 관리는 물론 통신·네트워크 품질까지 한번에 관리할 수 있다.

현대카드도 300여 명의 데이터 사이언티스트를 두고 디지털회사로 변신을 꾀하고 있다. 특히 사용금액에 따라 백화점 할인권 제공 등 고객군별로 동일한 마케팅을 진행하는 방식에서 벗어나 단 한 명의 회원을 위한 맞춤형 마케팅을 준비 중이다. 해당 고객이 여행을 준비 중이면 기존 데이터를 분석·여행 방식을 예측해 공항 발레파킹, 톨게이트 할인 등을 해준다는 얘기다.

하지만 전반적인 한국의 데이터 활용 수준은 미국에 비해 10년 이상 뒤처진다는 게 전문가들의 공통된 의견이다. 세계적인 IT자문업체 가트너에 따르면 데이터의 활용 영역을 5단계로 구분하면 상당수 한국 기업은 3단계에서 4

단계로 넘어가는 과정에 있다. 김옥기 상무는 "개별 부서나 사업 부문별로는 효율적으로 잘 운영되지만 아직 데이터가 전체적으로 통합되지 않아 전사적 안목으로 고객을 분석하기 쉽지 않다"고 지적했다. 미국 기업은 이미 2000년 초기에 끝낸 전산 데이터 통합을 한국 기업은 이제서야 하고 있는 셈이다. 데이터 관련 국내 기업의 매출액은 약 14조원(2017년)으로 미국 전체 매출액(약 193조원)의 13% 수준이다. 한국과 가까운 일본만 해도 약 37조원을 벌어들인다. 데이터 관련 수요가 커지면서 관련 기업 수가 10만 개가 넘어섰기 때문이다.

데이터 활용 미국보다 10년 뒤쳐져

국내 기업들의 가장 큰 고충은 인력 부족이다. 2017년 한국데이터진흥원 조사에 따르면 데이터 사이언티스트 인력 공급은 시장 수요에 비해 20% 이상 부족했다. 데이터 관련 업무 중 가장 인력난이 심하다. 수학과 머신러닝, 코딩 관련 지식을 모두 갖추고 이를 융합해 의미있는 결과를 도출하는 것이 쉽지 않기 때문이다. 정도희 그룹장은 "상시로 인재를 뽑고 있지만 인력이 부족해 어려움을 겪고 있다"고 말했다. 결국 상당수 기업들은 기존 인력에게 프로그래밍 언어나 코딩 프로그램을 교육시키고 있지만 당장 사업을 맡기긴 쉽지 않다. 익명을 요구한 대기업 인사관련 담당자는 "실리콘밸리 전문가는 최근 몸값이 급등한데다 성장성 가능성이 높은 글로벌 기업을 선호하기 때문에 수십 명씩 고용하기 어려운 것이 현실"이라고 말했다.

김옥기 상무는 데이터 사이언티스트를 대체할 '데이터 별동부대'를 만들 필요가 있다고 조언했다. 고객관리나 마케팅 분석을 전문적으로 해온 비즈니스 분석가를 비롯해 데이터 엔지니어링, 데이터 교육가 등을 뽑아서 데이터 과학팀을 운영하는 것이다. 김옥기 상무는 "이들이 손을 잡고 함께 데이터 전략을 짜다보면 7~8년 후엔 데이터 사이언티스트로 성장할 수 있다"고 말했다. 외부 인력을 활용하는 것도 방법이다. 천성현 포스코경영연구원 연구위원은 "상당수 글로벌 기업 역시 부족한 인력난을 대체하기 위해 스타트업과 제휴를 맺고 있다"고 말했다.

최근 일본에선 급증하는 데이터 사이언티스트 수요를 메우기 위해 교육에 투자하고 있다. 대학교마다 데이터 사이언티스트를 키우는 학부를 개설하고 있다. 요코하마 사립대학은 올해 4월 수도권에선 처음으로 데이터 사이언스 학부를 만든 뒤 통계학과 인공지능(AI) 기초, 데이터 가공지식 등을 가르친다. 전용준 대표는 "한국도 학교에서 데이터와 통계, 머시러닝을 각각 배울게 아니라 융합해서 가르치는 교육 과정을 늘려야 한다"고 말했다.

자료원: 지식지혜창고, 2018. 11. 10.

토의문제

01 넷플릭스와 아마존이 고객의 구매 패턴을 빅데이토로 분석한 뒤 맞춤형 추천 서비스로 성공한 예에 대하여 구체적으로 설명하시오.

02 기업에서 데이터 사이언티스트의 역할이 중요해지는 이유에 대하여 예를 들어 토의하시오

03 데이터 사이언티스트로서 갖추어야 할 교육적인 배경에 대하여 토론해보시오.

참고문헌

강희종 (2013), 천문 우주 분야의 빅데이터 활용, 과학기술정책, 통권 제 192호, 제 23권 제3호, 과학기술정책연구원.

고상원 외 (2012), 해외진출 전략국가 ICT 마스터플랜 정책자문(III), 정보통신정책연구원.

교육과학기술부, 행정안전부, 지식경제부, 방송통신위원회, 국가과학기술위원회 (2012), 스마트 국가 구현을 위한 빅데이터 마스터플랜.

김경태 (2018), 안정국, 김동현, 빅데이터 활용서, 시대고시기획.

김종민 (2014), 단기간에 빅데이터 인력양성은 허구다. ZDNet, http://www.zdnet.co.kr/column/column_view.asp?artice_id=20140311143111&type=det

김진호, 최용주 (2018), 빅데이터 리더쉽, 북카라반.

박형준 (2018), 빅데이터 빅마인드, 리드리드출판.

방병권 (2017), 빅데이터 경영4.0, 라온북.

송주영·송태민 (2018), 빅데이터를 활용한 범죄 예측, 황소걸음 아카데미.

오현희 (2017), 빅데이터와 인문학, 홍릉과학출판사.

윤종식 (2018), 빅데이터 활용사전 419, 데이터에듀.

이종석·황현석·황진석 (2018), 빅데이터 비즈니스 이해와 활용.

이현웅·김종업·최현재 (2018), 빅데이터의 이해와 활용, 생각나눔.

임종수·정영호·유승현 (2018), 미디어 빅데이터 분석, 21세기사.

주해종·김혜선·김형로 (2018), 빅데이터 기획 및 분석, 크라운출판사.

지원철 (2017), 빅데이터 시대의 데이터 마이닝, 민영사.

최공필·서정희 (2017), 빅데이터4.0, 개미.

한국소프트웨어기술협회 (2018), 빅데이터 개론, 광문각.

한현욱 (2018), 이것이 헬스케어 빅데이터이다, 클라우드나인.

한국정보화진흥원 (2013.11), 빅데이터의 진화: 스마트데이터, 원문 자료의 번역 보고서(원문 제목은 the smart data manifesto, 출처는 http://exelate.com/white-papers/the-smart-data-manifesto-goodbye-big-data-hello-smart-data)

한국정보화진흥원 (2016), 2016년 중소기업 빅데이터 활용지원 우수사례집

한국정보화진흥원 (2017), 2017년 중소기업 빅데이터 활용지원 우수사례집

Akhtar, S. M. F. (2018), Big Data Architect's Handbook: A Guide to Building

Proficiency in Tools and Systems used by Leading Big Data Experts, Packt Publishing.

Arghandeh, R. and Zhou, Y. (2017), Big Data Application in Power Systems, Elsevier Science.

Bahga, A. and Madisetti, V. (2016), Big Data Science & Analytics: A Hands－On Approach, VPT.

Berman, J. J. (2018), Principles and Practices of Big Data: Preparing, Sharing, and Analyzing Complex Information, Academic Press.

Chen, H., Chiang, R. and Storey, V.C. (2012), "Business Intelligence and Analytics: From Big data to Big impact," MIS Quarterly, Vol. 36 No.4, pp.1165~1188.

Francesco, D. and Renaud, D. (2018), Big Data Economics, Towards Data Market Places, Nature of Data, Exchange mechanisms, Prices, Choices, Agents & Ecosystems, Independently Published.

Gilder, G.(2018), Life After Google: The Fall of Big Data and the Rise of the Blockchain Economy, A Division of Salem media Group.

Mayer－Schonberger, V. and Ramge, T. (2018), Reinventing Capitalism in the Age of Big Data, Basic Books.

Hoeren, T. and Kolany－Raiser, K. (2017), Big Data in Context: Legal, Social and Technological Insights, Springer.

Holmes, D. (2018), Big Data: A Very Short Introduction, Oxford University Press.

Information Resources Management Association (2018), Big Data: Cencepts, methodologies, Tools and Applications, IGI Global.

Jones, H. (2018), Data Analytics: An Essential Beginner's Guide to Data Mining, Data Collection, Big Data Analytics for Business and Business Intelligence Concepts, CreateSpace Independent Publishing Platform.

Marr, B. (2017), Data Strategy: How to Profit from a World of Big Data, Analytics and Internet of Things, Kogan Page.

Miller, J. (2017), Big Data Visualization, Packt Publishing.

Minelli, M., Chambers, M and Dhiraj, A. (2018), Big Data, Big Analytics: Emerging Business Intelligence and Analytic Trends for Today's Businesses,

Gildan Media.
Paley, N. (2017), Leadership Strategies in the Age of Big Data, Algorithms, and Analytics, Productivity Press.
Tenner, E. (2018), The Efficiency Paradox: What Big Data Can't Do, Knopf.

빅데이터 전략과 투자

★ 학습목표

_주요 국가의 빅데이터 전략과 투자는 어떻게 이루어지고 있는지 학습한다.
_주요 기업의 빅데이터 전략과 투자는 어떻게 이루어지고 있는지 이해한다.
_빅데이터의 자산화 투자에 관련된 투자에 대하여 탐색한다.
_빅데이터의 개방화 투자에 관련된 투자에 대하여 살펴본다.
_빅데이터의 플랫폼화에 관련된 투자에 대하여 학습한다.

주요 국가의 빅데이터 전략과 투자

앞의 7장과 12장에서 미국과 유럽, 한국 중심으로 빅데이터 전략에 대해 학습하였다. 과학기술 관련 국제 기구 및 기술 선진국들은 1960년대부터 과학데이터의 체계적 수집, 관리 및 효율적인 공동 활용을 촉진하기 위한 다양한 국가 전략을 추진 중이며, 관련 데이터시스템을 지속 운영하고 있다. 특히 미국, 유럽, 일본 등 주요국들은 빅데이터를 국가 경쟁력의 원천으로 인식하고 빅데이터에 대한 투자 및 정책적 지원을 아끼지 않고 있다.

여기서는 빅데이터 전략과 함께 예산 투입이 구체화된 미국의 경우를 중심으로 2012년 이니셔티브 발표 이후 국가기관별 빅데이터 투자와 연구개발에 대해 합습하고자 한다. 미국에서는 대통령 지속 과학기술자문위원회(President's Council of Advisors on Science and Technology; PCAST)가 연방 정부 차원에서 빅데이터 기술 투자의 필요성을 대통령에게 2010년 말에 건의하였다(PCAST, 2010). 그 이후 2012년 3월 29일, 대통령실 내 과학기술정책실

표 1 국가별 빅데이터 투자 정책

구분	투자정책
미국	-미국의 행정관리예산국(OMB)과 과학기술정책국(OSTP)은 빅데이터 혁신과 관련한 투자에 우선권을 주기로 결정 -미국은 빅데이터의 수집, 저장, 보존, 관리, 분석, 공유를 위한 핵심 기반 원천기술 및 관련 인력 확보에 대한 막대한 예산 투자
유럽	-유럽 각국에서 운영되고 있는 빅데이터 인프라에 대한 통합 관리 시스템 개발을 목표로 함 -과학기술 빅데이터와 컴퓨터 자원의 실시간 공유를 통해 가상 연구 환경 제공을 위한 인프라 비전을 설정
일본	-종합과학기술회의를 통해 과학기술 분야의 핵심과제 해결을 위한 과학기술 9대 중점 추진 정책을 마련 -정보 폭발에 대비한 '인프라 스트럭처' 프로젝트는 정보관리, 융합, 활용을 위한 인프라, IT 시스템 인프라, 휴먼 커뮤니케이션 인프라 영역을 분리하여 추진

출처: 이희정(2013)

(Office of Science and Technology Policy; OSTP)이 국가 차원의 다양한 부처가 참여하게 하는 2억 달러 규모의 '빅데이터 연구개발 이니셔티브(Big Data R&D Initiative)'를 발표하게 된다.

OSTP는 빅데이터고위운영그룹(Big Data Senior Steering Group; BDSSG)을 중심으로 '빅데이터 R&D 이니셔티브' 대상 프로젝트를 선정해 개발하고 투자 규모를 결정하는데, 6개 연방 부처 및 기관이 '빅데이터 R&D 이니셔티브'에 참여하는 것으로 결정하였다. BDSSG는 빅데이터에 기반을 둔 과학 기술의 발전을 촉진하고, 빅데이터를 다루기 위한 국가적 요구와 관련 기관의 미션을 발굴하며, 연방 정부의 데이터 관리 지원, 데이터 과학 발전을 위한 인력 및 인프라 개발 등을 주요 목표로 하며, 자세히 말하면 데이터의 수집·저장·보존·관리·분석·공유 관련 핵심 기술의 최신성 유지, 빅데이터 관련 부처 간 연계 프로젝트로 얻을 수 있는 편익 분석, 실현 가능한 협업 프로젝트 개발 및 제안 등이 주요 업무이다(White House, 2012.3.29).

6개 연방 부처는 국립과학재단(NSF), 국립보건원(NIH), 국방부(DoD), 방위고등연구계획국(DARPA), 에너지부(DoE), 미국지질조사원(USGS) 등이다. 이에 투입되는 총 2억 달러 예산은 미국 연방 정부의 범 부처 IT R&D 프로그램인 NITRD(Federal Networking and IT R&D의 약자)의 2012년 전체 예산인 37억 3,940만 달러의 5%에 해당하는 수치이다. 향후 미국항공우주국(National

Aeronautics and Space Administration; NASA), 미국해양대기관리처(National Oceanic and Atmospheric Administration; NOAA) 등도 구체적 연구 계획을 수립해 '빅데이터 R&D 이니셔티브'에 참여할 예정이다. NITRD는 2002년부터 추진되고 있는 연방 정부 차원의 범 부처 IT R&D 프로그램으로 대규모 네트워크, 고성능 컴퓨팅 시스템, 소프트웨어, 정보관리 등 기술 분야의 연구개발은 물론이고 신기술이 사회와 경제 및 노동에 미치는 영향 등을 분석하는 등 다양한 연구 영역이 상호 유기적으로 연계되어 진행되고 있다.

이러한 투자 활동과 지원을 통해, 미국에서는 정부 주도의 빅데이터 진흥 정책이 먼저 이루어지고 점차 시장 확대, 인력 확충, 기술 요소 개발 등으로 확산될 것으로 기대되었다. '빅데이터 R&D 이니셔티브'가 민간 부문의 빅데이터 산업을 활성화시키기 위한 촉매 역할을 하고 있다. 미국 정부는 IT R&D 전략을 세워 슈퍼컴퓨터나 인터넷을 발전시켰으며, 빅데이터 기술 발전도 마찬가지이다. '빅데이터 R&D 이니셔티브'에 참여 중인 6개 기관의 2012년 총 R&D 예산은 1,286억 9,100만 달러로 2억 달러인 0.1%가 '빅데이터 R&D 이니셔티브'에 투입되는 것이다. '빅데이터 R&D 이니셔티브'에 참여중인 주요 기관의 R&D 예산이 확대되면, 빅데이터 관련 연구·개발이 더욱 활발해질 전망이다. 국립과학재단의 경우 2013년 R&D 예산이 전년 대비 74억 달러, 에너지부의 경우 약 8억 8천만 달러 증가할 것으로 예상된다.

그렇다면 이러한 예산 배정 이후 여섯 개 부처의 동향과 2013년 빅데이터 R&D 이니셔티브 추진에 대하여 살펴보면 다음과 같다. 먼저, 국립과학재단(NSF)은 국립보건원(NIH)과 공동으로 빅데이터 과학 및 공학 향상을 위한 기술개발을 추진 중이다. 대규모 데이터를 분석해서 유용한 정보를 추출·시각화하는 데 요구되는 핵심 기술 개발에 초점을 두며, 과학, 엔지니어링, 의학 등에서 인프라로 활용될 예정이다. NSF는 데이터과학 연구와 교육 기능을 향상시키기 위해 활동 포트폴리오인 'CIF21'를 구성했다. 이는 데이터 수집 및 분석용 컴퓨팅 시설, 데이터 시각화 및 모델링 등 과학 및 공학 분야에서 혁신을 주도할 수 있는 연구 인프라를 개발하고, NSF의 통합인재양성프로그램인 'IGERT(Integrative Graduate Education and Research Traineeship)'와 연계해 빅데이터 연구 인력을 육성하는 것을 목표로 한다.

또한, NSF는 인문사회과학, 물리학 등 다양한 분야에서의 빅데이터 적용

그림 1 Digging into data challenge 홈페이지

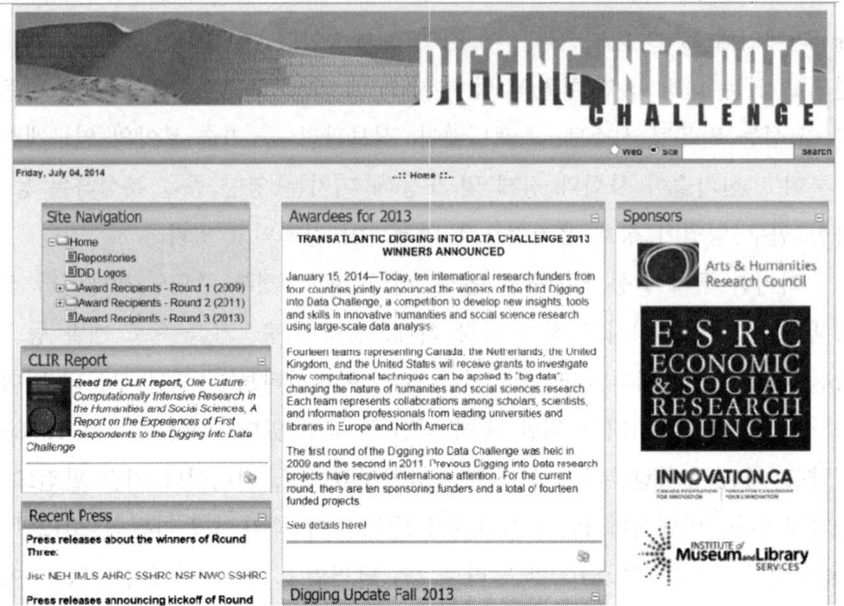

출처: http://www.diggingintodata.org/

을 장려하기 위한 프로그램인'DID(Digging into Data Challenge)'운영을 통해 디지털 서적이나 신문, 웹 서치 데이터, 음성 기록 등 다양한 종류의 대규모 데이터를 활용할 수 있는 인문학 연구방법을 개발하였다. 그에 덧붙여, 영국의 합동정보시스템위원회 및 캐나다의 인문사회과학 연구위원회와 공동으로 인문학 빅데이터 해석 관련 공모전을 개최하며, 물리학 데이터를 활용한 연구자들간 공동 실험을 지원하는 'DASPOS'를 운영하고, 대규모 천문학 데이터셋의 해석 및 의미 추출 방법을 개발하고, 연구자 간 상호 협력 네트워크 구성을 촉진하기 위해 'TCAN' 프로그램을 제공한다.

그 외에도 NSF는 대학과의 연계 및 지원 프로그램을 통해 대용량 데이터의 저장 및 활용방안을 연구하여, 천문학, 컴퓨터과학, 신경과학 관련 데이터 저장 및 분석방법을 연구하는 캘리포니아주립대의 연구사업을 지원하고, 빅데이터를 활용한 교육·학습 효과 극대화 방안 연구를 위해 각 대학에 학제간 참여가 이루어지는 '아이디어 연구소(Ideas Lab)' 설립을 유도하였다. 또한,

NSF는 빅데이터 관련 기본 연구에 관한 펀딩(Funding) 계획을 세워 데이터로부터 지식을 도출해 내는 신규 방법론을 고안하기 위한 전략을 세웠다. 구체적으로는 캘리포니아 대학교의 '컴퓨팅 탐험대(Expeditions in Computing)' 프로젝트에 1천만 달러를 지원하고, 복잡한 데이터의 도표화 또는 시각화를 연구하는 학부생들의 훈련 프로그램에 2백만 달러를 지원하며, 통계 및 생물학 연구자 그룹이 단백질 구조 및 생물학적 경로를 밝혀내도록 140만 달러를 지원하고, 지구과학 관련 데이터 접근, 분석, 공유를 가능하게 하는 '어스큐브(EarthCube)'시스템에 보조금을 지원한다는 내용 등이다. 특히'컴퓨팅 탐험대'는 기계학습, 클라우드 컴퓨팅, 크라우드 소싱(crowd sourcing) 등 데이터를 정보로 변환하기 위한 통합 접근법을 연구하기 위한 프로젝트이다.

다음은 국립보건원(NIH)의 빅데이터 추진에 대해 살펴보면 다음과 같다. NIH는 '신경과학 청사진(Neuroscience Blueprint)' 프로젝트의 일환으로 신경과학 관련 데이터 수집 및 접근성 개선에 대한 연구개발을 수행하여, 전 세계 신경과학 연구 데이터 검색을 용이하게 하기 위한 웹 기반 포털인 'NIF'를 구축하였다. 뇌신경 활동 경로와 기능에 관한 대량 데이터를 수집하고 이를 도식화하기 위해 'NIH 휴먼 커넥톰 프로젝트(The NIH Human Connectome Project)'

그림 2 커넥톰 프로젝트 홈페이지

출처: http://www.humanconnectomeproject.org/

를 진행중이다.

NIH하에 많은 산하기관들이 있다. 먼저, NIH 산하 국립생체공학연구소(National Institute of Biomedical Imaging and Bioengineering; NIBIB)는 생리학 관련 빅데이터에 대한 사용자 접근성 개선에 초점을 두고 있다. 생리학 관련 대용량 데이터를 저장하기 위한 스토리지 서비스'피지오뱅크(PhysioBank)'가 운영중이다. '피지오뱅크'에 담긴 데이터는 '피지오넷(PhysioNet)'을 통해 웹상에서 쉽게 활용 가능하다. 매달 4만 5천여 명 방문자들이 4테라바이트에 달하는 자료를 검색 중이다. 뇌신경 촬영 이미지 데이터세트에 대한 사용자 접근성 향상과 연구자 간 상호 정보 교류 및 공유 촉진을 위해 'NITRC(The Neuroimaging Informatics Tools and Resource Clearinghouse)' 사이트도 운영 중이다. 여기엔 뇌신경 촬영 소프트웨어 도구 및 데이터셋 450여 종이 등록되어 있으며 2007년 시작 이후 약 3천만 건 조회 수를 기록 중이다. 뇌신경 촬영 오픈소스 툴킷인 'XNAT(The Extensible Neuroimaging Archive Toolkit)'가 워싱턴 대학과 공동으로 개발되어 뇌신경 이미지 데이터 축적 및 관리가 더욱 용이해졌다.

그림 3 세계 단백질 데이터 뱅크 사이트

출처: http://www.wwpdb.org/

NIH 산하 국립암연구소(NCI)는 암 관련 데이터 저장 및 공유 방법을 연구하고 있다. 의료 이미지 및 영상 데이터 공유 플랫폼 'TCIA'를 개발하여 의사들의 암 치료와 연구 지원 및 환자들의 암 발견 가능성을 향상시키는 데 도움을 주며, 2014년까지 유전자 분석 기술을 응용, 대규모 암 세포 관련 데이터를 축적하기 위해 'TCGA'프로젝트를 운영 중이다.

NIH 산하 국립심장폐혈액연구소(NHLBI)는 의료 데이터의 저장·통합·분석 활동을 지원한다. 즉, 심혈관 관련 공동 연구를 지원하기 위해 데이터 공유 및 분석 툴인 'CVRG'를 제공하고, 보안이 요구되는 개인 진료 관련 데이터의 저장 및 공유·분석을 지원하기 위한 종합 플랫폼인 'iDASH'를 제공한다.

NIH 산하 종합의학연구소(NIGMS)는 '단백질 데이터 은행'을 통해 전 세계 고분자 단백질 구조 관련 데이터 저장 및 유통을 촉진한다. '단백질 데이터 은행'은 미국 NIH, 에너지부, 국립과학재단이 공동으로 영국, 일본 생물정보학 연구기관과 함께 운영하는 사이트로, 8천여 개 단백질 구조 데이터를 저장해, 매월 1테라바이트 규모의 단백질 데이터 사용이 진행되고 있으며, 매달 140개국 20만 명 이상의 사용자들이 방문하고 있다. 또한, NIH는 '1000게놈 프로젝트(1000 Genomes Project)'를 통해 해독된 약 200테라바이트의 인체 유전자 데이터를 개방하면서 클라우드 서비스인 아마존의 AWS 클라우드서비스를 통해 누구나 데이터에 접근할 수 있도록 하였다. 이에 대해서는 13장에서 언급하였다. 향후 NIH는 국립과학재단과 공동으로 신경계 구조와 관련된 빅데이터 핵심 기술 연구를 수행할 예정이며, 데이터 추출·가시화·분석·관리와 관련된 기술 연구를 위해 'CRCNS' 프로그램 운영을 계획 중이다.

국방부(DoD)의 빅데이터 추진현황은 다음과 같다. DoD는 '빅데이터 R&D 이니셔티브' 이전부터 이미 군사 관련 빅데이터 프로젝트에 연간 2억 5천만 달러를 투입하고 있으며, '빅데이터 R&D 이니셔티브' 전략의 일환으로 관련 신규 프로그램에 6천만 달러를 추가 지원할 계획이다. 전투원 및 군 분석가의 전투 수행 능력을 배가시키기 위한 빅데이터 기술 연구에 주력하고 있다. 또한, DoD는 대용량 데이터를 활용한 자율적 의사결정 시스템 구축 및 상황인지 능력 개선을 위해 '의사결정을 위한 데이터' 프로젝트를 수행할 예정으로, 전 세계의 다양한 언어와 문자로부터 정보를 추출·분석하는 능력을 100배 이상 향상시키겠다는 목표도 수립했으며, 기타 빅데이터 관련 기술 혁신을 촉진시키기 위해 막대한 상금을 내건 연구 경진 대회도 개최할 예정이다.

다음은 국방부 산하의 방위고등연구계획국(DARPA)이다. DARPA는 대용량 데이터에서 특정 정보만을 탐지하는 기술 개발에 초점을 둔 'ADAMS(The Anomaly Detection at Multiple Scales)' 프로젝트를 이미 2011년부터 추진 중인데, 여기에는 총 3,500만 달러의 예산이 투입되었다. 'ADAMS'는 일상적으로 발생하는 다양한 데이터 속에서 군인들의 건강 이상, 내부 기밀 문서의 무단 공유 행위 등 국방 위협 요소들을 발견·감시할 수 있는 시스템이며, 군사 네트워크 내부의 데이터를 감시하고 사이버 공격을 사전에 차단하기 위한 'CINDER(Cyber－Insider Threat)' 프로그램을 운영중이다.

DARPA는 데이터 암호화 관련 프로그래밍 언어 개발을 위해 'PROCEED (Programming Computation on Encrypted Data)' 프로젝트를 운영 중이다. 이는 별도의 해독 절차 없이 암호화된 데이터를 그대로 사용할 수 있도록 함으로써 적국의 해킹 시도를 사전에 차단하게 도와준다. 또한, DARPA는 자연어로 구성된 텍스트를 해독하고 이를 토대로 의미 기반의 결과를 제시하는 '기계 독해(The Machine Reading)' 프로그램 개발이 진행중으로, 개발 완료 시에는 언어 데이터 이해 기술 개발에 큰 도움이 될 전망이다.

이 외에도, DARPA는 영상데이터 처리 기술을 발전시키기 위한 프로젝트

그림 4 동영상 콘텐츠 검색 툴인 VIRAT

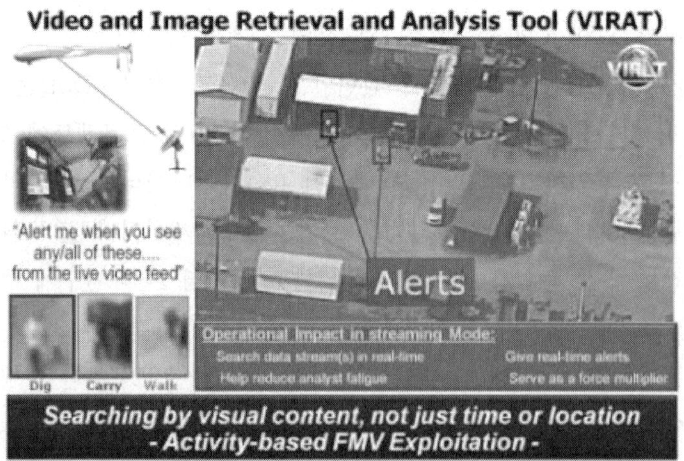

출처: http://electronicsbus.com/video－image－retrieval－analysis－tool－virat/

를 진행 중인데, '마음의 눈(The Mind's Eye)' 프로그램을 통해 입력된 영상정보를 기초로 관련 정보 추론 및 내러티브를 창출해 내는 기술을 개발했고, 방대한 군사 동영상 콘텐츠를 빠른 속도로 검색 및 분석할 수 있도록 돕는'VIRAT(Video and Image Retrieval and Analysis Tool)'도 고안하였다.

또한, DARPA는 향후 4년간 매년 2,500만 달러씩 지원하여 빅데이터 분석 기술 및 SW 개발 프로젝트인 'XDATA'를 시작했다. 이는 분산된 불완전 데이터를 처리하는 포괄적 알고리즘 개발을 중점 추진하고, 범주 및 메타 데이터 등 반 정형 데이터와 텍스트 및 문서 등 비정형 데이터 등에 대해 분석하고 대용량 데이터를 처리하기 위한 소프트웨어 개발 환경을 유연화하기 위해 오픈소스 소프트웨어 툴킷도 제공한다.

다음은 에너지부(DoE)의 빅데이터 추진현황이다. DoE는 생물 및 환경 연구 프로그램(The Biological and Environmental Research Program; BER)과 대기 방사선 측정(Atmospheric Radiation Measurement; ARM) 연구 시설을 통해 대기현상 데이터를 연구자들에게 제공 중인데, 데이터베이스는 연간 100개 이상 연구 논문에서 활용되는 등 에너지 관련 주요 연구 인프라로 적극 활용 중이다. 특

그림 5 DARPA 사이트의 XDATA 설명 화면

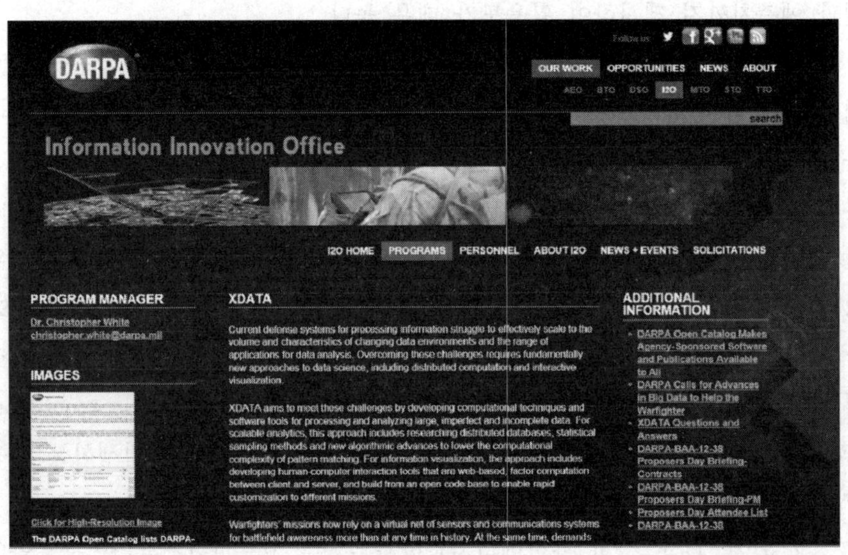

출처: http://www.darpa.mil/Our_Work/I2O/Programs/XDATA.aspx

그림 6 KBase 모델

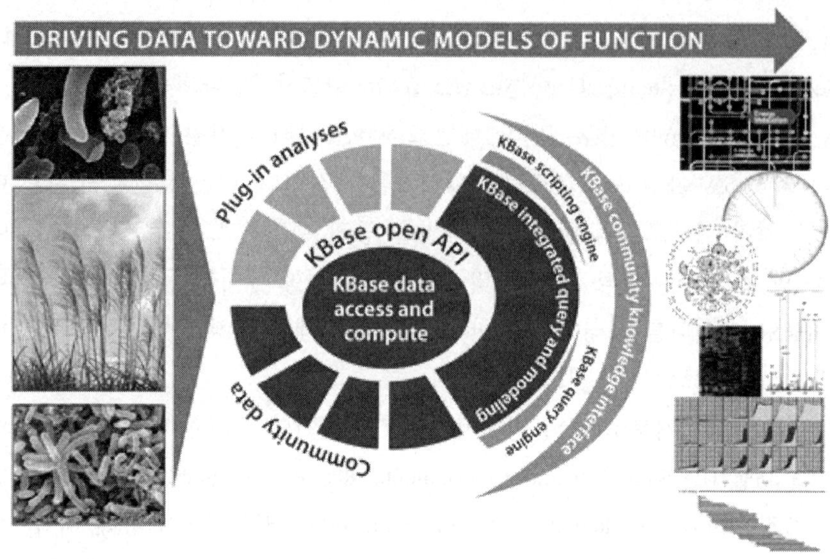

출처: http://genomicscience.energy.gov/compbio/

히, DoE는 개방형 데이터베이스 'KBase'를 운영 중인데, 이는 미생물학·식물학 등과 관련된 연구 데이터를 제공해 줄 뿐만 아니라 연구 설계에 따른 향후 결과 예측치까지 제시하여 활용도가 매우 높다.

DoE 산하의 고등과학컴퓨터연구소는 대용량 데이터 관리 및 접근·보존·시각화·분석 관련 기술을 개발 중으로, IBM과 공동으로 대규모 데이터 관리를 위한 고성능 스토리지 시스템 SW를 개발하고, 스트리밍 데이터의 실시간 분석 기법, 비선형 데이터(요소 간 상호 관계가 불규칙한 데이터세트)에 대한 통계 분석 기법 등을 고안하며, 대용량 데이터의 탐색·활용을 위한 차세대 네트워킹 프로그램인 '고성능스토리지시스템(High Performance Storage System: HPSS)'을 제공한다. 또한, DoE 소속의 기초에너지과학사무소도 대용량 데이터 관리 및 분석에 관한 연구시설을 지원해, 'ADARA(Accelerating Data Acquisition, Reduction and Analysis)' 프로젝트를 통해 중성자 관련 연구에서 발생하는 대용량 데이터의 실시간 수집 및 분석시스템을 제공한다.

그 외에, DoE 산하 융합에너지과학사무소는 고등과학컴퓨터연구소와의 협력 프로그램을 통해 빅데이터 관련 기술 개발을 추진, 융합 에너지 관련 데이터 연산 및 분석 작업을 공동으로 진행 중인데, 데이터 입출력 시스템과 시각화 기술은 유럽 융합에너지 전문가로 부터도 큰 관심을 받고 있다. 또한, EoE 산하 핵물리학연구소는 7개 국가의 연구 시설과 2개 대학에서 발생시키는 중요 실험 결과 데이터를 관리해, 연관성 있는 실험 결과를 상호 분석해 교차 확인(cross-check)을 실시하여 보다 정확한 결과치가 제시될 수 있게 지원 중이다. 한편, DoE 소속 과학기술정보국은 과학기술 정보 관련 글로벌 컨소시엄인 '데이터사이트(Data-Cite)'의 핵심 멤버로도 활약 중이며, 이 사이트를 통해 데이터의 활용 및 효율적 재사용과 검증 방법 정책을 수립하는 데에 주도적으로 참여 중이다.

향후, DoE는 2,500만 달러 예산을 투입해 '확장형 데이터 관리·분석 및 시각화 연구소(Scalable Data Management, Analysis and Visualization; SDAVI)'를 설립할 계획이다. 이 연구소를 통해 내부 슈퍼컴퓨터에 저장되어 있는 데이터를 관리하고 시각화 할 수 있는 툴이 개발될 계획이고, DoE 산하 로렌스 버클리 국립연구소 주도하에 6개의 국립 연구소와 7개 대학의 전문가들이 이 연구소 설립에 참여할 예정이다.

마지막으로 미국지질조사원(USGS)의 빅데이터 추진 현황이다. USGS는 지구 시스템 과학 분야에 빅데이터를 활용할 계획이다. 1927년 이후 심해 어류, 무척추 생물에 관한 조사결과 데이터 등을 활용하여 해양 생태계를 재정의하며, 지난 10년간 수집된, 미국 서북부 지역 및 캐나다와 멕시코 지역 토양의 수은(水銀) 수치 데이터 및 원격 감지 센서를 통해 추가 확보한 관련 데이터를 통합해 위험요소를 사전에 감지하고, 지구 단층 정보 및 지진 발생 정보가 저장되어 있는 'GEM(Global Earthquake Model)' 데이터에 기초해, 지진 위협 감지 모델을 개선하고 기존 데이터의 보강을 추진중이다.

또한, USGS는 '존 웰시 파월 분석 및 통합 센터'를 통해 지구 과학의 혁신을 도모할 계획이다. 대용량 데이터를 의미있는 정보로 전환하기 위한 최첨단 컴퓨팅 기능과 협력 도구 등을 공급하며 심층 분석을 위한 연구장소를 제공하고, 기후 변화나 지진 발생률, 생태계 지표 등에 대한 이해를 증진시킬 것으로 기대하고 있다.

한편, 미국 내 IT 전문 저널인 인포메이션위크(Information week, 2012)는 정부의 빅데이터 관련 프로젝트의 지나친 분산에 따라 예산 낭비 가능성도 제기된다고 우려를 표명했다. 국가 차원이 빅데이터 전략의 성공적 추진을 위해 부처별 활동도 중요하지만, 중복 투자를 방지하기 위해서는 부처 간 공조도 매우 중요하다고 판단된다. 일부 부처간의 협력 모델도 관찰되고 있지만, 보다 활성화될 필요가 있어 보인다. 미국은 특히 중복 투자 위험을 고려하여 2015년까지 총 50억 달러의 비용절감을 목표로 전국 데이터센터를 통합하는 '연방데이터센터 강화' 계획을 추진 중이다.

위의 부처별 활동에서 살펴보았듯이, 정부의 빅데이터 전략의 성공을 앞당기기 위해서는 무엇보다도 데이터의 자산화와 관련 분석 툴의 개방화, 그리고 플랫폼화가 필요할 것으로 보인다. 세 가지인 데이터의 자산화, 데이터의 개방화, 그리고 데이터의 플랫폼화에 대해서 뒤에서 차례로 살펴볼 것이다.

한국에서도 이미 2011년 중반부터 빅데이터 논의가 본격화되었다. 미국의 2012년 3월의 이니셔티브 발표를 계기로 하여 2012년 11월 정보화전략위원회가 '빅데이터 마스터플랜'을 발표하면서 정부의 빅데이터 전략 추진이 본격화되었다. 전략적 연구개발 및 투자로 5년 내 빅데이터 분야에서 세계 최고 수준의 기술력을 확보한다는 계획 하에 2017년까지 빅데이터 산업 기반조성을 위해 4개 영역 12개 세부과제들이 선정되었고, 정부 및 민간이 총 5천억원을 투입하기로 계획하였다. 이에 대해서는 7장에서 이미 언급했기 때문에 생

표 2 빅데이터 관련 정책 추진 연혁

2011년 11월	빅데이터를 활용한 스마트정부 구현
12월	2012년 방송통신 핵심과제로 빅데이터 포함
2012년 1월	빅데이터 관련 과제 선정 빅데이터 소프트웨어 연구소 개설
2월	방송통신 연구개발 시행계획에 빅데이터 포함
4월	빅데이터 국가전략 포럼 설립
7월	빅데이터 마스터플랜 추진현황 및 향후 계획
11월	빅데이터 마스터플랜 발표
2013년 6월	빅데이터 활용 스마트시범사업 6개 과제 선정
10월	소상공인 지원 ICT융합플랫폼 교육부 정부3.0 실행계획 빅데이터 분석활용센터 오픈
11월	빅데이터 산업활성화 정책

출처: 관계 부처; 이희정(2013) 재인용

표 3 미래창조과학부의 빅데이터산업 육성 정책

	세부사업	사업수행시 기대효과
스마트서비스 시범사업	심야버스 노선 정책 지원	-시범 서비스 발굴을 통한 새로운 비즈니스 모델 개발 -민관 협업으로 초기시장을 창출하여 사업 불확실성 제거 -공공서비스의 질적 개선
	국민건강 주의 예보 서비스	
	의약품 안전성 조기경보 서비스	
	심실부정맥 예측 등 보건의료 서비스	
	소상공인 창업성공률 제고를 위한 점포 이력 분석 서비스	
	모바일을 통한 지능형 뉴스검색 서비스	
활성화 기반구축	빅데이터 분석·활용 센터 구축	-중소기업의 R&D 및 사업화 지원 -산업인력의 공급확대
	데이터 과학자 양성	
산업화 지원 여건조성	빅데이터 실태조사 및 정책연구	-공공데이터의 민간 활용을 확대하기 위한 제도와 정책 마련 -공공데이터의 민간수요조사를 통해 신규 DB 구축 및 공급
	사업화 지원 컨설팅	
	국가적 현안 해결을 위한 의제 발굴	

출처: 미래창조과학부 보도자료(2013); 산업연구원(2014) 재작성

략하기로 한다.

한국과학기술정보연구원(KISTI)이 2013년 4월에 내놓은 전망치에 따르면 빅데이터 국내 전체 시장규모는 2014년 2억 6,300만 달러로, 2020년까지 9억 달러로 성장할 전망이다. 국내 IT시장에서 빅데이터 분야가 차지하는 비중도 2013년 0.6%에서 2020년에는 2.6%까지 상승할 것이란 분석이다.

그 이후 움직임을 보면, 먼저 2013년 6월에 미래창조과학부가 빅데이터 기술을 기반으로 창조경제를 구현하기 위해 '정부 3.0을 통한 창조경제 기반 조성계획'을 발표했고, 스마트 시범사업 6개가 선정되었다. 또한, 2013년 10월 24일에 국내 공공기관으로서는 최초로 정보화진흥원 산하에 '빅데이터분석활용센터'가 개설되었고, 빅데이터 분야 전문가 육성을 위한 '데이터 사이언티스트' 국가공인인증 자격제도도 2015년부터 시행하기로 결정되었으며, 11월 빅데이터 산업활성화정책 발표를 통해 미래창조과학부가 2014년 동안 국내 빅데이터산업 경쟁력 강화를 위해 36억 5천만 원을 투입할 것이란 계획도 내놓았다.

한국 정부도 미국처럼 국가적 차원에서 과학기술 분야의 데이터를 수집해 공유, 활용하는 체계를 구축하기로 한 것이다. 이미 선진국들도 준비하고

표 4 빅데이터 관련 최근 5년간 정부 R&D 투자 현황(억 원; 2008~2012년)

구분	2008	2009	2010	2011	2012
R&D 예산	-	-	1.59	45.38	243.74

출처: 국가과학기술지식정보서비스(NTIS); 이희정(2013) 재인용

있는 것으로 흩어져 있던 데이터를 함께 공유하면서 빅데이터를 기반으로 한 데이터 활용도를 높이겠다는 취지이다. 이를 위해 미래창조과학부는 연구자 정보 통합 등을 위한 '국가연구개발사업의 관리 등에 관한 규정'을 개정하고, 사업 공고에서부터 과제 신청, 사후 관리까지 원스톱 서비스를 구축하며, 과제 관리 절차 표준화 및 서식 간소화 가이드라인을 마련하여 제공하기로 한다. [표 3]은 지난 5년간 한국 정부가 빅데이터 관련하여 R&D에 투자한 금액이다. 2008년과 2009년에는 투자액이 없으며, 2012년에만 약 244억원이 투입되었다.

주요 기업의 빅데이터 전략과 투자

시스코(Cisco, 2013)가 2013년에 전세계 18개국 IT 전문가 대상으로 빅데이터 관련 도전과제 및 기술격차 등에 대해 설문 조사를 수행한 결과, 설문조사 참여자의 60%가 "빅데이터는 기업 및 국가의 의사결정력과 글로벌 경쟁력 제고를 도울 것'이라고 응답했다. 국가별로는 중국(90%), 멕시코(85%), 인도(82%), 브라질(79%), 아르헨티나(78%) 순으로 빅데이터 프로젝트 효과에 대한 확신을 나타냈다. 한편 한국의 경우, 응답자의 71%가 '빅데이터가 글로벌 경쟁력 제고에 도움이 될 것'이라고 답했다. IT 담당자들의 3분의 2 이상이 향후 5년간 자사 비즈니스 최우선 과제로 빅데이터를 꼽았으나, 현실화를 위해 무엇이 필요한지 묻는 질문에서는 응답자의 38%가 빅데이터 솔루션보다도 빅데이터를 백분 활용하기 위한 기업의 전략이 더 요구된다고 응답하였다.

또한, 시스코(Cisco 2013) 설문 응답자의 27%가 데이터 보안과 리스크 관리를 중요한 방해 요인으로 꼽았다. 이들에 의하면, 빅데이터에 다양한 방법으로 액세스가 이뤄져야 하는, 새로운 상황에 부합한 보안 기술과 예산이 부족

하다. 중국(45%), 인도(41%), 미국(36%), 브라질(33%) 순서로 데이터 보안에 대한 높은 우려를 나타냈으며, 한국은 27%만이 보안에 대한 우려를 표명했다. 응답자의 3분의 1 이상이 예산부족(16%), 빅데이터에 대한 연구 시간 부족(14%)을 주요 우려사항으로 지적했다. 한편 응답자의 23%는 IT 인력 부족(13%) 또는 빅데이터 전문 인력 부족(10%) 문제를 꼽은 가운데 일본은 31%, 브라질 30% 수준으로 특히, 인력 부족 문제를 심각하게 우려하고 있는 것으로 나타났다. 한국은 응답자의 20%가 예산부족을, 15%는 IT 인력 부족이라고 응답했다.

그럼에도 불구하고, 시스코에 의하면, 전세계 IT 담당자의 78%가 회사의 기술, 인력 및 전문성에 대한 요구사항을 고려할 때 빅데이터가 현재 그리고 향후 자사 IT 예산에 많은 영향을 미칠 것이라고 확신했다. 응답자의 과반수가 자사의 빅데이터 전략이 2013년 IT 예산 증가에 영향을 미칠 것으로 내다봤고, 57%가 빅데이터로 인해 향후 3년 간 예산이 증가할 것으로 예상되는 반면에, 한국은 52%가 이와 같은 답변을 했다. 또한, 응답자의 81%는 빅데이터 프로젝트에서 클라우드 컴퓨팅 역량이 필요할 것으로 예상했다. 한국은 그 수치가 더욱 높아 응답자의 87%가 클라우드 컴퓨팅 도입 여부를 빅데이터 확산에 미치는 큰 영향 요소로 내다봤다. 또한, 전체 응답자의 27%가 IT 정책 및 보안 조치수단이 강화돼야 한다고 밝혔는데, 특히 한국은 더 높아 48%로 거의 절반 가량이 보안의 중요성을 강조했다.

그림 7 빅데이터 관련 기업들의 빅데이터 투자 계획 설문 결과

Company Spending

	<1,000	1,000+	Total
$100million or more	0%	5%	2%
$50million-$99.9million	1%	3%	2%
$10million-$49.9million	2%	9%	5%
$5million-$9.9million	3%	12%	7%
$1million-$4.9million	10%	17%	13%
$100,000-$999,999	31%	24%	28%
Less than $100,000	31%	7%	19%
Not sure	22%	23%	24%

Over the next year, companies will spend an average of **$8M** on big data-related initiatives.

출처: IDG(2014)

IDG(2014)의 빅데이터 관련 기업을 대상으로 한 서베이 결과에 의하면, 2014년에 기업들은 평균적으로 빅데이터 관련 이니셔티브에 8백만 달러를 투자할 것으로 응답했다. 서베이는 751명의 CIO, 컴퓨터월드(Computerworld), CSO, 인포월드(InfoWorld), 아이티월드(ITworld), 네트워크월드(Network World) 가입자들과 이메일 가입자 리스트, 링크드인(LinkedIn) 포럼 멤버 대상으로 추진되었고, 온라인으로 46개 문항이 사용되었다. 이들 대상은 모두 빅데이터와 직간접적으로 관련된 자들이다.

앞에서 언급했듯이, 클라우드 컴퓨팅 기반이 중요해지면서 글로벌 인터넷 기업들의 빅데이터 투자와 시장 선점이 동시에 가속화되고 있음을 보게 된다. 특히, 구글, 아마존, MS가 대표적이다. 이에 대해서는 13장에서 자세히 언급하였다.

또한, 주요 인터넷기업들은 서비스 제공을 위한 지속적인 투자와 시장 선점도 병행하고 있다. 예컨대, 저가로 제공하면서 많은 양의 데이터를 축적하는 애플은 이렇게 축적된 데이터를 바탕으로 이용자의 질문이나 행동을 미리 예측해 최적의 답을 제공하는 음성인식 서비스 '시리(Siri)'를 출시했고, 구글도

그림 8 수직적 산업별로 본 빅데이터의 기회

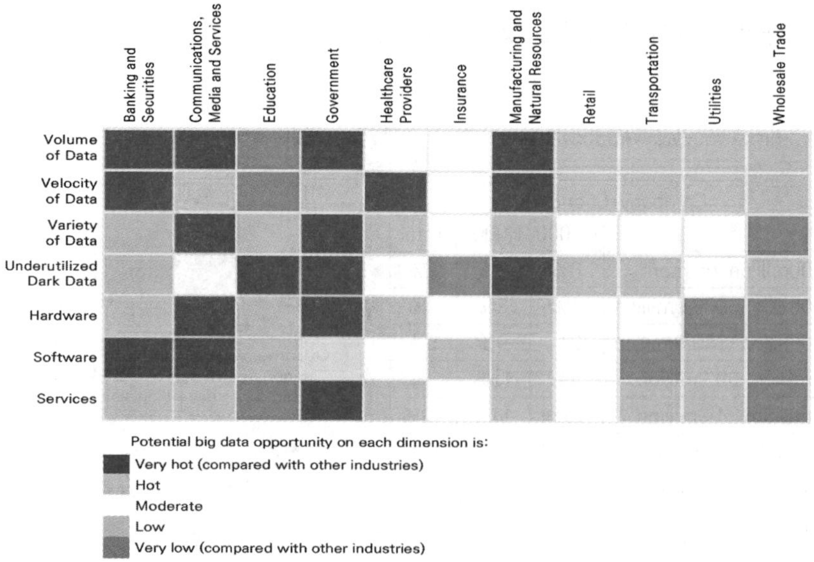

출처: Gartner(2012)

'구글나우(Google now)'로 뒤를 이었다. 또한, 구글은 인터넷 검색 통계를 이용해 미국의 질병통제 예방센터보다 일주일 앞서 독감유행을 예측하는 데 성공하는 모습을 보여주는 등 빅데이터를 활발히 활용 중임을 알렸다. 이에 대해서는 3장에서 자세히 언급하였다.

이처럼, 이미 인터넷 서비스 분야에서는 빅데이터가 많은 영역에서 활용되고 있는데, 이제 점차적으로 금융 및 보험, 정부 공공분야 등 소위 말하는 수직적 산업(Vertical industry) 영역에서도 빅데이터 기회가 점점 높아지면서 투자로 이어질 전망이다. 이미 가트너는 2012년 7월 보고서에서 은행과 보험, 통신, 미디어서비스, 정부, 제조, 천연자원 등 수직적 산업 영역의 데이터량 증대로 빅데이터 기회 분야가 될 것으로 예측하였다.

또한, 가트너는 위의 보고서에서 기업 대상의 빅데이터 투자에 대한 설문조사 결과를 발표하였다. 이에 의하면, [그림 10]에서 보듯이, 산업 순위에서 빅데이터 관련 기술 투자를 이미 했다고 응답한 교육이 가장 높아 39%를 나타내었다. 그 다음 순으로는 헬스와 통신이 동일하게 36%, 에너지 및 유틸리

그림 9 산업별로 본 빅데이터 투자에 대한 설문 결과

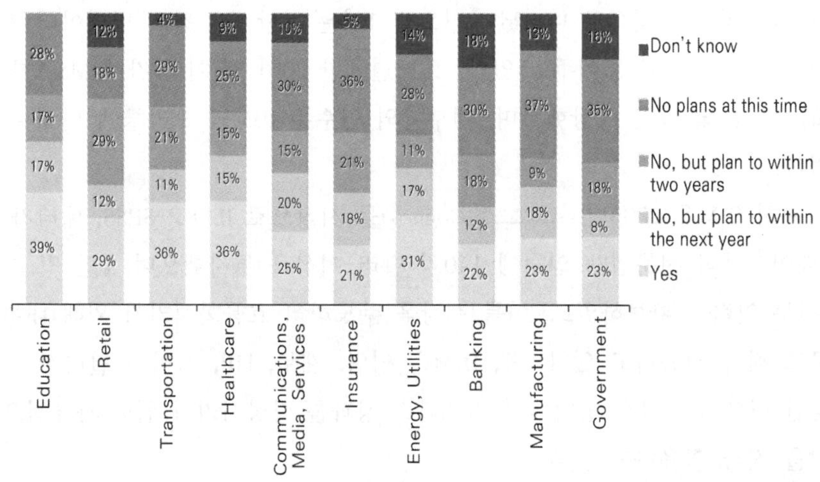

출처: Gartner(2012)

그림 10 2008~2012년 기간 동안의 빅데이터 파이낸싱 활동 상황: 투자와 M&A

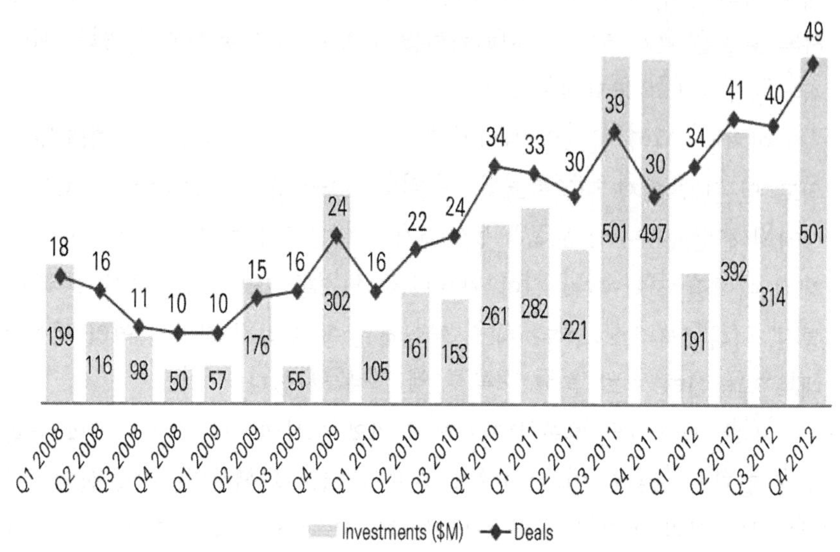

출처: Orrick(2013)

티가 31%, 통신 및 미디어 서비스가 25% 순으로 나타났다.

빅데이터 관련 기업인 오릭(Orrick, 2013)이 내놓은 '빅데이터보고서(The Big Data Report)에 의하면, 지난 5년 간 글로벌 규모의 빅데이터 투자는 지속 상승하여 50억 달러의 투자(Funding)가 발생하였으며, 2012년은 전년 투자 대비 19.5% 성장한 것으로 나타났다. [그림 11]은 지난 5년 간의 빅데이터 기업들의 투자 트렌드를 보여주고 있다. 2012년에만 20여 개 기업 간에 M&A가 있었고, 이 중 몇 개는 상장했으며, 대부분의 인수는 IBM과 오라클에 의해 주도되었다.

특히 IBM은 2005년 코그노스(Cognos)를 시작으로 ILOG, SPSS, 네티자 등의 데이터분석 전문업체 인수에 140억 달러 이상을 투자했으며, 1만 명 이상의 전문 인력을 확보하였고, 이를 성장을 주도하고 효율화시키기 위해 내부적으로도 적극 활용하고 있다. 즉, IBM은 영업, 재무, HR, 서비스 딜리버리 등 다양한 내부 비즈니스 영역에서 비즈니스 성과를 향상시키기 위해 자체적으로 분석을 적극 활용하고 있다.

한편, 한국 내 기업들도 주요 포털업체와 통신기업, 그리고 SI기업들을 중심으로 빅데이터 활용 시장에 진출하였다. 이제 시작하는 단계이다. 대표 포털 기업인 네이버는 국내 기업 중 가장 많은 데이터를 가지고 있으며, 이미 이를 분석해 활용 중인데, 2006년부터 하둡 기술을 이용해 음악추천 기능, 자동완성, 연관검색어 등의 서비스를 제공하고 있으며, 그 활용 범위를 계속 확대해 나가는 중이다.

통신기업들 중에는 SK텔레콤은 포털업체 1위인 네이버와 빅데이터 업무 협력을 체결한 데 이어, 다음과도 협력을 체결했고, 2,700만 이용자 정보 분석 및 발굴을 위한 1조 3천억원의 투자계획을 발표한 후, 2013년 10월, 자사 빅데이터를 한데 모은 '빅데이터허브(Big Data Hub)'도 개방했다. SK텔레콤은 이를 통해 민간기업으로는 국내 최초로 자사에 축적된 활용도 높은 데이터와 공공데이터를 제공한다. 이 허브에는 소상공인을 위한 소상공인 Biz Call 분석 보고서, 중소 자영업자를 위한 중국집/치킨집 등 배달 업종 이용 분석, 베이커리/영화관 등 멤버십 이용 분석 등 고객 정보 이슈를 제거한 10종의 통계 자료가 담겨 있다. 또한, 이 허브는 공공기관이 공개하는 유용한 데이터를 API 형태로 제공해, SKT 데이터와 공공기관 데이터를 융합하여 활용할 수 있는 편의도 제공한다.

KT도 넥스알(NexR) 인수를 계기로 클라우드 컴퓨팅을 활용한 빅데이터 분석에 주력하고 있으며, 2012년부터 KCB, 서울시와 제휴를 맺는 등 적극적인 진출을 시작했고, SI(System Integration)기업들도 빅데이터 기반 구축을 위해 노력중이다. KT는 빅데이터 투자 초기에 x86 서버를 사용하는 하둡을 선택했으나 호환성과 연동성 측면에서 어려움을 겪자, 온라인 분석 처리(OLAP)처럼 빠른 응답성을 요구하는 쿼리를 효과적으로 지원하지 못한다는 단점을 보완하기 위해 KT NexR의 NDAP 기반 하이브리드 DW 모델을 채택하였다. 이에 대해서는 11장 기업경영의 개선전략에서 자세히 언급하였다. 이러한 가입자 분석 시스템은 용량이 큰 원시 데이터와 계산량이 많은 배치 작업을 하둡에서 처리하게 하고, 데이터마트처럼 작고 중요한 데이터와 BI 도구 연동 작업은 기존의 DW에서 처리하게 하는 하이브리드 DW 모델의 대표 사례가 되었다.

시스템통합(SI) 기업들도 빅데이터 투자에 적극적이다. LG CNS는 2012년 11월에 국내 최초로 빅데이터 통합 솔루션인 '스마트 빅데이터 플랫폼'을 출시하였다. 이후에 오라클과 업무 협약을 맺고 빅데이터 세계시장 공략을 위한 준비를 시작하였다. 삼성SDS도 삼성전자 등 그룹사들의 파일럿프로젝트를 통해 빅데이터 사업을 전개 중이고, SK C&C는 비즈니스 인텔리전스(BI)를 중심으로 한 빅데이터 솔루션을 자체 개발하는데 성공하였다.

한편, 개인정보에 민감한 한국 상황에서 빈번히 발생하기 시작한 개인정보 유출 사고가 빅데이터 정책과 투자에 부정적 영향을 미치고 있다. 정부는 개인정보 유출 재발 방지를 위해 개인정보를 유출한 금융회사에 대한 과징금 부과, 개인 신용정보의 보유기간 단축, 마케팅 목적의 정보 수집과 활용의 원칙적 제한 등의 조치를 발표하였다. 산업연구원(2014)에 따르면, 최근 대규모 개인정보 유출사고로 인한 2차 피해발생에 대한 우려가 높아지면서 정부가 추진해오던 빅데이터 기술의 활성화 및 미래산업으로의 육성이 지연될 것으로 보인다. 최근 신용카드사의 1억 건이 넘는 개인정보 유출사고로 인해 개인정보의 수집목적 외 사용이 금지되면서 빅데이터 기술에 대한 투자와 사업이 연기되고 있다. 개인정보에 대해서는 16장에서 자세히 다루기로 한다. 다음에서는 국가적 및 기업적 차원에서의 빅데이터의 자산화, 개방화, 플랫폼화에 대해 구분하여 살펴보기로 한다.

빅데이터의 자산화 투자

특허와 관련해 2011년 9월 미국은 선발명주의(First-to Invent)를 포기하고 선출원주의(First to File)로 전환하였는데, 발명을 먼저 하는 자가 아니라 출원을 먼저 하는 자가 특허권을 갖게 됨을 뜻한다. 200년 넘게 고수했던 특허법의 기본골격을 완전히 바꾼 것이다. 또한 60년 만에 혁명적 특허행정과 법 개정을 단행해 특허의 생산효율을 3배 이상 높인 것이다. 마치 자동차의 생산수율을 높여 경쟁력을 강화하는 것처럼 미국은 특허의 생산수율을 높여서 품질은 높이고 단가는 낮추어 새로운 일자리와 국가경제를 촉진하겠다는 의지를 보인 것이다(뉴데일리, 2014.6.6).

오늘날 세계 최강국 미국의 상위 500대 기업은 이미 2008년도에 무형자산 비율 80%를 넘어섰다. 무형자산이 기업의 가치를 좌우한다는 의미이다. 무

그림 11 필박스 사이트

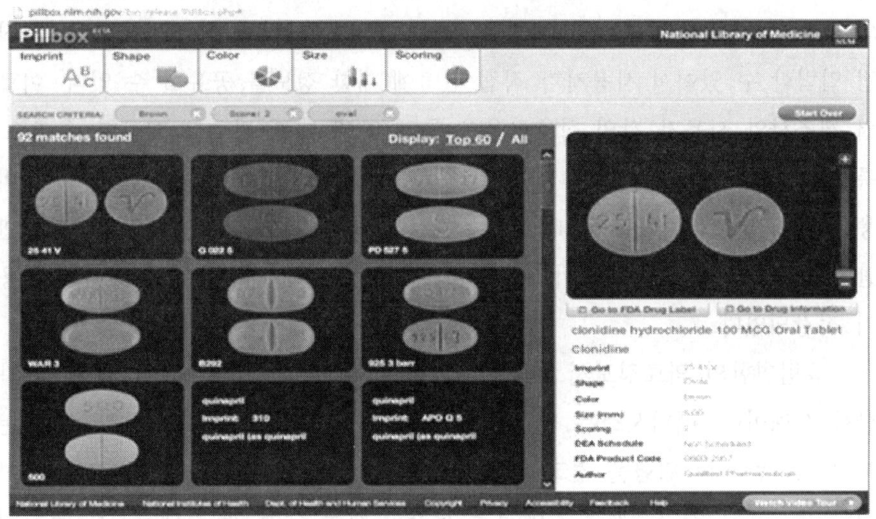

출처: 윤미영(2013)

형자산의 핵심은 바로 지식자산이다. 이제 지식자산이 기업의 경쟁력을 결정하는 시대이다. 이 경쟁에서 승리한 기업은 시장을 독점하지만, 패배한 기업은 퇴출될 수밖에 없다. 이제, 특허권, 저작권 등의 지식자산 확보는 선택이 아닌 필수이며 생존의 핵심이다.

빅데이터도 지식자산이다. 앞에서 미국 정부의 빅데이터 전략과 관련 투자 현황 및 계획에서 보았듯이, 미국은 이미 빅데이터를 공적 자산화하는 데에 많은 투자를 하기 시작했다. 미국의 국립보건원에서 행해진 프로젝트들에서 데이터의 공적 자산화 움직임이 역력히 나타나고 있다. 그 이외에도, 국립보건원(NIH) 산하 국립생체공학연구소의 생리학 관련 대용량 데이터 저장소인 '피지오뱅크(PhysioBank)'와 종합의학연구소(NIGMS)의 '단백질 데이터 은행' 그리고 NIH 자체의'1000게놈 프로젝트(1000 Genomes Project)'가 있다. 이의 일환으로 미국 국립보건원은 필박스(Pillbox) 프로젝트를 진행 중인데 빅데이터의 공적 자산화 사례로 가장 대표적이다.

필박스는 NIH 산하 국립의학도서관에서 제공하는 의약품 정보서비스로 후천성면역결핍증 등 관리 대상인 주요 질병의 분포, 연도별 증가 등에 대한 통계치를 확보하고 있으며, 사용자가 복용 중인 약에 대한 정보가 불분명할 때 필박스를 통해 약에 대한 정확한 정보를 확인할 수 있게 한다. 알약에 새겨진 글자·번호·색상·모양·크기 등 간단한 약에 대한 설명만으로 정확한 약의 효능과 정보가 제공된다. 또한 신약을 개발한 제약회사는 신약 정보를 직접 입력할 수 있어서 사용자가 직접 신약에 대한 정보를 공유할 수 있다. 이로써 제조사와 사용자 간의 상호작용을 통해 약에 대한 정보를 제공할 수 있도록 하고 있다. 평균 한 건에 알약의 기능과 유효기간을 확인하는 데 필요한 비용은 약 50달러(한 해 동안 NIH에 접수되는 알약의 기능이나 유효기간을 문의하는 민원 수 100만 건 이상)였으나 이 서비스를 이용함으로써 연간 5천만 달러의 비용이 절감되었다.

유럽연합의 의료정보시스템인 메디시스(Medisys)도 의료데이터의 공적 자산화 사례이다. 메디시스는 웹 데이터에서 공중 보건에 영향을 미칠 수 있는 사건들을 탐지해 위험을 경고해주고 있다. 예를 들어 의학전문 사이트 400여 개와 뉴스포털 약 3,700개 등에서 수집한 뉴스를 수백 개 카테고리로 분류해 지속 추적하여 가장 이슈가 되는 병에 대한 정보를 제공한다. 정보로서의 가치가 낮은 데이터는 필터링되며, 중요한 이벤트들만 포착되도록 알고리즘이 개발되어 있다.

유럽연합의 집행위원회는 2007년에 1천여 개 뉴스와 120여 개 공공보건 의료 웹사이트로부터 정보를 지속적으로 수집하고 분류하는 의료지능시스템인 메디시스를 개발했다고 발표하였다. 이의 주요 기능은 질병 발생 및 산업재해에 대한 실시간 정보를 보건의료기관에 제공해 사고를 최소화하게 하는 것이며, 바이오 테러 고역 등 중대한 사고를 예방하기 위한 것이다. 수집된 정보는 '질병', '바이오 테러', '기타 위협'으로 분류되며 다시 호흡기 전염, 핵 안전 등 보다 세밀하게 분류된다. 새로운 기사 내용의 중요도에 따라 자동적으로 경고 메시지를 이메일이나 SMS를 통해 주요 의사결정자들에게 전송된다.

한국에서는 미국과 유럽처럼 의료정보 데이터가 공적 자산화되어 개방되는 데는 많은 장벽들이 있다고 판단된다. 앞에서도 잠시 언급했듯이, 국내에서 의료 및 바이오 데이터의 수집 및 활용을 증가시키려면 개인정보 관련 기술, 법제도적 방안이 함께 마련되어야 할 것이다. 한국에서도 최근 들어 지식자산에 대한 관심이 고조되고 있다. 2011년 4월, 국회가 '지식재산기본법'을 마련하였다. 지식자산 분야의 컨트롤타워 역할을 수행하는 '국가지식재산위원회'가

그림 12 메디시스 홈페이지

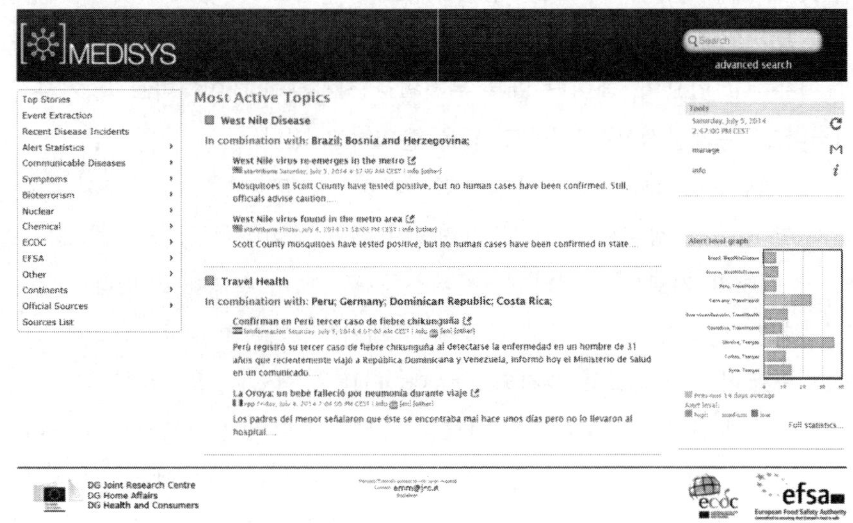

출처: http://medusa.jrc.it/medisys/homeedition/en/home.html

국무총리와 민간 공동위원장 체제로 발족되었으며, 같은 해 11월, 산업사회 '경제개발 5개년 계획' 같은 '지식재산 5개년 계획'이 수립, 공표되었다. 2012년 1월에는 '지식재산강국원년선포식'도 있었다. 또한, 박근혜 정부는 대통령 직속 '국가지식재산위원회'를 주관하는 지식재산전략기획단을 기존의 국무총리실 산하에서 미래창조과학부 산하로 이동시켰다. 이는 창조경제의 핵심을 지식재산으로 보고 있기 때문이다.

그렇다면, 지식재산의 핵심이 되는 빅데이터의 자산화에 대해 한국은 어떠한 움직임을 보이고 있는지 궁금하다. 미국의 사례처럼, 의료 관련 데이터의 자산화를 중심으로 살펴보자. 국민건강보험공단은 이미 2002년부터 데이터웨어하우스(DW)를 구축하여 본부와 지역본부에서 운영중인 급여관리시스템, 요양급여비지급시스템, 건강검진시스템, 의료보호시스템, 자격, 보험료 급여 및 사후 시스템에서 생성되는 데이터를 저장·관리하고 있다. 2013년 현재, 이 데이터웨어하우스는 보험료 시뮬레이션, 보험료 및 보험급여비 상승 추계 등의 정보를 제공하고 있다.

또한, 건강보험심사평가원에서는 2000년 의약분업 시행 이후 청구심사데이터가 비약적으로 증가하자, 2002년부터 데이터웨어하우스를 구축해 기준 정보, 요양기관 정보, 지급 정보에 대한 데이터를 저장·관리하고 있다. 2013년 현재, 이 데이터웨어하우스는 적시에 정보를 분석할 수 있도록 각 주제영역에 대한 통계분석, 시계열분석, 다차원분석, 추이분석 등과 같은 다양한 분석기법을 적용하고 있으며, 데이터 활용 목적별로 심사분석 데이터마트, 평가분석 데이터마트, 통계분석 데이터마트 등을 운영하고 있다.

국립암센터에서는 암통계(발생률, 사망률, 생존율) 산출로 암 부담 수준 파악과 암 관리 정책 수립 근거를 마련하기 위한 추이분석 등을 위해 2002년부터 암 등록자 자료의 데이터웨어하우스를 구축하여 운영하고 있다.

한편, 민간과 국가 차원 모두에서 개인건강기록(Personal Health Record: PHR) 구축이 지속적으로 추진되고 있다. PHR은 혈압 같은 객관적 자료 수집을 가능하게 한다. 또한, 이러한 자료는 측정되어 환자가 수동으로 입력하거나 유헬쓰(u-Health) 기기를 통해 직접 전송될 수도 있는 가능성을 열어준다. 향후 의료 분야에서 이러한 맞춤형 서비스를 제공하기 위해서는 공적 자산인 의료 데이터의 부가가치를 높이기 위한 움직임이 필요하다. 이를 위해서는 위험분석센터의 설립이 대두되고 있다. [그림 13]에서 보는 바와 같이, 위험분석센터에서는 질병관리 및 예측, 다양한 사용자의 질병에 대한 통계데이터를 활용해 주요 질병의 분포 및 추세가 예측되면 미국처럼 국가 차원의 조기 대응이 가능할 것으로 예상된다.

그림 13 위험분석센터 설립을 통한 빅데이터 활용 방안

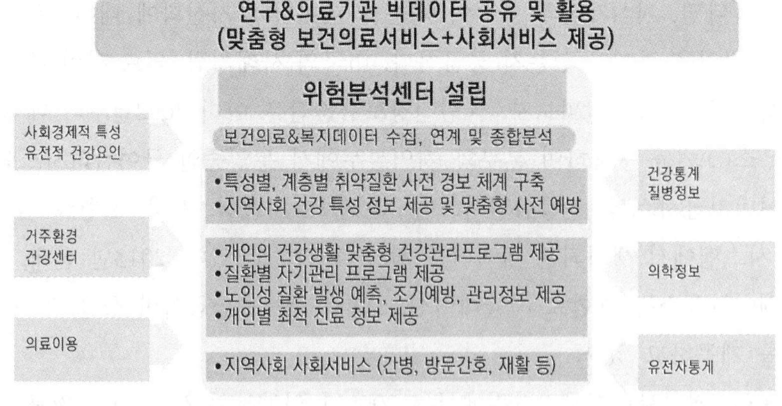

출처: 고숙자/정영호(2012)

빅데이터의 개방화 투자

빅데이터의 자산화와 개방화는 서로 연관되는데, 공적 자산화의 경우에는 API 개방을 통해 데이터 접근이 가능하게 할 수 있다. 또한, 위에서 살펴본 미국의 경우에도 API 개방 움직임이 의료 데이터를 중심으로 일어나고 있다. 대표적인 예들로, 국립보건원(NIH)의 '피지오뱅크(PhysioBank)' 데이터가 '피지오넷(PhysioNet)'을 통해 웹상에서 쉽게 활용 가능하고, 이미 개방 운영 중인 'NITRC(The Neuroimaging Informatics Tools and Resource Clearinghouse)' 사이트에서는 뇌신경 촬영 오픈소스 툴킷인 'XNAT(The Extensible Neuroimaging Archive Toolkit)'가 제공되고 있다. 또한, 앞에서 언급한 필박스도 API 제공을 통해 일반인의 데이터 접근이 [그림 14]와 같이 가능하다.

선두에 선 미국 정부가 2011년 12월 데이터닷거브(data.gov)에 수십 만 데이터세트를 다양한 형태로 제공하고 있으며, 핵심 메커니즘과 코드로 공개하

그림 14 필박스 데이터 활용을 알려주는 홈페이지

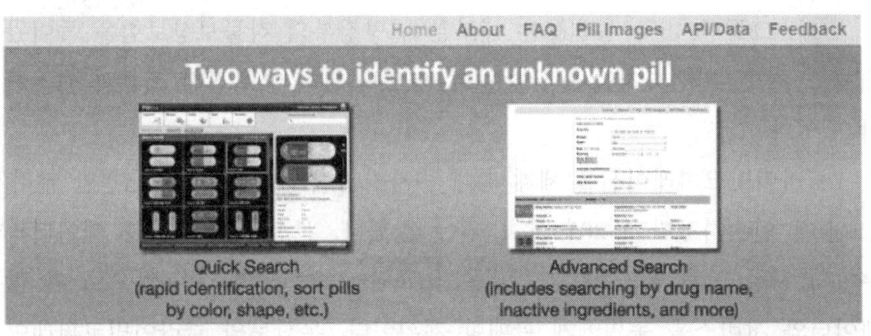

What?

Pillbox enables rapid identification of unknown solid-dosage medications (tablets/capsules) based on physical characteristics and high-resolution images.

Once a medication is identified, Pillbox provides links to drug information and drug labels.

How?

Combining data derived from drug labels submitted to FDA by drug manufacturers and distributors and NLM's RxNorm, Pillbox is an identification and reference system for oral solid-dosage medications.

Pillbox's data and search engine are also available through an API.

출처: 필박스 홈페이지

고 있다. 다양한 데이터세트가 데이터닷거브에 올라와 있는데, 한 예로 2013년 4월, 워싱턴DC에서 개최된 G8 농업 개방 데이터 컨퍼런스 이후, 미국 연방정부의 투자 지원으로 식품, 농업, 지역 데이터 목록을 모아 농업분야 커뮤니티 사이트가 데이터닷거브에 개설되었는데, 미국 연방정부가 보유한 300개 이상의 식품, 농업, 지역 관련 데이터세트가 여기서 개방되었다.

미국에서 공공 데이터를 활용해 성장한 기업으로 기후보험을 제공하는 클라이밋코퍼레이션(The Climate Corporation)이 있다. 이 기업은 특히 기후 데이터를 활용해 이상 기수가 발생하면 서비스를 받는 농가에 보험금을 지급한다. 기후보험 서비스 명은 '토털 웨더 인슈런스(Total Weather Insurance)'이다. 이 기업은 과거 60년간 지역별 작물 수확량, 2제곱마일 단위로 제공되는 토양 성분, 미국 전역 100만 개 지점에 설치된 도플러 레이더로 스캔한 기후 정보 등 공공데이터만을 기반으로 기후와 곡물 수확량을 예측한다.

클라이밋코퍼레이션은 2006년 구글 출신 과학자들과 엔지니어들이 세운 빅데이터 벤처기업으로 웨더빌(Weatherbill)이란 사명으로 시작, 미국 전역을 세분화하여 지역별로 기온과 강수량 등 날씨와 관련된 요소들을 분석하고, 이를 기반으로 보험 상품을 제공하고, 이 상품에 가입하고 싶은 농민은 클라이밋코퍼레이션 홈페이지에서 보상받고 싶은 기온과 강수량 범위를 설정하는 등 몇 가지 과정만을 거치면 된다. 이후 실제 강수량이 지정한 수준에 도달할 경우 피해 상황에 관련한 증거자료를 제출하지 않아도 자동으로 보험금을 받을 수 있다. 그동안 미국 농민들은 대부분 연방정부의 작물보상보험을 들어왔고 대체로 손익분기점까지만 보상받을 수 있었던 데다가 복잡한 서류과정을 거쳐야 했었다.

클라이밋코퍼레이션을 세계 최대 종자기업인 몬산토가 9억 3천만 달러(약 1조원)에 인수하겠다고 2013년 10월에 밝혔다. 몬산토는 이러한 데이터과학 분야의 시장 잠재력을 200억 달러(약 21조원)로 보고 있으며, 앞으로 더 많은 데이터와 서비스를 농민에게 판매할 계획이다. 몬산토의 클라이밋코퍼레이션 인수는 생명 기술과 정보 기술, 환경 기술에 이어 보험 분야까지 넘나드는 거대 농업 기업의 출현을 알리고 있다.

한국에서도 정부3.0 정책하에 데이터의 개방화 움직임이 시작되었다. 정부3.0에 대해서는 박근혜 정부가 개방, 협력 기반의 정부3.0 구현을 목표로 공공

그림 15 클라이밋코퍼레이션 제공의 기후보험 서비스 신청 화면

출처: Fehrenbacher(2011)

그림 16 정부3.0 구현을 위한 공공데이터 개방 및 활용

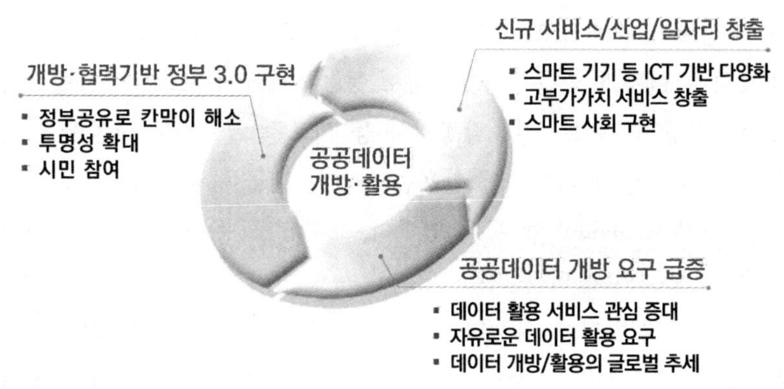

출처: 안전행정부/한국정보화진흥원(2013)

데이터 개방에 적극으로 투자를 하였다.

먼저, 기상청이 개방한 공공데이터 활용 방법은 [그림 17]과 같다. 기상청이 공공데이터를 개방하기 전까지 기상 데이터의 활용은 대부분 공적인 영역에만 한정되어 있었다. 즉, 각종 기상 정보를 분석하는 기상청이 각 언론사에 정보를 제공하면 기상캐스터가 이를 국민에 예보하는 정도였다.

하지만, 정부3.0정책 하에, 기상청은 위성정보, 레이더정보, 해양관측정보 등을 민간에 제공하기 시작하면서 장기예보정보, 항공자료정보, 초단기예측정

그림 17 기상청의 공공데이터 활용 방법 제시

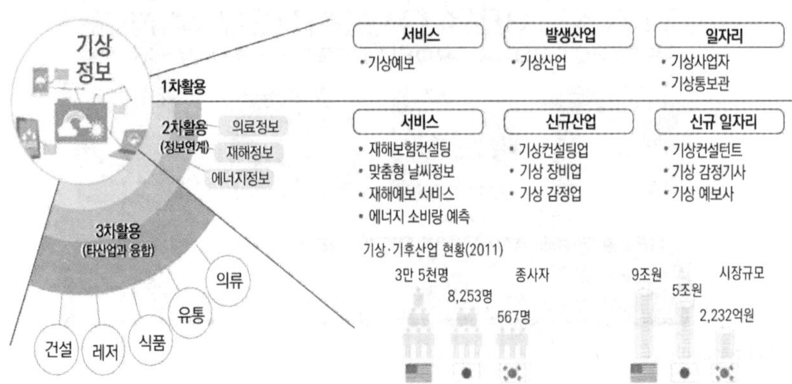

출처: 기상청 홈페이지; 모스파블로그(2013) 재인용

보 등을 추가로 제공할 계획을 발표하였다. 이러한 기상정보를 재해 · 의료 · 에너지 분야 정보와 연계하고, 농업 · 건설 · 레저 · 유통 등 다양한 산업과 융합하면 재해보험 컨설팅과 맞춤형 날씨 정보 등 다양한 서비스로 응용할 수 있게 된다. 또한, 기상컨설턴트, 기상감정기사 등 새로운 일자리도 만들어질 것으로 기대된다. 이후 기상청 데이터를 활용한 다양한 앱들이 출현하고 있는데, 예들 들면, '레인보우(Rainbow)' 앱 등이 있으며, 교통정보 등과 함께 기상정보를 활용한 경우로 '오늘의 출퇴근' 앱도 있다.

교통정보도 개방화에 나섰다. 한국의 교통혼잡 비용은 2012년 30조원에 달한다. 스마트폰으로 교통정보를 활용하면 연간 3조 6천억원의 혼잡비용을 절감할 수 있다. 각종 교통정보를 앞서 언급한 기상정보, 위치정보, 여행정보 등과 융합하면 새로운 신규사업도 창조할 수 있다. 대표적인 활용 사례는 2009년 당시 고교생이던 유주완 씨가 개발한 앱인 '서울버스'이다. 이 앱은 서울시 교통정보를 활용하였던 최초 사례이며, 2013년 7월 현재 2,500여 종의 실시간 교통정보 앱들이 개발되었다. 특히 SK텔레콤과 네이버 등 민간 기업의 교통정보 서비스에도 큰 영향을 미쳤다.

박근혜 정부는 정부3.0 정책하에 민간이 어떤 공공데이터를 필요로 하는지 정확히 파악하기 위해 공공데이터 전수 조사에 착수해 '개방 5개년 로드맵'을 수립했고, 2013년 6월 현재 2,260종 정도인 공공데이터 개방 건수가 2017

그림 18 국토교통부의 공공데이터 활용 방법 제시

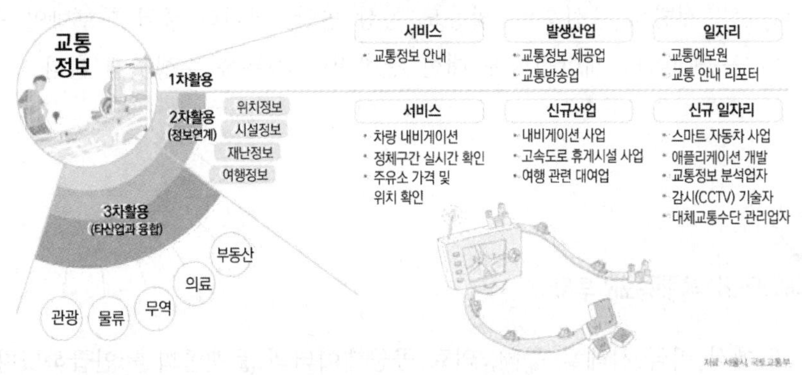

출처: 모스파블로그(2013)

년 6,150종으로 확대될 전망이며, 민간 활용도가 높은 실시간 정보는 '오픈 API' 형태로 제공될 것이다. 2013년 6월 현재 35종인 오픈 API는 2017년 356종으로 늘어날 것으로 예상된다.

또한, 미국처럼 한국에서도 국민 누구나 쉽게 찾아 이용할 수 있도록 공공데이터 개방 창구를 공공데이터 포털인 데이터닷고오닷케이알(data.go.kr)로 일원화했다. 데이터뿐만 아니라 프로그램 개발자를 위한 서비스 개발 가이드와 활용 사례를 제공하고, 실시간 일대일 상담도 해준다. 회원 가입만 하면 정부가 공개한 모든 정보를 무료로 다운로드 받을 수 있다. 정부3.0 정책하에 각 중앙 부처도 정보 개방 폭을 확대할 것이다. 기획재정부는 지금껏 제공하지 않았던 국가재정정보, 국고보조금정보, 국유재산 현황정보 등을 공개하고, 미래창조과학부는 연구장비 정보, 기술산업정보 등을 추가로 개방한다. 국토교통부는 건물에너지사용량정보, 하천지리정보 등을 새로 공개한다. 서울특별시를 비롯한 각 지방자치단체도 물가정보, 체육시설관리정보 등을 민간에 공개하기로 했다.

그리고 정부3.0 정책하에 특허청도 데이터 개방·활용 정책을 내놓고, IP 정보 개방·활용 관련 자문위원회 발족식을 개최하였다. 특허청은 특허, 실용신안, 상표, 디자인 등의 기본 특허정보를 포함한 11종의 데이터베이스뿐만 아니라, 대민 보급 라이선스를 획득한 유럽, 미국 등의 해외 특허정보로 개방을 확대해 왔으며, 민간 수요가 높은 데이터를 지속적으로 발굴하여 개방한다는 계획이며, 자문위원회는 특허청이 민간에 제공하는 공공데이터 개방 목록의 적정성, 개방의 우선순위, 활용도 향상 방안, 데이터 품질 확보방안 등 특허청의 공공데이터 개방정책에 대한 전반적인 자문을 수행하게 된다.

빅데이터의 플랫폼화 투자

앞에서 미국 사례를 통해, 의료 공공데이터의 플랫폼화를 언급하였다. 국립보건원(NIH) 산하 국립암연구소(NCI)가 제공하는 의료 이미지 및 영상 데이터 공유 플랫폼인 'TCIA'와 NIH 산하 국립심장폐혈액연구소(NHLBI)가 제공하는 보안이 요구되는 개인진료 관련 데이터의 저장 및 공유·분석 플랫폼인 'iDASH'가 그것이다.

빅데이터의 플랫폼화를 논하기 전에 플랫폼에 대한 개념 이해가 먼저 필요할 것 같다. 플랫폼 하면, 기차역이 먼저 떠올려진다. 즉, 이는 기차에서 사람들이 쉽게 내리고 탈 수 있도록 평평하게 해둔 장소이며, 많은 사람들이 쉽게 이용하는 곳이다. 위키피디아 한글판에 의하면, 기술적 의미의 플랫폼이 정의되어 있다. 즉, 컴퓨팅 플랫폼(Computing platform)은 소프트웨어가 구동 가능한 하드웨어 아키텍처나 소프트웨어 프레임워크(응용 프로그램 프레임워크를 포함하는)의 종류를 설명한다. 일반적으로 플랫폼은 컴퓨터의 아키텍처, 운영체제(Operating system: OS), 프로그램 언어, 그리고 관련 런타임 라이브러리나 GUI(Graphic User Interface)를 포함한다.

IT 분야에서는 앱을 작동시키기 위해 기반이 되는 OS 같은 기술 환경이 플랫폼이라 일컬어진다. 범용 OS 환경은 '플랫폼'으로 기능하여 많은 사람들이 이용하고 새로운 비즈니스도 만들어지는 장소가 된다. 하드웨어에서도 여러 제품을 지원하는 물리적 기본 틀을 '플랫폼'이라고 부른다. 예컨대, 현대 소나타와 기아 K5가 플랫폼을 공유한다고 말한다. 1990년대 하드웨어가 IT를 주도하던 때는 "공정화"가 매우 중요했고, 업체들은 이런 공정을 '플랫폼화' 하고 싶어 하였다.

하드웨어 플랫폼과 대조되는 소프트웨어 플랫폼은 자바(Java)와 브라우저(인터넷 플랫폼)가 보급되면서 하드웨어의 차별성이 사라지기 시작하면서 부상하게 된다. 즉, 하드웨어는 범용화되고, 소프트웨어가 제품(Product) 기능을 하게 하는 역할을 하게 된 것이다. 윈도우, 브라우저, 자바 기반에서 개발된 소프트웨어들이 제품처럼 소비 가능해진 것이다. 네이버 같은 포털 서비스 기능이 플랫폼으로 자리 잡고 있다.

아이폰(iPhone)이 등장하기 이전에는 하드웨어가 주도하고 소프트웨어가 부속품이었다. 그런데 애플이 손 안의 '하드웨어'를 쉽게 만들고 PC 수준의 OS를 탑재하여 소프트웨어가 제품의 기능을 차별화할 수 있도록 만들면서, IT 역사를 송두리째 바꾸어놓았다. 여기서 플랫폼은 iOS와 앱스토어로서 두 가지가 동격으로 이해된다. 소프트웨어 개발자들은 자신의 앱, 즉 콘텐츠를 팔기 위해 아이폰을 이용하고, 소비자는 자신의 콘텐츠를 가지기 위해 아이폰을 이용한다. 아이폰은 이미 소프트웨어를 이용한 플랫폼을 멋지게 성공시킨 사례로 자리잡았고, 모든 하드웨어 기업들이 이를 따르기 시작한다. 아이폰 등장 전에는 대부분 하드웨어 제조사들이 이런 류의 플랫폼을 만들지 않았다. 하드웨어를 조금만 바꾸어도, 즉 폼팩터(Form factor)만 변화시키면 새로운 제품이 되었고, 소비자는 항상 새로운 제품을 구매하려 하기 때문에 하드웨어만으로 충분히 비즈니스 영위가 가능했기 때문이다.

한동안 아이폰 유형의 플랫폼 모델 외의 비즈니스 논리가 통하지 않다가, 안드로이드가 나오면서, 개방형 플랫폼을 표방하면서 개발을 지원하는 플랫폼들이 생겨나기 시작한다. 그러다 보니 이제는 하드웨어와 OS 외에 서비스만 제공했던 앱들을 포함해 모두가 플랫폼이 되려 한다. 애플만 보면, 플랫폼은 소프트웨어 응용 프로그램들을 돌리는 데 쓰이는 하드웨어와 소프트웨어간 결합이다. 그런데 구글이 안드로이드를 인수하면서 전개한 생태계는 애플과는 또 다른 모습니다. 구글의 안드로이드 OS는 디바이스와 별개인 플랫폼이다. 구글은 디바이스들에게 범용화된 OS를 제공함으로써 애플보다는 비교적 건강한 생태계를 조성해 주는 모양새를 보이며 2009년 시장에 진입한다.

애플과 구글의 생태계는 경쟁 양상을 보이는 듯하면서 실제로는 공생이 가능한 구조를 갖는다. 애플이 제공하는 이용 편의성에 익숙해진 조기채택자들은 시간이 갈수록 애플에 대한 충성도가 높아져 안드로이드로 넘어갈 확률이 적어진다. 마찬가지로 안드로이드 사용자의 애플로 넘어갈 확률도 아울러 낮아진다. 이러한 환경에서 디바이스 제조사들은 애플과는 이미 경쟁하고 있지만, 구글과는 생태계 내에서 파트너 관계이다.

정리하면, 애플 중심 생태계가 예기치 않은 가치를 뿜어내자, 구글이 또 다른 생태계를 조성해 기업 간 경쟁이 아닌 생태계 간 경쟁을 가능케 했다. 여기서 간접네트워크효과(Indirect network effect)가 발생한다. 즉, 유통과 수요 측 모두에서 상호작용하는 이용자들(개발자와 최종 이용자들)이 간접네트워크효과를 가지면서 플랫폼을 매개로 다수 집단들이 상호작용을 통해 잉여(Surplus)를 창출하는 소위 말하는 '양면시장'들이 출현하게 된다. 이는 생태계간 경쟁이다.

한편, 하드웨어와 별개로 시작된 소프트웨어 플랫폼의 독립이 가능한 개방적 생태계도 동시에 열리면서 플랫폼의 다양한 유형들이 등장한다. OS 기반 앱스토어를 가진 애플, 브라우저상에서 구동하는 HTML5를 활용하는 페이스북, 클라우드를 활용하는 아마존 등을 이제는 모두 플랫폼이라 부르기 시작했다. 한국의 카카오톡 같은 앱도 양면시장을 가지면 플랫폼이며, 구글의 애드몹(AdMob) 같은 광고 중개자, 페이팔(Paypal), 스퀘어(Square) 같은 결제 앱도 플랫폼이다.

최근에 IT산업은 수직통합형에서 점차 수평적 환경으로 변해가면서 플랫폼이 생태계의 중심인 동시에 비즈니스 주도권을 갖는 주체로 인식되기 시작하였다. 중요한 것은 인터넷 기반에서 서비스와 재화를 제공하는 모든 기업들은 이제 수직통합형이든 수평형이든 모두 플랫폼화되는 것을 추구한다는 점이다. 이러한 개념의 플랫폼은 제3자(써드파티)에게 플랫폼을 개방해 API를 개방해 제공하거나 SDK를 제공하는 일을 일반화시키게 된다.

빅데이터 관련 기술을 제공하는 기업들은 저마다 빅데이터 플랫폼화를 꿈꾼다. 빅데이터로부터 가치를 뽑아내는 핵심 기술환경이 빅데이터 플랫폼이다. 이는 빅데이터 활용과 분석을 위해 공통적으로 사용하는 빅데이터 수집, 저장, 처리, 관리 기술을 제공하는 소프트웨어로서 빠르게 생성, 유통되는 데이터를 빠짐없이 실시간으로 수집하고, 충분한 저장 공간을 제공하여, 방대한 양의 데이터를 저장, 축적하며, 빅데이터를 분석 및 활용 가능한 형태로 변환하거나 정보를 추출, 가공하는 등의 데이터 처리 역할과 축적된 데이터의 파괴나 유실을 막고, 늘어나는 데이터 용량에 대응하여 확장하고 보안을 유지하

그림 19 빅데이터 플랫폼의 역할과 기능

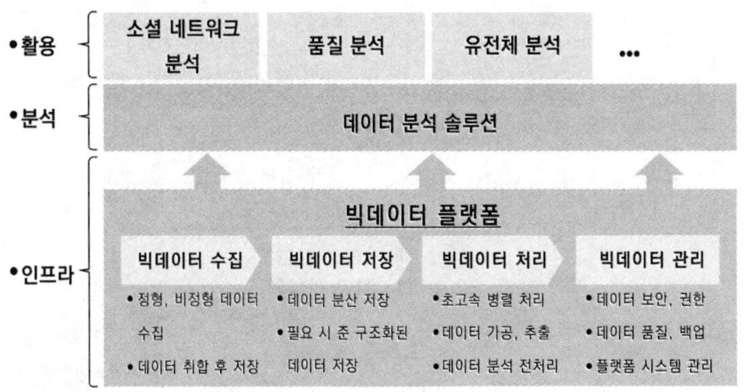

출처: 이주열(2013)

는 관리 역할을 담당한다. 이러한 기술적인 빅데이터 플랫폼에 대해서는 2장에서 살펴보았다.

이상에서는 민간 기업 차원에서 보는 플랫폼 개념과 빅데이터 기술 기업들의 플랫폼 제공 역할에 대해 설명하였다. 한편, 국가적인 정책 추진하에서도 빅데이터 플랫폼을 구축하는 것이 민간 영역과 마찬가지로 빅데이터 분석 및 활용 분야의 핵심기술 선점 및 신시장 창출을 위한 기회로 작용할 수 있다. 즉, 빅데이터의 플랫폼화를 통해 국가는 빅데이터 관련 기술 선도 국가로 진입함과 동시에 빅데이터 기반 신시장 진출을 위한 기틀을 마련하는 기회를 가지게 될 것이다. 또한, 이는 공공. 민간 부문의 빅데이터 분석 및 활용에 모두 적용 가능하기 때문에 다양한 분야의 빅데이터 이슈 해결에 더욱 효율적으로 기여하게 된다.

데이터 플랫폼은 데이터를 편리하고 손쉽게 개방·활용케 하는 기반이며, 정부·공공기관이 보유하고 있는 데이터의 개방이 활성화됨에 따라 보유하고 있는 데이터를 효율적으로 개방하고 사용자가 편리하게 데이터를 검색하고 제공받고 활용하기 위한 데이터 포털 서비스의 필요성은 커지고 있다. 그런데, 단순히 데이터의 정보, 위치 등을 제공해 주는 포털 수준에서 벗어나, 데이터를 발행하고 제공받을 수 있는 시스템에 기반한 플랫폼 개발이 요구된다. 영국은 데이터를 공개하는 데 그치지 않고 플랫폼까지도 오픈소스로 개방해, 이를 활용한 다른 플랫폼과 데이터를 더욱 자유롭고 긴밀히 연동할 수 있게 지

그림 20　데이터 중심 국가데이터전략 방향

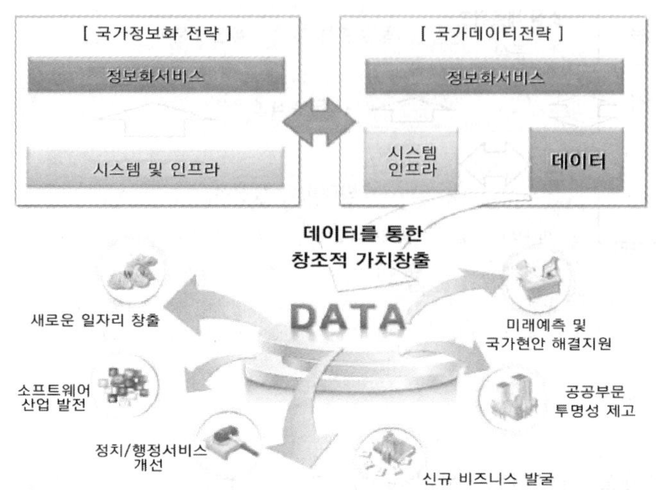

	ICT기반 국가정보화전략	데이터 중심 국가데이터전략
목적	ICT기술을 공공서비스에 선도적으로 활용하고 관련 산업분야 활성화 및 기술 개발	시스템에서 산출되는 데이터를 체계적으로 관리하고 활용하는 전략 개발
범위	ICT 신기술 발굴, 국가사회 현안 이슈 적용, 관련 산업 진흥	데이터 관련 신기술 개발 및 데이터 분석 알고리즘 개발, 관련 산업 진흥
특징	새로운 ICT분야 급속한 확산 및 정부 중심의 서비스개발에 유용 ICT분야에 집중적인 예산 투입	데이터를 통한 기술간 융복합 및 다양한 분야로의 확산에 용이 데이터 확산을 위한 적극적인 민간협업 요구

출처: 백인수(2013)

원하고 있다. 즉, 영국은 2010년, 자국에서 발표하는 모든 데이터를 보관하는 플랫폼인 'CKAN'을 오픈소스로 공개했다. 또한, 데이터 플랫폼 기술을 기반으로 창업한 소크라타는 미국 정부의 데이터닷거브(data.gov)를 비롯한 미국 내외 다양한 기관에서 공공 데이터 개방을 위한 플랫폼으로 활용되고 있다. 한국도 정부에서 개발한 플랫폼에 CKAN 오픈소스를 점진적으로 도입해 플랫폼을 업그레이드 중이다.

그에 덧붙여, 데이터의 활용을 통한 새로운 가치창출의 중요성 증대에 따라 정보시스템과 인프라에서 산출되는 데이터 중심의 국가전략이 필요하다.

한국에서 빅데이터의 플랫폼화를 위해 국가 차원에서 필요한 데이터 중심의 국가 전략을 도식화하면 [그림 20]과 같다. 한국 내에서 정부에서 개발한 대표적 플랫폼은 2011년 7월에 오픈한 데이터닷지오닷케이알(Data.go.kr)이다. 이는 플랫폼으로서 CKAN 카달로그 등을 활용 중이며, 데이터 형태로 데이터 원본, 데이터 셋, API 등의 프로그램을 제공한다. 또한, 이는 공공데이터 활용을 지원하고, 센터를 통해 데이터 발행 신청 및 승인하며, 서울시 등 타 포털들과 단순 링크 형태로 연계 가능하게 하며, 민간 활용도가 높은 실시간 변경 데이터는 오픈 API로 개발해 공개하고 있다.

✿ 토의문제

1. 미국의 빅데이터 전략과 예산 투입 간의 상관성에 대해 논하시오.
2. 주요 글로벌 기업들의 빅데이터 전략과 투자는 어떻게 이루어지고 있는지 사례를 들어 설명하시오.
3. 빅데이터의 자산화의 의미와 이에 대한 실제 투자가 어떻게 이루어지는지 탐색하여 설명하시오.
4. 빅데이터의 개방화가 갖는 의미를 설명하고, 어떻게 투자가 진행되고 있는지 미국 중심으로 설명하고 한국에 주는 시사점을 논하시오.
5. 빅데이터의 플랫폼화란 무엇을 의미하며 이에 대한 실제 투자 현황에 대해 미국, 영국 중심으로 설명하고, 한국에 주는 시사점을 토의하시오.

사례연구 1

빅데이터 관련 미래 직업

인류 문명이 시작된 이래 2003년까지 축적된 데이터양은 5엑사바이트(EB)라고 합니다. 엑사바이트는 십의 십팔 승을 뜻하는 단위로, 1기가바이트짜리 영화 약 10억 편이자 미국 의회도서관이 보유한 정보량의 4,000배에 해당하는 용량입니다. 그런데 2015년 한 달간 모바일에서만 생성된 데이터양이 지난 수세기에 걸쳐 쌓아온 데이터양에 맞먹습니다. 시스코의 발표에 따르면 2015년 월평균 발생한 모바일 데이터 트래픽은 4.2엑사바이트. 2020년이면 24.3엑사바이트로 증가할 것이라고 합니다. 연간으로 환산하면 전 세계 인구가 1년간 약 81조 개의 이미지를 만드는 양이니 엄청난 양이 아닐 수 없습니다. 빅데이터는 스마트기기의 보급이 기폭제가 되어 현재 ICT 업계의 미래성장동력 키워드로 자리매김하고 있습니다. 또한, 데이터의 가치 창출을 위한 빅데이터 처리 기술이 고도화되면서, 다양한 직업들이 미래직업으로 대두되고 있습니다.

여기에서 먼저 살펴볼 수 있는 직업은 빅데이터 프로젝트 매니저(빅데이터 컨설턴트)입니다. 다양한 산업과 시장에서 대한 이해를 기초로, 어떤 목적으로 데이터를 수집해 어떤 결과를 도출하고, 어떻게 활용할 것인지 전략을 짜고 설계하는 역할을 담당합니다. 또한, 모아 놓은 데이터들의 체계를 수립하여 운영 관리를 담당하는 빅데이터 운영 관리자도 있어야 합니다. 빅데이터 시스템에 적합한 데이터베이스 체계를 구축하고 최적화된 환경에서 안전하게 관리하는 일을 담당하죠. 만약 데이터의 체계가 잘못 정의되었거나 운영 관리에 소홀히 한다면 원하는 정보를 얻는 데 시간이 지체되거나 잘못된 결과가 나올 수도 있습니다.

범죄 예방과 예측을 위한 가치 있는 정보를 도출하기 위해 시뮬레이션이 가능한 시스템을 개발하는 빅데이터 엔지니어의 역할도 중요합니다. 이들은 시장에서 요구하는 정보를 제공하기 위해 데이터와 통계 지식을 기반으로 알고리즘을 짜고, 시뮬레이션이 가능한 모델을 구현하는 역할을 담당합니다. 물론 알고리즘을 짜기 위한 기초 방정식이나 데이터 패턴 분석 정보는 빅데이터 마이닝 전문가(빅데이터 분석가)들이 제공하지만, 이들과 긴밀하게 협의하여 시스템 구축 후 실제와 비슷한 모의실험을 했을 때 그 결과에 오류가 없는지, 유용한지 등도 판단해야 합니다.

이와 함께 빅데이터에서 추출된 정보를 가독성 있게 보여주는 빅데이터 디자이너(데이터 시각화 전문가)의 역할도 필요합니다. 데이터를 어떤 방식으로 효과적으로 보여줄지를 고민하며 시각적인 결과물을 창조하는 사람들로, 데이터 시각화는 정보 그래픽(Information Graphics), 과학적 시각화(Scientific Visualization), 통계 그래픽스(Statistical Graphics)와 밀접하게 연관되어 있죠. 쉽게 말해 복잡한 데이터 집합들을 직관적이고 역동적으로 보여주면서 미적인 감각까지 더하는 창조적인 작업으로, 디자인 분야에서는 유망 직종으로 주목받고 있습니다.

Episode2. 생활 속 법칙과 패턴을 끄집어내는 빅데이터 전문가

중학생인 혜영이는 비영리단체 봉사단 친구들과 함께 아프리카 봉사활동을 떠났습니다. 그런데 봉사활동을 간 지 얼마 안 돼 고열과 기침을 동반한 감기에 시달리기 시작했죠. 봉사단 단장님은 일단 전염병에 걸렸을 상황을 고려해 혜영이를 프랑스 병원으로 이송시켜 격리 조치시키고 원인을 파악하기로 했습니다. 사전답사를 통해 지역의 안전은 물론, 세계 독감과 전염병 발생 여부를 시뮬레이션하여 시기적으로 안전하다는 판정도 받은 상태인지라, 다시 한 번 빅데이터 마이닝 전문가에게 정밀 분석을 의뢰했습니다.

빅데이터 마이닝이란 빅데이터에 숨겨진 패턴과 상관관계를 분석하여 새로운 정보를 발견하는 과정으로, 일어나지 않은 전염병이나 바이러스, 범죄 등을 예측할 수 있는 기술입니다. 지금으로부터 28년 전인 2007년, 구글이 일정 기간의 검색어 분석을 통해 독감 유형의 패턴과 독감 발생 가능성이 높은 지역을 예측하는 서비스를 제공한 이래로 지속적인 발달이 이뤄진 기술이죠. 다행스럽게도 빅데이터 마이닝 전문가도 전염병과는 희박할 것이라는 소견을 보내 일단 안심입니다.

한편, 프랑스 병원의 의료진들은 혜영의 몸에 삽입된 바이오칩을 체크하며 체온과 심박수 등을 점검했습니다. 이어 과거 지병이나 특이 체질, 유전자 이상 등이 있는지 확인하기 위해 전 세계의 의료 정보가 연동된 개인건강기록

시스템을 살펴봤죠. 혜영의 경우 태어날 때부터 유전자 검사를 받아 부모님의 유전자 정보와 함께 개인건강기록시스템에 저장되어 있으므로 어떤 돌발 상황에서도 혜영이는 빠른 수술이나 처방이 가능합니다.

이어 별다른 지병이나 이상 증후도 없는 것을 확인한 의료진은 혈액과 객담을 채취해 이전에 발생했던 전염병의 일종인지를 역추적하기 시작했습니다. 과거 같으면 몇 주 걸릴 이 과정은 전염병 추적 시스템을 이용해 일사천리로 진행되었고, 최종으로 단순 독감이란 진단이 나왔죠. 봉사단 단장은 놀란 가슴을 쓸어내렸습니다. 그렇지 않으면 혜영이의 스마트워치 데이터를 분석해 접촉했던 모든 사람을 격리 조치시키고 치료해야 할 판국이었으니까요. 혜영이네 부모님도 영상통화를 통해 혜영이가 무사하다는 점을 확인하고는 안심할 수 있었습니다.

에피소드에서 확인한 내용처럼 빅데이터를 이용하면 전염병을 예방할 수 있습니다. 전염병의 전파 과정을 방정식 모델로 만들어 감염 가능성을 예측하는 것이죠. 구체적으로 감염 가능성이 있는 사람, 잠복기가 있는 사람, 감염자, 완치자를 변수로 놓고, 다양한 접촉 조건에서 병이 퍼질 가능성을 따지게 됩니다. 이 방정식은 컴퓨터 연산 작업으로 시뮬레이션이 되는데, 이때 정제된 유의미한 데이터일수록 더 정교한 값이 나오게 됩니다.

유의미한 정보를 캐내는 작업을 빅데이터 마이닝이라고 합니다. 영어로 '광물을 채취하다'란 뜻의 마이닝(Mining)은 엄청난 양의 데이터 중에서 반짝반짝 쓸모 있는 정보를 찾는다는 의미로, 그런 일을 하는 직업을 빅데이터 마이닝 전문가(빅데이터 분석가)라고 합니다. 어떻게 보면 앞서 소개한 빅데이터 컨설턴트의 역할과 유사해 보일 수 있지만, 생활과 산업에 적용할 수 있는 다양한 법칙과 패턴을 발견해 의사결정에 결정적인 정보를 제공한다는 점에서 차이가 있죠.

구체적으로 장마가 그친 후 2주 사이에 독감 환자가 급증하니 독감 백신을 더 많이 확보해야 한다거나, 신용카드를 훔친 범죄자들이 카드가 유효한지 확인하기 위해 가장 먼저 편의점 소액결제를 한다는 패턴 등을 도출하여 범인 추적 시 이용할 수 있도록 합니다. 고객 특징이나 구매성향, 관심사에 따라 어떤 맞춤형 서비스가 필요한지도 제시합니다. 이처럼 비정형화된 데이터까지 포함된 빅데이터를 반복적으로 분석하여, 산업과 생활에 필요한 정보를 도출하고 시스템으로 구현되게끔 도와주는 이들이 빅데이터 마이닝 전문가입니다.

한편, 빅데이터 전문가와 함께 관심을 가져볼 미래 유망직업으로 클라우드 컴퓨팅 전문가를 꼽을 수 있습니다. 영어로 '구름'을 뜻하는 클라우드(Cloud)는 각종 데이터와 소프트웨어를 인터넷과 연결해 누구나 데이터를 이용할 수 있는 환경입니다. PC는 물론 모바일, 태블릿, TV 등 다양한 기기들을 통해 인터넷에 접속해서 시간과 공간의 제약 없이 원하는 정보를 찾을 수 있는 가상화 서버 공간이죠.

에피소드에서 소개한 개인건강기록(Personal Health Record)은 신체정보는 물론 예방접종 기록, 지병이나 알레르기 질환, 약 처방 등 광범위한 건강정보를 아우르는 것으로, 빅데이터의 발전과 함께 다양한 활용이 예상되는 데이터입니다. 현재는 사생활 침해 등 해결해야 할 문제들이 많지만, 미래에는 안전한 보안이 전제되는 클라우드 컴퓨팅 환경 속에서 언제 어디서든 의료진들이 접속해 위급한 상황을 대처할 것입니다. 이에 개인정보 유출과 데이터 피해를 최대한 줄이며 유기적인 클라우드 환경을 운영 및 관리하는 전문가들의 활약이 기대되고 있습니다.

Episode3. 개인 맞춤형 생활과 함께하는 빅데이터 전문가

방과 후 쌍둥이 자매인 현영이와 지영이는 엄마 아빠와 외식을 하기로 했습니다. 그래서 약속 장소인 백화점으로 가는 내내 가로수 길에 세워진 광고판을 보며 뭘 먹을지 수다를 떨고 있죠. "지영아, 저기 보니깐 오늘 카레가 먹고 싶다." "내 눈엔 온통 중국요리뿐인데!!" 홍채인식을 통해 개개인의 취향에 맞춰 서로 다른 광고가 나온다는 걸 잘 알고 있는 쌍둥이는 결국 광고를 봤을 때 일치하는 요리를 먹기로 합의합니다. 그렇게 해서 선택한 요리는 피자! 현영이는 양파를 싫어하지만 사과 맛 양파 토핑을 먹기로 하고 엄마 아빠와 함께 근처 레스토랑에 들어갔습니다.

맛있게 피자를 먹고 있는 쌍둥이에게 엄마아빠는 오늘 뭘 배웠냐고 물어봅니다. 같은 학년 같은 반이어도 학습 능력에 따라 배우는 게 다르기 때문에 항상 궁금해하시죠. 현영이는 부족한 언어능력을 보충하기 위해 국어에 집중한다고 하고, 배우는 속도가 빠른 지영이는 일주일 전부터 한 학년 높은 과목들을 배우기 시작했다고 자랑합니다. 곧장 학업성취 빅데이터 시스템에 연결해

보니 아이들 말대로 커리큘럼이 진행되고 있었습니다. 하지만 지영이에겐 운동도 필요하다 싶어 학부모 피드백에 요청사항을 기재해 전송합니다. 확실히 엄마 아빠가 20년 전 다니던 학교와는 많이 달라져 과외가 필요 없는 세상입니다.

집에 돌아온 쌍둥이네는 다과를 먹으며 TV를 보는 중입니다. 마침 중국의 유명 여배우가 별세했다는 소식이 나오네요. 세계 유명 영화제를 석권했던 이 여배우는 자신이 알게 모르게 남긴 디지털 흔적들을 모두 삭제해 달라는 유언을 남겼다는데요, 이에 추도식장에는 전세계 데이터 장의사들이 모여 고인의 뜻을 기렸다고 합니다. "정말 많은 활동을 했으니 데이터도 많을 텐데…, 다 지울 수 있을까요?" 지영이 질문에 아빠는 "예전엔 댓글이나 소셜미디어 위주로 지웠다지만, 요즘엔 세세한 신용카드 사용내역까지도 다 지우는 것 같더구나"라며, 고인의 디지털 장례식장에 마지막 팬레터를 보내자고 합니다.

빅데이터는 미래의 우리 사회에 긍정적인 영향을 끼칠 것으로 기대됩니다. 우선 빅데이터를 통해 맞춤형 서비스가 가능해집니다. 데이터 마이닝 전문가들이 분석한 내용을 토대로 개개인의 성향을 맞춰 관련 정보를 제공하게 되죠. 2002년 출시 영화인 '마이너리티 리포트'처럼 홍채인식이나 내추럴 사용자 인터페이스(NUI) 방식으로 개인 라이프스타일에 따른 정보를 제공하게 될 것입니다(내추럴 사용자 인터페이스(NUI) : 이용자의 손놀림에 따라 디지털 정보를 제어하며 쌍방향으로 커뮤니케이션할 수 있는 사용자 인터페이스).

이에 빅데이터 전문가로서 빅데이터 큐레이터에 대한 관심도 높아질 것으로 보입니다. 빅데이터 큐레이터는 정보의 홍수 속에서 무엇을 먹을지, 무엇을 볼지 결정하기 힘들어하는 현대인들에게 꼭 맞는 콘텐츠를 필터링하고 가공하여 제공하는 전문가입니다. 쓸모 있는 데이터를 찾아내는 데이터 마이닝 기술은 물론, 분석 프레임에 맞춰 콘텐츠를 추려내고 사용자가 소비하고 싶어하는 콘텐츠로 가공하는 역량이 필요한 전문 직업으로, 요리는 물론, 영화, 음악, 도서, 교육 등 다양한 분야에서 필요로 합니다.

어떤 방식으로 정보를 보여줄 것인지를 연구해 최적의 인터페이스를 제공하는 데이터 인터페이스 전문가도 미래의 유망직업으로 꼽힙니다. 아무리 좋은 정보도 보기 힘들면 외면하게 되는 법. 손으로 자유롭게 터치해 정보를 제어하도록 할지, 사용자가 움직일 때마다 정보를 보여줄지 등을 계획하고, 다양한 광고 효과와 접목해 직관적이면서도 감동까지 선사할 수 있는 방법론을 제시하는 직업입니다.

이와 함께 미래에는 유용한 정보들을 추출하는 빅데이터 분석가와는 달리, 쓸모없는 데이터만을 담당하는 쓰레기 데이터 관리자가 생겨날 것입니다. 하루에도 엄청난 양의 데이터가 쏟아지는 만큼 데이터 저장소를 효율적으로 관리하기 위해 불필요하거나 중복된 데이터만을 찾아서 제거하는 역할이 필요하니까요. 또, 개인 사생활 침해와 관련된 정보를 없애주는 데이터 소거원, 고인들의 디지털 흔적을 모두 삭제해주는 데이터 장례사, 한 사람의 일생을 데이터베이스화해서 보관하고 의뢰인이 필요로 할 때 정보를 재생해 주는 기억 대리인등도 각 분야에서 활약할 것입니다.

한편, 지금까지 빅데이터와 관련한 유망직업들을 살펴보았지만, 빅데이터와 연관된 개념으로 스몰데이터 전문가들의 부상도 고려해야 합니다. 많은 기업이 투자하고 있는 빅데이터는 데이터 간의 연관성을 찾아 공통된 패턴과 유형을 추출하기 때문에 고객의 작은 행동이나 사소한 유형을 놓칠 수 있다는 단점이 있습니다. 반면 스몰데이터는 작은 행태 분석에서 상당히 규모 있는 틈새시장을 창출할 수 있는 기회가 됩니다.

이처럼 빅데이터 기술이 비약적으로 발전함에 따라 관련 직업들도 세분화되고 있습니다. 아직까지는 빅데이터 마이닝 전문가, 빅데이터 엔지니어, 빅데이터 디자이너 등을 통칭해 빅데이터 전문가란 이름으로 부르고 있지만, 각각의 역할과 기능이 더 쪼개어져 신규 직업으로 창출될 수 있습니다. 또한 식품, 광고, 의료 등 다양한 산업의 특성을 반영한 빅데이터 직업들의 생성도 고려해 볼 수 있죠. 이에 에피소드 통해 소개된 직업 이외에 미래 세상에 필요한 빅데이터 직업들이 또 없는지 상상해 보길 추천합니다.

자료원: SW중심사회, 2018. 10. 12

토의문제

01 빅데이터 관련 다양한 직업중에서 본인이 관심있어 하는 직업은 무엇이며, 이유가 무엇인지에 대하여 설명하시오.

02 위에 소개된 직업 이외에 미래 세상에 필요한 빅데이터 관련 직업들에 대하여 토의하시오.

사례연구 2

"빅데이터, 미세먼지에 관한 대중의 고민을 측정하다."

브릴리언트앤컴퍼니는 2015년 초 설립되어, 우리 가족들이 보다 건강한 환경에서 생활할 수 있도록 도와주는 모바일 라이프케어 서비스인 '반디(Bandi)'를 제공하며, IoT 기기인 아키(Akee)를 개발 및 생산하고 있다. 'Stay connected, Live healthier'라는 핵심가치를 기반으로 사람들에게 행복한 건강을 선사하고자 하는 브릴리언트앤컴퍼니는, 10년 이내 세계적인 라이프케어 기업으로 성장하는 비전을 가지고 있다.

윤정연 대표가 브릴리언트앤컴퍼니 창립을 생각한 것은 북경 유학시절이었다. 북경의 심각한 미세먼지 때문에 본인의 비염도 더 심해지고, 건강한 사람들도 정화통이 달린 마스크를 써야 할 정도였기 때문이다. 윤 대표는 이런 심각한 미세먼지를 경험하게 되면서 내가 위치한 장소의 미세먼지 정보와 미세먼지에 대한 대응방안의 필요성을 강하게 느끼게 되었다. 윤 대표는 북경에서 돌아온 후 일반 대중들이 손쉽게 사용할 수 있도록 저렴하면서도 휴대할 수 있는 미세먼지 측정기를 개발하기로 하였다. 2016년 연초 제품의 컨셉을 가지고 진행했던 '크라우드 펀딩'에서 목표를 6배나 초과 달성하면서 휴대용 미세먼지 측정기 '반디아키'는 시장성이 높은 것으로 평가되었다. '반디아키'의 10월 정식 출시를 앞두고 있었던 브릴리언트앤컴퍼니의 가장 큰 당면과제는 '홍보'였다. 처음 출시하는 제품이 시장에서 성공적으로 안착하기 위해서는 제품을 필요로 하는 타깃고객을 파악하여 집중적으로 홍보할 필요가 있었다. 두 번째 과제는 '제품 차별화'였다. 제품 출시 전, 전문가들은 유사한 기능을 가진 제품들 가운데서 '반디아키'의 차별화 포인트를 명확히 하여 제품을 지속적으로 개선해 나갈 것을 주문하였다.

중소기업 빅데이터 활용지원 사업에 선정된 브릴리언트앤컴퍼니는 제품의 정식 출시를 앞두고 가지고 있던 당면 과제인 '홍보'와 '제품 차별화'에 대한 답을 빅데이터 분석에서 찾아보기로 하였다. 몇 년 전부터 자주 발생하는 미세먼지 때문에 SNS상에서 미세먼지와 관련한 다양한 내용들이 언급되고 있었고, 기상청에서도 미세먼지 관련 정보가 제공되고 있었다. 이에 브릴리언트앤컴퍼니는 SNS 데이터와 기상청 데이터를 융합분석하기로 하였다. 브릴리언트앤컴퍼니는 인사이터의 온라인 데이터 분석 솔루션인 'Social Insighter'를 활용하여 1년간의 SNS(Social Network Service) 데이터와 기상청의 미세먼지 데이터를 분석하기로 하였다.

'반디아키' 제품의 출시를 앞두고 홍보에 대하여 고민하고 있던 브릴리언트앤컴퍼니는 빅데이터 분석을 통하여 집중적으로 홍보를 진행할 타깃고객을 선정하기로 하였다. 기존에 브릴리언트앤컴퍼니는 주요 잠재고객으로 외출 시 환경에 민감한 20~30대 아기엄마들을 생각하였다. 이 타깃 대상의 적정성과 놓치고 있는 또 다른 고객이 없는지를 확인하기 위하여, 브릴리언트앤컴퍼니는 인사이터에 미세먼지에 민감하게 반응하는 집단에 대한 분석을 의뢰하였다. Social Insighter는 미세먼지와 함께 언급된 키워드를 분석하여 유사한 그룹으로 분류한 결과, 호흡기, 엄마, 환자, 피부의 4가지 영역으로 구분할 수 있었다. 빅데이터 분석을 통해 미세먼지에 민감하게 반응하는 집단에 '엄마'들 외에도 호흡기 질환자 혹은 질병이 있는 사람 등이 포함됨을 확인한 브릴리언트앤컴퍼니는 보다 구체적인 연령대를 확인하고자, 일반인을 대상으로 공기질 측정기 구매의향에 대해 설문을 진행하였다. 설문결과, 구매의향이 있다는 응답자의 89%가 30~40대로 나타났으며, 20대와 60대에서는 구매의향이 없는 것으로 나타났다. 이러한 분석결과를 바탕으로, 브릴리언트앤컴퍼니는 20~30대 아기엄마 외에도 호흡기 질환이나 민감한 피부를 가진 사람 등 건강에 관심이 높은 사람도 주요 홍보대상이라는 시사점을 얻을 수 있었다. 또한 구매의향자의 89%가 30~40대로 나타나, 공기질에 민감한 사람 중 30~40대가 구매력을 갖춘 타깃고객으로 적정하다는 결론을 얻었다.

주요 홍보대상을 파악한 브릴리언트앤컴퍼니는 두 번째로 홍보가 효과적인 시기를 찾고자 하였다. Social Insighter는 미세먼지에 대한 관심이 높아지는 시기를 파악하기 위하여 소셜상에서 미세먼지 언급량과 기상청에서 제공하는 미세먼지 농도데이터를 함께 융합분석하였다. 미세먼지 농도가 높아지면 소셜 상에서 미세먼지 언급량 또한 증가할 것이라는 가정하에, 이를 확인하고 둘 간의 상관관계를 파악하여 홍보전략을 위한 시사점을 찾기 위해서였다. 분석결과 미세먼지 농도와 미세먼지 언급량 간 상관관계 분석결과, 상관계수의 값은 0.56으로 높은 관련성을 가지고 있었다. 또한, 두 값의 교차상관 분석 결과, 미세먼지가 발생하기 하루 전부터 미세먼지와 관련된 언급량이 늘었고, 최대 3일 후까지 이어지고 있는 것을 볼 때, 미세먼지 발생 하루 전부터 3일 후까지 사람들의 관심이 높은 것으로 해석할 수 있었다. 브릴리언트앤컴퍼니는 이 결과를 통해, 일기예보 상에 미세먼지가 심할 것으로 예보된 전날(미세먼지 발생 하루 전)부터 발생 후 +3일까지가 제품 홍보의 적기라는 시사점을 도출하였고 소셜 마케팅 예산을 이 시기에 집중하기로 하였다.

다양한 경쟁제품들 가운데 '반디아키'를 지속적으로 개선하고 차별화할 필요를 느낀 브릴리언트앤컴퍼니는 사람들이 미세먼지에 대하여 얼마나 관심을 가지고 있는지, 또 미세먼지와 관련한 주요 관심사는 무엇인지를 분석해 보았다. 분석결과, 2013년 전에는 거의 없었던 미세먼지 관련 글이 점차 패턴을 띄면서 증가하는 추세를 보이고 있는 것으로 나타나고 있어 미세먼지에 대한 관심이 일시적인 현상이 아니라는 것을 알 수 있었다. 또, 미세먼지와 관련한 세부적인 관심사를 분석해 보면 거의 대부분 '미세먼지 해결방안'에 대한 내용이라는 것을 확인할 수 있었다. 또, (주)웨슬리퀘스트가 일반인을 대상으로 실시한 공기질 측정기 구매의향과 관련된 설문조사 결과에서도 이를 확인할 수 있는 응답결과가 도출되었다. 구매의향이 있다는 응답자의 구매의향 중 두 번째 많은 이유가 '공기질에 따른 행동 가이드'를 얻고 싶다는 것이었다. 구매의향이 없는 응답자도 가장 큰 이유가 '공기질에 따른 해결'이 더 중요하기 때문이라고 응답하였다. 이러한 분석을 통해, 브릴리언트앤컴퍼니는 미세먼지와 관련하여 공기질을 정확하게 측정하는 것도 중요하지만, 그에 못지않게 중요한 것은 이에 대처해 어떻게 행동을 취하면 되는지에 대한 솔루션이라는 시사점을 얻게 되었다. 브릴리언트앤컴퍼니는 이에 착안하여 모바일 앱 '반디'를 통해 제공하고 있는 생활가이드를 보다 구체화하고 풍부하게 제공하여 제품의 차별화 포인트로 강조하기로 하였다.

'사람들에게 행복한 건강을 선사'하고자 하는 브릴리언트앤컴퍼니는 미세먼지 측정기를 우선적으로 개발 하였지만, 라이프케어 기업으로서 지속적으로 다양한 신제품을 출시하려는 계획을 가지고 있다. 이를 위해 브릴리언트앤컴퍼니는 신제품 개발 시 대중이 관심이 높은 환경관련 요인을 반영하기 위해서, 미세먼지 외에도 환경관련 측정 항목이 어떤 것들이 있는지 알고 싶었다.

Social Insighter는 먼저 '환경'과 '측정'이 함께 언급된 글 중 건강과 관련된 키워드를 도출한 결과 미세먼지를 비롯하여 온도, 가스, 습도, 발암물질 등 다양한 측정항목 후보군을 도출할 수 있었다. 브릴리언트앤컴퍼니 담당자는 여기서 도출된 키워드를 바탕으로 공기질 측정가능요소 7개 항목을 도출하였다. (주)웨슬리퀘스트에서 이 7개 항목에 대해 일반인 300여 명을 대상으로 공기질 측정관련 우선순위를 묻는 설문을 실시한 결과, 휘발성유기화합물의 측정 선호도가 가장 높았고, 다음으로 습도, 온도, 미세먼지 순으로 나타났다. 브릴리언트앤컴퍼니는 빅데이터 분석 및 설문결과를 반영하여 이미 출시되어 있는 미세먼지 외 초미세먼지, 휘발성유기화합물, 습도, 온도 같은 공기질을 측정할 수 있는 제품을 지속적으로 출시해 나가기로 하였다.

빅데이터 분석을 통해 타깃 고객이 젊은 엄마를 넘어 호흡기 질환이나 민감한 피부를 가진 사람들임을 확인하게 된 브릴리언트앤컴퍼니는 이들을 대상으로 하는 맞춤형 홍보물 제작에 발 빠르게 나섰다. 기존의 제품 홍보물에서는 대부분 유모차나 아기를 안고 있는 엄마 아빠의 사진이 강조되었다. 새로운 홍보물에서는 아기엄마뿐 아니라, 호흡기 질환자, 임신부, 애완동물을 키우는 가정 등 다양한 사람에게 필요하다는 내용으로 빅데이터 분석결과를 반영하였다. 또한, 기존에는 육아 팟캐스트인 맘맘맘에 출연하여 '반디'를 소개하는 등 젊은 엄마들을 대상으로 한 홍보에 집중하였다면, 이제는 미대촉(미세먼지대책촉구)과 같이 미세먼지에 관심이 많은 사람들이 모인 온라인커뮤니티를 대상으로 제품사용 후기이벤트 등을 추진하고 있다. 이외에도, 새로운 타깃 고객군을 확인한 브릴리언트앤컴퍼니는 다양한 협업 마케팅을 진행하고 있다. 가령, 미세먼지가 유발하는 각막이나 안구염증을 방지할 수 있도록 선글라스를 OEM 방식으로 제조하는 한 업체와 어린이용 선글라스와 반디 제품의 패키지 판매를 기획 중에 있다. 또한, 육아 블로거인 브릴리언트앤컴퍼니의 마케팅 담당자가 육아 팟캐스트에 출연한 것을 계기로 '닥터 오의 육아일기'의 육아 건강상식 서적(닥터오의 아기진료실)을 출판한 청림출판에 제품을 현물로 지원하고 광고마케팅을 진행하고 있다.

브릴리언트앤컴퍼니는 주요 고객층이 당초 20~30대보다 30~40대가 더 적합하고, 미세먼지 발생예보에 즈음한 3일간이 홍보에 가장 적합한 시점이라는 분석결과에 따라 홍보시기와 연령을 고려한 타깃 마케팅을 실시하고 있다.

정확한 연령대를 선별한 타깃 마케팅이 가능한 페이스북에서는 미세먼지 발생 예보 후 3일까지 소셜 마케팅 예산을 평균 대비 3~5배 증액하여 홍보를 진행하고 있다. 이런 홍보의 결과, 페이스북 내 제품 소개 페이지인 '행복한너네집 반디'의 페이지의 동영상 콘텐츠 도달 수가 평소 500~1,000명 수준에서 97,190명으로 크게 증가하였다. 또한, 이러한 기회들이 제품 구매로 이어질 수 있도록 자사 제품의 기능 및 장점, 공기질이 나쁠 때 적용할 수 있는 솔루션을 수시로 업데이트하고 있다.

사람들이 측정정보(측정값)와 함께 측정결과에 따른 해결방안에 높은 관심을 가지고 있다는 것을 알게 된 브릴리언트앤컴퍼니는 모바일 앱 '반디'를 통해 제공되고 있는 생활가이드를 구체화하고 강화하는 작업을 지속적으로 진행하고 있다. 예를 들어 현재 [미세먼지가 '나쁨' 수준이고, 오후 늦게부터 다소 해소가 된다고 하니까, 외출 시 단단히 채비해야겠네요!]와 같이 간단히 구성되었던 기존 생활가이드 내용을 기존문장에 [미세먼지 등급이 '나쁨'인 날 외출 시 착용하는 마스크도 등급이 있다는 사실 아시나요? 마스크를 구입하실 때는 KF80 또는 KF94 표시가 있는지 꼭 확인하시고 선택하셔야 작은 미세먼지가 들어오는 것을 막을 수 있답니다.]와 같이 추천모델을 제안하는 등 가이드 내용을 구체화하였다. 또한, 당초 200여 개 수준이던 생활가이드는 이용자 대상 랜덤 퀘스천을 통해 라이프 스타일이나 질환여부 등 정보를 수집하여 개인별 상황에 맞는 500여 개의 맞춤형 가이드로 개선하였다. 그리고, 주변의 환경정보 등을 수집하여 생활가이드에 반영하는 업데이트를 월 1회 진행하기로 하였으며, 사용자 편의를 강화하기 위한 차원에서 UX 개선 작업도 진행 중에 있다.

10년 이내 세계적인 라이프케어 기업으로 성장하고자 하는 비전을 가진 브릴리언트앤컴퍼니는 현재 판매중인 제품 '반디아키'의 시장 출시에 안주하지 않고, 휴대용 공기질 측정기 시장을 선도하기 위해 지속적인 생활가이드 업데이트를 통한 사용자 편의 증진과 더불어 신제품 개발을 위하여 끊임없는 노력을 기울이고 있다. 브릴리언트앤컴퍼니는 빅데이터 분석결과를 반영한 신제품 '반디 브로콜리'를 내년 상반기에 출시예정이다. 기존 제품 디자인에서 액세서리 기능이 겸해지도록 디자인을 세련되게 새롭게 구성할 뿐만 아니라, 이번 빅데이터 분석결과를 반영하여 유해화학물질, 초미세먼지 및 온습도 등의 공기질 요소 측정기능을 추가할 예정이다. 특히, 기존 '반디아키'에 적용 중인 LED 센서가 습도에 취약하다는 단점을 보완하기 위해 가격이 다소 비싸지만 안정성이 높은 레이저 방식의 센서 적용도 검토 중에 있다.

브릴리언트앤컴퍼니의 윤 대표는 '반디아키'의 정식 출시를 앞두고 기대 반 걱정반이었다. 크라우드 펀딩 시에 거두었던 성공이 실제 시장에서도 그대로 '먹힐지'에 대해서는 아무도 확신할 수 없었기 때문이다. 이런 상황에서 중소기업 빅데이터 활용지원 사업을 만난 윤대표는 분석결과로부터 얻게 된 시사점을 적극적으로 사업에 적용하였다. 새롭게 분석된 타깃 고객을 대상으로 홍보를 확대하고, 사람들의 관심이 가장 많은 미세먼지 홍보 골드타임에 홍보를 집중하였다. 빅데이터 분석 결과를 사업에 적용한 기간이 짧았지만, 제품출시 후 일평균 판매액이 크라우드 펀딩 기간 일평균 판매액 대비 56%나 증가한 성과를 거둘 수 있었다. 크라우드 펀딩 시, 보다 가격이 높아졌음에도 판매액이 증가한 것에 대해 브릴리언트앤컴퍼니 측은 빅데이터 분석 결과를 반영하여, 좀 더 명확한 타깃 고객들에게 적정한 기간 내 효과적인 메시지를 전달했다는 점, 생활가이드를 고객 맞춤형 특성을 고려하여 구체화한 점, 협업 마케팅 진행 등이 고객들에게 어필되었기 때문이라고 판단하고 있다.

자료원: 2016 중소기업 빅데이터 활용지원사업 우수사례집

토의문제

01 라이프 케어 기업 중 빅데이터 분석을 통해 비즈니스 환경을 개선한 사례를 찾아 설명하시오.

02 브릴리언트앤컴퍼니가 고객들이 측정한 환경데이터를 축적하고, '반디아키'가 측정한 데이터 정보와 공공정보 데이터를 융합하여 고객들에게 가치 있는 헬스라이프 정보를 제공하는 크라우드 플랫폼을 제공하기 위해 필요한 활동들을 토의하시오.

사례연구 3

"빅데이터를 통해 대학생들의 니즈를 입다."

캠펑은 2013년도에 설립된 모바일 소프트웨어개발에 특화된 IT 회사로서, 국내 1위 대학생서비스 '아이캠펑'을 개발·운영하고 있다. 캠펑이 운영하는 앱 아이캠펑에는 크게 스펙펑, 그룹펑, 특가펑이라는 3가지 섹션이 존재한다. 캠펑은 '스펙펑'을 통해 대학생들이 가장 관심이 많은 취업정보를 제공함으로써 회원을 모으고, 관심사 기반의 커뮤니티 성격을 가지는 '그룹펑'을 통해 회원들의 활동을 늘리려 하고 있으며, 소셜 커머스 성격을 띠는 '특가펑'을 통해 제품을 판매하여 수익을 창출하고자 하고 있다. 하지만, 회원들의 그룹펑 이용이 기대에 못 미치는 수준이고, 특가펑의 경우 많은 제품을 판매하고 있다 보니, 운영비용이 많이 들어 수익률이 좋지 않을 뿐더러 여타의 소셜커머스와 비교하여 차별성을 갖기 어려운 상황이었다. 이에 따라, 캠펑은 그룹펑의 활성화를 위한 방안과 대학생 소셜 커머스로서의 차별성을 가지며 수익성까지 높이기 위해 빅데이터를 활용한 해결방안을 모색하게 되었다.

캠펑은 대학생이 선호하는 국내 주요 화장품 5개에 대한 소비자의 관심도 추이를 알아보기 위해 검색량을 기반으로 분석을 진행하였다. 그 결과 월별로 검색량의 등락이 심한 것을 알 수 있었고, 이는 화장품 브랜드에서 정기적/비정기적으로 실시하는 할인이벤트 때문인 것으로 나타났다. 대중들은 브랜드에서 진행하는 특별 할인에 많은 관심을 가지고 민감하게 반응하고 있었던 것이다. 캠펑은 화장품 할인에 대한 소비자의 민감도 수준에 놀랐다. 덧붙여 이렇듯 화장품 할인이 매우 빈번하고 때마다 소비자 민감도도 크다면, 브랜드별 정기 할인, 깜짝 할인 등 고려해야 할 상황이 많아 관리에 많은 자원이 필요할 것이라며 뷰티부문 진행에 우려를 표하였고, 패션 카테고리 중심으로 새로운 수익모델을 만들어 보는 것을 방향을 정하였다.

캠펑은 패션 분야의 새로운 수익모델을 개발하기 위하여 소셜 빅데이터를 분석하였다. '옷' 또는 '패션'이 언급된 글을 수집하였고, 수요가 높은 상위 품목에 대해 어느 달에 언급되는지를 파악하여 품목의 계절성 여부를 파악하여 보았다. 분석결과, 신발, 가방, 원피스, 셔츠, 모자 등이 패션관련해서 많이 찾는 품목으로 나타났고, 이 중 신발, 가방은 매월 언급되고 있고, 원피스와 셔츠는 한 개의 달을 제외하고는 모두 언급되고 있는 것으로 나타났다. 분석결과를 바탕으로 캠펑은 신규 수익모델을 만든다면 신발, 가방, 원피스, 셔츠 중심의 계절성을 띄지 않는 품목을 대상으로 하여 안정적인 수익모델을 만들 필요가 있었다.

캠펑은 아이캠펑만의 색깔을 가진 패션분야 수익모델을 찾기 위해 데이터부터 다시 수집하기로 하였다. 이에 따라 최근 3년간 '대학생'과 '옷'이 함께 언급된 글을 수집하여 연관어 분석을 시행하였다. 분석결과 눈에 띄었던 부분은 3년간 상위 20개의 연관어 중 패션 품목과 관련한 것은 과잠(과 잠바), 시계, 가방이 유일했으며, 과잠의 경우 3년 동안 그 언급량이 크게 증가하고 있었다. 캠펑은 아이캠펑 회원 300명을 대상으로 최근 진행한 설문조사 결과에서도 대학생들의 과잠 구매 니즈가 높게 나타났다는 점을 상기하였다. 이에 캠펑은 과잠 판매의 성공가능성을 높게 생각하게 되었고, 현재 과잠의 구매방식을 조사하여 판매하는 방법을 찾아보고자 하였다. 그리고 추가적으로 과잠의 트렌드를 파악하기로 하였다.

캠펑은 현재 과잠바로 어떤 것을 선호하고 있는지 트렌드를 파악하기 위해 과잠이 언급된 글들을 수집하였고, 어떤 상품이 계속적인 상승이 나타나는지를 파악해보았다. 그 결과 최근 3년간 롱패딩의 언급이 큰 폭으로 상승하고 있는 것을 확인할 수 있었다. 흔히 과잠을 야구잠바로 인식하고 있었는데, 요즘은 롱패딩 제품을 선호하고 있음을 알게 되었다. 또한 캠펑이 과잠바 판매방식을 조사해본 결과, 대부분 주문제작으로 이루어져 제작수량이 많을수록 금액할인이 차등적으로 적용되는 것을 알 수 있었다. 하지만 실제로 과단위로 학생들에게 신청을 받아 진행하므로, 할인되는 금액은 높지 않은 상황이었다. 이러한 상황하에서 캠펑은 규모의 경제 효과로 공급자와 소비자 모두에게 이익이 되는 상황을 만들고자 과잠바 공동구매 서비스를 런칭하기로 하였고, 그 첫 번째 품목을 롱패딩으로 정하였다.

캠펑은 그룹펑 이용률 제고를 위해 '대학'과 '좋다'가 함께 들어간 글을 수집하여 연관어 분석을 시행하였다. 분석결과, 대학생들의 관심사는 성적/취업관련, 음식, 여행, 취미(덕질), 기타의 5가지로 나누어지는 것을 확인할 수 있었다. 기존 그룹의 성격을 파악하고 분류하여 카테고리화 할 수도 있겠지만, 이는 대학생들 전체의 관심사로 보기 어렵기 때문에 빅데이터로부터 도출된 관심사가 더 의미 있을 것이라 보았고, 현재의 인기 그룹이 이 카테고리 내에서 분류된다는 사실도 확인했다. 캠펑은 이를 바탕으로 그룹의 범주를 지정하고, 장기적으로는 그룹성격 기준으로 검색 기능도 추가하는 것을 계획 중이다.

캠펑의 새로운 수익모델인 과잠 롱패딩 판매서비스는 3개월간 약 5천만 원의 매출을 기록하였다. 첫 한 달은 공식판매보다는 서비스를 알리는 이벤트 중심으로 운영되어서 많은 매출은 발생하지 않았고, 2017년 9, 10월은 본격적인 추위가 오기 전 시기임을 감안하면 성공적인 수준이라고 평가하고 있다. 또한, 저렴한 가격이지만 품질 좋은 제품으로 판매하여 캠펑에 대한 신뢰성을 높였다는 피드백을 받고 있어, 회원들의 추가구매를 유도할 수 있을 것이라 기대하고 있다.

자료원: 2017 중소기업 빅데이터 활용지원사업 우수사례집

토의문제

01 대학생 대상 정보앱 관련 기업 중 빅데이터 분석을 통해 비즈니스 환경을 개선한 사례를 찾아 설명하시오.

02 캠펑이 향후 내부 데이터를 활용하여 고객 맞춤형 서비스를 제공하는 기업으로 성장하기 위해 어떤 전략적 접근이 필요한지 논의하시오.

참고문헌

강희종 (2013), 천문 우주 분야의 빅데이터 활용, 과학기술정책, 통권 제 192호, 제 23권 제3호, 과학기술정책연구원.

김경태 (2018), 안정국, 김동현, 빅데이터 활용서, 시대고시기획.

김주성·홍다혜(2014), 기업주도형 벤처캐피탈의 국내외 투자 현황 및 운영사례 분석, 2014 Electronics and Telecommunications Trend, 전자통신연구원(ETRI).

김진호·최용주 (2018), 빅데이터 리더십, 북카라반.

박형준 (2018), 빅데이터 빅마인드, 리드리드출판.

방병권 (2017), 빅데이터 경영4.0, 라온북.

송주영·송태민 (2018), 빅데이터를 활용한 범죄 예측, 황소걸음 아카데미.

오현희 (2017), 빅데이터와 인문학, 홍릉과학출판사.

윤종식 (2018), 빅데이터 활용사전 419, 데이터에듀.

이종석·황현석·황진석 (2018), 빅데이터 비즈니스 이해와 활용.

이현웅·김종업·최현재 (2018), 빅데이터의 이해와 활용, 생각나눔.

임종수·정영호·유승현 (2018), 미디어 빅데이터 분석, 21세기사.

주해종·김혜선·김형로 (2018), 빅데이터 기획 및 분석, 크라운출판사.

조하현 (2014), 빅데이터의 활용 현황, 문제점과 대책, KERI Column, 한국경제연구원.

지원철 (2017), 빅데이터 시대의 데이터 마이닝, 민영사.

최공필, 서정희 (2017), 빅데이터4.0, 개미.

한국소프트웨어기술협회 (2018), 빅데이터 개론, 광문각.

한현욱 (2018), 이것이 헬스케어 빅데이터이다, 클라우드나인.

한국정보화진흥원 (2013.11), 빅데이터의 진화: 스마트데이터, 원문 자료의 번역 보고서(원문 제목은 the smart data manifesto, 출처는 http://exelate.com/white-papers/the-smart-data-manifesto-goodbye-big-data-hello-smart-data)

한국정보화진흥원 (2016), 2016년 중소기업 빅데이터 활용지원 우수사례집

한국정보화진흥원 (2017), 2017년 중소기업 빅데이터 활용지원 우수사례집

Akhtar, S. M. F. (2018), Big Data Architect's Handbook: A Guide to Building Proficiency in Tools and Systems used by Leading Big Data Experts, Packt Publishing.

Arghandeh, R. and Zhou, Y. (2017), Big Data Application in Power Systems,

Elsevier Science.
Bahga, A. and Madisetti, V. (2016), Big Data Science & Analytics: A Hands-On Approach, VPT.
Berman, J. J. (2018), Principles and Practices of Big Data: Preparing, Sharing, and Analyzing Complex Information, Academic Press.
Chen, H., Chiang, R. and Storey, V.C. (2012), "Business Intelligence and Analytics: From Big data to Big impact," MIS Quarterly, Vol. 36 No.4, pp.1165~1188.
Francesco, D. and Renaud, D. (2018), Big Data Economics, Towards Data Market Places, Nature of Data, Exchange mechanisms, Prices, Choices, Agents & Ecosystems, Independently Published.
Gilder, G.(2018), Life After Google: The Fall of Big Data and the Rise of the Blockchain Economy, A Division of Salem media Group.
Mayer-Schonberger, V. and Ramge, T. (2018), Reinventing Capitalism in the Age of Big Data, Basic Books.
Hoeren, T. and Kolany-Raiser, K. (2017), Big Data in Context: Legal, Social and Technological Insights, Springer.
Holmes, D. (2018), Big Data: A Very Short Introduction, Oxford University Press.
Information Resources Management Association (2018), Big Data: Cencepts, methodologies, Tools and Applications, IGI Global.
Jones, H. (2018), Data Analytics: An Essential Beginner's Guide to Data Mining, Data Collection, Big Data Analytics for Business and Business Intelligence Concepts, CreateSpace Independent Publishing Platform.
Marr, B. (2017), Data Strategy: How to Profit from a World of Big Data, Analytics and Internet of Things, Kogan Page.
Miller, J. (2017), Big Data Visualization, Packt Publishing.
Minelli, M., Chambers, M and Dhiraj, A. (2018), Big Data, Big Analytics: Emerging Business Intelligence and Analytic Trends for Today's Businesses, Gildan Media.
Paley, N. (2017), Leadership Strategies in the Age of Big Data, Algorithms, and Analytics, Productivity Press.
Tenner, E. (2018), The Efficiency Paradox: What Big Data Can't Do, Knopf.

찾아보기(영문)

K

L

M

N

O

P

찾아보기(국문)

ㄱ

ㄴ

ㄷ

ㄹ

ㅁ

ㅂ

ㅅ

ㅇ

ㅈ

ㅊ

ㅋ

저자약력

김대완 (c.kim@ynu.ac.kr)

영국 런던대학교(University of London)에서 컴퓨터과학 석사와 영국 런던정경대학(London School of Economics: LSE)에서 전자상거래 박사학위(Ph.D.)를 취득하였다. 미국 하버드 대학교 (Harvard University)의 경영대학 (Harvard Business School: HBS) 객원교수, 미국 MIT의 경영대학(Sloan School of Management) 객원교수, 그리고 영국 런던대학교(University of London)의 컴퓨터과학 & 정보시스템 대학(School of Computer Science & Information Systems)에서 객원교수를 역임하였으며, 현재 영남대학교 경영학과 교수로 재직하고 있다. 현재까지 20여권의 책을 출판하였고, 최근에는 미국 Chicago Business Press에서 [Digital Business](2015년), 영국 Routledge에서 [Managing Convergence in Innovation](2016년), 한국 도서출판 창명에서 [디지털경영](2017년)과 도서출판 청람에서 [디지털콘텐츠 비즈니스](2018년)를 출간하였다. 현재까지 100여 편의 논문을 국내/외 저널에 게재하였다.

송민정 (mzsong@daum.net)

스위스(Swiss) 쮜리히대학교(University of Zuerich)에서 커뮤니케이션학 박사학위(Ph.D.)를 취득하였고, 현재 한세대학교 미디어영상광고학과 교수로 재직 중이다. 1995~1996년 기간에는 스위스 바젤(Basel) 주재 경영경제 컨설팅펌인 프로그노스(Prognos A.G.) 객원연구원, 1996~2014년 기간에는 KT경제경영연구소 수석연구원을 역임하였다. 주요 저서로는 [정보콘텐츠산업의 이해], [인터넷콘텐츠산업론], [디지털 미디어와 콘텐츠의 이해], [모바일 컨버전스는 세상을 어떻게 바꾸는가], [스마트미디어의 이해], [디지털미디어경영론] 등이 있다.

빅데이터경영론

초판발행 2019년 2월 15일
중판발행 2022년 4월 8일

지은이 김대완 · 송민정
펴낸이 안종만 · 안상준

편 집 전채린
기획/마케팅 장규식
표지디자인 조아라
제 작 고철민 · 조영환

펴낸곳 (주) 박영사
서울특별시 금천구 가산디지털2로 53, 210호(가산동, 한라시그마
등록 1959. 3. 11. 제300-1959-1호(倫)

전 화 02)733-6771
f a x 02)736-4818
e-mail pys@pybook.co.kr
homepage www.pybook.co.kr
ISBN 979-11-303-0706-0 93320

정 가 25,000원